Katamarane bieten schnelle Verbindungen zu den Nachbarinseln

Kos-Stadt und Umgebung
→ Karten hinterer Umschlag, S. 89 und 107

infos und Buchung zur Verfügung: **www.ocean24.com**, **www.openseas.gr** und **www.ferries.gr**.

Kos – Piräus

Tägl. Verbindungen mit den Fähren der Reedereien Blue Star und Anek, Überfahrt ab 50 € (nähere Infos → S. 37).

Kos – nördlicher Dodekanes

Blue Star und GA Ferries legen auf der Strecke nach Piräus auch in Kalymnos, Leros, Lipsi und Patmos einen Stopp ein – jedoch halten nicht alle Schiffe jeden Tag an den gleichen Inseln. Erkundigen Sie sich genau. Die Deckpassage nach Kalymnos kostet rund 6,50 €, nach Leros 12,50 €, nach Patmos rund 17,50 € pro Person.

Schneller, aber auch teurer sind die *Tragflächenboote* (Hydrofoils) und die großen Katamarane der Linie Dodekanisos Seaways. Auch mit diesen beiden Verkehrsmitteln gibt es in der Hochsaison mehrmals tägl. Verbindungen zu den nördlichen Dodekanes-Inseln, in der Nebensaison immer noch mehrmals wöchentl.

Die Preise für Hydrofoils und Katamarane unterscheiden sich nur geringfügig und sind in der Hochsaison etwas höher als in der Nebensaison. Die folgenden Preise galten im Jahr 2012 für die Hochsaison: Kos – Kalymnos 14,50 €, Kos – Leros 22 €, Kos – Patmos 29 €. Wer Hin- und Rückfahrtticket gleichzeitig kauft, erhält 20 % Rabatt auf den Rückfahrtpreis. Kinder von sechs bis zehn Jahren zahlen die Hälfte, Kinder bis fünf Jahre sind frei.

Kos – Rhodos

Blue Star Ferries steuern Rhodos tägl. an. Die Fahrzeit Kos – Rhodos beträgt etwa 3,5 Std. Eine Deckpassage kostet 22 €. Sie können die Strecke auch schneller mit Hydrofoils (ca. 25 €) oder den Katamaranen von Dodekanisos Seaways (30 €) zurücklegen.

Die beiden großen Katamarane von **Dodekanisos Seaways** machen ein problemloses Reisen zwischen allen Inseln des Dodekanes möglich. Sie sind etwa doppelt so schnell wie die großen Fähren. Patmos beispielsweise erreichen Sie in 2,5 Stunden. Im Unterschied zu den Hydrofoils, die noch etwas schneller fahren können, gibt es auf den Katamaranen ein kleines Achterdeck, auf dem Sie sich während der Fahrt (draußen) aufhalten können. Die Fahrt mit dem Katamaran kostet ungefähr doppelt so viel wie mit einer großen Fähre.

Die Homepage von Dodekanisos Seaways informiert über Abfahrts- und Ankunftszeiten: www.12ne.gr.

Kos – Nissiros

Nahezu tägl. fahren die Blue Star Ferries über Nissiros (8,50 €) nach Rhodos; der Transfer per Tragflächenboot (11 €) oder per Katamaran (15 €) ist ebenfalls jeden Tag möglich. Eine angenehme Fahrt hat man mit dem kleinen Schiff *Nissos Kos*, das einen für 25 € hin- und zurückbringt – schöne Plätze an Deck!

Weitere Inselverbindungen

Mehrmals wöchentlich können Sie von Kos nach *Tilos* gelangen. Bedient wird die Strecke von Dodekanisos Seaways und Blue Star Ferries. Mehrmals wöchentlich gibt es zudem Fähren nach *Symi*, täglich setzt ein Katamaran über. Die Fahrt mit dem Katamaran kostet um 22 €, für den Transfer auf per Fähre zahlen Sie etwa 15 €.

2 x wöchentl. können Sie von Kos aus mit Fähren nach *Astipalea* fahren. Pro Person kostet die einfache Fahrt ca. 17,50 €, sie dauert etwa 3,5 Stunden. *Samos* ist von Kos per Tragflächenboot (4 x pro Woche) zu erreichen (40 €).

Ausflugsboote: Wer von Kos aus lediglich die näher gelegenen Ausflugsinseln des Dodekanes besuchen möchte, kann das Angebot kleinerer Agenturen und Veranstalter vor Ort nutzen. Die Überfahrt mit den kleinen Ausflugsbooten und -fähren ist jedoch deutlich teurer als die Passage mit den Liniendampfern der großen Reedereien. Im ganzen Stadtgebiet und konzentriert rund um den Hafen befinden sich Büros von Fähr- und Reiseagenturen, die Tickets für die Ausflugsfahrten verkaufen. Tickets kann man in der Regel auch an Bord bekommen: In der Hochsaison ist es ratsam, dies bereits am Abend vor Fahrtbeginn zu tun. Die Boote machen im Mandraki-Hafen fest, besetzt sind sie bis ca. 21 Uhr, in den Sommermonaten meist länger. Eine Drei-Insel-Tour nach Pserimos, Kalymnos und Plati zum Beispiel kostet mit Mittagessen und Snack um die 30 €. Abfahrt ist in der Regel zwischen 9 und 10.30 Uhr, Rückkehr zwischen 17 und 18.30 Uhr (Näheres unter *Ausflüge von Kos-Stadt*).

Kos Marina

In der Vergangenheit lagen Jachten, Ausflugs- und Fischerboote dicht an dicht im Hafenbecken, mitunter in zweiter Reihe. Durch den Neubau des Sporthafens (Marina) ist das Platzproblem gelöst. Privat genutzte Segelboote und Motorjachten ankern im neuen Becken, etwa 1,5 km westlich des Mandraki-Hafens. 250 Plätze stehen derzeit zur Verfügung – mit allem, was das Herz der Kapitäne begehrt: Strom, Wasser, Telefon- und Internetverbindungen direkt am Pier. Zudem eine Bar und ein Restaurant, die Shops führen maritimes Zubehör – sogar ein Waschsalon ist vorhanden. Das alte Hafenbecken ist Ankerplatz für die Ausflugs- und Fischerboote.

In der Marina ankern bis zu 250 Jachten

Der Ikonenmaler von Kos

Seit 1973 lebt Panajotis Katapodis mit seiner schwedischen Frau auf Kos. Katapodis ist professioneller Ikonenmaler. In mehreren Kirchen wie der Ag.-Nikolaus-Kirche an der Odos Korai und in vielen kleinen Kapellen sind seine Werke zu bewundern. Die sind strengen Regeln unterworfen. Vorgegeben sind nicht nur Proportionen und Farben, sondern auch die Körperhaltung – bis hin zur Darstellung einzelner Fingerglieder reichen die Bestimmungen. Folgerichtig bleibt der Ikonenmaler anonym, tritt komplett hinter sein Werk zurück. 15 Jahre musste Katapodis lernen. Ein langer Weg. Doch es geht auch nicht um ein x-beliebiges Produkt. Der griechisch-orthodoxe Glaube verehrt die Ikone als Abbild der auf ihr dargestellten Heiligen und Szenen unmittelbar. Mit anderen Worten: Ikonen sind heilig. Erstellt werden sie meist von Mönchen, die in einem Kloster leben. Katapodis ist einer der wenigen „weltlichen" Ikonenmaler, die von der orthodoxen Kirche anerkannt sind. Nicht nur Kirchen und Kapellen zieren Katapodis' Werke, auch viele Haushalte schmücken sich mit seinen Ikonen, die ab 50 € erhältlich sind. Besucher sind in seinem Atelier oberhalb der Stadt willkommen, da herrscht die nötige Ruhe, die er für seine Arbeit braucht. Von 10 bis 18 Uhr ist das Atelier geöffnet, wer später vorbeikommen möchte, kann einen Termin telefonisch vereinbaren: ✆ 22420-24942.

Der Ikonenmaler wohnt westlich außerhalb der Stadt, der Weg ist ausgeschildert. Fahren Sie über die Mitropoleos-Nathanail-Straße Richtung Ag. Nektarios bzw. folgen Sie den Hinweistafeln auf das Restaurant „Lofaki". Nach ca. 1,5 km sehen Sie an einer Kreuzung nach links ausgeschildert „Icon Painter". An dieser Straße finden Sie nach gut 600 m wieder ein Schild mit gleicher Aufschrift, das rechts den Hang hinaufweist. Am Haus des Malers selbst (rechter Hand) ist ebenfalls ein Schild angebracht.

Kos-Stadt und Umgebung
→ Karten hinterer Umschlag, S. 89 und 107

Einkaufen

Werktags pulsiert das Leben besonders in den kleinen Gassen der Altstadt und um die Markthalle herum: Es riecht nach Gyros und Gewürzen, und zwischen all den kitschigen Souvenirs findet man auch mal ein ausgesucht schönes Stück. Die meisten Läden haben tägl. durchgehend von 8.30 bis mindestens 21 Uhr geöffnet. Samstags schließen die großen Supermärkte schon um 18 Uhr. Sonntags sind viele Geschäfte in Kos-Stadt geschlossen. Keinen Ruhetag legen Souvenirläden für Touristen und die meisten Minimärkte ein.

Gewürze/Honig Rosmarin, Lavendel, Thymian, Oregano, Griechische-Salat-Mischung … Eine beachtliche Auswahl an Gewürzen und Honig in unterschiedlichen Größen und Geschmacksrichtungen finden Sie in der **Markthalle** – es duftet betörend aus allen Ecken. Möchten Sie mehr als ein Glas Honig mit nach Hause nehmen, empfehlen wir einen Abstecher in den **Supermarkt Marinopoulos** an der Schnellstraße Richtung Zipari. Hier gibt es die süße Köstlichkeit bis zu einem Drittel billiger als in den Geschäften der Innenstadt.

Komboloi Es gibt wohl kaum ein Souvenir, das mehr an Griechenland erinnert, als das Komboloi – Lieblingsspielzeug griechischer Männer. Die Griechen haben es aus der türkischen Gebetskette entwickelt, die aus 99 Perlen für sämtliche Namen Allahs besteht. Beim Komboloi – das heute keine religiöse Bedeutung mehr hat – wurde die Anzahl der Kugeln mittlerweile reduziert. Mit 13, 15 oder 17 aus Holz, Kunststoff, Bernstein, Glas oder Silber gefertigten Kugeln lässt es sich leichter spielen.

Frischer Fisch direkt vom Fischer

Eine reiche Auswahl dieser vielseitigen Perlenketten führt das kleine Geschäft in der A.-Ipssilandou 14, nahe der Ecke zur 25.-Martiou. Hier gibt es von der bunten Plastikvariante für knapp 5 € bis zur Kette aus Bernstein oder Silber einfach alles.

Musik Eine vergleichsweise große Auswahl an Schallplatten, CDs und Kassetten haben die beiden Filialen des Musikgeschäfts **Ti amo** an der A.-Ipssilandou 4. Neben griechischer Musik finden Sie hier auch ein Jazzsortiment, Hip-Hop und internationalen Pop.

Musikinstrumente Typisch griechische Musikinstrumente wie Bouzoukias und Gitarren, aber auch Synthesizer und Zubehör gibt es bei **Kahoudis** in dem winzigen Viertel Marmaroto, das an der Verlängerung der Grigoriou-E. in Richtung Asklepieion linker Hand liegt, ✆ 22420-26201. Bouzoukia und Percussion-Instrumente werden zudem in einem kleinen Geschäft gegenüber der Markthalle (Vas.-Pavlou 13) angeboten. Das Geschäft ist jedoch nicht auf Instrumente spezialisiert, sondern führt auch Fernseher und Ventilatoren. Neben einigen Musikinstrumenten gibt es zudem Noten für griechische Musik.

Sandalen/Schuhe Handgefertigte Sandalen produziert und verkauft der Schuster in seinem kleinen Werkstattgeschäft in der Vas.-Pavlou 9, gegenüber der Markthalle. Hochwertige Sandalen gibt es ab 15 €.

Schmuck Vor allem in der Altstadt von Kos finden sich viele Anbieter, die Auswahl reicht von einfachen Ständen auf der Straße mit preisgünstigem Silberschmuck bis hin zu teuren Juwelierläden.

Spirituosen Reichliche Auswahl an griechischen und internationalen Spezialitäten, auch an Wein und Sekt, bieten zwei Geschäfte in der Ipssilandou-Straße. Eines befindet sich schräg gegenüber der Nationalbank an der Ecke Riga Ferreou; das andere finden Sie an der Ecke Ipsilandou/25th Martiou.

Sportgeräte/-kleidung Die größte Auswahl auf Kos hat definitiv **Kosmosport** in der El.-Venizelou 23. Direkt nebenan befindet sich **Diana Sport**; das Geschäft hat sich auf Tauchen und Angeln spezialisiert. Sportutensilien finden Sie zudem in der Filiale des britischen Herstellers **Admiral** in der Straße Kleopatras, nahe dem Busbahnhof. Ob Sie nun also tauchen, joggen, schwimmen, wandern oder Rad fahren wollen und Ihre Ausrüstung vergessen haben, in diesen Läden werden Sie sicher fündig.

Supermärkte Viele Läden nennen sich zwar Supermarkt, doch die meisten haben nur ein kleines Sortiment. Zu Recht trägt jedoch der **Carrefour Marinopoulos Supermarkt** seinen Namen. Das größte Einkaufszentrum der Insel liegt am Highway, rund 4 km vom Stadtzentrum entfernt. Das Sortiment ist breit: von Lebensmitteln über Kosmetika und Kleidung bis hin zu Haushaltswaren und allerlei nützlichen Dingen, die man für einen Strandurlaub so braucht. Besonders üppig ist die Auswahl an Honig.

Leider gibt es keinen ausgewiesenen **Bio-Supermarkt** in Kos-Stadt, wohl aber in Zipari. **Papazoulou** bietet dort eine große Auswahl an biologisch angebautem Obst und Gemüse. Die Preise für die lokalen Produkte sind oft niedriger als für das Obst im Supermarkt. Außerdem gibt es alle Grundnahrungsmittel in Bioqualität, außerdem Vollkornbrot, Weine und Naturkosmetik.

Wäschereien Reinigung in der Agikastrou, kurz hinter der Ethnikis-Antistasis; **Happy Wash** in der Mitropoleos 20, ✆ 22420-23424. Eine Maschine Wäsche waschen kostet inkl. Trocknen rund 7,50 €.

Wein Ein Weinladen, der nicht nur gute internationale, sondern auch vorzügliche griechische Weine anbietet, befindet sich an der Ethnikis-Antistasis, nahe der Ecke Veriopoulou. Zu erkennen an den Weinranken, die das Geschäft schmücken. Weine aus Kos erhalten Sie auch bei **Achnari**, Vas.-Pavlou 22, ab 7,50 € pro Flasche.

Zeitungen Fast alle größeren europäischen Zeitungen und Zeitschriften sind – mit einem Tag Verspätung – in dem Zeitschriftenhandel am Eleftherias-Platz erhältlich. Auf der dunkelblauen Markise steht „News Stand".

Kos-Stadt und Umgebung
→ Karten hinterer Umschlag, S. 89 und 107

Markthalle

Sie können das Gebäude gar nicht verfehlen: Mitten auf dem Eleftherias-Platz steht die große, weiß getünchte Markthalle von Kos. In dem 1934 von den Italienern errichteten Bau bieten Händler eine breite Palette an Obst und Gemüse an, Thymianhonig, qualitativ hochwertiges Olivenöl und Kräuter, darunter Rosmarin, Oregano, Thymian und Salbei. Außerdem finden Sie hier zum Beispiel in Honig eingelegte Walnüsse, sämtliche lokale Weine und Kosmetikprodukte auf biologischer Basis. Neben den kulinarischen Köstlichkeiten sind auch Souvenirs aus Holz oder Ton zu erwerben. Geöffnet Mo–Sa 7–21 Uhr, So 10–21 Uhr.

Auto-/Zweiradverleih

→ Karte hinterer Umschlag

In Kos-Stadt kann man Fahrzeuge aller Art mieten, Anbieter gibt es mehr als genug, die Preisunterschiede sind gering. Nachfolgend einige Beispiele verschiedener Auto- und Zweiradverleihe – das dort angegebene Preisniveau gilt als Orientierungshilfe auch für andere Agenturen in der Stadt. Nehmen Sie auf alle Fahrten die Telefonnummer der Verleihstation mit. Lassen Sie sich erklären, wo sich Ersatzreifen und Werkzeug befinden.

Autos **Sevi Rent a Car**. Obwohl der Sitz des Autoverleihs in Tigaki ist (siehe auch dort), lohnt es, sich hier ein Auto zu leihen, auch wenn man in Kos-Stadt wohnt. Große Auswahl an Modellen. Die diversen Kleinwagen sind in vorbildlichem Zustand und kosten ab 30 € pro Tag, Vergünstigungen gibt es auf Anfrage. Der Service ist freundlich und zuverlässig. ✆ 22420-69076 oder 69-47121792, www.sevirentacar.gr.

Safari Rent a Car 29 Einen Kleinwagen gibt es ab 45 € pro Tag, einen Suzuki Jeep für 68 €. Wer das Auto für drei Tage oder mehr mietet, bekommt Rabatt. So kostet ein Chevrolet Matiz für eine Woche 258 €. Die Preise verstehen sich inkl. Vollkaskoversicherung, gefahrene Kilometer werden nicht extra berechnet (keine Kilometerpauschale), 24-Std.- und Liefer-Service. Harmilou 17/ Ecke Karaiskaki 17, ✆ 22420-21023, 69-44533420, www.safari-rentacar.gr.

AutoWay 24 Einen Hyundai i10 erhalten Sie in der NS für 40 €, in der HS für 50 €, der Suzuki Jimny kostet in der NS 60 €, in der HS 80 € tägl. Im Angebot ist auch der Peugeot 206 CC ab 80 €. Rabatte ab drei Tagen Vermietung. Vas.-Georgiou 18, ✆ 22420-25326, 69-32284966, www.autowaykos.gr.

Escape Rentals 26 Direkt neben dem AutoWay-Verleih, hat sich auf Zweiräder und Quads spezialisiert. Die Fahrzeuge sind in einem guten Zustand. Fahrräder ab 5 € pro Tag bzw. 30 € pro Woche; hochwertige Mountain-Bikes für 10 € tägl. bzw. 60 € wöchentlich. Groß ist die Auswahl an motorisierten Zweirädern ab 50 ccm. Scooter ab 15 € pro Tag, Rabatte ab drei Tagen Entleih. Quads gibt es ab 30 €. Vas. Georgiou 12, ✆ 22420-29620 und 69-37175860, escape.rental@mail.gr.

Zweiräder **Moto Holidays** 5 Hier gibt es keine Preisunterschiede zwischen Neben- und Hauptsaison. Der Verleih (mit eigener Werkstatt) verfügt über insgesamt vier Läden, zwei davon in Kos-Stadt und zwei in Lambi. Die Zentrale liegt in der Meg.-Alex-

Verleiher auf Kos kämpfen kreativ um Kunden

androu 21. Obwohl meist viel Betrieb ist, muss man selten länger warten, Fahrradreparaturen gehen hier blitzschnell. Mieträder (Trekking, City) kosten um die 3 €, Scooter (50–125 ccm) 10–18 €, Quads (80–275 ccm) 17–35 € und Buggys (260 ccm) 40 € pro Tag inkl. Service und Versicherung. Ab vier Tagen gibt es Rabattangebote. ✆ 22420-28676

Moto Service 30 Empfehlenswert, denn die Räder und Scooter sind neu und in sehr gutem Zustand, der Service ist prima. Ein Scooter oder ein Motorroller kostet 15–18 €, ein Fahrrad/Mountainbike 2,50–3,50 € (ab 13 € pro Woche), E-Bikes für 10 € täglich. Angeboten werden auch leistungsstarke Quads (250 ccm) für 45 € tägl. sowie Motorräder (ab 20 €). Rabatte ab drei Tagen Entleihdauer. Service: Wer abends in den Bars trinken möchte, tauscht sein Fahrzeug für die Nacht gegen ein Fahrrad ein. Am nächsten Morgen können Sie dann nüchtern wieder auf Ihr motorisiertes Gefährt steigen. Harmilou 7, ✆/✆ 22420-24828.

→ Karten hinterer Umschlag, S. 89 und 107

Übernachten

→ Karten hinterer Umschlag, S. 89 und 107

Hotels und Pensionen sind weit über die Stadt verteilt. Doch Sie müssen nicht in Hafennähe wohnen, um nahezu alles in der Stadt bequem zu Fuß oder mit dem Fahrrad zu erreichen. Die handelsüblichen Stadtpläne vermitteln einen falschen Eindruck – die Stadt ist nicht sehr groß, im Zentrum aber relativ laut. Wer also absolute Ruhe haben und trotzdem in Stadtnähe wohnen will, sollte ins ruhigere, aber auch teurere Psalidi oder Lambi ausweichen.

Da viele Unterkünfte an Reiseveranstalter oder Agenturen angeschlossen sind, kann die Zimmersuche für Individualreisende in der Hochsaison nervenaufreibend sein. Sie sollten vorab ein Zimmer reservieren. Wir haben in die folgende Liste vor allem Häuser aufgenommen, die ohne Agentur arbeiten.

Im Stadtzentrum »» Unser Tipp: **Afendoulis** 28 Das Hotel wird von Alexis Zikas mit seiner Frau Denise, seiner Tochter Kiriaki und seinem Bruder Hippokrates geführt. Ein sympathischer Familienbetrieb! Es liegt abseits vom Getümmel des Hafenviertels und doch nur zehn Gehminuten davon entfernt. Die 25 Zimmer, meist mit Balkon, haben alle einen privaten Telefonanschluss, ein Bad, einen eigenen Kühlschrank, Fernseher und Klimaanlagen. Sowohl die Zimmer als auch die Küche befinden sich in einem ausgesprochen sauberen Zustand. In der hellen, hohen Empfangshalle wird morgens das Frühstück serviert. Auf der Terrasse vor dem Haus kann man in Ruhe sitzen und lesen oder den Katzen beim Spielen zusehen. Geöffnet von April bis Oktober; Sie können hier auch für 8 € eine Maschine Wäsche waschen lassen. Die Übernachtung für zwei Personen im DZ kostet zwischen 30 und 50 €. Für 5 € bekommen zwei Gäste bis spät in den Tag hinein ein Frühstück (mit selbst gemachter Marmelade). Evripilou 1, ✆ 22420-25321, ✆ 22420-25797, www.afendoulishotel.com. «««

»» Unser Tipp: **Hotel Sonia** 6 Wenn man hier auf der gemeinschaftlichen Terrasse sitzt, mit Reisenden aus allen Kontinenten der Welt plaudert und der Duft des Jasmins in der Nase kitzelt, dann hat der Urlaub begonnen und sich gleich von seiner besten Seite gezeigt. Mit ihren Söhnen Yannis und Afedoulis umsorgt Hotelbetreiberin Sonia ihre Gäste. Sie kennt jede Fährverbindung, bestellt rasch ein Taxi – und hält alle Widrigkeiten fern, die einem auf Reisen begegnen können. Schließlich sorgt sie mit ihren Tour- und Tavernen-Tipps für einen gelungenen Urlaub. Die zweistöckige Pension verfügt über 13 Zimmer, die meisten mit Balkon oder Terrasse. Die Einrichtung ist neu, die Betten bequem, die Bäder blitzblank. Klimaanlage, Kühlschrank und Flat-TV zählen zur Zimmerausstattung. Beim Feta-Omelette zum Frühstück geraten die Gäste regelmäßig ins Schwärmen. DZ je nach Saison 40–60 €, Irodotou 9/ Omirou (Eingang in der Omirou), ✆ 22420-28798 und 69-45286233, ✆ 22420-25594, www.hotelsonia.gr. «««

Koala 31 Von der australisch-griechischen Familie Patakos geführtes Hotel. Großer, ansprechender Dachgarten mit Liegestühlen. Ausgestattet sind die Zimmer mit Klimaanlage, Fernseher und Kühlschrank. Insgesamt 49 DZ. Sie kosten je nach Saison 33–55 € inkl. Frühstück. In der Nebensaison gibt es Sonderangebote, z. B. das DZ zwischen 23 und 27 €. Über die Sonderangebote informiert die Website. Harmilou-Str. 21, ✆ 22420-22897, 📠 22420-23388, www.koalahotel.gr.

Kos Aktis **21** Direkt am Meer, neben dem Citybus-Büro. Wer auf gestylte Zimmer Wert legt, ist in diesem Hotel richtig. Satiniertes Glas, Marmor, Metall und edle Hölzer sind für den Innenausbau verwendet worden. Die Gäste bringen ihre Körper im Fitnessstudio in Form. Das 2005 eröffnete Haus bezeichnet sich als „Art Hotel". Das moderne Design prägt auch das hoteleigene Bar-Restaurant H2O. Ein DZ kostet saisonabhängig zwischen 100 und 190 €. Die Suite gibt es in der NS ab 125 €, in der HS bis zu 215 €. Vas.-Georgiou 7, ✆ 22420-47200, 📠 22420-47210, www.kosaktis.gr.

Thomas **32** Ruhig gelegenes Hotel nahe dem Sporthafen mit freundlichem Betreiber. Die 20 schmalen Zimmer in dem etwas monoton wirkenden Gebäude verfügen jeweils über ein sauberes Bad, Balkon, TV, Kühlschrank und Klimaanlage. Im Erdgeschoss befindet sich eine angenehme Hotelbar. Das DZ inkl. Frühstück kostet zwischen 35 und 40 €. Artemisias-/N.-Manousi, ✆ 22420-24646, 📠 22420-26646, www.thomashotelkos.com.

Die Architektur moderner Hotels harmoniert mit der Landschaft

Veroniki **16** Zentral und dennoch recht ruhig. Die 21 Zimmer versprühen einen etwas angestaubten Charme, zu dem die liebenswerte Wirtin wunderbar passt. Das Hotel ist einfach, aber sauber. Das DZ mit Bad, TV, Klimaanlage, Kühlschrank und Balkon kostet 25–40 €, je nach Saison. P.-Tsaldari 2, ✆ 22420-28122 oder 22420-28123.

Phaeton **2** Das Hotel liegt abseits des von Nachtschwärmern in Beschlag genommenen Hafenviertels. Die 31 klimatisierten (leider recht schmalen) Zimmer verfügen über Balkon, Bad und Toilette. Zur Ausstattung gehören auch Fernseher und Kühlschrank. Dicke Zypressen sorgen für angenehmen Schatten, und vor dem Haus werden kühle Getränke serviert. Der Übernachtungspreis im DZ liegt in der HS bei etwa 75 €, in der NS beginnt er bei 55 €. El.-Venizelou 75, ✆ 22420-28901, 📠 22420-26902.

Innenstadt **Maritina** **35** Ruhig und dennoch nahe dem Zentrum gelegen, wird das 3-Sterne-Hotel auch von vielen Griechen genutzt, die nach Kos kommen, sei es privat oder beruflich. Die Ausstattung der 81 Zimmer dürfte kaum Wünsche offen lassen: Klimaanlage, Minibar, Fernsehen und Balkon gehören dazu. Das Haus ist übrigens barrierefrei eingerichtet. Je nach Saison kostet ein DZ 60–75 €, im Preis ist das Frühstück enthalten. Vironos-Str. 19/Ecke Ag. Nikolau, ✆ 22420-23511, 📠 22420-26124, www.maritina.gr.

Lambi **Alice Springs**. Alteingesessenes, sympathisches Hotel, rund 300 m vom Strand entfernt. Der größte Teil der 45 Unterkünfte wurde 2004 in Apartments umgewandelt, die über große Reiseveranstalter vergeben werden. Eine Handvoll DZ vermietet der Besitzer aber noch immer selbst. Der schöne Garten mit Swimmingpool und Poolbar hinterm Haus blieb erhalten. Da das Hotel direkt hinterm Strand liegt, ist es besonders für Reisende zu empfehlen, die einen Strandurlaub mit kurzen Wegen haben möchten. Ein DZ kostet ganzjährig um die 50 €. Zouroudi-Str., ✆ 22420-23473, 📠 22420-24848, www.alicespringshotel.com.

Psalidi **Theodorou Beach Hotel** 39 Am östlichen Ende der Marina, 1, 5 km von Kos-Zentrum entfernt. Das Hotel ist architektonisch angenehm zurückhaltend und trägt den Namen des Strandes, der nur 30 m entfernt ist. Der hauseigene Pool kann natürlich mit der Ägäis nicht konkurrieren, ist aber hübsch gelegen. Das Hotel verfügt sowohl über Zimmer als auch Apartments, beides geschmackvoll eingerichtet und sehr gepflegt. Alle Zimmer sind mit einer Kochgelegenheit und einen Kühlschrank ausgestattet, sind geräumig, haben Bad, Balkon, Klimaanlage und Fernseher. Ein Apartment für bis zu vier Personen mit separater Küche steht für 40–75 € zur Verfügung, das reichhaltige Frühstücksbuffet kostet 5 € pro Person extra. Ein DZ kostet je nach Saison 30–60€. ✆ 22420-22280, ℻ 22420-23526, www.theodorouhotel.com.

Michelangelo Resort & Spa 40 Das Hotel an der Ostspitze der Insel integriert sich trotz seiner 250 Zimmer harmonisch in die Küsten-Landschaft. Blickfang sind der 120 m lange Panoramapool, der direkt an die Steilküste grenzt. Die Zimmer sind ab 25 m^2 groß, komfortabel ausgestattet und alle mit Balkon ausgerüstet. Ausgezeichnete Restaurants, Bars, eine großer Wellness-Bereich (u. a. Sauna, Fitnesscenter, Yogakurse) sowie eine breites Sportangebot mit Kleinfeld-Fußballplatz, Tennis und Beachvolleyball stehen den Gästen zur Verfügung. Einen Wermutstropfen gibt es: Der Strand unterhalb des Hotels ist recht schmal und kiesig. DZ zwischen 105 und 200 € inkl. Frühstück. Suiten für drei bis vier Personen von 120 bis zu 270 €. ✆ 22420-45810, ℻ 22420-45825, info@michelangelo.gr, www.michelangelo.gr.

→ Kos-Stadt und Umgebung
→ Karten hinterer Umschlag, S. 89 und 107

Essen & Trinken

→ Karten hinterer Umschlag und S. 89

Wie sollte es anders sein: an jeder Ecke eine Taverne oder ein Restaurant. Entsprechend groß ist die Auswahl: Vom etwas feineren Restaurant bis zur Gyros-Bude, von der Pekingente über Moussaka bis zur Pizza Margherita ist in Kos-Stadt alles zu haben. Unsere Auswahl beschränkt sich auf gute Restaurants mit griechischer Küche, die viel besser ist als ihr internationaler Ruf.

››› **Unser Tipp:** **Elia** 14 Mitten in der Altstadt liegt dieses ganzjährig geöffnete Restaurant, doch dank der schattigen Terrasse auf der Rückseite entfliehen Gäste dem Trubel sofort nach dem Eintritt. Die Küche ist offen, bei der Zubereitung der Speisen kann man jederzeit zusehen – hier ist man stolz auf seine Produkte. Die Vorspeisen (Mezes) wie das Auberginensaganaki oder die Olivenpitta mit Sesam und Fetakäse sind ausgezeichnet, das Lamm in Tomatensoße mit Honig und Zimt (Kapamas) als Hauptspeise reicht fast für zwei Personen – und kostet nur 10 €. Kein Wunder, das das Elia auch bei Koern sehr beliebt ist. Apellou 27. www.elia-kos.gr. ‹‹‹

Restaurants **Petrino** 10 Ein schöner Ort für einen feierlichen Anlass: Man speist in einem auf zwei großen Stufen angelegten, sehr ruhigen Garten, in dem alles üppig blüht und duftet. Die wohlschmeckende griechische Küche, die mit großer Sorgfalt zubereitet wird, kann einige Anleihen aus der internationalen Kochkunst nicht leugnen. Das führt zu größerem Abwechslungsreichtum als in den meisten anderen Tavernen: So kann man hier zur Vorspeise auch mit Shrimps gefüllte Avocados essen, und die Salatvariationen sind ausgesprochen vielfältig. Die Speisen sind zwar teurer als anderswo, aber wir sind entspannt, satt und zufrieden nach Hause gegangen. I.-Theologou-/Ap.-Pavlou, ✆ 22420-27251.

La Prima 9 Das Restaurant liegt an einem für den Verkehr gesperrten kleinen Platz mit Springbrunnen am Ende der Fußgängerzone. Ein guter Ort für Familien. Das La Prima offeriert gute griechische Küche, z. B. Dolmades mit Kohlblättern, Zucchiniblüten gefüllt mit Reis oder Ziegengerichte wie das gefüllte Kleftiko. Lassen Sie etwas Platz und ordern Sie zum Nachtisch das Schokoladensoufflé. Der Service ist zuvorkommend (auch deutschsprachig). Wer es ruhig mag, wechselt auf die Terrasse in der ersten Etage und blickt auf die Flanierenden. Platia Diagora.

››› **Unser Tipp:** **Nick The Fisherman** 12 Wie der Name schon sagt, das Restaurant gehört Nick: Nikolas Paras ist ein Fischer, der sich nicht nur auf den Fischfang, sondern auch vorzüglich auf die Zubereitung von allerlei Meeresgetier versteht. Wäh-

rend Nick und seine Frau die Speisen zubereiten, bedient der Sohn die Gäste. Mittlerweile hat sich der Familienbetrieb darauf verlegt, die Preise etwas anzuheben, bessere Weine zu servieren und somit eine insgesamt zahlungskräftigere Klientel an die Tische zu ziehen. Doch die hervorragenden Speisen sind ihren Preis allemal wert: Die gefüllten Kalamari sind genauso ein Gedicht wie das Schwertfisch-Steak in Zitronen-Olivenöl-Soße. Der Fisch kostet pro Kilo rund 57 €. Averof-/Alikarnasou. ⋘

Psaropoula 15 Wenige Häuser von Nick the Fisherman entfernt und inzwischen dessen stärkste Konkurrenz. Hier sind die Gerichte bodenständiger und deutlich billiger. Die sympathische Betreiberfamilie hat ihre Wurzeln in Kreta, und so findet man auch kretische Spezialitäten auf der Karte, die sich zu probieren lohnen: Das unter der merkwürdigen Übersetzung „Zwieback mit Tomaten" geführte Gericht ist eine köstliche, würzige und sättigende Vorspeise. Ansonsten sind, wie der Name schon ankündigt, frische Fische und Meerestiere die Spezialität des Hauses, beliebt sind die Kalamari und der gegrillte Tintenfisch. Der Hauswein ist ausgezeichnet. Averof 17.

Lampros 1 Auch nach dem Umzug in eine größere Lokalität eines der beliebtesten Restaurants bei den Einheimischen. Der Service ist herzlich und prompt, Spezialität des Hauses sind die Rind- oder Schweinefleisch-Souvlakis, u. a. mit Kreuzkümmel gewürzt. Die begehrten Spieße werden auch außer Haus verkauft, wovon die Koer regen Gebrauch machen. Doch auch wer kein Fleisch, sondern z. B. einen Tintenfischsalat bestellt, wird nicht enttäuscht: Erfrischend und würzig ist die Vorspeise. Psaron 17/Spetson, ✆ 22420-28808.

Barbas 25 Die hellblau gestrichenen Holzstühle des kleinen Lokals gegenüber dem Hotel Afendoulis sind fast jeden Abend gut belegt. Viele Gäste kommen immer wieder, und das aus gutem Grund: Die Bedienung ist freundlich, die griechische Küche einfach, ehrlich und lecker. Allein wegen des köstlichen Tintenfischsalats und Gyros in Metaxasoße (9 €) lohnt sich ein Spaziergang hierher. Evripilou.

Ali 23 Die griechische Küche mit türkischen Aktzenten lockt Interessierte seit vielen Jahren in den Vorort Platani, seit Kurzem gibt es diese besondere Küche auch in Kos-Stadt. Und kommt hier sehr gut an. Beliebt ist z. B. das Adana Kebab, scharf gewürztes und gegrilltes Hackfleisch, mit Reis oder Käse gefüllte Zucchini-Blüten und der ausgezeichnete Auberginensalat. Die Preise in dem eher nüchtern gestalteten Restaurant sind moderat, Hauptspeisen um 7,50 €.

Mummy's Cooking 4 Die überschaubare Karte bietet das, was Mama in der Küche kocht. Und das schmeckt vorzüglich. Die Kellner erklären gerne, was sich hinter den einzelnen Gerichten verbirgt. Weil die Taverne relativ preiswert und recht klein ist, findet man in der HS keinen Tisch, wenn man nicht früh genug hier ist. Spezialität: Mummy's Lamm (10 €), Vegetariern sei die Kichererbsen-Suppe ans Herz gelegt. Bouboulinas 13/Irodotou, ✆ 22420-28525.

Something else 3 Schräg gegenüber von Mummy's Cooking und auch sehr beliebt bei Einheimischen, vor allem bei den Jüngeren. Das liegt an der guten Küche und den günstigen Preisen – und dem unkomplizierten Service. Fein sind z. B. Rote Bete mit Skordalia (Knoblauchpaste) wie auch die Geflügelgerichte. Bouboulinas 14, ✆ 22420-21386.

Canadeza 27 Hier werden nicht nur vorzügliche Pizzen serviert, sondern auch gute traditionelle griechische Gerichte wie gefüllte Weinblätter, Feta Saganaki und Hähnchengerichte. Angenehm: Man sitzt auf einer Terrasse abseits der Uferpromenade und deshalb ruhiger. Artemisias 31/Ecke Evripilou, ✆ 22420-25616.

Hamam Oriental 8 Bar und Restaurant befinden sich in einem Hamam aus dem 16. Jh., der aufwendig restauriert wurde. Die Kombination von historischer Bausubstanz und moderner Inneneinrichtung ist gelungen: Der Laden hat Charme. Die Küche zeigt orientalische Einschläge, z. B. Couscous mit Lamm (ca. 9 €). Reichhaltig ist das Angebot an Vorspeisen: 14 Mezedes zum Preis von 3 bis 5 € finden Sie auf der Karte. Zu orientalischer Musik können Sie auch eine Wasserpfeife rauchen (10 €). Geöffnet ist der Hamam von 11 bis 16 und ab 18 Uhr. Diagora-Platz am Rande der Altstadt.

Angelica's 7 Direkt am Strand. Griechische Hausmannskost ziert die Karte von Betreiber Dimitri, dessen Mutter Angeliki die Speisen zubereitet. Moussaka gibt es für 8 €, gegrillten Schwertfisch für 9,50 €. Wohltuend bemerkbar macht sich auch der Verzicht auf die Beschallung mit Chart-Musik, die bei den anderen Restaurants am Strand üblich ist. Antimachiou 2, ✆ 22420-24835, www.angelicas-kos.eu.

Mh: Der kleine Platz vom Hafen Skala
mit den beiden einladenden Cafés
Diale + Petrino sowie [illegible] Haus
vor Kopf [illegible] durchlaufen.
Vorbei an [illegible] -> wärmste Empfeh-
lung = Eiscafe, Snacks, Shops
zu "[illegible]"

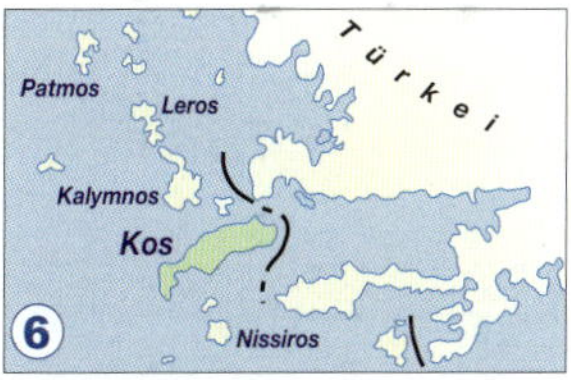

UNTERWEGS MIT FRANK NAUNDORF UND YVONNE GREINER

Rollkoffer waren noch unbekannt, als wir vor mehr als einem Vierteljahrhundert das erste Mal nach Kos kamen, beladen mit viel zu schweren Rucksäcken und in der Mittagssonne schwitzend. Doch schon damals stimmte die Logistik – und sie

stimmt bis heute: Die Busse pendeln pünktlich, Taxis stehen in den Touristenorten bereit und Fahrräder, Mopeds oder Autos sind zu mieten. So ist es leicht, die Insel zu erkunden. Und es macht Spaß.

Bei unseren Recherchen besuchen wir das Asklepieion, eines der ersten Krankenhäuser der Weltgeschichte, römische Theater und Thermen, Festungen des Johanniter-Ordens und türkische Moscheen. Wir wandern über die Hänge des Dikeos und erklimmen den höchsten Punkt von Kos – mit einem ganz leichten Rucksack, was trotzdem ein wenig Kondition verlangt.

Viel schwerer fällt es uns, eine der kleinen Badebuchten an der Westküste wieder zu verlassen und von den feinsandigen Stränden an Nord- und Südküste aufzubrechen. Oder eine wirklich gute Taverne nur einmal zu besuchen, weil noch andere zu testen sind. Doch manchmal überrascht einen das Glück und man findet eine noch bessere. Das freut uns dann natürlich sehr.

Begeistert hat uns, dass auf Kos im Laufe der Jahre ein dichtes Netz an Fahrradwegen entstanden ist. Eine Investition, die nicht nur die Umwelt schützt, sondern auch die Logistik weiter verbessert. Und für Rollkoffer sind die Wege auch ganz hervorragend geeignet.

Text und Recherche: Frank Naundorf, Yvonne Greiner **Lektorat:** Gisela Fischer, Nikola Braun (Überarbeitung) **Redaktion und Layout:** Mirko Graf **Karten:** Hans-Joachim Bode, Judit Ladik **Fotos:** siehe S. 8 **Grafik S. 10/11:** Johannes Blendinger **Covergestaltung:** Karl Serwotka **Covermotive: oben**: Strand von Mastihari **unten**: Hafen von Kardamena **gegenüberliegende Seite**: Fischerboote im Hafen von Kardamena

7. KOMPLETT ÜBERARBEITETE UND AKTUALISIERTE AUFLAGE 2013

KOS

FRANK NAUNDORF | YVONNE GREINER

Kos – Reiseziele 70

Alles im Kasten

Fotonachweis

Frank Naundorf und Yvonne Greiner außer: S. 55 (Griechische Zentrale für Fremdenverkehr), S. 66 (Konstantinos Marmarinos), S. 152 (Peter Ehrenberg), S. 199 (Reginald Jooren)

Zeichenerklärung für die Karten und Pläne

- asphaltierte Straße
- Nebenstraße
- Piste
- Berggipfel
- Badestrand
- Weinanbau
- Olivenanbau
- Aussichtspunkt
- Kirche/Kapelle
- Kloster
- Sehenswürdigkeit
- Flughafen/-platz
- Bushaltestelle
- Taxistandplatz
- Zweiradverleih
- Autoverleih
- Reisebüro
- Information
- Post
- Museum
- Parkplatz
- Ärztliche Versorgung
- Tankstelle
- Campingplatz

Wohin auf Kos?

(1) Kos-Stadt und Umgebung → S. 72

Hier schlägt das Herz der Insel. An der Uferpromenade, den stadtnahen Stränden und in den engen Gassen der Altstadt tummeln sich Besucher. Abends pulsiert hier das Nachtleben.
Die turbulente Stadt blickt auf eine mehr als 2500 Jahre lange wechselvolle Geschichte zurück – die antike Agora, das venezianische Kastell, zwei Moscheen und der ehemalige italienische Gouverneurspalast zeugen davon. Auch in der Umgebung locken reizvolle Ziele, zum Beispiel die Empros-Thermen und das Asklepieion, antikes Krankenhaus und Heiligtum.

(2) Die Nordküste → S. 122

Über 25 km zieht sich der Sandstrand entlang der geradlinigen Nordküste. Dahinter bauen Bauern Korn und Gemüse aller Art an. Zwischen den Feldern gedeihen Feigen, Orangen und Oliven. Mit Tigaki und Marmari sind in den 1980er-Jahren zwei reine Touristenorte entstanden, und auch im ehemaligen Fischerdorf Mastihari dominieren inzwischen die Gäste. Dennoch lässt sich entlang der Küste immer ein ruhiges Plätzchen am feinsandigen Strand finden. Neben Strandfaulenzern fühlen sich auch Surfer an der Nordküste wohl.

(3) Das Dikeos-Gebirge → S. 142

An die Hänge des Dikeos ducken sich eine Handvoll Bergdörfer: Zia lockt Besucher mit Tavernen und Souvenirgeschäften, Pyli mit dem Brunnen Pigi und den Galerien an der Platia – und mit der Geisterstadt Paleo Pyli. Die bewaldete Nordflanke des Gebirgszuges bietet sich für Mountainbike-Touren und Wanderungen an. Genießen Sie auf dem Gipfel des 846 m hohen Dikeos ein grandioses Panorama: Der Blick schweift über die fruchtbare Hochebene, die Küste zum türkischen Festland und die benachbarten Inseln.

4 Die Inselmitte → S. 158

Landschaftlich ist die Inselmitte ungemein abwechslungsreich: Fruchtbare, in verschiedenen Gelb- und Grüntönen schimmernde Ebenen werden von zerklüfteten Landstrichen unterbrochen. Mitte des 19. Jahrhunderts lebten die Bewohner Antimachias und Kardamenas zusammen im mächtigen Kastell von Antimachia, dann trennten sich ihre Wege. Heute präsentiert sich ein ungleiches Geschwisterpaar: Kardamena an der Südküste entwickelte sich zum Touristenzentrum, die Einwohner Antimachias bestellen auch heute noch ihre Felder.

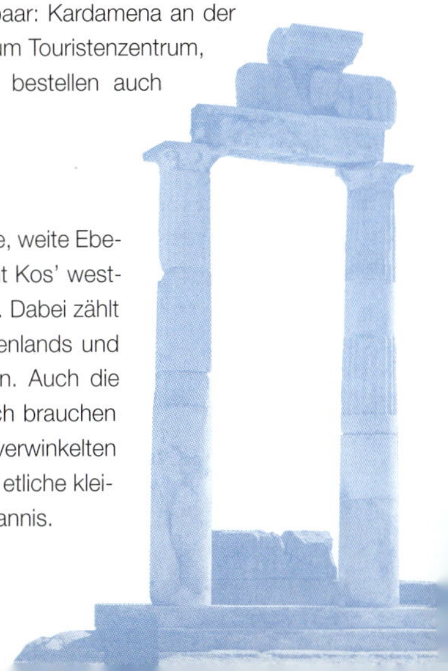

5 Der Westen → S. 172

Einsame Buchten und kilometerlange Sandstrände, weite Ebenen und schroffe Felsen – fast unberührt erscheint Kos' westlicher Teil. Der Touristentrubel hält sich in Grenzen. Dabei zählt die Bucht von Kefalos zu den schönsten Griechenlands und bietet besonders Surfern sehr gute Bedingungen. Auch die breiten Sandstrände rund um den Paradise Beach brauchen keinen Vergleich zu scheuen. Südwestlich der verwinkelten Ortschaft Kefalos liegen an der zerklüfteten Küste etliche kleine, ruhige Badebuchten und das Kloster Agios Ioannis.

Kos: Die Vorschau

Drittgrößte Insel des Dodekanes

Kos zählt zur Inselgruppe Dodekanes, die sich in der östlichen Ägäis dicht an die türkische Küste schmiegt. Dodekanes heißt übersetzt „zwölf Inseln", womit aber nur die Hauptinseln des Archipels gemeint sind. Tatsächlich sind es weit mehr: Wer sorgfältig zählt, kommt auf etwa 160 Inseln und Inselchen, die allermeisten davon sind unbewohnt und völlig ungeeignet, hier ein Hotel hinzubauen ... Auf Kos ist das anders: Mit einer Fläche von 290 km² und einer Ost-West-Erstreckung von nahezu 50 km ist es die drittgrößte Insel des Archipels und bietet reichlich Platz für touristische Infrastruktur. Da kann es im Sommer schon mal voll werden, insbesondere im Juli und August, wenn die Sonne zur Höchstform aufläuft, das Meer sich warm und wohlig anfühlt und auch das Nachtleben auf volle Touren kommt. Wer sich bei Tagestemperaturen von bis zu 37 Grad im Schatten wohlfühlt und es insgesamt wuseliger mag, ist zu dieser Zeit genau richtig. Alle anderen meiden diese Monate und reisen im Spätsommer, Herbst oder Frühjahr an.

Schwimmender Garten der Ägäis

Überhaupt der Frühling: Wer zu dieser Jahreszeit kommt, hat reichlich Gelegenheit zu entdecken, was es mit dem Beinamen der Insel auf sich hat. Seit der Antike nämlich wird Kos auch der „schwimmende Garten der Ägäis" genannt, und tatsächlich gleicht die Insel im Frühjahr einem Teppich aus Blumen: Margariten, Narzissen, Klatschmohn, Sonnenblumen, Jasmin und Chrysanthemen stehen dann in voller Pracht – und das sind nur die prominentesten Vertreter der blühenden Zunft auf Kos. Ende Juni ist es dann allerdings wieder vorbei mit dem Blütenzauber, und der Garten der Ägäis

legt eine schöpferische Pause ein; nur in den Bachbetten blüht noch bis August der Oleander. Für Ausgleich sorgt die Landwirtschaft. Deren Revier ist die Tiefebene entlang der Nordküste, wo unter anderem Feigen, Zitronen, Orangen, Oliven und Wein angebaut werden. Alles hübsch anzuschauen und darüber hinaus noch sehr lecker …

Insel des Hippokrates

Drei Jahrtausende einer bewegten Geschichte mit unterschiedlichen Inselherren haben auf Kos eine Vielzahl von Spuren hinterlassen. Naturgemäß konzentriert sich vieles in der quirligen Inselhauptstadt, die praktischerweise den gleichen Namen hat wie die Insel selbst: Die Römer haben sich dort unter anderem mit einem Odeon und ihren obligatorischen Thermen verewigt, die Kreuzritter mit einem mächtigen Kastell, die Türken mit zwei Moscheen und einem Hamam, die Italiener mit einem Gouverneurspalast. Letzterer steht ganz in der Nähe einer alten von einer Mauer umgebenen Platane mit einem Stammdurchmesser von etwa zehn Metern. Schätzungen zufolge hat sie rund 500 Jahre auf dem Buckel – und doch ist sie eigentlich viel zu jung. Denn der Überlieferung zufolge handelt es sich um die „Platane des Hippokrates“ und damit um denjenigen Baum, in dessen wohligem Schatten der bedeutendste Sohn der Stadt seine medizinischen Weisheiten an seine Schüler weitergegeben haben soll. Auch wenn's um etwa 2000 Jahre geschummelt ist: Tatsache bleibt, dass Hippokrates, der Begründer der Medizin als Wissenschaft, waschechter Koer war, auf der Insel als Arzt praktizierte und dort auch Unterricht erteilte.

Eng mit seinem Wirken verbunden ist eine der größten Sehenswürdigkeiten der Insel: das Asklepieion vor den Toren von Kos-Stadt, antikes Heiligtum und Krankenhaus in einem. Entstanden

ist das Asklepieion wahrscheinlich erst nach Hippokrates' Tod, doch dass Krankheiten dort nach seinen Lehren behandelt wurden, gilt als sicher. Eher unwahrscheinlich ist dagegen, dass er tatsächlich der Urheber des berühmten hippokratischen Eides ist, der die erste grundlegende Fixierung einer ärztlichen Ethik darstellt.

Wasserqualität: sehr gut

Eine heilende Wirkung wird auch den Empros-Thermen an der Ostküste der Insel zugeschrieben: Ein Bad in der schwefelhaltigen Quelle, die das Meerwasser in der Nähe auf Badewannentemperatur erhitzt, genießen mitnichten nur Rheumageplagte – besonders nachts unter dem grandiosen Sternenhimmel ist es ein einmaliges Erlebnis.

Ohnehin kann sich die Badelandschaft auf Kos sehen lassen. Die kilometerlangen und feinsandigen Strände, die weite Teile der Nord- und Südküste zieren, werden von den Koern gehegt und gepflegt. Sichtbares Zeichen der Mühen: An fünf Stränden weht die Blaue Flagge, eine Auszeichnung für hervorragende Wasser- und Strandqualität und ein Trumpfass im Poker um Besucher.

An der Nordküste zwischen Mastihari und Marmari begrenzt ein Band kleiner Dünen den langgezogenen Strand. Der Meeresboden ist sandig und fällt nur flach ab – gut für Kinder und Eltern. Traumstrände gibt es an der Südküste einige, zum Beispiel die Bucht von Kefalos im Südwesten. Das vorgelagerte Inselchen Kastri wirkt hier wie ein Schönheitsfleck: Er macht die weit geschwungene Bucht nur noch interessanter. Feinsandig und breit präsentieren sich die Strände bei Kardamena und am unbewohnten Isthmus. Kiesig sind die Strände an der Ostküste. An der Westküste finden Sie wilde und einsame Buchten, wo auch im Hochsommer kaum jemand anzutreffen ist.

„Ein kleines Paradies für Outdoorfans"

Aktiv auf Kos

Wer sich sportlich betätigen will, kommt auf der Insel ebenfalls auf seine Kosten – Kos ist ein kleines Paradies für Outdoorfans, egal ob wasser-, land- oder felsaffin. Die Insel gilt zum einen als hervorragendes Surfrevier, besonders die Nordküste und die Bucht von Kefalos eignen sich gut. Der Wind weht dort stetig und erreicht meist Stärke 4, mit dem Meltemi im Juli und August sogar 5 bis 6. Fahrradfahrern bietet die Insel entlang der Nord- und Ostküste beste Radwege und ideale Voraussetzungen für ausgedehnte Touren; Mountainbiker bevorzugen indes die Strecken in den höheren Regionen. Mit den Hippocrates Boulders genannten Granitblöcken bei Kardamena verfügt Kos zudem über ein Bouldergebiet, das in der Kletterszene noch als Geheimtipp gilt. Wanderer schätzen den einsamen Westen der Insel und das Dikeos-Gebirge mit seinen schattigen Waldstücken, herrlichen Ausblicken und einer unvergleichlichen Stimmung.

„Inselhüpfen" auf dem Dodekanes

Die Vielfalt des Dodekanes erlebt, wer sich zu einem „Island Hopping" zu den Nachbarinseln von Kos aufmacht. Von einer Insel zur nächsten ist es nur ein Katzensprung, und dennoch hebt sich jede von ihren Nachbarn deutlich ab. Ein Besuch auf Kalymnos, der Insel der Schwammtaucher, bietet sich ebenso an wie ein Ausflug zur Vulkaninsel Nissiros oder zur heiligen Insel Patmos mit dem berühmten Johanneskloster.

Kos liegt gerade einmal vier Seemeilen von der türkischen Westküste entfernt. Ideale Voraussetzungen also für einen Tagesausflug nach Bodrum. Dort kann man wunderbar bummeln und sich ein echtes Weltwunder anschauen: das Mausoleum von Halikarnassos … bzw. das, was von ihm übrig geblieben ist.

Der Strand bei Mastihari: einer von vielen Sandstränden auf Kos

Hintergründe & Infos

Das Prüfen und Reparieren der Netze gehört zur Arbeit der Fischer

Natur, Kultur und Gesellschaft

Kos ist mit einer Gesamtfläche von 290 km² nach Rhodos und Karpathos die drittgrößte Insel des Dodekanes und wie seine südliche Nachbarinsel Nissiros vulkanischen Ursprungs.

Die antike Überlieferung spricht von einem Ägäischen Festland, dessen Teil Kos und die anderen Dodekanes-Inseln einst waren. Durch gewaltige Erdbewegungen senkte sich das Land, und was heute als Inseln aus dem Meer ragt, sind nur die Gipfel des ehemaligen Gebirges. Der Nordosten der Insel besteht vorwiegend aus Asbest- und Schiefergestein; die gleiche geologische Beschaffenheit weist die kleinasiatische Küste auf – ein Indiz dafür, dass die beiden Teile einst miteinander verbunden waren.

An der Südküste der Insel erhebt sich das *Dikeos-Gebirge* mit dem gleichnamigen höchsten Berg von Kos, der eine Höhe von 846 m erreicht. Nach Norden hin flachen die Berge langsam ab und gehen in eine fruchtbare Küstenebene über, entlang derer kilometerlange Sandstrände liegen. Der Küstenverlauf der Insel ist im Vergleich zu den anderen Inseln des Dodekanes auffallend gradlinig.

Im Westen verengt sich die Insel bis auf anderthalb Kilometer, um sich dann wieder zur Halbinsel von Kefalos zu verbreitern. Hier findet sich der zweite Gebirgszug der Insel, dessen höchste Erhebung der *Berg Latra* mit 426 m darstellt. Dieser Teil der Insel zeigt deutliche Spuren vulkanischen Ursprungs: kleine Schwefelkrater, Vulkangestein und feine Risse im Meeresgrund, aus denen Schwefelwasserstoff und Kohlensäure entweichen.

Die Insel auf einen Blick

Der Name der Insel: Über die Benennung der Insel gehen die Meinungen der Forscher auseinander. Einige vermuten, dass Kos (sprich: Koss) ursprünglich der Name einer Tochter des mythologischen Königs Merops II. war, andere glauben, Kos vom dorischen Ausdruck für Meereskrebs ableiten zu können; tatsächlich ist auf mehreren historischen Münzen der Insel ein Krebs abgebildet. Möglich ist aber auch, dass „Kos" von der karischen Bezeichnung *Koion* (= Schaf) abgeleitet wurde, was sich auf den einstigen Reichtum an Schafen oder die Form der Insel beziehen würde. Noch heute nennen die Koer den Westteil der Insel aufgrund seiner Form Schafskopf.

Größe: Fläche knapp 290 km^2, Küstenlänge ca. 120 km. Von Westen nach Osten ist Kos fast 50 km lang. Die größte Nord-Süd-Ausdehnung beträgt 13,5 km, an der schmalsten Stelle misst die Insel 1,4 km.

Bevölkerung: Etwa 30.000 Menschen leben ständig auf Kos. Dazu kommen pro Saison gut 500.000 Urlauber.

Geografie: Weite Teile der Insel sind relativ flach. Im Süden jedoch, zwischen dem Kap Agios Fokas und Kardamena, erhebt sich eine imposante Gebirgskette; der höchste Berg ist der Dikeos (846 m). Hügelig ist außerdem der Westteil der Insel. Zwei Drittel der Küstenlinie sind Sand- und Kiesstrände.

Wichtige Orte: Kos-Stadt – Touristentrubel und archäologische Fundgrube; Asklepieion – eines der berühmtesten antiken Heiligtümer; Asfendiou – denkmalgeschützte Gemeinde in den Bergen; Tigaki und Marmari – Touristenorte aus der Retorte; Mastihari – altes Fischerdorf mit schönen Stränden; Kardamena – the English village; Kefalos und Kamari – Eldorado der Windsurfer.

Straßen: Der zweispurige „Insel-Highway" durchzieht die Insel von Kos bis Kefalos; auch die anderen Hauptverbindungen sind asphaltiert.

Entfernungen: Kos – Flughafen 25 km, Kos – Tigaki 9 km, Tigaki – Mastihari 15 km, Kos – Kefalos 43 km, Kos – Kardamena 26 km, Mastihari – Kardamena 13 km.

Auto- und Zweiradverleih: Verleihstellen sind in allen Touristenorten vertreten. Kleinwagen kosten ab 25 € pro Tag (Nebensaison), für einen Jeep müssen Sie mindestens 45 € bezahlen. Mofas und Mopeds sind für 10–18 € pro Tag zu haben, 80-ccm-Maschinen kosten 15–20 €, ein Mountainbike gibt es ab 3 € tägl. aufwärts. Bei Entleihung über mehrere Tage wird auf alle Fahrzeuge Rabatt gewährt.

Übernachten: Hotels, Apartments und Pensionen in allen Kategorien und Preisklassen, zudem v. a. in Kos-Stadt und Mastihari zahlreiche Privatzimmer.

Karten: Die beste Karte stammt vom Athener Verlag Terrain (Maßstab 1:45.000, 7 €), auch als App erhältlich. Brauchbar ist auch die auf Kos erhältliche Karte des Pandelis-Vayianos-Verlags, Kos Island (Maßstab 1:60.000, 1,50 €). Ungenügend sind die auf Kos kostenlos erhältlichen Tourist Maps dann, wenn man sich jenseits der Hauptstraßen bewegen will.

Telefonvorwahl: 22420 (**WICHTIG**: Die Nummer muss auch auf der Insel selbst vorgewählt werden!)

Klima

Auf Kos herrscht typisches Mittelmeerklima: heiße Sommer und milde, regenreiche Winter. Letztere sorgen auch dafür, dass die Insel im Frühjahr in voller Blüte steht. Von Mitte Mai bis Mitte September dagegen bleibt der Himmel wolkenlos, die mittäglichen Temperaturen überschreiten die 30-Grad-Grenze. Jetzt sorgt – neben eisgekühlten Getränken – nur noch der *Meltemi*, der Nordwind der Ägäis, dafür, dass es sich am Strand trotzdem aushalten lässt.

Der Meltemi kommt zwischen Mai und Oktober meist am späten Vormittag auf, steigert sich tagsüber bis zu Windstärke 5 oder 6 und flaut gegen Abend wieder ab. Oft erreicht er 7 oder 8 Beaufort; dann weht er mitunter auch über Nacht und selten gar mehrere Tage hindurch. Bei diesen Windstärken schränkt er den Schiffsverkehr zwischen den Inseln erheblich ein. Den Urlaubern ist der Meltemi meist sehr willkommen: Segler und Surfer treibt er an, den Strandurlaubern verschafft er im Hochsommer ein wenig Kühlung. Die Griechen klassifizieren die Stärke des Meltemi nicht mit Zahlen, sondern mit Namen: Der „Kareklados" wirft Stühle um, der „Trapezados" fegt Tische fort und der stärkste, der „Kabandos", sei – so sagt man – stark genug, um die Glocken zum Läuten zu bringen. Während man in der Antike Aiolos, den Sohn des Poseidon und Beherrscher der Winde, dafür verantwortlich machte, haben Meteorologen das Luftdruckgefälle zwischen dem konstanten Sommerhoch über dem Balkan und dem Tiefdruck über der arabischen Wüste als Ursache ausgemacht.

Klimatabelle

	Mittlere Lufttemp. (°C)	Mittlere Meerestemp. (°C)	Anzahl der Regentage
Jan.	12,1	15,5	15
Feb.	12,2	14,5	10
März	16,5	16,6	7
Apr.	16,4	17,5	3
Mai	20,4	18,5	1
Juni	24,7	23,0	0
Juli	26,9	24,0	0
Aug.	26,7	23,5	0
Sept.	23,6	21,0	1
Okt.	20,1	19,5	5
Nov.	16,9	17,5	7
Dez.	13,6	16,0	13

Vegetation

Kos überrascht mit einer für eine griechische Insel eher untypischen üppigen Vegetation. Im Frühjahr gleicht es einem Meer aus Blumen: Margariten, Narzissen, Klatschmohn, Sonnenblumen, Jasmin und Chrysanthemen blühen – und noch zwei Dutzend Arten mehr. Insgesamt gibt es gut 40 wild wachsende Blumenarten auf der Insel. Doch wegen der Hitze und fehlender Regenfälle vertrocknen die meisten Blüten bis Ende Juni wieder. Im Hochsommer ist von der Pracht nicht mehr viel übrig. Nur in den Bachbetten blüht noch bis August der Oleander.

Hibiskus und Bougainvillea schmücken Dörfer und Städte, Platanen spenden auf den Plätzen Schatten, Eukalyptusbäume und Akazien säumen viele Straßen. Bewaldet sind die Nordflanke des Dikeos-Gebirges und die Plaka nahe dem Flughafen.

Weite Flächen der Insel bedeckt die *Macchia*. Diese für den Mittelmeerraum charakteristische Vegetationsform umfasst eine Vielzahl immergrüner Krüppelbäume, Büsche und Sträucher, die besonders Rodungsgebiete oder Waldbrandflächen überwuchern. Etwa 2–4 m hoch, dornig und stachelig, bildet die Macchia ein oft undurchdringliches Hindernis.

Verbreitet ist zudem die *Phrygana*, kugelige, höchstens kniehohe Sträucher mit spitzen Stacheln und Dornen. Dieser Bewuchs ist eine typische Erscheinung überweideter Gebiete, in denen Schafe und Ziegen alles abgefressen haben, was halbwegs verdaulich scheint – nur eben nicht die Phrygana.

Macchia- und Phyrgana-Arten **Agaven**: Eine Sukkulentenart, die ursprünglich vom amerikanischen Kontinent stammt. Ihre auffälligen, meterhohen Blütenstände blühen im Juni; nach der Blüte stirbt die Pflanze ab.

Feigenkakteen: Große, fleischige Kakteen, deren herrlich süße Früchte von winzigen, aber sehr lästigen Stacheln effektiv geschützt werden. Wer ans Fruchtfleisch möchte, bearbeitet sie am besten unter fließendem Wasser mit einer Wurzelbürste (Fingerschutz durch Handschuhe, Gabel o. Ä.).

Erdbeerbaum: Ein immergrüner Strauch mit rötlichem Stamm, der zu den Heidekrautgewächsen zählt; die Früchte ähneln Erdbeeren nur optisch.

Ginster: Im Frühjahr und Frühsommer leuchtend gelb blühende Sträucher, die anstelle von Blättern grüne Zweige und Dornen ausbilden.

Oleander: In vielen sommertrockenen Flussbetten bildet der an den lanzettförmigen Blättern erkennbare Strauch wahre Dschungel; im Frühsommer blüht er rosa oder weiß.

Meerzwiebel: Bis über 1 m Höhe schickt die halb aus dem Boden ragende Knolle im Frühherbst ihren weißen Blütenstand.

Wacholder: Strauchartige, knorrige kleine Bäume mit nadelartigen Blättern, die gegenüber salzhaltiger Luft relativ unempfindlich und deshalb gelegentlich auch an Stränden zu finden sind.

Baumarten **Aleppokiefer**: Auch als Strand-Kiefer bekannt. Diese Spezies verträgt lange Trockenzeiten. Sie ist an ihren gekrümmten und gedrehten Zweigen und ihrer lichten, unregelmäßig schirmförmigen Krone zu erkennen. Noch heute dient das Harz der Aleppokiefer zur Herstellung des berühmten Retsina.

Eukalyptus: An der abblätternden Rinde gut zu erkennen. Wegen seines hohen Wasserverbrauches wurde der schnell- und hochwüchsige Laubbaum in vielen Mittelmeerländern gepflanzt, um Sumpfgebiete trockenzulegen. Nun entziehen sie dem Boden dauerhaft unnötig Wasser.

Maulbeerbaum: Sommergrün, mit dichtem, großflächigem Blattwuchs. Diese Bäume beschatten oft Dorfplätze und Kafenia. Auch die Feige und der Gummibaum sind Maulbeergewächse und auf der Insel häufig anzutreffen.

Mittelmeerzypresse: Ein Nadelbaum mit säulenförmigem Stamm und weit ausladenden, aufrechten Ästen. Zypressen können mehrere Hundert Jahre alt werden.

Einfach eingetopft: Blütenpracht in Antimachia

Diese, neben der Olive, am weitesten verbreitete Baumart auf Kos schützt v. a. die Hänge des Dikeos-Gebirges vor Erosion. Das aus Blättern und jungen Ästen gewonnene ätherische Öl lindert Atemwegserkrankungen und ist Bestandteil vieler Raumsprays und Parfums.

Pinie: Kiefernart, deren typisches Merkmal die dichte, schirmförmig gewölbte Krone ist. Die ölhaltigen Samen kommen als Pinienkerne in den Handel.

Platane: Dient oft als Sonnenschutz für Kafenia. Die ahornähnlichen, zur Blütezeit im Frühjahr herrlich duftenden Laubbäume erreichen Höhen bis zu 30 m. Sie benötigen viel Wasser, wachsen daher v. a. in Bachtälern.

Tamariske: Bäumchen mit schuppenförmigen Blättern und kleinen, rosafarbenen, in Trauben stehenden Blüten. Da die Blätter Salzdrüsen besitzen, können sie auf den salzhaltigen Küstenböden wachsen. An Stränden werden sie oft als natürliche Schattenspender angepflanzt.

Spendet Farbe: die Bougainvillea

Kulturpflanzen Die am weitesten verbreiteten landwirtschaftlichen Nutzpflanzen sind – abgesehen von den Olivenbäumen – Weinreben und Tomaten, die Sie auf der ganzen Insel finden. Aber auch Melonen, Auberginen, Gurken und viele andere Obst- und Gemüsesorten werden Sie beim Spaziergang durch die Felder entdecken können. Weitere Kulturpflanzen:

Feigenbaum: Die weit ausladenden Bäume stehen allein oder in kleinen Gruppen. Es gibt grüne und dunkelviolette Feigen, wobei Letztere als wohlschmeckender gelten. Bis zu dreimal jährlich können die süßen Früchte dieser uralten Kulturpflanze geerntet werden – bereits im 1. Jahrhundert n. Chr. kultivierte man im westlichen Mittelmeerraum 29 Feigensorten. Wild wachsende Feigenbäume, von denen es vor allem in den Bergregionen von Kos jede Menge gibt, kann man schon aus weiter Ferne riechen, denn die heruntergefallenen Früchte gären und verströmen einen betörenden Duft.

Granatapfelbaum: Krummastiger, mitunter dorniger Baum, der korallenrot blüht. Geleeartiges, süßes Fruchtfleisch umgibt die Samenkerne im Inneren der apfelähnlichen Früchte, aus denen der bekannte Grenadine-Sirup gewonnen wird.

Johannisbrotbaum: Immergrüner Baum mit ledrigen Blättern, zu erkennen an den länglichen, zunächst grünen, im Reifezustand schwarzen Schoten (bis zu 20 cm lang). Diese sind essbar (schmecken süßlich), werden jedoch meist nur als Tierfutter verwandt. Kultiviert wird der Johannisbrotbaum nur vereinzelt, die meisten wachsen wild. Seinen Namen hat der Baum übrigens von Johannes dem Täufer, der sich der Legende nach von den zuckerhaltigen Schoten ernährt haben soll.

Mandelbaum: Kleiner Baum mit weißen, im Frühjahr vor den Blättern erscheinenden Blüten. Die samtig behaarte Steinfrucht enthält den Mandelkern, der zu 50 % aus Öl und zu 25–30 % aus Eiweiß besteht. Die Mandeln werden hier auf Kos geröstet und leicht gesalzen gegessen. Mandelbäume findet man v. a. in den bergigen Regionen.

Okra: Eine etwa fingerlange, grüne Frucht, die ursprünglich aus Afrika stammt, im mediterranen Klima aber ebenfalls gut gedeiht. Die Okraschoten haben einen feinen Eigengeschmack und werden als Gemüsebeilage gereicht oder in Eintöpfen verwertet.

Olivenbäume nahe Mastihari

Harte Arbeit im Ölberg

Die wichtigste Kulturpflanze auf Kos ist der Ölbaum, besser als Olivenbaum bekannt. Das knorrige Gewächs bietet vielerlei Verwendungsmöglichkeiten: Das harte, widerstandsfähige Holz wird verbaut oder verfeuert. Die Früchte sind eine beliebte Zutat in der griechischen Küche, Öl wird aus ihnen gepresst oder Seife hergestellt.

Der Anbau von Olivenbäumen erfordert Geduld. Erst nach fünf bis zehn Jahren trägt ein Baum erste Früchte, je nachdem, ob er aus Stecklingen oder Samen gezogen wurde. Den Höchstertrag, rund 20 kg Oliven, ernten die Bauern oft erst nach 20 Jahren. Etwa 50 Unterarten des Olivenbaums zählen die Botaniker. Eines haben sie alle gemeinsam: Sie sind sehr empfindlich. Die Bäume vertragen nur wenige Frosttage pro Jahr, die Sommer müssen warm und trocken sein, im Herbst und Winter brauchen sie einige kräftige Regengüsse. Wenn diese Bedingungen erfüllt sind, zeigen sich in Mai und Juni die gelb-weißen Blüten, reifen die Oliven von September bis November. Dann kommt die Zeit der Ernte.

Große Netze werden unter den Bäumen ausgelegt; reife Früchte bläst der Wind herunter, die anderen werden mit Stangen und Kämmen vom Baum geholt. Viel Sorgfalt ist dabei erforderlich, denn wenn die zarte Haut der Oliven verletzt wird, sinkt die Qualität drastisch. Nachdem die Oliven von Ästen und Blättern gereinigt sind, wandern sie in eine Ölmühle. Die Oliven werden gewaschen, gemahlen und gepresst. Das muss schnell gehen: Zwischen Ernte und Pressung dürfen höchstens drei Tage liegen. Das beste Öl, sogenanntes natives Olivenöl extra, liefert die Kaltpressung.

Kühe weiden am Strand nahe Tigaki

Tierwelt

Die Zahl der Arten auf Kos ist wie auf den anderen Ägäisinseln überschaubar. Sie werden vorwiegend domestizierte oder halbwilde Säugetiere sehen: Hunde, Katzen, Hühner, Ziegen und Schafe. Daneben einige Kühe, Esel und Pferde. Zahlreich sind die Vertreter der Insekten. Abseits der Wege treffen Sie immer wieder auf die bunt bemalten Bienenkästen. Die vielen nektarreichen Wildblumen und Kräuter wie Salbei und vor allem Thymian schenken dem Honig seinen ganz unverwechselbaren Geschmack.

Auf Kos gibt es Schlangen: Die meisten sind ungiftig, aber es gibt auch giftige Ottern (griechisch: *Ochia*) Am ehesten begegnen Sie ihnen beim Wandern. Deshalb sollten Sie im Gelände festes Schuhwerk sowie lange Hosen tragen und in unübersichtlichem Terrain, besonders nahe Steinhaufen und Ruinen, fest auftreten – dann flüchten die Schlangen. Einen Angriff riskiert nur, wer eine Schlange im Schlaf überrascht oder den Fluchtweg versperrt. Falls Sie eine Otter gebissen hat, binden Sie die Wunde ab (nicht zu fest) und suchen Sie einen Arzt auf. Aber keine Panik: Bis heute ist noch kein Tourist durch eine Schlange auf Kos verletzt worden. Unter Steinen lassen sich zudem gerne Skorpione nieder. Deren Stich ist zwar nicht lebensbedrohlich, aber schmerzhaft. Freundlichere Reptilien sind die Wasser- und Landschildkröten, possierliche Geckos sowie mehrere Arten von Eidechsen.

Zwar kreisen über den Gipfeln des Dikeos keine Adler mehr, doch immerhin Falken, Bussarde und Habichte. In der Saline an der Nordküste nahe Tigaki und im Vogelschutzgebiet am Kap Psalidi überwintern Flamingos; Störche und Reiher leben das ganze Jahr dort. Groß ist die Zahl der Singvogelarten, die noch auf der Insel beheimatet sind.

Einige Arten auf Kos hat der Mensch, namentlich die Jäger, auf dem Gewissen. Im Herbst sind sie unterwegs in ihren Pick-ups. Auf der Ladefläche ein Rudel Spürhunde, im Visier die jagdfähigen Vertreter der Tierwelt. Jagen ist in Griechenland (und auch auf Kos) ein Volkssport, auch wenn es kaum noch etwas zu erlegen gibt. Rehe, Hirsche und Wildschweine sind völlig ausgestorben, Kaninchen und Rebhühner inzwischen rar.

Stark zurückgegangen ist in den vergangenen 25 Jahren auch der Bestand an Speisefischen. Traurig, aber wahr: Die Ägäis ist weitgehend leer gefischt. Wenn Sie mit dem Schnorchel unterwegs sind, werden Sie aber dennoch ab und an Schwärme kleinerer Fische sehen. Segler haben manchmal das Glück, einem Schwarm Delfine oder Mönchsrobben zu begegnen. Vor allem in den Gewässern vor der Westküste leben noch Meeresschildkröten der Art „Caretta Caretta", die zwischen Juni und September an einsamen Stränden ihre Eier ablegen.

Besonders an Felsküsten Stellen können Seeigel leben. Die Stacheln verursachen schmerzhaft Wunden, die sich oft auch noch entzünden. Da es aber nur wenige felsige Stellen auf Kos gibt, ist das Risiko zum Glück gering. Wer auf Nummer Sicher gehen will, sollte in felsigen Buchten vor allem an der Westküste Badeschuhe tragen.

Honig – Gabe für Götter und Tote

Schon in der Antike war Kos berühmt für seinen Honig. Die zähe Flüssigkeit, die zu 75 % aus Zucker und zu 19 % aus Wasser besteht, diente als Säuglingsnahrung, für medizinische Zwecke, als Gabe für Götter und Tote – sowie natürlich zum Süßen von Backwerk und Getränken. Auch das Bienenwachs war von Nutzen: Man verwendete es, um Krüge zu verschließen und Schiffsplanken abzudichten. Jedes Boot führte eine große Scheibe Wachs als Dichtungsmittel für Leckstellen mit. Geschätzt wird v. a. der für Kos typische, sehr aromatische Thymianhonig. Auch heute noch sieht man überall auf der Insel hölzerne Bienenstöcke. Mit einem Bienenvolk (30.000 bis 60.000 Bienen) erwirtschaftet ein Imker durchschnittlich 10 bis 15 kg Honig pro Jahr.

Umweltschutz war über Jahrzehnte ein Randthema in Griechenland, so auch auf Kos. Seit einigen Jahren betreiben die Koer aber aktiv Umweltschutz. Das Abwassersystem wurde erneuert und auch die Müllhalde wurde modernisiert, um das Grundwasser rein zu halten. In Kos-Stadt stehen inzwischen an mehreren Stellen farbige Tonnen für Glas und Papier, in denen der Müll getrennt gesammelt wird. Helfen Sie, Müll zu vermeiden!

Mit den Psalidi Wetlands verfügt Kos bereits seit 2002 über ein Naturschutzgebiet, das nächste soll rund um den Salzsee zwischen Tigaki und Marmari entstehen. Auch hat die Inselverwaltung den Ausbau von Fahrradwegen forciert. Besonders Fahrradfahrer in Kos-Stadt und Umgebung können gefahrlos auf eigens für sie gebauten Wegen herumkurven.

Das größte Problem ist indes die Wasserknappheit. Und dafür zeichnet sich noch keine Lösung ab. Der „schwimmende Garten der Ägäis" droht zu veröden. Großen Anteil daran hat der Tourismus. Denn in den Sommermonaten wird weit mehr Wasser verbraucht, als die Regenfälle im Winter liefern. Dies hat einen seit Jahren sinkenden Grundwasserspiegel zur Folge. Inzwischen fördern die Koer ihr Wasser aus einer Tiefe von 150 m – Anfang der 1980er-Jahre mussten sie nur 40 m tief bohren. Der hohe Aufwand hat seinen Preis: Wasser kostet etwa fünfmal so viel wie in Deutschland. Tendenz steigend.

Geschichte

Fremde Herrscher gaben sich in Kos jahrhundertelang die Klinke in die Hand und prägten so die Geschichte der Insel. Die ersten waren Einwanderer aus Kreta, die um 1600 v. Chr. auf dem Gebiet der heutigen Inselhauptstadt einen Hafen gründeten, der für den Fernhandel zwischen Kreta und Kleinasien große Bedeutung besaß.

Nach dem Untergang der kretisch-minoischen Kultur drängten die Achäer aus Thessalien und dem Peloponnes auf die Insel und errichteten mehrere Stützpunkte. Homer berichtet in der Ilias, dass Kos und seine Nachbarinseln mit 30 Schiffen am Trojanischen Krieg um 1200 v. Chr. teilgenommen haben. Unter der Herrschaft der Dorer erlebte die Insel eine erste Blütezeit: Die landwirtschaftlich genutzte Fläche wurde erweitert, Handwerk und Handel expandierten, die Bevölkerung wuchs stetig an. Strabon, ein griechischer Geograf aus dem letzten vorchristlichen Jahrhundert, berichtet, dass Kos im 8. Jh. v. Chr. Kolonien in Unteritalien gegründet habe.

Zwischen Athen und Sparta

Ende des 6. vorchristlichen Jahrhunderts fiel Kos an das Königreich Persien. Als die Koer sich weigerten, Schiffe für den persischen Feldzug gegen die griechischen Stadtstaaten des Festlandes zu stellen, wurde Kos von persischen Truppen besetzt. Nach mehreren militärischen Niederlagen mussten sich die Perser jedoch von der Insel zurückziehen. 477 v. Chr. trat Kos dann dem Attischen Seebund bei. Der wurde nach den Perserkriegen gegründet, um die griechischen Ägäis-Inseln vor den Persern zu schützen. In dieser Zeit wurde der wohl berühmteste Sohn der Insel, der Arzt Hippokrates, geboren.

Während des Peloponnesischen Krieges 431–404 v. Chr. stand Kos auf der Seite Athens, obwohl auf der Insel Dorisch gesprochen wurde – die Sprache der Feinde aus Sparta. Diese griffen 411 v. Chr. die Hauptstadt Astypalea (nahe dem heutigen Kefalos) an, plünderten und zerstörten sie. Viele Bewohner verließen daraufhin die Stadt und gründeten auf dem Gebiet der heutigen Stadt Kos eine neue Ansiedlung. Die Koer bauten die Stadtmauer und den Hafen aus. Der Handel blühte auf, und viele Menschen, darunter auch den römischen Feldherrn Pompejus, zog es zum Asklepieion, das als Heiligtum und Krankenhaus über die Inselgrenzen hinweg berühmt war. Zu jener Zeit soll die Bevölkerungszahl auf über 100.000 Menschen angewachsen sein. Selbst wenn man die Übertreibungen der antiken Geschichtsschreiber in Rechnung stellt, muss man davon ausgehen, dass damals mehr Menschen auf Kos lebten als heute.

Kos und Rom: Bündnis und Herrschaft

Nachdem Kos im Zweiten Makedonischen Krieg (200–197 v. Chr.) schwere Niederlagen hatte hinnehmen müssen, bemühte sich die Insel – zusammen mit anderen griechischen Stadtstaaten – um ein festes Bündnis mit dem Römischen Reich. Die Bemühungen waren erfolgreich, und so kämpften die Koer in der Folgezeit an der Seite des aufstrebenden Rom. 30 v. Chr. wurde Kos in die römische Provinz Asia eingegliedert. Der militärische Schutz des Römischen Reiches, dem ie Insel nun unterstellt war, hatte aber auch seinen Preis: Die Jahressteuern, die an Rom abgeführt werden mussten, waren erheblich. Als das Römische Reich 395 n. Chr. geteilt wurde, fielen ganz Griechenland und der Dodekanes dem Oströmischen Reich, dem späteren Byzantinischen Reich, zu.

Der Siegeszug des Christentums

Die christliche Religion fand in Kos, wohin der Apostel Paulus auf einer seiner Reisen gekommen sein soll, viele Anhänger, obwohl sie zunächst von der römischen Staatsgewalt verfolgt wurden. Erst unter Konstantin dem Großen, der 324 n. Chr.

Blickfang in orthodoxen Kirchen: die mit Ikonen geschmückte Wand

die Kaiserkrone im Römischen Reich übernahm, entwickelte sich das Christentum zur Staatsreligion. In der Folgezeit errichteten die Koer zahlreiche Basiliken, deren Überreste zum Teil heute auf der Insel zu besichtigen sind.

Zwischen dem 4. und 7. Jh. überfielen Vandalen, Westgoten, Sarazenen und Normannen die Insel, raubten, plünderten und brandschatzten. Neben der Gefährdung durch Piraten erlebten die Koer noch eine ständige Bedrohung ganz anderer Art: die Erdbeben. Das schwerste im Jahre 554 zerstörte viele Ansiedlungen, das Asklepieion fiel in Schutt und Asche. 654 besetzten die Araber für kurze Zeit Rhodos und Kos.

Kreuzritter und Türken: Fremdherrscher im Mittelalter

Dem Aufruf des Papstes Innozenz III. zum vierten Kreuzzug folgten zahlreiche europäische Adelige, v. a. Franzosen, Venezianer und Deutsche. 1204 eroberten die Kreuzfahrer große Teile des Byzantinischen Reiches, das sie unter sich aufteilten: Kos wurde zunächst der Herrschaft Venedigs unterstellt, fiel schließlich aber an die Genuesen, die Kos jedoch nicht schützen konnten. Diese militärische Schwäche machten sich Anfang des 14. Jh. unter anderem Katalanen zunutze, die die Insel in räuberischer Absicht heimsuchten. Schließlich verkauften die Genuesen Kos im Jahre 1309 an den Großmeister des Johanniterordens, Foulques des Villerat. Fünf Jahre später zogen die Ritter des Ordens auf der Insel ein, die sie über 200 Jahre beherrschen sollten.

Nachdem Sultan Süleiman I. bereits Rhodos eingenommen hatte, gelang es ihm 1523, auch Kos zu erobern. Die Koer wurden gezwungen, dem christlichen Glauben abzuschwören. Wer sich weigerte, wurde schwer bestraft und nicht selten sogar getötet. Als Märtyrer ging Ioannis Navkliros, den die türkischen Herrscher 1669 auf dem Scheiterhaufen verbrennen ließen, in die Geschichte ein.

Besatzung und Befreiung

In den Jahren 1821 bis 1829 führten die Griechen ihren Befreiungskrieg gegen die Türken. Der Peloponnes, Attika, Mittelgriechenland und die Kykladen errangen die Unabhängigkeit. Kos und die anderen Inseln des Dodekanes verblieben im Osmanischen Reich. Als am 7. Mai 1912 italienische Soldaten auf Kos landeten, wurden sie von der Bevölkerung freudig empfangen im Glauben, sie kämen als Befreier und um die Vereinigung des Dodekanes mit dem unabhängigen Griechenland zu unterstützen. Tatsächlich jedoch erfolgte nur die Ablösung der türkischen Besatzung durch eine italienische – besiegelt wurde diese 1923 im Friedensvertrag von Lausanne. Die Herrschaft der italienischen Gouverneure und das schwere Erdbeben von 1933, das die meisten Häuser in Kos-Stadt und Kardamena zerstörte, veranlassten viele Koer, ihrer Heimat den Rücken zu kehren.

Der Zweite Weltkrieg

Nach dem Sturz Mussolinis 1943 besetzten die Deutschen den größten Teil des Dodekanes, darunter auch Kos. Viele Koer, die im Verdacht standen, den antifaschistischen Widerstand zu unterstützen, dem immer wieder erfolgreiche Operationen gelangen, fielen den Exekutionskommandos der Nazis zum Opfer. Getötet wurden aber auch italienische Offiziere, die sich weigerten, mit den Deutschen zusammenzuarbeiten. Die Nazis deportierten über 2000 Juden aus Kos und Rhodos in das Konzentrationslager Haidari bei Athen, von wo aus sie in Viehwaggons in die deutschen Vernichtungslager transportiert wurden. Ein großer Teil der Bevölkerung entzog sich dem Terror und der Zwangsarbeit durch Flucht in die Türkei. Als am 9. Mai 1945 die Briten auf Kos landeten, bot sich ihnen ein Bild der Zerstörung: viele Gebäude zerbombt, das Vieh getötet, die Menschen hungernd. 1948 erfolgte die Vereinigung des Dodekanes mit Griechenland. Viele türkischstämmige Inselbewohner verließen daraufhin Kos.

Die Diktatur der Obristen

Im April 1967 ergriffen die Militärs in einem Staatsstreich die Macht. Noch im gleichen Jahr musste der König nach misslungenem Gegenputsch das Land verlassen. Die führenden Politiker aller Parteien wurden verhaftet, über Griechenland wurde der Ausnahmezustand verhängt. Die Obristen-Clique gab dem Land eine neue Verfassung, trat aus dem Europarat aus und kündigte die Menschenrechtskonvention auf. In Schauprozessen verurteilten Sondergerichte politische Gegner zu hohen Haftstrafen oder Verbannung; Gefangene wurden gefoltert (Filmtipp: „Z" von Costa Gavras). Der Schrecken endete erst, als die griechische Militärdiktatur 1974 in Folge der türkischen Besetzung von Zyperns Norden zusammenbrach. Die Auswirkungen der Zypernkrise waren auch auf Kos zu spüren: Der Großteil der türkischen Minderheit verließ die Insel währenddessen oder danach.

Die Wiedergeburt der Demokratie

Nach einer Volksabstimmung im Jahre 1975 wurde in Griechenland die Monarchie abgeschafft. Griechenland wird eine parlamentarische Republik, sechs Jahre lang regiert von der konservativen Nea Dimokratia. Dann setzte sich die Panhellenische Sozialistische Bewegung (PASOK) unter Andreas Papandreou bei den Wahlen durch. Im gleichen Jahr, 1981, wurde Griechenland Vollmitglied der Europäischen Gemeinschaft (EG).

Das Land in der Krise

Nach Papandreous Tod 1996 wurde der Sozialist Kostas Simitis neuer Regierungschef. Eines der Ziele seiner „Neuen Ära" war eine konsequente Sparpolitik, welche die griechische Wirtschaft stärken und die maroden Staatsfinanzen aufbessern sollte. Der 1998 vom griechischen Parlament gebilligte Sparhaushalt und der Aufschwung der griechischen Wirtschaft verblüfften selbst hart gesottene Kritiker: Griechenland erfüllte bis zum Januar 2000 die Anforderungen für den Beitritt zur europäischen Währungsunion. Im Jahr 2002 wurde der Euro eingeführt. Bis 2007 wuchs die griechische Wirtschaft jährlich um rund vier Prozent.

Doch schon zwei Jahre später war es vorbei mit dem Wachstum. Die griechische Regierung gab die wahre Dimension der Staatsverschuldung bekannt. Gründe für die Überschuldung sind der aufgeblähte Beamtenapparat, die veraltete Industrie, ein insuffizientes Steuersystem und eine ausgeprägte Schattenwirtschaft. 2010 stuften die Ratingagenturen griechische Staatsanleihen auf Schrottstatus herab, die Risikoaufschläge für Kredite schossen in die Höhe. Die Europäische Union (EU) und der Internationale Währungsfonds (IWF) beschlossen ein Hilfspaket, das den Euro schützen sollte. Sparauflagen führten die griechische Wirtschaft in die Rezession. 2011 und 2012 stand Griechenland mehrfach kurz vor dem Bankrott. „Rettungsschirme" in dreistelliger Milliardenhöhe und ein Schuldenschnitt, also ein Verzicht der Gläubiger auf einen großen Teil ihrer Forderungen, sorgten für die Rettung – oft nur ganz kurz vor dem Ablauf der finalen Frist. Die an die Rettungsschirme gekoppelten Reform- und Sparmaßnahmen – gekürzte Renten, sinkende

Mindestlöhne, höhere Steuern – trafen einen großen Teil der Bevölkerung hart. Die Arbeitslosenquote stieg 2012 auf rund 20 Prozent, jeder zweite Jugendliche ist ohne Job. Heftige Proteste waren die Reaktion, die Gewerkschaften legten das Land mehrfach mit Generalstreiks lahm. Der Zorn und die Verbitterung des Volkes schlugen auch den beiden Traditionsparteien, der konservativen Nea Dimokratia und der sozialdemokratischen PASOK (die seit dem Ende der Militärdikatur abwechselnd Griechenland regierten) entgegen. Bei den Parlamentswahlen im Mai und Juni 2012 erlitten sie dramatische Verluste. Gleichzeitig ging die Koalition der Radikalen Linken (SYRIZA) gestärkt aus den Wahlen hervor; die rechtsextreme „Goldene Morgenröte" zog erstmals ins Parlament ein.

Die Auswirkungen der Finanzkrise sind auch auf Kos deutlich spürbar. Auch wenn die Insel unter den fünf beliebtesten Urlaubszielen in Griechenland bleibt, die schlechten Nachrichten aus Hellas schreckten Urlauber ab – vor allem die Deutschen. Der Bürgermeister von Kos, Kostas Kaiserlis, klagt über stark gesunkene Besucherzahlen und eine steigende Arbeitslosigkeit, die insbesondere junge Menschen trifft. Die Unsicherheit ist deshalb auch auf Kos groß: Bei der Parlamentswahl im Juni 2012 war die SYRIZA in Kos zweitstärkste Partei und unterlag der Nea Demokratia nur knapp. Obwohl für die Krise gesamtgriechische Lösungen gefunden werden müssen, versuchen die Koer den Tourismus wieder anzukurbeln und die Wirtschaft ihrer Insel zu stärken.

Die griechisch-orthodoxe Kirche

Im Jahre 1054 kam es zum Bruch zwischen der orthodoxen und der römischen Kirche. Der Besuch einer Gesandtschaft des Papstes beim Patriarchen Michael Kerullarios endete in einem Desaster: Leo IX. belegte Michael mit einem Bannfluch, den dieser mit der Exkommunikation des Papstes beantwortete. Seitdem gehen die Kirchen getrennte Wege.

Die griechisch-orthodoxe Kirche findet in ganz Griechenland zumindest in der älteren Bevölkerung noch großen Rückhalt. Auch die die überwältigende Mehrheit der Koer gehört ihr an, lediglich eine kleine Minderheit von etwa 400 türkischstämmigen Gläubigen ist muslimisch, die meisten davon leben in der Ortschaft Platini ganz in der Nähe der Inselhauptstadt. Eine jüdische Gemeinde gibt es auf Kos hingegen heute nicht mehr. Sie wurde während der deutschen Besetzung der Insel auf die bekannte brutale Weise zerschlagen, die meisten Gemeindemitglieder fielen dem nationalsozialistischen Vernichtungsprogramm zum Opfer, nur sehr wenigen gelang die Flucht. Spuren jüdischen Lebens finden sich heute nur noch vereinzelt in Kos-Stadt: einige wenige jüdische Häuser in Hafennähe, eine kleine Synagoge und ein jüdischer Friedhof.

Der große Einfluss der orthodoxen Kirche auf Kos ist auch historisch begründet: Während der vierhundertjährigen Herrschaft der Osmanen hütete und bewahrte sie die griechische Kultur, mutige Äbte und Mönche lehrten im Verborgenen die griechische Sprache. Auch im Zweiten Weltkrieg unterstützte die Kirche den Widerstand gegen die deutschen Besatzer, gewährte Partisanen Unterschlupf und half bei der Vorbereitung geheimer Treffen. Traditionell sind Kirche und Gesellschaft eng verbunden.

Die orthodoxe (= rechtgläubige) Kirche erhebt den Anspruch, die einzig rechtmäßige Nachfolgerin der römischen Kirche zu sein. Lehre und Kultus, in dessen Mittelpunkt die Vergegenwärtigung der Heilsgeschichte und der Empfang des Abendmahls stehen, sind seit dem Siebten Ökumenischen Konzil von 787 nur wenig verändert worden. Die orthodoxe Kirche lehnt eigentlich jede Art von Reform entschieden ab – besonders aber, wenn sie von sozialistischer Seite kommt. Trotz massiven Widerstandes des Klerus ist es aber der PASOK gelungen, die Macht der Geistlichen zu beschneiden. So steht seit 1982 die standesamtliche Trauung der kirchlichen gleichberechtigt gegenüber.

Liturgie und Architektur der griechisch-orthodoxen Kirche unterscheiden sich deutlich von der katholischer und evangelischer Gottesdienste und -häuser. Die Predigt spielt eine untergeordnete Rolle; dominiert wird der Gottesdienst, bei dem Besucher willkommen sind, von Wechselgesängen, die altertümlich und fremdartig klingen. Je mysteriöser die Liturgie, desto sicherer, dass sie „nicht von dieser Welt" ist, so könnte das Motto lauten. Die Kuppel der Kirchen stellt das Firmament dar, das Gebäude selbst wird als Pforte des Himmels empfunden, Sichtbares und Unsichtbares, Glaube und Architektur verschmelzen zu einer Einheit.

Der *Papas*, der Priester, ist fester Bestandteil des Dorflebens. In ihren dunklen, langen Gewändern, das lange Haar unter dem Hut im Nacken verknotet und mit üppigem Bart, sieht man die Papades auf der Platia sitzen, aber auch auf den Feldern arbeiten. Ihr Gehalt ist gering, was sie zum Nebenerwerb zwingt. Viele sind verheiratet, müssen eine Familie ernähren: Der Zölibat betrifft in der orthodoxen Kirche nur die oberen Ränge.

Wichtiger Bestandteil der orthodoxen Spiritualität ist die Ikonenverehrung. Ikonen sind Tafelbilder mit Darstellungen von Heiligen oder biblischen Ereignissen. Für die orthodoxe Kirche sind sie die Fenster in die geistliche Welt. Die Gläubigen verehren sie, indem sie sich vor ihnen bekreuzigen, verneigen oder gar zu Boden werfen. All das gilt als Ehrung – und ist strikt von der Anbetung zu unterscheiden, die allein Gott zukommt.

Orthodoxe Priester stehen mitten im Leben: sie dürfen auch Familien gründen

Goldener Hintergrund, Zweidimensionalität und die dem Betrachter frontal zugewandten Augen, das sind typische Merkmale der Ikonenmalerei. In Griechenland sind sie allgegenwärtig: In jeder orthodoxen Kirche gibt es die Ikonostase, eine mit Ikonen geschmückte Holzwand, meist durch bis zu drei Türen von den Gläubigen abgetrennt. Aber auch am Straßenrand findet man Bilderstöcke, in deren Innerem vor einer kleinen Ikone ein Öllämpchen brennt und die an ein denkwürdiges Ereignis oder einen Unfall erinnern. Zudem haben viele Griechen die „Konsulate des Himmels" auch zu Hause.

Am Anfang der Ikonenmalerei steht der Bilderstreit von Byzanz. Auf der einen Seite standen die Ikonenzerstörer, die Ikonoklasten. Für sie bildet die Darstellung mit dem Abgebildeten eine Wesenseinheit. Bei Jesus Christus sei dies unmöglich, denn Bilder könnten nur seine menschliche, nicht aber seine göttliche Natur fassen. Eine Trennung der beiden sei Häresie und die Anbetung von Bildern aus lebloser Materie Götzenverehrung. Demgegenüber standen die Ikonen-

„Tourismus fördern und die Natur schützen"

Der Bürgermeister von Kos, Kostas Kaiserlis, steht vor einer echten Herkulesaufgabe: Er muss den Tourismus, Haupteinnahmequelle der Insel, fördern und gleichzeitig die Landschaft schützen – und dies mit immer weniger finanziellen Mitteln. Wir sprachen mit ihm über Probleme und Lösungswege.

Welchen Einfluss hat die Finanzkrise auf den Tourismus in Kos?

Kaiserlis: Uns hat die Krise später getroffen als das Festland. Aber im ersten Halbjahr 2012 sind die Besucherzahlen stark gesunken. Auch wenn Kos unter den fünf beliebtesten Urlaubszielen in Griechenland bleibt, wir spüren die Auswirkungen der Krise deutlich. Es gab einige Entlassungen auf Kos, die Arbeitslosigkeit ist gestiegen – vor allem bei jungen Menschen.

Mit welchen Herausforderungen haben Sie aktuell, mit welchen in der Zukunft zu kämpfen?

Kaiserlis: Kos hat eine gute Infrastruktur, die wir weiter verbessern wollen. Im Fokus stehen derzeit die Häfen: In Kürze beginnen wir mit dem Bau eines neuen Docks für Kreuzfahrtschiffe, außerdem wollen wir die Marina erweitern.

Wir bemühen uns zudem im Rahmen eines Fünfjahresplans, die jungen Koer nach ihrem Studium in Athen oder den anderen Universitätsstätten zu unterstützen, sodass sie ihre Geschäftsideen auch auf Kos umsetzen können. Unsere größte Herausforderung wird es sein, den Tourismus zu fördern, die Besucherzahlen wieder zu steigern und dennoch nachhaltig die Natur zu schützen.

Planen Sie weitere Maßnahmen, um die Natur auf Kos zu schützen?

Kaiserlis: Ja, die Stadtverwaltung hat gerade einen Masterplan zum Schutz des Salzsees zwischen Tigaki und Marmari aufgelegt; das geschützte Gebiet wird knapp 4 km^2 umfassen. Seit die kommerzielle Salzgewinnung dort Anfang der 1990er-Jahre eingestellt wurde, hat der Staat keine Anstrengungen unternommen, um dieses einzigartige Gebiet zu erhalten. Der Stadtrat hat deswegen die Regierung aufgefordert, dieses Gebiet den Menschen auf Kos zu übereignen. Wir gehen davon aus, dass im Sommer 2013 der Salzsee im Herzen von Kos als weiteres Naturschutzgebiet ausgewiesen sein wird.

verehrer, die Ikonodulen. Ihr Standpunkt: Gott habe mit Jesus Christus bereits ein Abbild seiner selbst auf Erden geschaffen und dieses Abbild dürfe auch gemalt werden. Außerdem gelte die Verehrung nicht dem Abbild, sondern stets dem Urbild. Doch mit ihrer Auffassung hatten sie es im 8. Jahrhundert schwer. Leo III. verbot 730 die Verehrung der Ikonen, der Kaiser setzte allein auf das Kreuz als Symbol des Christentums. Die Auseinandersetzung dauerte über ein Jahrhundert an und endete mit der Wiedereinsetzung der Ikonenverehrung durch Kaiserin Theodora im Jahr 843. In der orthodoxen Kirche ist dies bis zum heutigen Tag so geblieben.

Ab dem 9. Jh. entwickelte sich nach und nach ein umfangreiches Regelwerk für Ikonen- und Freskenmalerei. Die Darstellung der Figuren, die Szenen, in denen sie festgehalten werden dürfen, die Symbolik und der Zwang zur Beschriftung – all dies gibt den Künstlern bis heute einen engen Korridor vor, in dem sie ihre Sakralmalerei ausführen dürfen.

Was ist Ihr Lieblingsort auf Kos?

Kaiserlis: Ich denke, jeder Einwohner und jeder Reisende findet auf Kos einen Lieblingsort. Mein Favorit spielt keine Rolle. Ich würde die Frage lieber an unsere Freunde und Besucher weitergeben.

Zur Person: Kostas Kaiserlis, der Bürgermeister von Kos, wurde 1945 auf der Insel geboren. Nach seinem Pharmaziestudium in Athen wurde er im Alter von 33 Jahren erstmals zum Bürgermeister von Kos gewählt – und blieb sechs Legislaturperioden oder 22 Jahre im Amt. Dann wechselte er ins Athener Parlament und stieg bis zum stellvertretenden Innenminister auf. Der zweifache Vater kehrte 2010 nach Kos zurück und wurde im November 2010 wieder zum Bürgermeister gewählt. Kaiserlis ist Mitglied der PASOK, der Panhellenischen Sozialistischen Bewegung, die auf Kos traditionell eine starke Stellung hat.

Bürgermeister Kostas Kaiserlis im Interview mit Frank Naundorf

Der Mandraki-Hafen von Kos ist ein beliebter Anlaufpunkt für Kreuzfahrer und Segler

Anreise

Die Insel Kos wird von allen großen und zahlreichen kleineren Flughäfen in Deutschland, Österreich und der Schweiz direkt angeflogen. Rund drei Stunden dauert der Flug, der die Urlauber direkt in das mediterrane Klima des Dodekanes bringt. Dank kurzer Wege und guter Logistik nimmt der Transfer vom Flughafen zum Hotel selten länger als eine halbe Stunde in Anspruch.

Die einfachste, schnellste und in der Regel preisgünstigste Anreisevariante ist ein Direktflug per Charter, der entweder allein oder im Rahmen einer Pauschalreise (z. B. über Attika-Reisen, www.attika.de, oder TUI, www.tui.com) gebucht werden kann. Charterflugverbindungen bestehen von allen großen Flughäfen Deutschlands, Österreichs und der Schweiz. Je nachdem, von welchem Flughafen Sie nach Kos (Kurzbezeichnung KGS) starten, dauert der Flug zwischen 2 (Wien) und 3:45 Std. (Berlin). Da die Charterflüge zu Spitzenzeiten schnell ausgebucht sind, ist eine längerfristige Planung nötig. Tickets für die Oster-, Pfingst- oder Sommerferien sollten Sie mindestens zehn Wochen vor Ihrem gewünschten Reisetermin kaufen.

Alternativ können Sie auch per Charter- oder Linienflug nach Athen und von dort per Anschlussflug nach Kos reisen. Der Vorteil beim Linienflug ist, dass der Fluggast An- und Abreisetag auswählt und daher nicht auf den Rhythmus der Charterverbindungen angewiesen ist. Allerdings ist das reguläre Ticket deutlich teurer als beim Charterflug. Die versiertesten Anbieter für Linienflüge nach Athen sind die griechische Fluggesellschaft Aegean Airlines, die Lufthansa sowie Swiss International Air Lines (www.swiss.com) und Austrian Airlines (www.austrian.com). Günstiger sind die Tickets bei den Charterfliegern wie Air Berlin, Germanwings oder Easyjet, die ebenfalls Athen anfliegen. Die Strecke Athen – Kos bedienen die

griechischen Gesellschaften Olympic Air und Aegean Airlines, sodass täglich zwei- bis drei Flüge zur Auswahl stehen.

Egal, ob Sie direkt oder über Athen nach Kos fliegen, Sie werden am *Kos Island International Airport*, auch *Hippocrates* genannt, ankommen. Dieser liegt mitten auf der Insel nahe dem Ort Antimachia, rund 25 km von Kos-Stadt entfernt. Er ist in den 1990er-Jahren erheblich ausgebaut worden – schließlich ist Kos einer der wichtigsten Verkehrsknotenpunkte der Ägäis. In Spitzenzeiten landen täglich rund 30 Maschinen auf der 2400 m langen Start- und Landebahn.

Im Flughafengebäude gibt es neben Büros von Charter- und Linienfluggesellschaften einen Kiosk und eine Bar. Wer länger warten muss und Hunger oder Durst hat, ist jedoch nicht unbedingt auf die Infrastruktur im Flughafen angewiesen. Gegenüber dem Abfertigungsgebäude liegt die Taverne Airport. Hier lässt es sich lecker und preiswert speisen; auch die Getränke sind deutlich günstiger als im Flughafen. Für abreisende Passagiere gibt es im Flughafengebäude ein Geschäft, das Tabakwaren, Spirituosen, Parfums und Olivenprodukte verkauft. Taxis warten vor dem Terminalgebäude. Fünf- bis sechmal täglich verbindet ein Bus den Flughafen (Haltestelle in der Nähe) mit Kos-Stadt. Eine Fahrkarte kostet rund 2 €, für eine Taxifahrt zahlen Sie etwa 35 €.

Abflughäfen In Deutschland gibt es Direktflüge nach Kos nicht nur von den großen Airports wie Frankfurt, München und Düsseldorf, sondern auch von fast allen Regionalflughäfen wie Berlin, Stuttgart, Hamburg, Köln/Bonn, Hannover, Friedrichshafen, Nürnberg, Münster, Leipzig, Paderborn, Saarbrücken etc. Österreicher erreichen die Insel von Wien, Salzburg, Linz und Innsbruck, Schweizer von Zürich und Basel aus.

Adressen **Lufthansa**: In jedem Reisebüro oder unter der zentralen Info-Line ✆ 01805-805 805 (0,14 €/Min., 24 Std. an 7 Tagen die Woche), www.lufthansa.com.

Aegean Airlines: Am Hauptbahnhof 10, 60329 Frankfurt/Main, ✆ 069-2385630. Auf Kos: Flughafenschalter von Aegean ✆ 22420-51654 sowie auf www.aegeanair.com.

Austrian Airlines fliegt täglich von Wien nach Athen, www.austrian.com.

Swiss fliegt dreimal pro Tag von Zürich nach Athen, www.swiss.com.

Sie können natürlich auch **Reisebüros** nutzen, z. B. Travel Overland: telefonische Beratung und Buchung unter ✆ 089-27276314, www.travel-overland.de.

Gepäck Auf allen Linien- und Charterflügen dürfen pro Person 20□23 kg Freigepäck mitgenommen werden. Achten Sie darauf, dieses Limit nicht zu überschreiten. Übergewicht kostet – und zwar bis zu 10 € pro Kilo. Auf innergriechischen Verbindungen sind sogar nur 15 kg gestattet. Wer aber aus dem Ausland anreist, darf seine 20 kg weiter kostenfrei mitnehmen. Beachten Sie auch, dass einige Fluggesellschaften nur ein Gepäckstück pro Person zulassen.

Preise Regulär ab 250 € (Nebensaison) bis zu 400 € (Hauptsaison). Es gibt aber auch viele Sonderangebote, wenn die Gesellschaften wie Condor, AirBerlin oder TUIFly ihre Flieger nicht füllen. Die Gesellschaften unterbieten sich dann gegenseitig, zuletzt in der Saison 2012. Abgesehen von 29-€-Lockangeboten gibt es Flüge bereits ab ca. 150 €, wenn man früh genug bucht.

Die Preisspanne für einen Linienflug ist weit – die besten Tarife schlägt man bei einer Vorausbuchung von mindestens sechs Wochen heraus. Ein Flug mit Lufthansa oder Aegean Airlines nach Athen ist ab Frankfurt bei entsprechender Buchung ab 100 € zu haben.

Kinder bis zu zwölf Jahren erhalten bei einem Charterflug in der Regel zwischen 20 und 40 % Ermäßigung. Säuglinge fliegen je nach Gesellschaft zum Nulltarif oder für 10 % des Normaltarifs. Günstige Chartergesellschaften für die Strecke Deutschland –

Kos sind Air Berlin (✆ 01805-737800, www.airberlin.com) und TUIfly (✆ 01805-757510, www.tuifly.com).

Last-Minute-Angebote Echte Schnäppchen gibt es bei den Last-Minute-Angeboten in der Regel nur noch für Pauschalarrangements, also Flug und Hotel. Wer einen günstigen Flug nach Kos sucht, sollte also lieber Frühbucherrabatte in Anspruch zu nehmen. Informationen hierzu erhalten Sie im Reisebüro oder auf folgenden Internetseiten (Auswahl): www.ltur.com, www.expedia.de, www.weg.de, www.opodo.de, www.lastminute.de, www.billig-flieger-vergleich.de, www.travel-overland.de, www.flugsupermarkt.com.

Sportgeräte Bei Fahrrädern, Flugdrachen oder Surfgerät zeigen sich die Chartergesellschaften selten großzügig. Erkundigen Sie sich vorher, ob ein Aufpreis fällig wird und wie hoch er ausfällt. Für ein Fahrrad oder Surfbrett zahlte man zuletzt 50 €. Die Bedingungen und Gebühren wechseln häufig. Eine sachgerechte Verpackung müssen Sie selbst gewährleisten, sonst nützt das anschließende Klagen über die verbogene Lenkergabel gar nichts. Die Anmeldung – im Reisebüro oder direkt bei der Fluggesellschaft – sollte möglichst frühzeitig erfolgen, v. a. wenn eine ganze Gruppe Sportgeräte mitnehmen will.

Tiere Besser zu Hause lassen! Wer jedoch sein Tier trotzdem mitnehmen möchte, muss es bei der Buchung des Fluges anmelden und eine spezielle Transportbox kaufen. Tiere, die mehr als 5 kg wiegen, dürfen nicht in der Kabine mitreisen, sondern werden in den Laderaum verbannt. Manche Chartergesellschaften schlagen das Gewicht des Tieres dem Gesamtgepäck zu und berechnen für jedes Kilo über der Freigepäckgrenze Gebühren, andere verlangen einen Pauschalpreis von 30 €. Hunde müssen zudem für den Flugzeugtransport innerhalb der EU gechipt sein; Heimtierpass oder Tätowierung reichen nicht mehr.

Alternativen zum Flug

Echte Alternativen zur Fluganreise gibt es kaum. Die Fahrt mit dem **Auto oder Wohnmobil** dauert lang und ist teuer. Wer sich trotzdem mit dem eigenen Fahrzeug auf den Weg machen möchte, sollte dies via Italien tun. Von Venedig, Ancona, Bari, Brindisi und Otranto setzen Sie nach Patras über und fahren anschließend auf dem Landweg weiter bis Piräus. Von dort bringt Sie dann eine Fähre nach Kos. Mit Fährpassagen, Benzin und Autobahngebühren kostet die Pkw-Anreise mindestens 1000 €. Auch die Fahrt mit der **Bahn** ist etwas für Abenteurer, denn Griechenland hat 2012 alle grenzüberquerenden Zugverbindungen eingestellt. Somit bleibt für Bahnfahrer nur der Weg über einen italienischen Adriahafen mit anschließender

Fährpassage nach Patras. Von dort geht es mit dem Zug nach Athen, dann weiter mit dem Bus nach Piräus und schließlich mit der Fähre nach Kos. Mit den Europabussen der Deutschen Touring fährt man von verschiedenen Städten in Deutschland mit dem **Reisebus** nach (Nord-)Griechenland.

Fähren Der Fährhafen in **Ancona** bietet die besten Verbindungen nach Griechenland. Es gibt in der Hauptsaison tägl. mehrere Überfahrten nach Patras. Die großen Fähren brauchen für die Strecke Ancona – Patras rund 31 Std. Die Superfast und Blue Star Ferries schaffen die Route in 19 Std. (ohne Stopp) bzw. 21 Std. (mit Stopp in Igoumenitsa), sie sind aber auch teurer.
Für die Überfahrt von Ancona nach Patras zahlt man z. B. mit Minoan Lines (Stand 2012): 2 Erwachsene, 1 PKW (bis 4,25 m) in der 2-Bett-Außenkabine 550 € bzw. mit Deckpassage 230 €.

Von Piräus nach Kos fahren die Schiffe der Reederei *Blue Star*. Eine Deckpassage kostet pro Person 50 €, eine Zwei-Bett-Außenkabine 110 € pro Person.

Einen ausführlichen (kostenlosen) Übersichtsplan mit allen Fährverbindungen zwischen Italien und Griechenland erhalten Sie bei **IKON-Reisen**, Schwanthalerstr. 31, 80336 München, ✆ 089-59988890, www.ikon-reiseagentur.de. Ein aktueller Fährplan ist auch bei der **Griechischen Zentrale für Fremdenverkehr** gratis erhältlich. Hilfreich sind außerdem die Websites **www.gtp.gr** (Greek Travel Pages), **www.openseas.gr** und **www.ferries.gr**. Bequem buchen können Sie zudem über das Internetportal der Unternehmensgruppe **Deutsches Reisebüro**, www.ocean24.com.

Bitte beachten Sie, dass **Fährabfahrten** wegen rauer See kurzfristig storniert werden. Vor allem kleinere Schiffe laufen dann nicht aus oder fahren die nächstgrößere Insel an, wenn dem Kapitän das Anlegemanöver zu gefährlich erscheint. Wer leicht seekrank wird, sollte unbedingt entsprechende Mittel mitnehmen. Außerdem Pullover griffbereit halten, abends wird es auch im Sommer empfindlich kühl an Deck.

Bahn Aktuelle Informationen zu Fahrplänen und den gewünschten Verbindungen (auch im Ausland) erhalten Sie unter ✆ 01805-141514 und im Internet auf www.bahn.de.

Reisebus **Deutsche Touring GmbH**, Am Römerhof 17, 60486 Frankfurt, ✆ 069-7903-501, www.touring.de. Buchungen über **DER-Reisebüros**, in den Reisezentren der Deutschen Bahn und bei den Büros der Deutschen Touring.

Flughafen Kos: in Spitzenzeiten 30 Maschinen täglich

ADAC-Auslands-Notrufstationen

Griechenland: ✆ 210893-7777, ✆ +30-210893-7777 (mobil)

Österreich: ✆ 01-2512060, ✆ +431-2512060 (mobil)

Italien: ✆ 03921041, ✆ +39-03921041 (mobil)

Die Notrufstation in **Deutschland** erreichen Sie rund um die Uhr unter ✆ 0180-2222222 oder 222222 (mobil). Vom **Ausland** aus ist der ADAC unter ✆ +49-89-222222 erreichbar.

Reiseveranstalter mit Kos-Angeboten

Alle großen Reiseveranstalter haben Kos im Programm. Sie haben also die Qual der Wahl. Pauschalreisen sind oft die bequemste Variante für den Urlaub – besonders für Familien. Wie bei den Flügen können Sie mit frühem Buchen Rabatte einstreichen. Informieren Sie sich im Reisebüro oder über die Internetangebote der Veranstalter. Neben den großen Konzernen gibt es eine Vielzahl kleiner Reiseveranstalter, die sich zum großen Teil auf bestimmte Segmente wie Surf- oder Wanderreisen spezialisiert haben. Wir präsentieren hier eine kleine Auswahl.

Reiseveranstalter Alltours, ✆ 0203-3636360, www.alltours.de.

Attika, ✆ 089-54555100, www.attika.de.

Reiseladen, ✆ 01-5138936, www.reiseladen.at.

TUI, ✆ 01805-884266, www.tui.com.

Kite-/Surfreisen Action Sport, ✆ 0511-3180877, www.action-sport.de.
Surf & Action Company, ✆ 089-6281670, www.surf-action.com.

Surfreisen, ✆ 08282-638150, www.surfreisen.at.

Rad-/Wanderreisen Baumeler Wanderreisen, ✆ +41-41-4186565, www.baumeler.ch.

Lupe Reisen, ✆ 0228-654555, www.lupereisen.com.

Natur & Kultur Wanderstudienreisen, ✆ 07344-921222, www.natur-und-kultur.de.

Wikinger-Reisen, ✆ 02331-9046, www.wikinger-reisen.de.

Romantik auf dem Oberdeck

Unterwegs auf Kos

Das Verkehrsnetz auf Kos ist ausgezeichnet: Alle wichtigen Straßen sind asphaltiert, Taxis stehen ausreichend zur Verfügung, ebenso Mietfahrzeuge aller Art, die meisten ordentlich gewartet. Auch mit öffentlichen Bussen kommen Sie gut voran: Alle Orte, Sehenswürdigkeiten und viele Strände sind so erreichbar. Die nähere Umgebung lässt sich auf Kos – insbesondere entlang der Nordküste – auch problemlos mit dem Fahrrad bzw. Mountainbike erkunden: Die Region ist flach und die Fahrradwege werden immer weiter ausgebaut. Ideale Voraussetzungen also, um im Urlaub auf dieses umweltfreundliche Fortbewegungsmittel zu steigen.

Mietfahrzeuge

Wer die Insel mit einem Auto oder einem anderen fahrbaren Untersatz erkunden möchte, kann sich über ein großes Angebot an Mietfahrzeugen freuen. Vom Fahrrad, Roller und Motorrad über Kleinwagen bis zum Jeep – man kann auf Kos alles mieten.

Verkehrsbestimmungen Die Verkehrsregeln und -zeichen entsprechen weitgehend den deutschen. Eine Ausnahme bei den **Vorfahrtsregeln**: Der im Kreisverkehr Fahrende hat hier keine Vorfahrt, sofern nicht explizit anders ausgewiesen. **Höchstgeschwindigkeit** für Pkw/Wohnmobile innerorts 50 km/h, auf dem „Insel-Highway" auf Kos 80 km/h, außerhalb der Ortschaften 90 km/h, auf Schnellstraßen 110 km/h und auf Autobahnen 120 km/h. Motorräder über 100 ccm dürfen innerorts 40 km/h, außerhalb der Ortschaften 70 km/h, auf Schnellstraßen und Autobahnen 90 km/h fahren. Mit **Radarkontrollen** muss man v. a. auf dem Insel-Highway rechnen. Die **Promillegrenze** liegt bei 0,5 Promille. Für Motorradfahrer und Fahranfänger bis zwei Jahre nach dem Führerscheinerwerb liegt die Grenze bei 0,2 Promille. Es gibt vereinzelt Alkoholkontrollen. **Sicherheitsgurte** müssen angelegt werden. **Telefonieren** während des Fahrens ist auch in Griechenland nur mit Freisprechanlage erlaubt. Die **Geldstrafen** für Verkehrssünden sind hoch. Wer beispielsweise mit 25 km/h zu schnell geblitzt wird, muss 100 € Strafe zahlen, Fahren ohne Helm außerhalb der Ortschaft kostet 350 € und das Überfahren einer roten Ampel gar 700 €. Wer ein Verkehrsdelikt begangen hat, kann das Bußgeld halbieren, wenn er innerhalb von zehn Tagen zahlt. Bitte beachten Sie, dass Sie per Gesetz Ihr Fahrzeug in Griechenland nicht verleihen dürfen!

Tanken Das Tankstellennetz auf Kos ist dicht: Entlang des Insel-Highways, in und um Kos-Stadt, Mastihari, Kardamena und Kamari gibt es genug Zapfsäulen. Bleifreies Benzin (venzini amolivdi) kostet auf Kos ca. 1,80 € pro Liter, Diesel (petrelio) knapp 1,60 € pro Liter (Stand 2012). Die Tankstellen sind in der Regel montags bis samstags 8–22 Uhr geöffnet. Während der Sommermonate haben die meisten auch sonntags geöffnet.

Quads sind bei Urlaubern sehr beliebt

Gefahren im Straßenverkehr Unfälle passieren in Kos fast täglich, meist auf der Insel-Transversale. Wenn Zweiradfahrer darin verwickelt sind, erleiden sie oft erhebliche Verletzungen. Besonders dann, wenn sie ohne Helm oder angemessene Kleidung (lange, robuste Hose und entsprechende Oberbekleidung) unterwegs sind. Nachtfahrten sind mühsam und gefährlich. Auf den Nebenstraßen gibt es nur wenige Randbegrenzungen oder -absicherungen, aber öfters Schlaglöcher oder Bodenwellen. Zudem sind die Straßen spärlich beleuchtet – genauso wie einige Fahrzeuge. Auf Nachtfahrten sollten Sie also lieber verzichten.

Zweiräder

Fahrrad-, Roller- und Motorradvermietungen finden Sie in allen Touristenorten. Das Angebot ist groß, die lokalen Preise unterscheiden sich wenig – zwischen den Tarifen in den verschiedenen Orten gibt es jedoch oft deutliche Unterschiede. In der Nebensaison kann man den Preis unter Umständen herunterhandeln, besonders bei längerer Mietzeit. Normalerweise gewähren die Händler Rabatte ab drei Tagen Entleihdauer. Testen Sie vor der Vertragsunterzeichnung Bremsen, Licht, Gangschaltung Reifenprofil und Luftdruck. Viele Mopeds sind zu schnell für die schwachen Bremsen, fahren Sie vorsichtig. Es besteht Helmpflicht auch für Mopedfahrer – und die Ordnungshüter kontrollieren die Einhaltung, v. a. außerhalb geschlossener Ortschaften. Bei Nichtbeachten droht eine satte Geldstrafe. Folgende Zweiräder werden angeboten:

Fahrrad Ab ca. 3 € pro Tag. Vor allem in Kos-Stadt beliebt. Die einfachsten Modelle haben keine Gangschaltung und eignen sich nur für kleinere Touren. Die meisten Anbieter stellen auch Kindersitze für Fahrräder zur Verfügung.

Mountainbike Ab ca. 4 € pro Tag, Bikes mit 21-Gang-Shimano-Schaltung ab 8 €. Die geländegängigen Räder haben sich auf Kos rasch durchgesetzt. Sportliche Leute können damit die ganze Insel erkunden. Nachteil: Mountainbikes haben kein Licht.

Mofa Ab 10 € pro Tag, mitunter in schlechtem Zustand. Die meisten Maschinen haben eine Automatikschaltung, sind also leicht zu bedienen.

Leider nicht zu mieten

Roller (Scooter) Mit 50 ccm ab ca. 13 € pro Tag, in der Regel mit Vollautomatik. Die Roller sind am besten für asphaltierte oder befestigte Straßen geeignet. Auf Kos kommen Sie damit also praktisch fast überall hin. Ziemlich schnell und auch zu zweit zu benutzen, allerdings sehr windanfällig. Angeboten werden Maschinen bis zu 250 ccm, die dann ab 20 € täglich zu mieten sind.

Enduros Ca. 18 € pro Tag. Die Fahrzeuge sind ideal für Offroad-Touren und bergige Strecken. Sie sollten Sie aber nur mieten, wenn Sie Erfahrung auf holprigen Strecken gesammelt haben. Kos ist nicht unbedingt der geeignete Ort, um Endurofahren in freier Wildbahn zu lernen.

Autovermietung

Je nach Wagentyp sind die Tarife natürlich sehr unterschiedlich. Für einen Kleinwagen muss man täglich mindestens 30–35 € bezahlen. Die Preise der zahlreich vertretenen Agenturen innerhalb der Orte unterscheiden sich nur geringfügig. Zwischen den Orten, etwa Kos-Stadt und Kamari, gibt es enorme Preisunterschiede: Während im Hauptort ein Kleinwagen in der Hauptsaison 45 € kostet, zahlt man im Inselwesten nur knapp 35 € pro Tag. Wer ein Fahrzeug für einen längeren Zeitraum mieten möchte, sollte also eventuell den Weg nach Kamari auf sich nehmen, um den fahrbaren Untersatz dort zu mieten. In der Regel sind die kleineren Verleiher etwas günstiger als die renommierten internationalen Firmen wie Hertz oder Avis. Bei Letzteren hat man dagegen die Gewissheit, dass sich die Fahrzeuge in einem brauchbaren Zustand befinden, und sie haben auch sogenannte Holiday-Angebote: Wer den Wagen bereits vorab zu Hause bucht, erhält Preisnachlässe bis zu 30 Prozent.

Quad Ein „Motorrad auf vier Rädern" kostet pro Tag je nach Motorleistung 30 bis 50 €. Wenn Sie zu zweit fahren, sollten es schon 80 ccm sein. Sie dürfen Quads mit dem Auto-Führerschein Klasse B (früher: Klasse 3) fahren.

Kart Die offenen Wagen sind auf Kos sehr beliebt. Es gibt sie für rund 50 € pro Tag.

Mietbedingungen Die Mietdauer beträgt bei tageweiser Anmietung 24 Stunden, also müssen Sie ein Fahrzeug, das Sie morgens mieten auch erst am nächsten Morgen abgeben. Die Führerscheinklassen sind in der EU einheitlich geregelt, es gelten also in Deutschland, Österreich und Griechenland dieselben Bestimmungen. Das Mindestalter für das Entleihen von Autos liegt bei 21 Jahren; außerdem muss der Mieter bereits über ein Jahr lang den Führerschein haben. Wer Wert darauf legt, einen Verbandskasten (oder Feuerlöscher) an Bord zu haben, sollte vor Vertragsabschluss die Autovermietung darauf ansprechen.

Versicherung Für selbstverursachte Schäden am Fahrzeug haftet der Mieter selbst, wenn nur eine Haftpflicht im Preis inbegriffen ist. Den Mietvertrag sorgfältig durchlesen. Darüber hinaus bieten die Verleiher in der Regel *Vollkasko* mit hoher Eigenbeteiligung an; diese können Sie im Einzelfall gegen Aufzahlung ebenfalls „wegversichern". Ausgenommen von jeder Versicherung sind meist die Reifen und der Unterboden des Mietwagens. Einige Anbieter untersagen deshalb ausdrücklich das Verlassen asphaltierter Straßen. Empfehlungen für Vermieter finden Sie bei den jeweiligen Ortsbeschreibungen.

Fly-&-Drive-Angebote Im Vergleich zu den lokalen Anbietern mitunter günstiger. Hier werden Hin- und Rückflug sowie ein Leihwagen (der im Normalfall bei Ankunft am Flughafen bereitsteht) vermittelt, man ist nicht zwingend an eine Hotelreservierung gebunden Sie können den Leihwagen auch bei Ankunft direkt am Flughafen übernehmen oder zum Hotel bringen lassen. Die Angebote umfassen in der Regel Flug und Leihwagen, natürlich können Sie auch eine Unterkunft im Paket mitbuchen. Ein relativ flexibles Programm in Sachen Fly & Drive bietet zum Beispiel Attika-Reisen. Mietbedingungen: Mindestalter 21 Jahre (bei Jeeps 25 Jahre), Höchstalter 70 Jahre, mindestens ein Jahr Führerscheinbesitz, das Fahrzeug muss für mindestens drei Tage gemietet werden, tageweise Verlängerung möglich.

Bus und Taxi

Wer nicht den einsamen, abgelegenen Strand auf eigene Faust suchen und finden will, kann sich auf der Insel bequem und preisgünstig mit dem Bus fortbewegen. Die *Inselbusse (KTEL)* verbinden Kos-Stadt mit den wichtigsten Ansiedlungen auf der ganzen Insel; außerdem machen sie Halt an den schönen Sandstränden im Westen. Ein Nachteil: Wer zum Beispiel in Tigaki Urlaub macht, muss sich zum Halt an der Insel-Schnellstraße begeben, um von dort beispielsweise zum Paradise-Beach zu fahren. Bis nach Kefalos – also für rund 42 km bis fast zum anderen Ende der Insel – braucht der Bus von Kos-Stadt aus eine Stunde. Die Busse fahren regelmäßig und pünktlich. Bei den Fahrten zu den Orten an der Nordküste, nach Kardamena und den Stränden bei Kefalos sind sie in der Hauptsaison mitunter voll besetzt. In der Hauptsaison steht meist ein Springer-Bus bereit, sollte der Andrang auf ein Fahrzeug einmal zu groß sein. Die Fahrscheine können Sie nur im Bus kaufen und es ist nicht möglich, Fahrräder im Bus mitzunehmen. Weitere Informationen zu den Busverbindungen und Fahrpreisen finden Sie in den einzelnen Ortsbeschreibungen.

Das *Taxi* ist in Griechenland ein beliebtes öffentliches Verkehrsmittel. Der Taxameter wird nicht immer eingeschaltet, sondern oft ein fester Fahrpreis veranschlagt. Handeln ist nur begrenzt möglich. Oft halten bereits besetzte Taxis an, um Sie mitzunehmen, falls Sie in dieselbe Richtung wollen. Wenn der Taxameter läuft, merken Sie sich den Zählerstand beim Einsteigen – ab diesem Betrag wird dann abgerechnet. Während der Hochsaison treten immer wieder Engpässe auf. Bestellen Sie ein Taxi – am besten am Vortag – telefonisch vor, wenn Sie einen Termin (Rückflug, Fähre etc.) einzuhalten haben, ✆ 22420-22777.

Orientierungspreise: Kos – Flughafen 35 €, Kos – Kefalos 47 €, Kos – Kardamena 32 €, Kos – Tigaki 14 €, Kos – Marmari 16 €, Kos – Mastihari 29 €, Kos – Pyli 24 €.

Auch per Bus sind alle Ortschaften auf Kos erreichbar

Weißer Putz hält die Hitze ab – und ist ein schöner Kontrast zu blauem Himmel, grünen Blättern und roten Blüten

Übernachten

Auf Kos stehen knapp 200 Hotels aller Kategorien und Preisklassen zur Verfügung, dazu kommt eine Vielzahl von Apartments und Privatzimmern. Die Tarife sind im Vergleich zu anderen europäischen Ländern moderat.

Ein Grund für das relativ gemäßigte Preisniveau ist die große Konkurrenz zwischen den Anbietern. Und da der Markt noch nicht gesättigt zu sein scheint und immer wieder neue Hotels und Apartmentanlagen entstehen (vor allem im gehobenen Bereich), dürfte sich für Reisende mittelfristig nicht allzu viel ändern.

Die Hotels sind in Griechenland gemäß ihrer Ausstattung in Sterne-Kategorien eingeteilt. Die Klassifizierung erfolgt durch die Griechische Zentrale für Fremdenverkehr. Sie legt ausschließlich formale Kriterien bei der Vergabe zugrunde. So kann ein Zimmer, das kein privates Badezimmer hat, zwar nicht über einen Stern hinauskommen. Trotzdem kann diese Unterkunft die sympathischste und angenehmste in der Gegend sein – einladender als der gesichtslose Betonbau mit drei Sternen.

Privatzimmer

In vielen Orten finden Sie Schilder mit den Aufschriften *Rooms to rent, Room to let* oder *Zimmer frei.* Für ein Doppelzimmer müssen Sie auf Kos mit 25–35 € rechnen. In Ortschaften, in denen eine Touristeninformation existiert, übernimmt diese oft auch die Vermittlung von Privatquartieren. Erwarten Sie nicht den größten Komfort. Die Räume sind in der Regel nur einfach ausgestattet. Schauen Sie sich das Quartier an, bevor Sie zusagen.

Camping

Auf Kos gibt es keinen Campingplatz mehr. Wildes Zelten ist in ganz Griechenland verboten, was allein wegen der Brandgefahr verständlich ist. Wer jedoch einmalig seine Isomatte und den Schlafsack ausrollt, um am Strand zu nächtigen, bleibt in der Regel unbehelligt.

Hotels, Apartments und Pensionen

Sehen Sie sich das Hotel *(Xenodochío)*, Apartment oder die Pension *(Pansijon)* wenn möglich an, bevor Sie sich entscheiden. Wenn Sie vor Reiseantritt reservieren wollen, können Sie das mithilfe unserer ausführlichen Beschreibung der Unterkünfte in den Ortskapiteln tun. Wir stellen in diesem Buch bevorzugt Hotels und Pensionen vor, die keine oder nur in geringem Umfang Verträge mit internationalen Reiseanbietern haben. So können Sie in den von uns besprochenen Unterkünften meist auch bei kurzfristiger Buchung noch ein Bett bekommen.

Falls Sie auch eine der Inseln Leros, Kalymnos oder Patmos besuchen und dort übernachten wollen, können Sie auch auf der Seite www.casa-feria.de, eine dem Michael Müller Verlag angegliederte Internetvermittlung, etwas Passendes suchen. Außerdem sind Internetforen wie www.holidaycheck.de oder www.booking.de hilfreich, um sich ein Bild von Hotels und Apartments zu machen; Urlauber schreiben hier, wie sie die Hotels erlebt haben, und bewerten die Unterkünfte.

Die meisten Hotelzimmer auf Kos verfügen über Duschen, sind klimatisiert und mit einem kleinen Kühlschrank ausgestattet. Eine Tafel mit den offiziellen Preisen muss in jedem Hotelzimmer aushängen. In der Hauptsaison, das heißt in den Monaten Juli und August, sind die Unterkünfte am teuersten. Scheuen Sie sich nicht zu handeln. Viele Hotels geben ihren Gästen auf Anfrage zum Teil erhebliche

Viele Urlauber aus Großbritannien zieht es nach Kardamena

Preisnachlässe auf die offiziellen „Door Rates", besonders wenn sie mehrere Tage bleiben. Je weiter entfernt vom Hochsommer Sie Ihre Reise unternehmen, desto niedriger werden die Preise sein. Vor Mitte April und ab Ende Oktober jedoch sind fast alle Hotels (und die meisten Tavernen) geschlossen; in weniger besuchten Orten dauert die Saison nur von Mitte Mai bis Ende September. Mit folgenden Preisen für eine Übernachtung inklusive Frühstück müssen Sie rechnen:

Kategorie	Einzelzimmer	Doppelzimmer
*****	70–160 €	90–220 €
****	45–110 €	55–150 €
***	30–60 €	40–70 €
**	25–45 €	30–50 €
*	20–25 €	25–35 €

Folgendes sollten Sie noch beachten: Einzelzimmer sind rar. Wird in einem Hotel mit drei Sternen aufwärts ein Doppelzimmer als Einzelzimmer benutzt, darf der Einzelzimmerpreis 80 % des Doppelzimmerpreises nicht übersteigen. Für ein Zusatzbett im Doppelzimmer werden meist Aufschläge von gut 20 % erhoben.

Abreise Die Zimmer müssen – wenn nicht anders vermerkt – bis 12 Uhr geräumt sein, sonst kann der Besitzer für diesen Tag die Hälfte des Übernachtungspreises verlangen.

Preisangaben Die Preisangaben in diesem Reiseführer gelten für **Doppelzimmer (DZ)** für *zwei* Personen und – wenn nicht anders vermerkt – ohne Frühstück. Angegeben sind meist die Preise in der **Nebensaison (NS)** und in der **Hauptsaison (HS)**. Manche Hotels haben noch einen oder mehrere Preise für die Zwischensaison festgelegt.

Ausstattung In den Luxushotels können Sie viele Annehmlichkeiten erwarten, zum Beispiel einen großzügigen Spa-Bereich, Fitnessräume und natürlich einen Topservice. Je weniger Sterne, umso weniger Extras bietet ein Haus. Doch auch wenn die Ausstattung in einem Haus mit ein oder zwei Sternen deutlich spartanischer ausfällt – das Ambiente ist oft persönlicher als in den besseren Kategorien.

Bei Beschwerden ist die **Touristenpolizei** die erste Anlaufadresse. Die EOT hat ein Beschwerdetelefon für Urlauber eingerichtet: ✆ 2310-27188.

Mutwillige Täuschung

Seit Jahren gehen ähnliche Beschwerden bei der Touristenpolizei in Kos-Stadt ein: Sie seien von Pensionsbesitzern am Hafen von Kos-Stadt abgepasst worden, erzählen die Reisenden, man habe sie durch heftiges Zureden genötigt mitzukommen. Andere, die sagten, sie hätten bereits ein Zimmer in einem bestimmten Hotel reserviert, wurden schlicht getäuscht: Ja, sie kämen von diesem Hotel und seien beauftragt, sie abzuholen. Die Touristen wurden aber zu ganz anderen Unterkünften gebracht. Wer mit der Fähre nach Kos kommt, muss also aufpassen: Lassen Sie sich nicht beirren, suchen Sie die Unterkunft auf, die Sie reserviert haben. Sollten Sie sich bei der Ankunft oder der Suche nach einer Übernachtungsgelegenheit belästigt fühlen, melden Sie es der Touristenpolizei.

Direkt am Meer – ein bevorzugter Tavernenstandort

Essen und Trinken

Ein Traumziel für verwöhnte Gourmets ist Griechenland sicher nicht. Doch auf den Feldern wächst eine Vielfalt an nahrhaftem und wohlschmeckendem Gemüse und würzigen Kräutern. Und zu alledem gesellt sich neben einer Vielzahl von Fleischsorten ein reichhaltiges Angebot an Meeresfrüchten.

Der Dodekanes hat zudem dem übrigen Hellas eines voraus: Die Küche ist hier variantenreicher. Kräftige, nahrhafte Hausmannskost bekommt man in einfachen Tavernen überall, doch hier spürt man bisweilen den Einfluss der italienischen und türkischen Küche – ein Andenken an die langen Jahre unter Fremdherrschaft.

Urlauber kommen im Allgemeinen mit einigen Gepflogenheiten der griechischen Küche nicht so gut zurecht. Dazu zählt sicher, dass viele Speisen lauwarm auf den Tisch kommen, weil sie schon Stunden vorher zubereitet und später nur noch warm gehalten werden. Mittlerweile wird jedoch in vielen Restaurants auf Kos das Essen – dem Geschmack der Gäste angepasst – stets heiß serviert.

Für manchen Gaumen werden die Gerichte mit zu viel Öl und Knoblauch oder einfach zu scharf zubereitet. In früheren Zeiten zur Konservierung benutzt, später vor allem wegen des Nährwerts beibehalten, ist das berühmte und gesunde Olivenöl ein wesentlicher Bestandteil nahezu aller Gerichte. Allen Kritikern zum Trotz: Eine Vielzahl griechischer Speisen erfreut sich auf der ganzen Welt großer Beliebtheit. Denken Sie nur an Moussaka, Gyros im Teigfladen (Pita), Tsatsiki oder Souvlaki-Spieße.

Gegessen wird in Griechenland im Übrigen sowohl mittags als auch abends etwa eine Stunde später als in Mitteleuropa. Im Sommer werden oft bis Mitternacht noch Hauptgerichte serviert, denn in Griechenland sind die Abende lang. Auszugehen ist Teil der Alltagskultur und ein soziales Ereignis.

Preise Zwei Personen zahlen für eine Mahlzeit mit Vorspeise, Hauptgericht und Getränken etwa 25–30 €. Für Gedeck und Brot wird ein geringer Betrag berechnet, der aber nicht immer auf der Speisekarte steht. Ist man mit Freunden unterwegs, so ist es üblich, die Rechnung („to logariasmo") immer für den ganzen Tisch zu verlangen. Einzeln zu zahlen ist eher verpönt.

Trinkgeld Das Wechselgeld wird ohne missmutigen Blick bis auf den letzten Cent zurückgezahlt. Wenn Sie zufrieden waren, sollten Sie 5–10 % des Gesamtbetrages als Trinkgeld auf dem Tisch liegen lassen.

Die Lokale

Schlicht und ohne Schnickschnack sind die griechischen Tavernen: ein paar Stühle und Tische im weiß gekalkten Speiseraum oder in einer mit Weinreben bewachsenen Pergola. Fast alle Restaurants sind Familienbetriebe. Spätestens wenn man zum zweiten Mal im gleichen Restaurant auftaucht, gibt der Kellner nach dem Essen gerne einen Ouzo aus, den abzulehnen fast unmöglich ist. Als Gegenleistung wird eine kleine Plauderei verlangt ...

Das Angebot richtet sich nach dem eigenen Anbau oder dem örtlichen Markt. *Taverna* (Taverne) und *Estiatorio* (Restaurant) unterscheiden sich heute nur noch unwesentlich; Letzteres war früher das bessere Lokal mit der größeren Auswahl. Vor allem in Küstenorten stößt man auf die *Psarotaverna*, das spezialisierte Fischlokal. In einer *Psistaria* wird vor allem gegrilltes Fleisch angeboten, Lamm, Rind, Hähnchen und natürlich die berühmten Souvlakis. Den Besuch einer *Ouzeri* sollten Sie auf keinen Fall auslassen. Hier gibt es zu jeder Tageszeit eine große Auswahl an Mezedes (Kurzform: Mezes), also verschiedene leckere Kleinigkeiten zum Ouzo, dem populären Anislikör. Einen starken Aufwärtstrend erleben – zumindest in Touristenorten – auch die Fast-Food-Lokale sowie die Pizzerien. Die Griechen sind auf dem besten Weg, Pizza und Pasta voll in ihre Küche zu integrieren.

Das *Kafenion* ist eine der wichtigsten gesellschaftlichen Einrichtungen in Griechenland; auf Kos findet man es leider nur noch selten. Kafenion heißt meist nicht mehr als ein paar Tische und Stühle in einem schmucklosen Innenraum und ein paar Sitzplätze an der Straße. Das Kaffeehaus ist Parlament, Stammlokal, Treffpunkt für Geschäftsleute, das zweite Zuhause. Während in einem entlegenen Eck des Kafenion der Fernseher läuft, spielen Männer *Tavli* (jenes Brettspiel, das als Backggammon bekannt wurde), debattieren über Gott und die Welt, schlürfen Mokka mit einem großen Glas Wasser oder trinken Ouzo. Man bekommt hier neben Getränken manchmal auch ein einfaches Frühstück (Brot, Butter, Marmelade oder ein Omelett).

Wer Süßes mag, wird im *Zacharoplastion* (Konditorei) fündig. Neben Eis und Blätterteiggebäck gibt es auch Kuchen und das unglaublich süße Baklava.

Kafenia sind meist minimalistisch eingerichtet

Tsatsiki und Skordalia

Ein Standardrezept für Tsatsiki zu nennen hieße, sich mit der Masse griechischer Hausfrauen anzulegen. Fest stehen lediglich die Zutaten: Joghurt (10 % Fettanteil), gewürfelte oder geraspelte Gurke, fein geschnittene Zwiebel, Salz, reichlich Knoblauch (von einer Zehe bis zu einer ganzen Knolle). Interessant ist nicht nur die Zubereitung, sondern auch die Geschichte der Geruchsbombe. Selbst unter den Experten für kulinarische Genüsse herrscht Uneinigkeit über den Ursprung des Namens. Vieles spricht jedoch dafür, dass die Griechen den Türken nicht nachstehen wollten und eine dem türkischen „Cacik" ähnliche Speise als „Mutmacher" vor jeder Schlacht verspeisten. Daraus soll sich dann der Schlachtruf „Tzaziki" entwickelt haben. Ein Schlachtruf, dem heute jeder Ober in einer griechischen Taverne folgt. Im Vergleich zu Skordalia (in Speisekarten gerne als „Garlicsauce" annonciert) ist Tsatsiki geradezu harmlos. Durch die Kartoffelpüree-Knoblauch-Paste wird die Umwelt tagelang mit den feinsten Ausdünstungen versorgt ...

Rezept für Skordalia: 500 g mehlige Kartoffeln, 5 Knoblauchzehen, 1/8 l Olivenöl, 3 EL Zitronensaft, 2 Eigelb, Salz, frisch gemahlener Pfeffer.
Kartoffeln in der Schale 25 Min. garen, danach schälen und durch die Kartoffelpresse drücken. Nun den Knoblauch (gepresst) mit dem Olivenöl, dem Zitronensaft und dem Eigelb unter die Kartoffeln heben. Mit Salz und Pfeffer abschmecken. Kalt servieren.

Frühstück

Frühstück (*Proino*) ist für die meisten Griechen ein Fremdwort. Man beginnt den Tag mit einem Tässchen Kaffee. Etliche Hotels haben sich aber inzwischen auf die Gepflogenheiten der Touristen eingestellt, und so kommt das reichhaltige Frühstücksbuffet auch auf Kos langsam in Mode. Zudem bieten Tavernen kontinentales und englisches Frühstück an: Brot, Butter, Marmelade, Wurst und Käse gehören in der Regel dazu. Man kann aber auch ein Ei *(Avgo)* oder Omelett *(Omeleta)* bestellen. Außer Kaffee und Milch *(Gala)* gibt es auch oft Kakao *(Gala schokolata)*. Erfrischend ist an heißen Sommertagen der exzellente griechische Joghurt *(Yaourti)* mit Honig *(Meli)*. Ein süßer Tagesbeginn.

Vorspeisen

Es gibt eine Vielzahl von *Mezedes*, also Appetithäppchen wie Käsewürfel, Tomaten- und Gurkenscheiben, Scampi, Schnecken, Oliven, Melonenstückchen, Muscheln, kleine Fische und vieles mehr, was gerade günstig auf dem Markt zu haben ist. Ungeordnet werden die Vorspeisen (*Orektika*) auf kleineren und größeren Tellern serviert. Weil der Ouzo wegen des Anis als appetitanregend gilt, wird er gerne dazu als Aperitif getrunken – pur oder mit Wasser verdünnt, wodurch er eine milchige Färbung erhält.

Dolmadakia – gerollte Weinblätter, mit Reis und Gewürzen gefüllt; **Gigantes** – dicke weiße Bohnen in scharfer Gemüse-Tomaten-Soße; **Kolokithaakia tiganita** – frittierte Zucchini; **Melitsanosalata** – Auberginensalat, dabei werden die gegrillten Auberginen durch ein Sieb gedrückt und danach zu Salat verarbeitet; **Skordalia** – Knoblauch-Kartoffelpüree-Paste; **Taramosalata** – rötlich-orangefarbener Fischrogensalat (meist vom Karpfen); **Tonnosalata** – Thunfischsalat; **Tsatsiki** – Knoblauchjoghurt mit Zwiebeln und Gurken.

Käse

Käse (*Tiri*) gehört in Griechenland eher zu den Vorspeisen und Beilagen.

Feta: Der gesalzene Weichkäse aus Schaf-, Ziegen- oder Kuhmilch wird sehr vielseitig verwendet, zum Beispiel in Aufläufen, Gebäck, Salaten oder einfach als Beilage.

Kasseri: Weicher Hartkäse, der als Brotbelag dient, aber auch in der Pfanne gebraten wird.

Kefalotiri: Der gesalzene Hartkäse ist vergleichbar mit dem Parmesan und eignet sich gut zum Reiben.

Mizithra: Quarkähnlicher, ungesalzener Frischkäse, besitzt ein herzhaftes Aroma.

Saganaki: Frittierter Käse, heiß serviert, manchmal auch am Tisch flambiert.

Hauptgerichte

Fleisch (Kreas): Auf Kos werden Hühner (*Kotopoulo*), Schweine (*Chirino*), Schafe (*Arnaki*) bzw. Hammel (*Arni*) und Ziegen (*Katsika*) gehalten – ein Teil des Fleisches stammt also von der Insel. Rindfleisch (*Wodi*) muss dagegen importiert werden, oft noch nicht einmal vom Fest- sondern aus dem Ausland, da die natürlichen Gegebenheiten Griechenlands für die Haltung von Rindern wenig geeignet sind. Probieren Sie lieber Schaf, Lamm- oder Hammelfleisch. Auf raffinierte Zubereitung wird leider meist kein Wert gelegt, deftig sollte es sein, reichlich, herzhaft und nicht zu fett.

Gyros: Im Gegensatz zum türkischen Dönerkebab verwendet man kein Hammel-, sondern Schweinefleisch. Es wird in dünne Scheiben geschnitten, über Nacht in Olivenöl eingelegt, mit Zwiebeln, Oregano und Pfeffer gewürzt und an einem senkrechten Grillspieß gegart. Serviert als Tellergericht oder als Snack mit Zwiebeln, Kräutern, Tomaten und Tsatsiki sowie Ketchup oder Senf in einem zusammengerollten Teigfladen, der Pitta.

Keftedes/Bifteki: Frikadellen, Hackfleischbällchen, -klopse. Wie bei uns zubereitet, nur manchmal etwas schärfer gewürzt.

Kotosouvli: Hähnchenfleisch am Spieß.

Makaronia me kima: Spaghetti mit Hackfleischsoße.

Moussaka: Auflauf aus Auberginen, Hackfleisch, Kartoffeln (oder Nudeln), mit einer Béchamelsoße überbacken. Er wird in großen Mengen meist mit viel Olivenöl zubereitet und den ganzen Tag über warm gehalten.

Paidakia: Mit Oregano gewürzte Lammkoteletts, die meist über Holzkohle gegrillt, gelegentlich auch in der Pfanne gebraten werden. Je zarter und magerer die Lammkoteletts, desto besser.

Pastitsio: Nudelauflauf aus Hackfleisch und Tomaten, mit Béchamelsoße überbacken.

Souvlaki: Das Nationalgericht, jedem Griechenland-Reisenden bekannt. Aromatische Fleischspieße vom Hammel oder Schwein, mit Oregano gewürzt und über Holzkohle gegrillt. Meist preiswert und überall in jeder Größe zu haben. Etwas Zitronensaft verfeinert den Geschmack.

Souzoukakia: Ähnlich dem Bifteki, aber in länglicher Form und mit Tomatensoße. Den türkischen Einschlag spürt man daran, dass das Hackfleisch mit Kreuzkümmel (cumin) oder Kümmel gewürzt ist.

Stifado: Eine Spezialität, die man wegen der wenigen Rinder leider nur allzu selten bekommt – zartes Fleisch mit leckerem Zwiebelgemüse, unter anderem mit Zimt gewürzt. Angeboten wird auch eine Variante mit Lamm- oder Kaninchenfleisch, oft im Tontopf serviert.

Fisch (*Psari*) und andere Meeresfrüchte (*Thalassina*) sind auf dem Dodekanes meist teurer als Fleisch, da die Fanggründe der Ägäis zum großen Teil leer gefischt sind. Die Flotten müssen nun weit hinausfahren, zudem sind die Schiffe vergleichsweise klein und veraltet. Viele Fische, die in den Tavernen vorgesetzt werden, stammen irgendwo aus dem Atlantik. Der Preis für Fisch wird zumindest bei Spezialitäten auf den Speisekarten meist pro Kilo angegeben. Zum Sattwerden reichen 200 bis 300 g Fisch aus, wenn Sie dazu Beilagen bestellen. Lassen Sie sich im Zweifel den Fisch vor Zubereitung zeigen und den Preis nennen.

Astakos: Hummer (lobster) ist teuer! Die Tavernen servieren ihn in der Regel mit Spaghetti und Tomatensoße. Oft werden auch die etwas preiswerteren Langusten (Gardia) als Astakos angeboten.

Barbouni: Rotbarbe (red mullet), verbreiteter und sehr geschätzter Speisefisch, den man in allen Fischtavernen erhält.

Garides: Garnelen (scampi), oft auch als Vorspeise serviert.

Gavros: Das preiswerteste Fischgericht. Die in Mehl gewendeten winzigen Fischchen (Sprotten oder Sardellen) werden in Öl gebacken. Wenn sie klein genug sind, kann man sie mit Kopf und Schwanz essen. Auch als kalte Vorspeise beliebt, die Sie auf der Karte als Marides finden.

Kalamari: Tintenfischarme, die in Scheiben geschnitten, paniert und in Öl frittiert werden.

Oktapodi/Chtapodi: Der Oktopus muss nach dem Fang viele Male auf einen harten Untergrund geschlagen werden, damit das Fleisch weich wird. Danach wird er auf dem Grill gebraten und mit Zitrone serviert.

Psarosoupa: Die Fischsuppe ist ein nahrhafte Spezialität die allerdings nur in ausgewiesenen Fischtavernen erhältlich ist.

Xifias: Schwertfisch, sehr lecker. Die meterlangen Prachtexemplare werden säuberlich in dicke Scheiben geschnitten.

Tsipoura – Meerbrasse; **Kefalos** – Meeräsche; **Midia jemista** – gefüllte Muscheln.

Vegetarisches: Auf dem Dodekanes finden Sie auch eine große Auswahl an fleischlosen Gerichten. Vegetarier können sich aus Vorspeisen, Beilagen, Suppen und Salaten interessante Kombinationen zusammenstellen lassen.

Anthous: Mit Reis gefüllte Zucciniblüten. Eine Spezialität.

Briam: Eintopf aus mehreren Gemüsen und Kartoffeln.

Choriatiki: Der beliebteste Salat ist der bekannte griechische Bauernsalat. Er besteht aus Tomaten, Gurken, grünen Salatblättern und Oliven; das Ganze wird gekrönt von einer aromatischen Scheibe Feta.

Chorta: Wildgemüse, in Aussehen und Geschmack mit Löwenzahn vergleichbar.

Fassolada: Suppe aus weißen Bohnen mit viel Sellerie und Karotten.

Fassolia: Grüne Bohnen, manchmal mit Knoblauch-Kartoffel-Püree.

Jemista: Mit Reis und gehackten Pfefferminzblättern gefüllte Tomaten oder Paprika.

Melitzanes: Auberginen in Öl gebraten. Um den bitteren Geschmack zu neutralisieren, legt man die Frucht vorher in Salzwasser. Das Salz wird anschließend abgetupft.

Okra: Die fingerlange grüne, bohnenähnliche Frucht erfordert eine aufwendige Zubereitung. Um zu verhindern, dass die schleimartige Flüssigkeit im Inneren beim Kochen austritt, muss man beim Putzen und Säubern sehr vorsichtig sein.

Angouro salata – Gurkensalat; **Arakades** – Erbsen; **Fassolia** – Bohnen; **Karota** – Karotten; **Kolokihti** – Kürbis; **Lachano salata** – Krautsalat; **Marouli** – Kopfsalat; **Patates** – Kartoffeln oder Pommes frites; **Pilafi** – Reis; **Piperjes** – Paprika; **Spanaki** – Spinat; **Tomata salata** – Tomatensalat.

Brot

Das A und O einer Mahlzeit. In den Tavernen wird durchweg das weiße, nährstoffarme Brot namens *Aspro psomi* serviert, selbst wenn bereits kohlenhydratreiche Speisen wie Nudeln oder Kartoffeln bestellt wurden. Das Brot schmeckt frisch gut, wird aber schnell hart und trocken.

Choriatiko – dunkles Bauernbrot; **aspro psomi** oder **lefko psomi** – Weißbrot; **Paximadi** – Zwieback.

Gewürze

Gewürze gedeihen auf Kos in rauen Mengen. Sie sind auch ein typisches Insel-Souvenir.

Minze: Man verwendet sie häufig zum Würzen von Hackfleisch; sie verleiht eine besondere Schärfe.

Oregano: Der wild wachsende Majoran zählt zu den Lieblingsgewürzen der Griechen. Fast in allen Grillgerichten enthalten.

Pinienkerne: Dienen oft zur Verfeinerung von Reisgerichten.

Zimt: Nicht nur in Süßspeisen, sondern auch in Tomatensoße und Fleischgerichten zu finden.

Zitrone: Verfeinert Fisch und Fleisch, außerdem ersetzt sie häufig den Essig.

Daneben wird auch gerne mit Basilikum, Bohnenkraut, Rosmarin, Salbei und Thymian gekocht.

Nachspeisen und Süßes

Die Auswahl an Süßem (*Glika*) und Backwaren ist traditionell groß – meist Blätterteig und oft sehr, sehr süß, wofür viel Zucker und Honig sorgen.

Baklava: Hauchdünner Bätterteig, gefüllt mit Mandeln und Nüssen, mit Honig übergossen. Ursprünglich aus der Türkei.

Bougatsa: Blätterteiggebäck mit einer Füllung aus Ziegen- oder Schafskäse, wahlweise auch mit Vanillesoße oder Quark. Diese Spezialität essen die Koer gerne vormittags als Frühstücksersatz.

Halva: Knusprig-süßes Gebäck aus Honig und Sesamkörnern.

Galatoboureko: Blätterteiggebäck mit Grieß-Creme-Füllung.

Loukoumades: In heißem Öl ausgebackene Teigkugeln, werden mit Honig überzogen.

Risogalo: Milchreis, mit Zimt gewürzt, nur selten zu haben.

Yaourti me meli: Joghurt mit Honig, auf Wunsch mit Nuss- oder Mandelsplittern. Wenn Sie sich wundern, warum der griechische Joghurt besser als der deutsche schmeckt, riskieren Sie mal einen Blick auf den Fettgehalt.

Obst

Das Angebot an Obst (*Frouta*) ist reichhaltig, die Früchte sehr schmackhaft.

Banana – Banane; **Karpusi** – Wassermelone; **Kerasia** – Kirschen; **Milo** – Apfel; **Peponi** – Honigmelone; **Portokali** – Orange; **Siko** – Feige; **Stafilia** – Trauben.

Getränke

Wasser (Nero): Für Griechen seit jeher eine Kostbarkeit. Früher reichte man im Restaurant zum Essen oder zum Kaffee Wasser. Das ist leider heute leider nur noch selten der Fall. Wer kein Wasser angeboten bekommt, sollte sich nicht scheuen, höflich um eine Karaffe Wasser (*ena karafaki nero*) zu bitten. Das Leitungswasser ist auf Kos grundsätzlich

Saftig und süß

Weinbau hat auf Kos Tradition

trinkbar. Sie können jedoch überall Mineralwasser bestellen. Im Sommer ist natürlich das Wasser aus der PET-Flasche aus hygienischen Gründen (Keime) vorzuziehen, muss aber bezahlt werden. Die Karaffe dagegen geht auf Kosten des Hauses.

Alkoholfreies: Neben den bekannten internationalen Limonaden existiert in Griechenland wenig Authentisches. Zumindest frisch gepressten Orangensaft bekommen Sie überall. Von der Nachbarinsel Nissiros stammt das Zimtgetränk *Kanelada.* Bars und Diskotheken bieten es inzwischen auch als Partydrink an, dann aber gemischt mit Cola und Hochprozentigem.

Limonada – Zitronenlimonade; **Portokalada** – Orangenlimonade; **Chymos Portokaliou** – Orangensaft.

Bier (Bira): Das Bier hat dem Wein den Rang abgelaufen. Vor allem zum Essen wird jenes Getränk, das einst König Otto I. in der ersten Hälfte des 19. Jahrhunderts aus Bayern mitbrachte, dem Wein vorgezogen. Nach dem Braumeister Karl Johann Fuchs hieß die erste griechische Biermarke *Fix.* Die Biermarke von 1864 ist jüngst reaktiviert worden. Es gibt etabliertere griechische Biere wie Mythos, Alpha und Vergina, die sich gut gegen die internationale Konkurrenz behaupten können. Die ist entweder importiert oder wird in Griechenland in Lizenz hergestellt (unter anderem Amstel, Heineken und Löwenbräu).

Kaffee (Kafe): Wer den typisch griechischen Kaffee, ein starkes, schwarzes Mokkagebräu in winzigen Tassen, möchte, muss ausdrücklich „Kafe elliniko“ oder „Greek coffee“ verlangen. Die Koer haben die von Mitteleuropäern favorisierten Kaffee-Varianten inzwischen in allen Touristenorten im Angebot: Filterkaffee, Nescafé, Espresso, Café Latte, Cappuccino ... Das beliebteste Sommer-Getränk ist der *Frappé,* geschüttelter Nescafé mit viel oder wenig Zucker und/oder Milch. Achten Sie bei der Bestellung auf das fragende Gesicht des Kellners, wie Sie Ihren Frappé wünschen. Mit den folgenden Vokabeln sind Sie bestens vorbereitet:

Kafe elliniko und Frappe: *elafri* – schwach; *metrio* – mittelstark, mit Zucker; *vari gliko* – sehr süß; *sketo* – ohne Zucker; *vari gliko me poli kafe* – sehr süß und sehr stark; *frappé* – kalt und geschüttelt mit Schaum; *me Gala* – mit Milch.

Nescafé: *sesto* – heiß; *sketo* – schwarz; *me Sachari* – mit Zucker; *me Gala* – mit Milch.

Spirituosen: Alltägliches Genussmittel der Koer ist der Tresterschnaps *Raki* oder der Anisslikör *Ouzo*, der aus reinem Alkohol unter der Zugabe von Kräutern, Gewürzen und Anis hergestellt wird (Mindestalkoholgehalt 37,5 %). Oft wird er mit Wasser verdünnt und verfärbt sich dadurch milchig. In den Tavernen, Bars und Diskotheken erhalten Sie alle international bekannten Spirituosen, Modegetränke und Cocktails.

Tee (Tsai): In den Bergdörfern bekommt man mitunter den schmackhaften Bergtee *(Tsai tou Vounou)*. Sonst werden Teebeutel serviert, Zucker und Zitrone liegen bei.

Wein (Krassi): Die Weine der beiden ausgezeichneten Kellereien auf Kos sollten Sie unbedingt verkosten. Die Winzerfamilien Hatzienmmanouil und Oinampelos stellen vorwiegend trockene (weiß, rosé und rot) und einen süßen Rotwein her. Für den Wein, für den die heimische Rebsorte Malagousia mit einem Sauvignon Blanc gekreuzt wurde, erhielt Oinampelos sogar die Silbermedaille auf einem internationalen Weinwettbewerb. Die lokalen Weine schenken viele Tavernen auf Kos, sie sind flaschenweise in der Markthalle in Kos-Stadt oder direkt beim Weingut (→ S. 144) zu erwerben. Pro Jahr trinkt jeder Einwohner Griechenlands 45 Liter des Traubensaftes, der deutsche Weinverbrauch liegt pro Kopf bei ca. 25 Litern.

In den meisten Tavernen gibt es Flaschen- und offene Weine. Letztere sind preiswerter, oft schmecken sie auch besser. Offener Wein wird kiloweise verkauft. Verlangen Sie Wein „apo to Vareli" (vom Fass) bzw. Hauswein (*Krassi Chima*); Weißwein heißt auf Griechisch *Aspro Krassi*, Rotwein *Kokkino Krassi*.

Weinfest Wie in anderen Teilen Griechenlands findet auch auf Kos, im Ort Kardamena, ein **Weinfest** statt. Für rund 5 € Eintritt bekommt man einen Tonkrug oder ein Glas ausgehändigt und darf aus den verschiedenen Fässern so viel Wein trinken, wie es beliebt. Das alles erinnert ein wenig an ein Volksfest. Trinken Sie mäßig, der Alkoholgehalt der jungen Weine ist nicht zu unterschätzen.

Retsina

Warum die Griechen ihren Wein mit dem Harz der Aleppokiefer versetzen, ist nicht ganz geklärt. Ein Grund ist sicher, dass Harz konservierende Eigenschaften besitzt, weswegen es bereits vor 3.000 Jahren dem Wein zugesetzt wurde. Aber das Verfahren hat noch andere Vorteile: Zum einen ist der etwas säuerliche Geschmack durstlöschend, zum anderen behaupten Retsina-Fans steif und fest, dass Harz das Aroma des Weines verfeinere. In ländlichen Regionen sagt man dem geharzten Wein sogar Heilkräfte nach. Wie auch immer, die Griechen stehen zu ihrer Retsina (im Griechischen ist diese Wein-Variante weiblich). Man trinkt sie hauptsächlich zum Essen, übrigens nicht nur pur, sondern auch verdünnt mit Wasser oder Soda. Trotz der Mix-Varianten: Der einst allgegenwärtige Tischwein ist aus der Mode gekommen, nur noch 15 Prozent der Weinproduktion entfallen auf den geharzten Rebensaft – und dies auch nur wegen treuer Trinker in den USA, Australien und Deutschland. Der Inlandsmarkt fiel vor Jahren in sich zusammen. Nun wollen einige Winzer den Traditionswein wiederbeleben, vor allem mit hochwertigen Trauben.

Fliegende Händler sind unterwegs auf den Inseln des Dodekanes

Wissenswertes von A bis Z

Antiquitäten

Die Ausfuhr von antiken Gegenständen ist verboten. Dies gilt selbst für Felsstückchen, wenn sie von den berühmten Ausgrabungsplätzen stammen. Es drohen sogar Gefängnisstrafen.

Ärzte und Apotheken

Die medizinische Versorgung auf Kos ist relativ gut. Es gibt ein Krankenhaus und zahlreiche Fach- und Zahnärzte, vor allem in Kos-Stadt. Darüber hinaus finden Sie über die Insel verteilt verschiedene Hausarztpraxen und Gesundheitszentren. Die Verständigung ist in der Regel kein Problem, da die meisten Ärzte zumindest eine Fremdsprache (normalerweise Englisch) beherrschen.

Die Firma Kos medicare, gegenüber dem Hospital in Kos-Stadt, bietet seit 2012 eine Art Erste-Hilfe-Station, in der mehrere Mediziner (unter anderem Internisten, ein Haut- und ein Kinderarzt) die Betreuung kleinerer Verletzungen und Erkrankungen übernehmen. Bei aufwendigeren Behandlungen ziehen sie Ärzte der entsprechenden Fachrichtungen hinzu. Kos medicare ist 24 Stunden, sieben Tage die Woche erreichbar und führt auch Hotelbesuche durch, ✆ 22420 23330, www.kosmedicare.gr

Apotheken *Farmakio* finden Sie in Kos-Stadt, Antimachia, Kardamena, Kefalos und Zipari. Meistens sind Arzneimittel in Griechenland wesentlich billiger als in Deutschland. Auch in Griechenland gibt es einen Apothekennotdienst; ein entsprechender Hinweis ist im Schaufenster angebracht

Info Bei den Automobilclubs kann man sich für den jeweiligen Urlaubsort deutschsprachige Ärzte nennen lassen.

Notfall

Unter folgenden Rufnummern erreichen Sie im Notfall Hilfe:

Polizei ✆ 100

Rettungsdienst ✆ 166 oder ✆ 112

Die „normalen" Rufnummern der Polizei *(Astinomia)* finden Sie bei den jeweiligen Orten.

Versicherung Für EU-Bürger und Schweizer besteht die Möglichkeit, sich über die „Europäische Krankenkversichertenkarte" über die griechische Krankenkasse IKA kostenlos zu behandeln zu lassen. Das Verfahren vor Ort ist aber aufwendig. Wir raten dazu, die Behandlungskosten vor Ort zu tragen, sich eine Quittung *(Apodixi)* mit Diagnose und Behandlungsposten ausstellen zu lassen und diese bei der deutschen Krankenversicherung einzureichen. Die gesetzlichen Kassen erstatten die Ausgaben zumindest in der Höhe, die in Deutschland angefallen wären; private Krankenkassen tragen die Kosten in der Regel vollständig. Diese Regelung umfasst auch die nötigen Medikamente. Wer auf Nummer sicher gehen will, schließt eine Auslandskrankenversicherung ab, die die meisten privaten Kassen recht günstig anbieten.

Ausweispapiere

Für EU-Bürger und Schweizer reicht zur Ein- und Ausreise ein gültiger Personalausweis bzw. eine Identitätskarte. Achtung: Auch Kinder benötigen inzwischen einen gültigen Pass (ab zehn Jahren mit Passbild); das Eintragen in den Reisepass der Eltern ist nicht mehr möglich.

Sinnvoll ist es, Personalausweis und Reisepass mitzunehmen. Dann haben Sie Ersatz, falls ein Dokument verloren geht. Zweitens liegt ein Papier oft bei der Hotelrezeption oder Fahrzeugvermietern als Pfand.

Baden

Kos ist eine ideale Badeinsel. Zwei Drittel der insgesamt 112 km Küstenlinie sind Sand- und Kiesstrände. Griechenland hat das sauberste Meer in der Europäischen Union; auf Kos sind sieben Strände mit der Blauen Flagge ausgezeichnet. Diese Auszeichnung der *Foundation for Environmental Education* dokumentiert nicht nur den hohen Stand der Badewasserqualität, sondern auch, dass strenge Sicherheitsstandards und weitere Umweltauflagen eingehalten werden.

Oben-ohne-Baden ist auf Kos an der Tagesordnung. Allerdings sollte man als Gast auf die landesüblichen Gepflogenheiten Rücksicht nehmen und auf das Nacktbaden verzichten. Offiziell ist dies in der Öffentlichkeit in Griechenland verboten. Es gibt aber auch auf Kos Strandabschnitte, an denen FKK geduldet ist. Badeschuhe sind an vielen Stränden hilfreich: sei es, weil Sie so schmerzfrei über in der Mittagssonne stark erhitzten Sand gehen können, am Kiesstrand bequem laufen oder – an den wenigen felsigen Stränden – schmerzhaften Kontakt mit Seeigeln ausschließen.

Sandstrand bei Mastihari

Botschaften/Konsulate

Alle Botschaften haben ihren Hauptsitz in Athen, ein deutsches und ein österreichisches Honorarkonsulat befinden sich in Rhodos-Stadt. In Notfällen, beispielsweise beim Verlust sämtlicher Ausweisdokumente, stellen die diplomatischen Vertretungen ein Dokument aus, das zur einmaligen Ausreise berechtigt.

Vertretungen Deutschlands **Deutsche Botschaft**, Karaoli-Dimitriou 3, Athen, ✆ 210-7285111, info@athen.diplo.de; **Deutsches Honorarkonsulat**, Amerikis-Str. 55, Rhodos, ✆ 22410-37125, rhodos@hk-diplo.de.

Vertretungen Österreichs **Österreichische Botschaft**, Vasilissis Sofias 4, Athen ✆ 210-7257270, athen-ob@bmeia.gv.at; **Österreichisches Konsulat**, Iroon-Politechniou 21, Rhodos, ✆ 22410-75738, savvaspapageorgiou@gmail.com.

Vertretungen der Schweiz **Schweizer Botschaft**, Iassiou 2, Athen, ✆ 210-7230364, ath.vertretung@eda.admin.ch, **Schweizer Konsulat**, Grigoriou-Seferi 108, Rhodos, ✆ 22410-73690, rhodos@honorep.ch.

Deutschsprachiger Verein Kos

Heimatpflege auf der Insel des Hippokrates – dies zelebrieren 50 Deutsche im Verein. Der wurde 1992 gegründet, um die eigene Herkunft nicht zu vergessen und den Kindern etwas über ihre Wurzeln zu vermitteln. Die Mitglieder treffen sich zum Stammtisch, zu Vorträgen oder Wanderungen und feiern zusammen Karneval. Für den Nachwuchs gibt es zudem Unterricht in deutscher Sprache. Der Verein erwacht im Oktober zum Leben, da die meisten Mitglieder in der Fremdenverkehrsbranche tätig sind. Ein Höhepunkt ist Weihnachten. Der mit Hilfe anderer europäischer Vereine ins Leben gerufene Weihnachtsbasar ist laut Andrea Hantzos, Vorsitzende des Vereins, inzwischen die beliebteste Winterveranstaltung in Kos-Stadt.

Einkaufen

Ein Einkaufsparadies ist Kos nicht. Zwar sind die Geschäfte für die Touristen an sieben Tage in der Woche geöffnet und es stehen in Kos-Stadt, Kardamena und Zia Einkaufsgassen mit vielen kleinen Läden zur Verfügung, doch sind viele der angebotenen Produkte einfache Massenware. Die wenigen lohnenden Ausnahmen stellen wir in den Ortskapiteln vor. Typische Mitbringsel sind Lederwaren, Keramikartikel und Reproduktionen von antiken Statuen und Ikonen. Als kulinarisches Andenken empfehlen sich ein Glas Thymianhonig, lokaler Wein oder Kräuter und Gewürze aus Kos.

Ermäßigungen

Schüler und Studierende aus den EU-Staaten können archäologische Stätten und Museen kostenlos besuchen; Studenten aus Nicht-EU-Ländern zahlen ermäßigten Eintritt. Meist genügt es, den normalen Studentenausweis – in Verbindung mit Personalausweis oder Reisepass – vorzulegen. Den internationalen Studentenausweis (International Student Identity Card, ISIC) mit Passfoto erhält man bei Vorlage einer Immatrikulationsbescheinigung oder eines Schülerausweises bei den ASTAs der Universitäten sowie in Reisebüros, die sich auf Schüler- und Studentenfahrten

Nationale Feiertage

1. Januar	Neujahr – in Griechenland statt Weihnachten Tag der Geschenke
6. Januar	Epiphanie (Erscheinungsfest) – man feiert Jesu Taufe im Jordan und damit seine erste öffentliche „Erscheinung" als Licht im Dunkel der Welt
25. März	Griechischer Unabhängigkeits- und Nationalfeiertag – Erinnerung an den 1821 begonnenen Freiheitskampf gegen die Türken
Karfreitag/Ostern	Ein Erlebnis – das Osterfest der griechisch-orthodoxen Konfession wird, da nach dem julianischen Kalender berechnet, später gefeiert als unser Osterfest: 5. Mai 2013, 20. April 2014, 12. April 2015, 1. Mai 2016
1. Mai	Frühlingsfest und Tag der Arbeit
15. August	Mariä Entschlafung – so gedenkt man des leiblichen Todes Marias (die eigentliche Himmelfahrt findet für die orthodoxe Kirche erst drei Tage später statt)
28. Oktober	„Ochi-Tag" – „Nein" (= ochi) zu Mussolinis Ultimatum 1940; Nationalfeiertag
25./26. Dezember	Weihnachten – wird in den Familien mit einem großen Festessen gefeiert

Lokale Feste (Patronatsfeste)

1./2. Februar	Kirchweihfest in Paleo Pyli
April/Mai	Am Wochenende nach Ostern findet in Pyli ein Pferdrennen auf der Hauptstraße statt
7./8. Mai	Kirchweihfest in Lagoudi – am Abend des 7. Mai Musik und Tanz, am 8. Mai Gottesdienst mit Prozession
29./30. Juni	Ag. Apostoli in Antimachia
25./26. Juli	Kirchweihfest in Kamari
26. Juli	Kirchweihfest Ag. Paraskevi in Antimachia (Kastell)
5./6. August	Kirchweihfest Ag. Christos bei Zia
14./15. August	Kirchweihfest in Kefalos
15. August	Mariä Entschlafung in der Panagia in Kardamena
28./29. August	Ag. Ioannis in Mastihari und im Kloster Ag. Ioannis bei Kefalos
7./8. September	Kirchweihfest in Kardamena
14. September	Festgottesdienst in der Kapelle über dem Charmylos-Grab in Pyli
21. November	Panagia in Zia
6. Dezember	Ag. Nikolaos in Kos-Stadt

spezialisiert haben. Auch Senioren über 65 Jahren aus EU-Ländern zahlen bei Vorlage ihres Personalausweises ermäßigte Eintrittspreise. Ermäßigungen auf Eintritts-, Flug-, Fähr- und Übernachtungspreise werden *Kindern* bis zu zwölf Jahren gewährt. Die beiden größten Ausgrabungsstätten in Kos-Stadt, die Agora und das Gymnasion, sind jederzeit kostenlos zugänglich.

Feiertage

Die Griechen lieben ihre Feiertage, die sie mit großem Aufwand begehen. Es gibt zwei Arten: die nationalen und die lokalen Feiertage. Fast ohne Ausnahme feiert jedes Dorf und jede Stadt auf Kos ein eigenes *Kirchweihfest*. Oft wird mit einer Prozession an den örtlichen Kirchenheiligen erinnert. Ansonsten sind die Kirchweihfeste ein willkommener Anlass, sich bei Musik und Tanz endlich wieder einmal zu treffen. Fremde sind immer willkommen.

Jedes Jahr von Juli bis September findet in Kos-Stadt die *Ippokratia* statt, eine Serie von Konzerten, Theater- und Folkloreaufführungen unter freiem Himmel. Veranstaltungsorte sind unter anderem das Kastell Neratzia, das Stadion und das Odeon. Im Asklepieion wird mehrfach während der Kulturwochen die Deklamation des hippokratischen Eides zelebriert. Die Touristeninformation von Kos-Stadt hat eine Übersicht zu den Ippokratia-Aufführungen und zu den anderen Festen und Veranstaltungen auf der Insel. Die Liste ist über die Homepage der Information (www.kos.gr) abrufbar.

Ostern – das Fest der Feste

Ostern ist überall in Griechenland der Höhepunkt des Festtagskalenders. Am Karfreitag schmücken die Gläubigen in den Kirchen das (symbolische) Grab Christi mit Blumen. Am Abend findet eine erste Osterprozession statt. Samstagnacht erreichen die Feierlichkeiten auf Kos ihren Höhepunkt: Um 23 Uhr beginnt die Ostermesse. Kurz vor Mitternacht erlöschen alle Lichter – nur das Heilige Licht leuchtet noch. Dieses Licht soll direkt aus dem Grab Christi in Jerusalem stammen, wo es sich wie von Wunderhand jedes Jahr selbst entzündet. Der Priester verteilt das empfangene Licht dann weiter an die Gemeinde, die mit einer *Kerzenprozession* die Auferstehung Christi feiert. Diese wird schließlich mit Krachern, Böllern und Raketen auch akustisch verkündet. Den Ostersonntag feiern die Koer dann im Kreis der Familie, am liebsten beim Grillen eines Osterlamms oder Zicklein am Spieß.

Fotografieren und Filmen

Fotografieren und Filmen ist generell erlaubt. Ausgenommen davon sind allerdings militärische Anlagen: Verbotsschilder warnen vor dem Gebrauch der Kamera. In den archäologischen Stätten darf fotografiert werden (in Museen allerdings nur ohne Blitz), für das Filmen mit der Videokamera ist teilweise eine Gebühr zu entrichten.

Dennoch verhält sich die Bevölkerung gegenüber Fremden nach wie vor freundlich. In einigen Dörfern geht die Gastfreundschaft *(Filoxenia)* noch immer so weit, dass Fremde zum Essen und Trinken eingeladen werden und für die Zeit des Aufenthalts unter dem Schutz der Familie stehen – so wie es nach alter Sitte üblich ist.

Der Papas ist Bestandteil des Dorflebens

Geld

Landeswährung ist der Euro. Er wird in Griechenland EYPO geschrieben und „Efro" ausgesprochen. Übrigens ist in Griechenland nicht der Cent die Unterwährung – wie sonst überall in der Währungsunion – sondern die alte griechischen Einheit Lepta.

Geldautomaten Gibt es in allen größeren Ortschaften auf der Insel. In der Regel fällt pro Auszahlung mit einer EC/Maestro-Karte eine bestimmte Gebühr an. Sie liegt je nach Bank bei rund 3,50 €. Achtung: Nicht alle Automaten akzeptieren EC/Maestro-Karten, achten Sie auf die Aufkleber. Die meisten Banken haben von Montag bis Donnerstag zwischen 8 und 14.30 Uhr (freitags nur bis 14 Uhr) geöffnet. Wer die EC-Karte verliert, sollte sie umgehend sperren lassen: ✆ 0049-116116.

Reiseschecks Bei praktisch jeder Bank zu Hause zu bekommen und in fast allen griechischen Geldinstituten zu wechseln; auch bei den Postämtern und Wechselstuben auf Kos werden die Travellerschecks akzeptiert. Mitunter können Sie sie selbst an der Hotelrezeption einlösen. Die Kommission liegt beim Kauf bei 1% des Werts, die Einlösegebühr beträgt 1–2%. Bei Verlust oder Diebstahl erhalten Sie vollständigen Ersatz (Kaufquittung vorweisen).

Kreditkarten Die Embleme von Eurocard, VISA Card oder American Express zieren die Schaufenster der Geschäfte in Kardamena und Kos-Stadt. Kreditkarten haben gegenüber Bargeld den Nachteil, dass zusätzliche Gebühren im Ausland anfallen. Diese Provision liegt meist bei 1–1,5 %. Wer mit seiner Kreditkarte Bares holt, bezahlt am Automaten 3 % des abgehobenen Betrages, mindestens aber 5 €.

Bargeldtransfer Am flottesten geht die *telegrafische Geldanweisung*. Über eine Vertriebsstelle von Western Union lässt man sich das Geld überweisen – oder weist es auf der Homepage von Western Union an (www.westernunion.de). Der Geldtransfer geht in der Regel recht fix, ist aber teuer: Für das Übermitteln von 1.000 € fallen fast 50 € Gebühr an. Vertriebsstellen gibt es in Kos auf der Kanari-Str. 63 und in den Postämtern in Kardamena, Kefalos, auf Kalymnos und Patmos.

Internetseiten

Allgemeines **www.griechische-botschaft.de** Ausführliche Informationen über Griechenland finden Sie auf der Homepage der griechischen Botschaft in Berlin. Die Presseabteilung der Botschaft stellt auch Kurzmeldungen aus Politik, Kultur und Wirtschaft ins Netz.

www.gogreece.com Web-Lexikon mit einer ungeheuren Datenmenge und Links zu allen Themen rund um Griechenland.

Kos **kos.net.ms** Stefan Schüller hat eine Vielzahl von Informationen (u. a. zu Busverbindungen, Klima und Sehenswürdigkeiten) sowie Links rund um die Insel zusammengetragen.

www.boarding-time.de Auf der privaten Reiseseite sind die wichtigsten Orte und Sehenswürdigkeiten beschrieben, außerdem acht Routenvorschläge und eine Kos-Diashow.

www.kos-info.de Auf Andreas Funks Seite finden Sie neben den Ortsbeschreibungen auch Strandinfos und Restaurant-Tipps.

www.koswireless.gr Liste der WLAN-Spots der Stadtverwaltung in Kos-Stadt inklusive Anzeige auf Google Maps.

Wi-Fi-Verbindungen bietet sogar die Stadtverwalung von Kos

www.kalimera-kos.de Website von Edgar Jafke, der inzwischen auf Kos lebt und auf der Seite Nachrichten, „Lieblingsplätze" und Fotos präsentiert.

www.kos-reiseangebote.de Kommerzielle Seite mit interessanter Artikelsammlung in der Rubrik „Kos im Blog".

www.kosinfo.gr Die Seite bietet neben allgemeinen Infos in der Rubrik „Multimedia" Links auf Webcams und Videos über die Insel.

Kultur **www.culture.gr** Das griechische Kultusministerium bietet hier ausführliche Beschreibungen zu Museen und Ausgrabungsstätten. Fotos, Öffnungszeiten und Eintrittspreise runden das Angebot ab.

www.gnto.gov.gr Seite des griechischen Fremdenverkehrsamts, übersichtlich und hochaktuell. Viele Broschüren stehen zum Herunterladen zur Verfügung.

Nachrichten **www.athensnews.gr** Die Zeitung „Athens News" erscheint tägl. in englischer Sprache. Sie informiert über Politik, Wirtschaft, Kultur und Wetter Griechenlands.

www.griechenland.net Die Redaktion des Portals stellt täglich neueste Nachrichten ins Netz, zudem Hintergrundberichte und Reportagen. Weiter im Angebot: Kochrezepte, ein Shop für griechische Produkte und das Online-Angebot der deutschsprachigen Griechenland Zeitung.

Unterkunft **www.in-greece.de** Die Seite bietet Features wie Buchungsmöglichkeiten im Reiseshop, reisepraktische Informationen für einen Individualurlaub, knapp 1000 gesammelte Artikel und Reiseberichte sowie ein Forum.

www.holidaycheck.de Die Seite bietet Bewertungen für fast 200 Hotels auf Kos. Fotos, Reisetipps und ein Online-Buchungstool stehen zur Verfügung.

www.booking.com Weitere Seite mit Hotelbewertungen und Buchungstool.

www.grhotels.gr Homepage des griechischen Hotellerieverbands. Außer Hotels in ganz Griechenland findet man hier auch Campingplätze. Die Suchfunktion der Startseite ist nicht optimal. Am besten klicken Sie den Reiter „Tourist Guide" an und dort den Punkt „Search for a hotel".

Verbindungen **www.gtp.gr** Verzeichnis der Fährverbindungen in Griechenland, aktuell und sehr verlässlich, mit Link auf Online-Buchung.

www.ferries.gr Hier finden Sie sowohl die Fährverbindungen nach Griechenland als auch innerhalb Griechenlands. Auch hier können Sie Tickets online buchen.

www.ocean24.de Verbindungen nach Griechenland und innerhalb Griechenlands online buchbar.

www.olympicair.com Homepage der griechischen Fluggesellschaft, die Kos mit Athen und zahlreichen Nachbarinseln (z. B. Leros, Kalymnos und Rhodos) verbindet; Online-Buchung möglich.

www.aegeanair.com Homepage der Fluggesellschaft Aegean, die u. a. Flüge von Kos nach Athen bietet.

Karten

Von Kos gibt es viele Karten. Besonders empfehlen können wir eine: die Karte aus dem Verlag Terrain/Skai, die im Maßstab 1:45.000 für rund 7 € erhältlich ist (www.terrainmaps.gr, Karten-Nr. 338). Die jüngste Auflage stammt aus dem Jahr 2009, lässt aber nichts zu wünschen übrig. Ganz wichtig: Die Straßen stimmen, das heißt als Schotterwege eingezeichnete Pisten entpuppen sich vor Ort nicht als asphaltierte Straße oder angebliche Asphaltstraßen als holprige Staubpisten – was weit schlimmer ist. Da auch Höhenlinien enthalten und Orientierungspunkte wie Berggipfel, Bachläufe und Kirchen genau verzeichnet sind, ist die Karte auch Wanderern wärmstens empfohlen.

Freytag & Berndt *Kos*, Maßstab 1:50.000, 7,95 €. Verlässliche Karte der Insel. Mit kleinem Stadtplan von Kos, historischen Infos und Skizzen von Asklepieion und Kastell.

Kompass Kos, Südlicher Dodekanes (Nr. 252), Maßstab 1:50.000, exakte Karte, als Wanderkarte geeignet, 5,95 €.

Pandelis Vayianos *Kos Island – Greece*, Maßstab 1:65.000, ca. 1,50 €. Mit Stadtplan von Kos und kurzem historischen Abriss. Von den auf Kos erhältlichen Tourist Maps eine der besten. Die verzeichneten Wege sind aber ungenau, in diesem Fall sind es eindeutig mehr als tatsächlich existent.

Tourist Map Kos Maßstab ca. 1:75.000. Die Karte wird in vielen Geschäften kostenlos abgegeben, der Gebrauchswert ist gering. Nützlich ist allenfalls der Plan von Kos-Stadt.

Tipp: ADAC-Mitglieder erhalten von ihrem Autoclub **kostenlose Landkarten** und Informationsbroschüren. Die Angaben sind in der Regel verlässlich, da sie jährlich überarbeitet werden. Recht sinnvoll – und zudem ebenfalls kostenlos – sind die Karten in den Broschüren der Griechischen Zentrale für Fremdenverkehr. Sie werden auf telefonische Anfrage zugeschickt.

Kinder

Für einen Urlaub mit Kindern bietet Kos gute Voraussetzungen. Viele Angebote dürften Kinder begeistern. Zudem sind die Griechen sehr kinderfreundlich. Sie tun in der Regel alles, damit sich die kleinen Gäste auf der Insel wohlfühlen.

Ermäßigungen Für Kleinkinder bis zwei Jahre kostet der Flug meist nur 10 % des Normaltarifs, bei einigen Gesellschaften fliegen sie sogar zum Nulltarif. Allerdings haben sie keinen Anspruch auf einen eigenen Sitzplatz. Für Kinder von zwei bis zwölf Jahren gewähren die Fluggesellschaften Ermäßigungen zwischen 20 und 40 %. Bei Überfahrten auf Fähren und den Schnellbooten sowie im Bus ist für Kinder zwischen fünf und zehn Jahren etwa der halbe Fahrpreis zu entrichten. Der Besuch von archäologischen Stätten und Museen kostet für Kinder ebenfalls nur die Hälfte.

Unternehmungen Es gibt viele interessante Angebote, z. B. eine Fahrt mit dem **Mini Train** (*Trenaki*) durch Kos-Stadt oder zum Asklepieion (→ S. 110) oder eine Tour mit dem **Gokart** (Bahnen beim Kap Ag. Fokas oder Kardamena). *Christos Go Karts*

Kos ist ein ideales Reiseziel für Kinder

Center zwischen Tigaki und Marmari bietet neben Benzin- auch Elektrokarts für Kinder ab drei Jahren (→ S. 131). Für **Ponyausritte** empfehlen wir den Reitstall *Alfa-Horse* nahe Pyli. Kinder, die Tiere lieben, dürften sich bei den **Pfauen** in der Plaka (→ S. 170) wohlfühlen. Richtig austoben können sich Wasserratten im **Lido-Wasserpark** bei Kefalos (→ S. 136). Die großen Hotels verfügen meist über Spielplätze, zum Teil bieten sie ein eigenes Kinder-Animationsprogramm.

Auch für die **Ausgrabungen** können Kinder zu begeistern sein, denn nicht nur in der Agora ist das Klettern auf den Steinen erlaubt. Die **Kreuzritterburgen** in Kos-Stadt und bei Antimachia beflügeln die Fantasie. Auch hier ist das Herumtollen erlaubt, die Eltern sollten hier aber ein wachsames Auge haben, denn die Sicherheitsabsperrungen sind mangelhaft. Außerhalb der Mittagshitze bietet sich zudem ein Ausflug zur **Geisterstadt Paleo Pyli** (→ S. 156) an.

Für **Fahrradtouren** ist die Nordküste ein ausgezeichnetes, weil flaches Terrain. Zudem stehen zumindest in und rund um Kos-Stadt Fahrradwege und wenig befahrene Nebenstraßen zur Verfügung. Natürlich sollte die heiße Mittagszeit im Sattel vermieden werden: Planen Sie stattdessen eine Pause zum Baden oder Mittagessen in einer Taverne ein.

Unterkunft In vielen Hotels gibt es eine eigene Betreuung, z. B. im Robinson Club Daidalos nahe Antimachia und im Achilleas Beach Hotel in Mastihari. In den kleineren Hotels und Pensionen wird für Kinder gegen einen geringen Aufpreis ein Zustellbett ins Zimmer gestellt. Die großen Hotels haben meist spezielle Kindertarife.

Ermäßigungen: Kinder bis zwei Jahre sind in der Regel frei, für die Zwei- bis Zwölfjährigen kostet die Unterkunft etwa die Hälfte. Die meisten großen Hotels verfügen über ein Kinderschwimmbecken und einen kleinen, mitunter jedoch recht trostlosen Spielplatz.

Essen In einigen Restaurants gibt es inzwischen spezielle Kinderkarten. Wenn sie fehlen, bieten die Tavernen einfach halbe Portionen an. Hochstühle sind eher selten – außer in den großen Hotelanlagen. Wo viele Familien Urlaub machen, haben Restaurants Spielecken oder kleine Spielplätze eingerichtet. Ideal für Familien: Tavernen am Strand. Hier können die Kinder schon im Sand spielen, während die Eltern noch den Nachtisch oder einen Wein genießen; in Mastihari gibt es in Sichtweite auch noch einen Spielplatz.

Die angebotenen Speisen sind kindgerecht: Pommes frites, Fleischbällchen und Spaghetti gehören zum Standardrepertoire. Eis und andere Süßigkeiten stehen in Hülle und Fülle zur Verfügung.

Babynahrung (und Windeln) führen die großen Supermärkte und Apotheken. Die Griechen selbst setzen früh auf Hausmannskost: Sie quirlen einfach das Essen der Familie klein, den Kindern schmeckt's. Frische Milch gibt es überall auf Kos – dank einer großen Molkerei.

Strände Dem Strandurlaub mit Kindern steht nichts im Wege. Der Meeresboden fällt oft nur flach ab. So können auch Nichtschwimmer (unter Aufsicht) im Wasser spielen. Größere Wellen und Strömungen gibt es nur am Strand Agios Theologos bei Kefalos.

Im Sommer sollten Kinder die heiße und UV-starke Mittagssonne meiden; eine Siesta bietet sich an. Strandspielzeug und Schwimmutensilien können Sie überall kaufen. Zudem werden an den meisten Stränden **Schleppfahrten** (Ringo, Banana Boat etc.) angeboten. Jugendliche können Surf- oder Katamaransegelkurse wahrnehmen. **Windsurfkurse** für Kinder ab zehn Jahren bietet Holger Bründel in seiner Wassersportstation in Marmari an. Das Material ist auf die Junioren zugeschnitten. Ein zwölfstündiger Kurs kostet rund 140 €.

Unterwegs Die meisten Autovermietungen verfügen über Kindersitze. Leider sind die nicht immer in allen Größen verfügbar und nicht immer im besten Zustand. Schauen Sie sich die Sitze vorher an. Das Gleiche gilt für Kinderfahrradsitze.

Gesundheit Ein Moskitonetz eignet sich zum Schutz vor Insekten-, v. a. Mücken. Erkundigen Sie sich vorher, ob Ihr Hotel Netze verleiht. Insektenschutzmittel sollten Sie bereits zu Hause kaufen. Decken Sie sich auch mit Sonnenmilch ein, denn die ist auf Kos teurer als in Deutschland, Österreich oder der Schweiz.

Im Krankheitsfall helfen Hausärzte in Kamari, Kardamena und Tigaki. In Kos-Stadt sind zudem mehrere Kinderärzte niedergelassen. Im Notfall können Sie sich auch an die Erste-Hilfe-Stationen wenden – und natürlich an das Krankenhaus in Kos-Stadt.

Schlafen Die griechischen Kinder machen Siesta. Abends bleiben sie lange wach – oft bis Mitternacht.

Kirchen und Klöster

Beim Besuch eines Klosters (*Moni*) oder einer Kirche auf Kos ist wie auch anderswo in Griechenland auf angemessene Kleidung zu achten. Das bedeutet, dass der Besucher so wenig nackte Haut zeigen sollte wie möglich; unbedingt müssen Schultern und Knie bedeckt sein. Auf alle Fälle sollten Besucher vermeiden, hinter die Altarwand (Ikonostase) zu gehen. Denn dort befindet sich das Allerheiligste. Vergessen Sie nicht, nach der Besichtigung eine kleine Spende zu hinterlassen. Das Geld wird dringend zur Instandhaltung der Gebäude benötigt.

Medien

Während der Saison können Sie in den Touristenorten die wichtigsten deutschsprachigen Zeitungen und Magazine kaufen. Die Tageszeitungen sind in der Regel einen Tag alt. Aktuell ist die *Athens News*. Die englischsprachige Zeitung – extra für Touristen produziert – erhält man in den Läden, in denen es griechische Zeitungen gibt. Aktuelle und gut aufbereitete Informationen über Griechenland bietet die *Griechenland Zeitung*. Die Beiträge greifen Themen aus Politik, Wirtschaft, Tourismus und Kultur auf. Die einzige deutschsprachige Zeitung Griechenlands erscheint jeden Mittwoch und ist an den Kiosken (*Peripteros*) zu erhalten, die fremdsprachige Presse anbieten. Man kann die *Griechenland Zeitung* auch in Deutschland abonnieren. Zudem finden Sie Infos der Redaktion im Internet unter *www.griechenland.net.*

Öffnungszeiten

Die Siesta ist ein Grundprinzip; dafür sind die Läden abends lange geöffnet, wenn die Hitze nachgelassen hat. Die *Geschäfte* haben montags bis samstags von 8.30 bis 14.30 Uhr und von 17 bis mindestens 21 Uhr geöffnet (in Touristenorten oft länger), *Souvenir- und Lebensmittelläden* sind oft durchgehend von 9 bis 22 Uhr offen, *Kioske* bis in die Nacht (mittags mitunter geschlossen). *Banken* empfangen ihre Kunden montags bis donnerstags von 8 bis 14 Uhr und freitags von 8 bis 13.30 Uhr.

Kirchen kann man sich in der Regel täglich von 8 bis 12 Uhr und von 17 bis 20 Uhr anschauen. Für *archäologische Stätten* gibt es dagegen keine einheitlichen Öffnungszeiten. Am besten erkundigen Sie sich in Ihrem Hotel oder bei der Touristeninformation nach den aktuellen Öffnungszeiten.

Post

Postämter gibt es in Kos-Stadt, Kardamena, Antimachia und Kefalos. Sie sind in der Regel Montag bis Freitag von 7.30 bis 14 Uhr geöffnet. Gebühren für Karten und Standardbriefe sind gleich hoch. Briefmarken gibt es auf der Post oder am Kiosk. Die Aufschrift „per Luftpost" beschleunigt den Transport nicht, denn die gesamte Post wird ab Athen ins Ausland geflogen. Wer Pakete heimschicken möchte, sollte sie unverschnürt zum Postamt *(Tachidromion)* bringen; dort kontrolliert der Beamte den Inhalt.

Reisezeit

Die Saison auf Kos beginnt Anfang April: Hotels und Tavernen öffnen, wenn die ersten Charter-Flugzeuge landen. Während die Tagestemperaturen schon auf über 25 Grad klettern können, ist die Ägäis mit knapp 18 Grad noch recht kalt (Klimatabelle → S. 20). Ideal ist das Frühjahr dagegen für Wanderungen und Ausflüge – die Insel steht dann in voller Blüte. Die Atmosphäre ist entspannter, denn die im Tourismus Tätigen haben sich im Winter von einer langen Saison erholt.

Bis Mitte Juni ist die touristische Infrastruktur vollständig in Betrieb. Während die Zahl der Regentage auf Null sinkt, nimmt die Hitze zu. Einem ausgedehnten Bad in der Ägäis steht nichts mehr im Wege. In diesen Monaten präsentieren sich die Strände von ihrer schönsten Seite, denn noch hält sich die Zahl der Besucher in Grenzen. Die Flugpreise sind vergleichsweise niedrig und die Übernachtungskosten gering – die zweite Maihälfte und die ersten Juniwochen sind die beste Reisezeit!

In der Hochsaison, im Juli und August, geht es hektisch zu. Das Nachtleben pulsiert, die beliebtesten Strände sind voll und die Koer sind im Stress. Wer sich bei Tagestemperaturen bis zu 37 Grad (im Schatten) in der Sonne aalen und in der Nacht trinken, tanzen und flirten möchte, kommt nun voll auf seine Kosten.

In vielen Tavernen stammt das Gemüse aus eigenem Anbau

Mit dem September kehrt die Ruhe langsam zurück. Die Strände leeren sich, die Mittagstemperaturen sinken, und auf den Tanzflächen der Diskotheken ist Platz. Wegen des fehlenden Regens präsentiert sich die Vegetation weitgehend braun und verdorrt – nur die Wälder entlang des Dikeos-Gebirges und die Macchia behalten ihre grüne Farbe. Hotels, Tavernen und Verleiher stehen noch komplett zur Verfügung, die Meerestemperatur liegt bei angenehmen 21 Grad liegt – der September ist für einen Badeurlaub sowie Inseltouren bestens geeignet. Im Oktober endet die Saison, Chartermaschinen bringen die letzten Urlauber spätestens Anfang November nach Hause.

Dabei ist der November oft noch sonnig. Nun nehmen die Koer in Ruhe ein Bad in der Ägäis, Ende des Monats fällt meist der erste Regen. Kühl und feucht ist es von Ende Dezember bis Anfang März – Kos ist kein Ziel für einen sonnigen Winterurlaub.

Sport

Auf Kos kommen Sportlernaturen und Aktivurlauber auf ihre Kosten. Die Insel bietet Radfahrern entlang der Nord- und Ostküste ideale Voraussetzungen für ausgedehnte Touren: auf einer Vielzahl bester Radwege durch die flache Landschaft. Mountainbiker bevorzugen indes die Strecken in den höheren Regionen. Groß ist das Wassersportangebot: Abgesehen von den Stränden der Westküste gibt es überall die Möglichkeit, eine Surfausrüstung zu leihen, Wasser- und Jetski zu fahren. An den Stränden der Touristenorte befindet sich in der Regel mindestens ein Volleyballplatz. Jenseits des Strandes bieten besonders die großen Hotels von Billard bis Minigolf einiges an Unterhaltung.

Jetboote: schnelles Fahrvergnügen

Basketball Neben Fußball der Nationalsport der Griechen. Lange bevor dieses Spiel bei uns populär wurde, erzielten Übertragungen von Basketballmatches in Griechenland höchste Einschaltquoten. Auch auf Kos trainiert man fleißig Hakenwürfe und Korbleger. Freiplätze finden Sie in Antimachia, Kefalos, Marmari, Pyli und Kos-Stadt. Hier gibt es auch eine große Sporthalle.

Bouldern Mit den Hippocrates Boulders verfügt Kos über ein Klettergebiet bei Kardamena, das in der Szene als „Bouldertraumland" gepriesen wird: perfekter Granit, rau, kompakt und ideale Absprunggelände. Rund 200 Touren stehen zur Auswahl.

Fitness Studios finden Sie in Kos-Stadt und Kardamena. Die Fitnessräume in den großen Hotels mit vier oder fünf Sternen bieten ebenfalls meist mehrere Kurse und eine große Geräteauswahl.

Fußball Plätze bei Antimachia, Kardamena, Kefalos und in Kos-Stadt. In den beiden letztgenannten Orten trainieren regelmäßig die Vereinsteams. Spiele finden in der Regel am Samstag um 17 Uhr statt, allerdings mit langer Sommerpause.

Mountainbiking Das Angebot an Touren unterschiedlicher Schwierigkeitsgrade und Verleihstationen ist groß. Mit Mountainbikes können Sie auch ins Dikeos-Gebirge vordringen – dies verlangt jedoch Kondition. Organisierte Touren starten ab Kos-Stadt. Nähere Infos finden Sie bei den jeweiligen Ortsbeschreibungen.

Radfahren Da die Insel entlang der Nordküste recht eben ist, eignet sie sich ausgezeichnet für Radtouren. Um und in Kos-Stadt gibt es sogar einige gut ausgebaute Radwege.

Reiten Pferde und Ponys kann man sich bei *Alfa-Horse* in der Ortschaft Amaniou (nahe Pyli) oder beim *Salt Lake Riding Center* in Marmari leihen. Dort werden auch Reitausflüge organisiert.

Segeln Segeltörns starten in Kamari oder von Kos-Stadt aus. Charterjachten vermittelt *Kavas Yachting.* Zur Flotte gehören 40 Jachten, die gemietet werden können; zudem vermittelt die Agentur Jachten von Privatleuten: Katamarane, Segel- und Motorboote. Gebucht werden kann eine Jacht allein, mit Skipper oder mit ganzer Crew. Der Hauptsitz von *Kavas* ist in Athen, in Kos ist die Agentur im Jachthafen Marina (Pier A-B) zu finden. Kontakt: ✆/℻ 22420-20321, www.kavas.com. Segelyachten bietet auch die Agentur *Istion*, ✆ 22420-22195, www.istion.com.

Surfen Kos ist auch ein beliebter Surfspot. Windsurfstationen an den Stränden der Touristenorte verleihen Bretter für 20 € pro Std., Kitesurfer treffen sich am Kochylari-Strand im Westen von Kos. Der Wind weht entlang der Küsten von Kos stetig, erreicht meist Stärke 4, mit dem Meltemi im Juli und August 5 bis 6 – inlandig an der Nordküste, ablandig an der Südküste, die mit der Bucht von Kefalos auch eine optisch sehr reizvolle Bucht bietet.

Tauchen Im Gegensatz zur Küste von Rhodos ist Kos kein hervorragendes Tauchrevier. In Gebieten, die archäologisch von Bedeutung sind, darf in Griechenland nicht getaucht werden. Auch das Unterwasserfischen mit Atmungsgeräten ist in Griechenland grundsätzlich verboten.

Wer trotzdem gerne tauchen will, auch wenn die Unterwasserwelt nicht berauschend ist, der kann sich z. B. an das *Kos Diving Center* wenden, dessen Boot im Mandraki-Hafen liegt. Informationen zu Preisen und weiteren Tauchschulen finden Sie auf S. 109.

Eintauchen in die Unterwasserwelt von Kos

Tennis Die meisten großen Hotels verfügen über mindestens einen Tennisplatz, zum Teil mit Flutlicht. Der Preis pro Stunde liegt bei rund 7 €.

Wandern Wanderer schätzen den einsamen Westen der Insel und das Dikeos-Gebirge mit seinen schattigen Waldstücken, herrlichen Ausblicken und einer unvergleichlichen Stimmung. Leider fehlt es an Wanderwegen, wie man sie aus Mitteleuropa kennt, Markierungen oder Wegweiser sind auf Kos selten. So ist es mitunter schwierig, die richtige Route zu finden. Wir hoffen, Sie mit unseren Karten und Wegbeschreibungen beim Finden des schönsten Weges unterstützen zu können (→ S. 234).

Wasserski In allen Touristenorten möglich (siehe die einzelnen Orts- und Strandbeschreibungen); 15 Min. kosten 25 €.

Sprache

Neugriechisch zählt nicht gerade zu den einfachsten Sprachen; die wenigsten Urlauber beherrschen es. Die Griechen haben sich daran gewöhnt. Englischkenntnisse genügen, um sich mit der Mehrzahl der Einheimischen zu verständigen. Nicht selten trifft man auch auf Griechen, die Deutsch sprechen. Meist haben sie ihre Kenntnisse bei Arbeitsaufenthalten in der Bundesrepublik, der Schweiz oder in Österreich erworben. Dennoch sollte man sich ein paar Alltagswörter der griechischen Sprache aneignen; der kleine Sprachführer im Anhang kann dazu hilfreich sein. Ortsnamen, Hinweistafeln zur Fähre oder Toilette, zum Museum, zum Park oder Zeltplatz usw. sind (auch) in lateinischen Buchstaben geschrieben.

Auf **Sprachlehrbücher** und **Literatur des Landes** spezialisiert ist der Bludszus Buchversand. Von A wie Arbeitsbücher bis Z wie zweisprachige Werke ist alles im Programm. Infos unter www.griechisch-lernen.de.

Strom

In ganz Griechenland gibt es wie in Mitteleuropa 220 Volt. Nur auf Fährschiffen gibt es Gleichstrom mit 110 Volt. Elektrogeräte mit einem flachen Eurostecker passen normalerweise in griechische Steckdosen. Für andere Stecker benötigt man möglicherweise einen Adapter. Viele Hotels und Pensionen halten diesen für ihre Gäste bereit.

Telefonieren

Auf dem Dodekanes müssen Sie immer die vollständige Nummer inklusive der Vorwahl eingeben. Griechische Mobilfunknummern beginnen mit der 69.

Mobiltelefon Handys sind auf Kos wie in ganz Griechenland weit verbreitet, die Netzabdeckung ist sehr gut. Zudem ist das Telefonieren mit dem Handy im Ausland günstiger geworden: Das Europäischen Parlament senkte mit bis dato drei Roaming-Verordnungen die Preise für grenzüberschreitende Gespräche und Textnachrichten. Gespräche in der EU kosten nur noch 29 Cent pro Minute, für ankommende dürfen bis zu 8 Cent verlangt werden. SMS schlagen mit maximal 9 Cent pro Stück zu Buche. Ab 1. Juli 2014 sollen für abgehende Gespräche nur noch 19 Cent und für ankommende 5 Cent anfallen. Eine SMS zu senden kostet dann nur noch 6 Cent, das MByte Daten 20 Cent. Dazu kommt noch die Mehrwertsteuer. Eine griechische SIM-Card gibt es ab 5 €, die Nummer steht sofort zur Verfügung.

Internet Die günstigste Alternative zum Handy ist das Telefonieren über das Internet, zum Beispiel via Skype und den Hotspot vor Ort. Wi-Fi bieten die Mehrzahl der Hotels und Tavernen an, in Kos-Stadt hat die Stadtverwaltung mehrere Gratis-Hotspots eingerichtet.

Festnetz Wenn Sie weder ein Handy zur Hand haben noch vom Hotel aus telefonieren können, ist es in den Räumen der *O.T.E.* möglich. Die halbstaatliche Telefongesellschaft hat in Antimachia, Kardamena, Kefalos, Kos-Stadt und Marmari Büros mit mehreren Telefonzellen eingerichtet. In den O.T.E.-Büros geht man an den Schalter und bekommt eine Kabine zugeteilt. In jeder Telefonzelle werden die Einheiten digital angezeigt.

Auch von den vielen öffentlichen **Kartentelefonen** ist das Telefonieren in alle Welt problemlos möglich. Karten gibt es bei der O.T.E. und verschiedenen Geschäften (Schreibwarenladen, Kiosk etc.). Zudem gibt es Konkurrenzanbieter, mit deren Karten Sie sich erst in eine (kostelose) Hotline einwählen; nach Eingabe des auf der Karte notierten Codes, erhalten Sie eine Leitung und tippen dann die Nummer ein. Das Verfahren ist zwar etwas umständlicher, dafür sind die Karten der Konkurrenz deutlich preiswerter als die der O.T.E.

Vorwahlen für Auslandsgespräche: Deutschland **0049**, Österreich **0043**, Schweiz **0041**. Danach wählt man die Ortsnetzkennzahl des gewünschten Ortes, jedoch *ohne* die Null, anschließend die Nummer des Teilnehmers. Wer *nach* Griechenland anrufen möchte, wählt die Nummer **0030**. Auf der Insel Kos ist wie in ganz Griechenland die jeweilige **Ortsvorwahl** Bestandteil der Gesamtnummer. Mit anderen Worten: Auch auf der Insel selbst muss man von jedem Ort aus die Ortsvorwahl 22420 mitwählen.

Touristeninformation

Die *Griechische Zentrale für Fremdenverkehr* (G.Z.F.) firmiert in Griechenland unter dem Namen „Ellinikos Organismos Tourismou“ (E.O.T.). Sie hat in Deutschland und Österreich ein Büro eingerichtet; für die Schweiz ist das deutsche Büro zuständig. Die G.Z.F. gibt Broschüren, Karten und eine Listen der Reiseveranstalter heraus – zum Teil mit speziellen Angeboten wie Ferienhäusern, Wander- und Segelferien. Die Prospekte werden auf Anfrage auch zugeschickt.

Deutschland 60311 **Frankfurt/Main**, Neue Mainzer Str. 22, ✆ 069-2578270, ℻ 069-25782729, www.visitgreece.gr.

Österreich 10105 **Wien**, Opernring 8, ✆ 01-5125317, ℻ 01-5139189, grect@vienna.at.

Griechenland *Zentrale*: Odos Tsoha 7, GR-11521 **Athen**, ✆/℻ 210-8707000, Mo–Fr 8–15 Uhr, www.visitgreece.gr, *Informationsbüro*: Odos Dionysiou Areopagitou 18–20, Athen, ✆ 210-3310392, Mo–Fr 9–19 Uhr, Sa/So 10–16 Uhr, www.gnto.gov.gr.

Auf Kos können Sie sich bei Problemen auch an die *Touristeninformationen* wenden. Besonders die beiden Büros in Kos-Stadt halten eine Vielzahl von Informationen bereit (→ S. 75). In Kos-Stadt haben zudem die blau uniformierten Beamten der *Touristenpolizei (Touristiki Astinomia)* ihr eigenes Büro. Mithilfe von kleinen Flaggen ist erkennbar, welche Fremdsprache sie sprechen. Die Touristenpolizei in Kos-Stadt befindet sich im ehemaligen Gouverneurspalast an der Akti Miaouli, ✆ 22420-26666.

Trinkgeld

Trinkgeld ist in Restaurants durchaus üblich. Wie überall gilt: Wenn man gut gegessen hat und freundlich bedient wurde, gibt man ein Trinkgeld. Die Höhe richtet sich nach dem eigenen Dafürhalten. Mindestens 50 Cent sollten es sein, bis zu zehn Prozent des Rechnungsbetrags.

Zeit

Auf Kos gilt (wie in ganz Griechenland) die osteuropäische Zeit (OEZ); sie ist unserer mitteleuropäischen Zeit um eine Stunde voraus. Da es in Hellas genauso wie bei uns eine Sommerzeit gibt, bleibt der Zeitunterschied bestehen.

Zoll

Für Bürger der Europäischen Union ist die Mitnahme von Waren zum eigenen Verbrauch unbegrenzt möglich. Zur Unterscheidung zwischen privater und gewerblicher Verwendung wurden folgende Richtmengen (Warenmengen ab 17 Jahren) eingeführt:

Deutschland und Österreich

Alkohol: 10 l Spirituosen; 20 l Zwischenerzeugnisse (Port/Sherry); 90 l Wein oder weinhaltige Getränke, davon höchstens 60 l Sekt/Schaumwein; 110 l Bier.

Tabakwaren: 800 Zigaretten; 400 Zigarillos; 200 Zigarren; 1 kg Tabak.

Bargeld: bis zu 10.000 € ohne Deklaration.

Sonstiges: 10 kg Kaffee.

Ein Überschreiten dieser Richtmengen ist möglich, wenn Sie glaubhaft machen können, dass die Waren ausschließlich zum Eigenverbrauch bestimmt sind.

Infos unter www.zoll.de

Schweiz und Duty-free-Shops Hier gelten niedrigere Quoten:

Tabakwaren: 200 Zigaretten; 100 Zigarillos; 50 Zigarren oder 250 g Tabak.

Alkohol: 1 l Spirituosen, 1 l Zwischenerzeugnisse, 2 l Wein oder 2 l Bier.

Sonstiges: Geschenke bis 300 €

Infos unter www.zoll.admin.ch

Was für ein Hundeleben ...

Rund 40 Hunde tollen sich im Garten von Jaana und Vagelis Trakossa. Die meisten von ihnen waren krank, als der Elektriker und seine Frau sie aufnahmen, angefahren oder ausgesetzt. Vagelis hatte Mitleid mit den Tieren – nicht nur mit seinen Hunden. Sie wollten etwas tun für die Tiere der Insel und gründeten deshalb 1992 den Tierschutzverein von Kos. Als dessen Vorsitzende spricht Jaana Halter an, die ihre Ziegen oder Esel unsagbar kurz anbinden, sodass diese sich die Fesseln aufreißen oder beinahe strangulieren. Beliebt machen sich die Trakossas damit nicht bei allen. Einige empfinden sein Engagement als Einmischung.

Die Tierschützer haben einiges erreicht: Über 2000 verwilderten und verwundeten Tieren konnten sie helfen. Der Verein benötigt vor allem Geld- und Materialspenden, zum Beispiel Leinen oder Medikamente. Außerdem benötigen die Tierschützer Hilfe beim Tiertransport: Gesucht werden Urlauber, die bereit sind, auf dem Heimflug Tiere mitzunehmen und so auf dem Weg zu ihren neuen Haltern zu begleiten. Die Tiere sind geimpft, haben Gesundheitszeugnisse sowie alle notwendigen Dokumente. Den Reisenden wird am Flughafen eine Transportbox mit dem Tier übergeben sowie die Telefonnummer der Person, die das Tier am Zielflughafen abholen wird. Natürlich können Sie auch selbst einen der Hunde oder eine der Katzen als Haustier adoptieren. Bei den nötigen Formalitäten ist der Verein vor Ort behilflich.

Wer helfen oder einem Vierbeiner ein Zuhause bieten möchte, kann sich an den Verein wenden: ✆ 22420-22816 oder 69-42247048, www.animals.cos-island.info.

Das Inselchen Kastri in der Bucht von Kefalos

Kos – Reiseziele

Grün, weiß und blau – die vorherrschenden Farben auf Kos

Kos-Stadt

Kos ist keine dieser pittoresken griechischen Städte, deren Charme man sofort verfällt. Die geschichtlichen Wechselbäder, die leidvollen Besatzungen spiegeln sich noch heute in der Architektur. Oft sind die schönen Häuser hinter bunten Postkartenständern und schrillen Pergolen versteckt. Man muss dann zweimal hinsehen, um die sympathische Vielfalt zu entdecken.

Kos ist eine Stadt der Widersprüche: Während ihr unzählige Palmen und die beiden Moscheen orientalisches Flair verleihen, hebt sich wenige Hundert Meter weiter der weiße, italienische Gouverneurspalast gegen den blauen Mittagshimmel ab. In der flirrenden Hitze der steinernen Trägheit antiker Stätten – von denen die Stadt nur so strotzt – ist es schwer, sich vorzustellen, dass an der Uferpromenade hektisches touristisches Leben tobt. Wer sich auf diese Gegensätze einlassen mag und sich Zeit für die Stadt nimmt, der wird sie nicht nur sympathisch finden, der wird wiederkommen.

Kos ist sowohl verwaltungstechnisch die Hauptstadt der Insel als auch deren kulturelles, wirtschaftliches und touristisches Zentrum. Wer Kos in der Hauptreisezeit besucht, wird jedoch auch zwangsläufig die weniger schönen Seiten dieser Hochburg des Fremdenverkehrs zu spüren bekommen. Tag und Nacht herrscht dann Trubel, die Stadt kommt nie ganz zur Ruhe. Die Touristenschar reicht von Jachtkapitänen, die mit ihren Schiffen im Sporthafen festmachen, über Pauschalreisende aller Kontinente bis hin zu Rucksackreisenden, die von hier aus zum Island Hopping über den Dodekanes starten.

Viele der jungen Inselbesucher sind auf das rege Nachtleben aus und tummeln sich tagsüber an den stadtnahen Segtränden. Wer also eine Oase der Abgeschiedenheit sucht, ist hier in der Hochsaison falsch. Ihren Charme kann die alte Stadt, in der knapp 18.000 Menschen leben, erst entfalten, wenn ihr die Vor- oder Nachsaison eine Verschnaufpause gönnt. Dann kommt zum Vorschein, warum Kos auch das

Kos-Stadt und Umgebung

„Baden-Baden der Ägäis" genannt wird: Kos war und ist eine reiche Stadt, die nicht zuletzt von ihrem Ruhm lebt, der sich aus der Antike bis ins 21. Jh. gerettet hat. Auf Schritt und Tritt begegnen Besucher dem berühmtesten Sohn der Insel, Hippokrates, der als Begründer der modernen Medizin gilt. Der weltweit bekannte Arzt, dessen Name für den Eid steht, den angehende Mediziner bis 1949 leisteten, hat die Stadt mindestens genauso geprägt wie die türkische und italienische Besatzungszeit.

Geschichte

Zwei immer wiederkehrende Erscheinungen kennzeichnen die Geschichte der Stadt: die Erdbeben, zahlreich und verheerend, sowie die fremden Herrscher, die sich in Kos jahrhundertelang die Klinke in die Hand gaben.

Nach einem schweren Erdbeben und Angriffen der Spartaner auf die ehemalige Inselhauptstadt Astypalea (in der Nähe des heutigen Kefalos) fliehen die Einwohner Astypaleas an das andere Ende der Insel und lassen sich nahe dem Kap Skandari nieder, wo sie um 366 v. Chr. auf dem Gebiet der heutigen Stadt Kos eine neue Ansiedlung gründen. Diese entwickelt sich in kurzer Zeit zur Inselmetropole: Zu Beginn des 3. Jahrhunderts vor Christus leben auf einem Areal von etwa einem Quadratkilometer wahrscheinlich rund 10.000 Menschen.

Der antike Geschichtsschreiber *Diodor* schildert die Anfänge der Stadt so: „Das Volk von Kos ließ sich zu jener Zeit in der Stadt nieder, derer es sich jetzt erfreut, und gab ihr den Garten, den sie jetzt hat. Denn sie wurde alsbald sehr volkreich, und es wurde eine kostspielige Mauer um sie gezogen, und sie gaben ihr einen ausgezeichneten Hafen. Von dieser Zeit an wuchs die Stadt mehr und mehr und nahm sowohl in ihren öffentlichen Einkünften als auch im privaten Reichtum ihrer Einwohner stetig zu und war ganz allgemein den hervorragendsten Städten der Welt ebenbürtig."

Die zahlreichen Besucher des *Asklepieion*, eines der populärsten im antiken Griechenland, die Seidenweberei und der rege Handelsverkehr machen Kos zu einer wohlhabenden und schönen Stadt. Dieser Wohlstand hält sich trotz aller Verwicklungen bis ins 4. Jahrhundert nach Christus. Doch der Reichtum soll der Stadt schließlich zum Verhängnis werden: Er lockt immer wieder Piraten unterschiedlicher Herkunft an, darunter Normannen und Vandalen, die plündernd und brandschatzend über Kos herfallen. Als 554 nach Christus abermals ein verheerendes Erdbeben die Stadt und das Asklepieion vernichtet, kehren die Koer den Ruinen den Rücken. Über 600 Jahre bleibt der Ort, wie er war – zerstört und verlassen.

Nachdem die Venezianer 1204 die Insel erobert haben, bauen sie an der Stelle des heutigen Kastells eine Festung. 1314 findet ein Herrschaftswechsel statt: Die Ritter des Johanniterordens lösen die Venezianer ab, errichten auf dem Gelände der ehemaligen Agora eine neue Stadt und erweitern das Kastell. In seinem Reisebericht aus dem Jahre 1403 schreibt der Spanier *Gonzales de Clavigio*: „Der Hauptort der Insel liegt in einem Tal nicht weit vom Meer entfernt und hat viele Einwohner. Er hat ein kleines Kastell, und zwischen den Festungsmauern und der Siedlung erstreckt sich eine große Lagune. Eine Brücke führt über einen Wehrgraben, der mit Meerwasser gefüllt ist, zum Eingang des Kastells. Rings um die Stadt liegen Gärten mit Orangenbäumen, Reben und Landhäusern."

Sultan *Süleiman I.* erobert die Stadt 1523 – fast 400 Jahre dauert die Herrschaft der Türken an. Bauwerke wie die Hadji-Hassan- und die Defterdar-Moschee prägen noch heute das Gesicht der Altstadt.

Viele Gebäude früherer Epochen fallen dem Erdbeben am 23. April 1933 zum Opfer. Nur 27 Sekunden dauern die Stöße, doch in den Trümmern sterben 300 Menschen. Was für die Bevölkerung eine Tragödie ist, ist für Archäologen ein Geschenk. Die Italiener, die von 1912 bis 1943 auf Kos herrschen, nutzen die Zerstörung, um das antike Kos freizulegen, und bringen unter anderem die Überreste der Agora zum Vorschein. Sie restaurieren auch die Casa Romana, errichten die Markthalle sowie den Gouverneurspalast und prägen damit – wie die Türken – nachhaltig das heutige Stadtbild. 1945 übernehmen die Engländer die Macht auf der Insel. Sie werden von der Bevölkerung als Befreier gefeiert. Im folgenden Jahr beschließen die Siegermächte des Zweiten Weltkrieges die Übergabe des Dodekanes an Griechenland.

Defterdar-Moschee

Ende der Sechzigerjahre reicht die bebaute Fläche gerade einmal vom Fußballplatz im Osten bis zur Kirche Ag. Paulus im Westen, eingerahmt von den Straßen Fenaretis, Artemisias, Korai, Grigoriou E. und V. Ipirou. Im Westen der Stadt stehen nur vereinzelte Häuser mit viel Grün: Fast jedes Haus hat einen großen Garten. Nachdem die Baulücken gefüllt sind, werden die meisten Gärten geopfert, denn Erweiterungen und Neubauten versprechen hohen Profit – der Tourismus macht es möglich. So wandelt sich das Gesicht der Stadt. Inzwischen ziehen sich Hotelkomplexe vom Kap Skandari bis zum Kap Agios Fokas.

Kos-Stadt und Umgebung
→ Karten hinterer Umschlag, S. 89 und 107

Basis-Infos

Information Die **Touristeninformation** der staatlichen Tourismusorganisation E.O.T befindet sich an der Odos Artemisias 2 nahe dem Kreisverkehr. Das Personal ist ausgesucht freundlich und hält Fahrpläne der City- und Inselbusse, der Fährverbindungen sowie allgemeine Informationen über Kos und die anderen Inseln des Dodekanes bereit. Mo–Sa 9–15 Uhr, sonntags ist das Büro geschlossen. ✆/℻ 22420-29910, eotkos@otenet.gr, www.visitgreece.gr.

Die **städtische Touristeninformation** unterhält ein Büro an der Hafenpromenade Vas. Georgiou 1. Sie bietet einen vergleichbaren Service wie das Büro der E.O.T. ✆ 22420-28724, ℻ 22420-21111, kosinfo@kos.gr.

Die **Touristenpolizei**, die Ihnen in dringenden Belangen weiterhilft, befindet sich im ehemaligen italienischen Gouverneurspalast an der Uferpromenade. ✆ 22420-26666.

Kompetent sind die Mitarbeiter der **Reiseagentur Pulia Tours**. Hier bekommen Sie verbindliche Auskünfte über alle Fähr- und Schnellboot-Verbindungen sowie zu Ausflügen und können die entsprechenden Tickets erwerben. Die Agentur befindet sich in der Vas.-Pavlou 3 (Seitenstraße der Hafenpromenade) und hat in der Hochsaison von 7 bis 22.30 Uhr geöffnet. ✆ 22420-21130 und 22420-24194, ℻ 22420-26388, laumzis 1924@hotmail.com.

Empfehlenswert ist auch die Agentur **Nissia Travel**, die Tickets für Fähren, Ausflüge und Flüge verkauft. Vas.-Pavlou 2, im Gebäude der Stadtverwaltung, ✆ 22420 22251, ℻ 22420-21356, adris@otenent.gr.

Unter anderem Tickets für Trips nach Bodrum bietet **Fanos Travel** an der Hafenpromenade Akti Koundouriotou 11, ✆ 22420-20035, www.kostravel.gr.

Das **Hafenamt** liegt an der Ecke Akti Koundouriotou/M.-Alexandrou-Str. Die Behörde gibt u. a. Auskünfte über den Fährbetrieb, ob z. B. bei stürmischer See noch Schiffe verkehren oder nicht. ✆ 22420-28507.

Apotheken In Kos-Stadt gibt es mehr als ein Dutzend Apotheken. Sie sind in der Regel Mo, Di, Do und Fr 8.30–13.30 Uhr und 17–21 Uhr geöffnet, Mi und Sa 8.30–14 Uhr. **Notdienst**: Jeweils eine Apotheke hat werktags 13–24 Uhr und sonntags 8.30–13 Uhr sowie 17–24 Uhr Dienst. Auch außerhalb dieser Zeiten gibt es einen Notdienst. Name und Adresse der entsprechenden Apotheke erfahren Sie, wie in Deutschland, durch einen Aushang im Fenster jeder beliebigen Apotheke.

Ärzte Die Verständigung ist in der Regel kein Problem, da die meisten Ärzte zumindest Englisch sprechen. Die meisten Praxen finden Sie nahe dem Krankenhaus (s. u.). Hier eine Auswahl der fast 50 Praxen in Kos:

Kos medicare 38: Übernimmt seit 2012 die Betreuung kleinerer Erkrankungen. Dafür stehen mehrere Mediziner (unter anderem Internist, Hautarzt und Kinderarzt) bereit. Bei aufwendigeren Behandlungen ziehen sie die

Minarett der Hadji-Hassan-Moschee

Ärzte der benötigten Fachrichtungen hinzu. 24 Stunden, 7 Tage die Woche erreichbar, auch Hotelbesuche möglich. El. Venizelou 5, ✆ 22420-23330, www.kosmedicare.gr

Allgemeinmediziner/Internisten: D. Siregelas, Hiracleous-Str. 4, ✆ 22420-25060.

Zahnärzte: K. Kiritsi, spricht Deutsch, Papanastasiou 17, ✆ 22427-73624 und 69-80641152.

HNO: Nicolas Khnouf, Ippokratous, ✆ 22420-23129.

Gynäkologe: G. Jeorgapoulos, L. Vironos 2, ✆ 22420-23063 und 69-44395324.

Kinderärzte: M. Ouranos, Ippokratous-Str. 20a, ✆ 22420-23377. Dr. I. Saitis, Makrigiani 9, ✆ 69-74876933. „Mit der medizinischen Betreuung waren wir mehr als zufrieden und fühlten uns bei ihm in sehr guten Händen", lobt Sabine Heidgen.

Öffnungszeiten der Praxen: Mo, Di, Do, Fr 8.30–13 Uhr und 17–21 Uhr, Mi und Sa 8.30–14 Uhr.

Banken Die allgemeinen Öffnungszeiten der Banken sind: Mo–Do 8–14.30 Uhr, Fr 8–14 Uhr, Sa/So geschlossen.

National Bank of Greece, Riga-Fereou-/Ant.-Ioannidi, ✆ 22420-22167 und 22420-23317.

Commercial Bank of Greece, Marmaroto, ✆ 22420-22659 und 22420-28825.

Alpha Bank, Korai-/El.-Venizelou, ✆ 22420-22226, zweite Filiale an der Hafenpromenade, nahe der Vas.-Pavlou.

Geldautomaten Gibt es in Kos-Stadt reichlich, sie akzeptieren alle gängigen Karten.

Gottesdienst In der **Lamm-Gottes-Kirche** an der Anapafseos, zwischen Casa Romana und Odeon, finden während der Saison *katholische Gottesdienste* statt. Der niederländische Herzjesu-Missionar schrieb uns: „In dieser Kirche werden mitunter schon ab April, sicher aber in der Zeit von Juli bis September, sonntags um 11 und 18 Uhr katholische Messen in verschiedenen Sprachen und mit ökumenischer Gastfreundschaft gelesen."

Sonntags um 9.30 Uhr finden von Mai bis September in der gleichen Kirche *evangelische Gottesdienste* in deutscher Sprache statt.

Internet Wi-Fi funktioniert in Kos-Stadt in fast allen Hotels, vielen Cafés und über mehrere kostenlose Hotspots der Stadtverwaltung. Internetcafés gibt es einige, zum Beispiel: **Café del Mare** an der M.-Alexandrou 4a; die große, schattige Terrasse hier ist übrigens auch ohne Computer sehr einladend. 1 Std. Surfen kostet 2 €. Eine wahre Halle voller Computer finden Sie in der Odos Artemisias am Kreisverkehr (Ecke Korai): **e-Global** heißt das Internetcafé, in dem über 50 Plätze zur Verfügung stehen. 1 Std. Surfen gibt es für 2 €.

Am Hafen von Kos

Kino Das **Freiluftkino Orfeas** zeigt neuere Spielfilme in Originalfassung (meist englischsprachig). Selbst Streifen, die man bereits kennt, bekommen unter sternklarem Himmel betrachtet eine neue Dimension! Mo, Mi und Fr wechselt das Programm. Die Vorstellungen beginnen um 20.30 Uhr und um 22.30 Uhr, im September um 20 und 22 Uhr. Über das aktuelle Programm informieren die Schaukästen vor dem Kino. Vor der Vorstellung und in der Pause werden Getränke und Snacks verkauft. Die Karte kostet 8 €, für Kinder bis 12 Jahre 6 €. Fenaretis 1, ✆ 22420-25713.

Die gleichen Betreiber führen auch das **Indoor-Kino** am Eleftherias-Platz, wo man sich die (sehr seltenen!) regnerischen Abende mit den neuesten Kino-Hits vertreiben kann. ✆ 22420-22051.

Krankenhaus Allgemeines Hippokrates-Krankenhaus, Ippokratous 32, ✆ 22420-22300 (Ambulanz), ✆ 22420-28050 (Auskunft).

O.T.E. Der Telefonservice befindet sich in der Vironos-Straße 8/Ecke Xanthou-Straße, ✆ 22420-22499 (Zentrale). Hier können Sie auch Telefonkarten für die Kartentelefone kaufen. Geöffnet Mo–Fr 7.45–15 Uhr, Sa/So geschlossen.

Optiker Brillen, Sonnenbrillen und Kontaktlinsen führen die Optikläden in der Veriopoulou 11, ✆ 22420-23618, und der in der 25.-Martiou 13, ✆ 22420-23883.

Post In der Vas.-Pavlou-Str., nahe der Straße El. Venizelou; geöffnet Mo–Fr 7.30–14.30 Uhr, Sa/So geschlossen. ✆ 22420-22250.

Wichtige Telefonnummern

Citybusse: ✆ 22420-26276

Flughafen: ✆ 22420-51225

Hafenamt: ✆ 22420-28507

Inselbus: ✆ 22420-22292

Krankenhaus: ✆ 22420-28050 (Auskunft) und 22420-22300 (Ambulanz)

O.T.E.: ✆ 22420-22499

Polizei: ✆ 22420-22100

Post: ✆ 22420-22250

Rettungswagen: ✆ 22420-22300

Taxi: ✆ 22420-22777 oder 22420-23333

Touristeninformation: ✆ 22420-29910 (E.O.T.) oder 22420-28724 (städtisch)

Touristenpolizei: ✆ 22420-26666

Kos-Stadt und Umgebung
→ Karten hinterer Umschlag, S. 89 und 107

Verbindungen

Die Verbindungen innerhalb des Stadtgebiets, auf der Insel selbst sowie zu den Nachbarinseln sind ausgezeichnet. Auf den ersten Blick verwirrt allerdings die Vielzahl der Reiseagenturen, die Fährtickets verkaufen. Oft hängen in den Büros lediglich Preise für die relativ teuren Tagesausflüge aus – auf die preiswerten Tickets der großen Linienfähren wird nur selten hingewiesen. Mit etwas Geduld finden Sie sich jedoch zurecht.

Bus In Kos-Stadt gibt es zwei zentrale Busbahnhöfe. Die **Citybusse (DEAS)** verkehren innerhalb des Stadtgebiets und pendeln zwischen Hafen und Asklepieion sowie zwischen Lambi und dem Kap Ag. Fokas. Auch Ziele wie die Empros-Thermen außerhalb werden angefahren. Das Citybus-Büro befindet sich an der Uferstraße Akti Miaouli (genau gegenüber der Abzweigung Ippokratous-Straße) in einem alten italienischen Prachtbau, ✆ 22420-26276. Öffnungszeiten: Mo–Sa 7–22 Uhr, Sa/So 7–13 und 18–22 Uhr. Hier gibt es einen Gratis-Fahrplan und Fahrkarten für die Busse. Die teuerste Fahrt kostet einfach nur 1,50 €; wer die Karte im Bus kauft, muss pro Ticket 20 bis 40 Cent mehr bezahlen. Wenn Sie den Bus regelmäßig nutzen, was sich bei den wirklich guten Verbindungen empfiehlt, können Sie im Citybus-Büro auch Fahrkarten auf Vorrat kaufen.

Die **Inselbusse (KTEL)** brauchen z. B. für die Strecke Kos – Kefalos eine Stunde. Der Busbahnhof für den Intercity-Bus befindet sich in der Kleopatras 7, ✆ 22420-22292 (Öffnungszeiten des Büros: Mo–Sa 8–15 Uhr). Auch hier erhält man einen Fahrplan gratis. Die Fahrkarten werden im Bus gelöst! Die Busse sind besonders bei den Fahrten zu den Orten an der Nordküste sowie nach Kardamena und Kefalos voll besetzt.

Verbindungs- und Preisbeispiele (jeweils von bzw. nach Kos-Stadt): Kardamena 6 x tägl. (So 3 x), 3,20 €; Kefalos 4 x tägl. (So 3 x), 4,40 €; Mastihari 6 x tägl. (So 3 x), 2,90 €; Pyli 4 x tägl. (So 2 x), 2 €

Flughafen: Der Flughafen der Insel liegt ca. 25 km entfernt bei Antimachia. Von Kos aus gibt es folgende innergriechische Flugverbindungen: Nach **Rhodos** können Sie mit Olympic Air an zwei Tagen pro Woche fliegen; die Dornier-Propellermaschinen landen auf dem Flughafen Diagoras, der 16 km von Rhodos-Stadt entfernt liegt. Die Flugzeit beträgt rund 30 Min., das Ticket kostet 61 € (einfach). 2 x wöchentl. starten Maschinen nach **Astipalea** (1 Std.), der One-Way-Flug kostet 68 €. Für weitere Infos, auch bzgl. der Flugverbindungen nach Athen, → Kapitel *Anreise* ab S. 34.

Taxis Der Standplatz befindet sich am südlichen Ende der Hafenpromenade (Akti Koundouriotou) direkt unterhalb des Platzes der Platane des Hippokrates, ✆ 22420-22777 oder 22420-23333. Da es zu Engpässen kommen kann, sollten Sie bei wichtigen Terminen ein Taxi vorbestellen. **Preise**: Kos – Flughafen 35 €, Kos – Kefalos 46 €, Kos – Kardamena 32 €, Kos – Tigaki 14 €, Kos – Marmari 16 €, Kos – Mastihari 29 €, Kos – Pyli 24 €.

Fähren/Hafen An der Uferpromenade, der Akti Koundouriotou, legen lediglich die kleineren Ausflugsboote und Fähren an, die am Kai Tag und Nacht ihre Inseltouren feilbieten. Hinter dem Kastell wurde ein Anlegekai für die großen Schiffe der Fährlinien gebaut, die auf unterschiedlichen Routen einerseits Rhodos und andererseits Piräus anfahren. Hier können wir nur einen Überblick über die Häufigkeit der Fährverbindungen geben; die genauen Zeitpläne ändern sich oft – die Touristeninformation hilft kompetent weiter.

Tickets für die Fähren sind in den Reiseagenturen oder auch vor Ort am Pier erhältlich. Der Schalter öffnet 2 Std. vor der planmäßigen Abfahrt des Schiffes. Karten für eine Deckpassage kann man in der Regel auch direkt an Bord bekommen. In der Hochsaison sollten Sie Tickets für Kabinenplätze frühzeitig kaufen. In der Taverne am Kai können Sie sich mit Reiseproviant versorgen; sie ist rund um die Uhr geöffnet.

Fährverbindungen Die folgende Übersicht kann lediglich eine Orientierung sein. Hilfreich ist die Website **www.gtp.gr**. Dort finden Sie alle aktuellen innergriechischen Fährverbindungen. Alternativ stehen folgende Internetportale für Fähr-

Stadterkundung mit dem Minitrain

Kos-Stadt und Umgebung
→ Karten hinterer Umschlag, S. 89 und 107

Innenstadt Taverne Agora 33 Hinter der Markthalle, in der Vas.-Pavlou-Straße, kann man im Schatten eine Rast einlegen. Das Restaurant liegt im Zentrum des touristischen Treibens, die Preise sind etwas höher, z. B. Schwertfischfilet 15 €. Der Platz unter vier Schatten spendenden Platanen ist dafür aber einer der schönsten der Altstadt. ✆ 22420-25885.

Restaurants in der Umgebung Ambavris 18 Schöne Gartentaverne in der gleichnamigen Ortschaft, ca. 1,5 km südwestlich des Stadtzentrums (die Straße nach Ambavris zweigt zwischen dem Odeon und dem Casa Romana von der Grigoriou-E. ab). Im Hof des früheren Bauernhauses stehen große alte Bäume, unter denen wunderbare und nicht alltägliche Gerichte serviert werden: Gefüllte Zucchiniblüten, Püree aus weißen Bohnen, Bulgur, kaltes Schweinefleisch und Käsekroketten sind nur einige Beispiele der saisonal ausgerichteten Mezedes, die hier auf den Tisch kommen. Vorausgesetzt, man hält sich nicht nur an die touristische Ausgabe der Speisekarte. Ein Gespräch mit den Kellnern lässt einen schnell herausfinden, was die Küche heute zu bieten hat. ✆ 22420-23612.

Mavromatis, ein köstliches Abendessen direkt in Psalidi am Strand, das Meer vor den Füßen, Sand in den Schuhen – und das nur 2 km vom Stadtzentrum entfernt. Einfach die Hafen- und später die Uferstraße entlangfahren in Richtung Psalidi, nach ca. 2 km sehen Sie auf der linken Seite die Taverne. In dem geräumigen Lokal und am Strand davor wird neben griechischer Küche v. a. Fisch serviert, z. B. Schwertfischfilet. Nicht entgehen lassen sollte man sich das leckere Eis zum Nachtisch. ✆ 22420-22433.

Akrogiali, in Psalidi, nur wenige Schritte weiter stadtauswärts als das Mavromatis. Auch hier isst man direkt am Meeresstrand, der Service ist prima, die Speisen, die den Weg aus der sehr sauberen Küche auf den Tisch finden, sind es ebenfalls. Traditionelle Gerichte gibt es auch hier: Fisch und Fleisch vom Grill oder aus der Pfanne, zur Vorspeise vielleicht ein Tirokafteri (mit Peperoni gewürzte Schafskäsecreme) mit frischem Weißbrot oder Dolmadakia aus

Kohl- statt aus Weinblättern? Man tritt den Weg nach Hause sicher zufrieden und gut gelaunt an. ✆ 22420-21357.

Lofaki **19** Eine grandiose Aussicht über Kos-Stadt und die Ägäis genießen Sie von diesem Cafe-Restaurant, das einsam auf einem Hügel über der Stadt thront, rund 4 km vom Zentrum entfernt. Bei den Koern ist es als Hochzeits-Location gefragt. Modernes, klares Design, große Terrasse, die Preise dem Ambiente angepasst etwas höher, z. B. Frappé für 3 €. Anfahrt: von der Gregoriou E rechts abbiegen in die Mitropoleos-Nathanail, am Kloster Ag. Georgios, dem Ikonenmaler (Icon Painter) und dem Wasserspeicher von Kos vorbei, dann noch rund 300 m den Hügel hinauf. (ausgeschildert).

Cafés **Platanos** **37** Das Café trägt den Namen der legendären und inzwischen reichlich altersschwachen Platane des Hippokrates und befindet sich am gleichnamigen Platz. Die Stühle sind zum Teil auf die Agora, die beeindruckendste Ausgrabungsstätte der Stadt, ausgerichtet, sodass man einen wunderbaren Blick über das Areal genießt. Diese Aussicht und die leichte Musik, die hier meist im Hintergrund läuft, schaffen eine entspannte und gleichzeitig knisternde Atmosphäre – besonders am späten Nachmittag. All das entschädigt für die satten Preise.

››› **Unser Tipp: Mylos**. Liegt am Ende des Lambi-Strands an der alten Mühle. Bemerkenswerteste Sitzgelegenheit ist sicher die Holzbank mit Kissen, die lässig im Sand steht und von der aus man bestens den regen Schiffsverkehr auf der Ägäis beobachten kann. Abends wird eher Alkohol (internationale Biere, 3–5 €) als Frappé serviert. Der Ort ist auch bei den jungen Koern beliebt. Ein Kicker, eine Tischtennisplatte und ein Beachfußball- sowie Beachvolleyball-Platz sorgen für zusätzliche Unterhaltung. Kleiner Wermutstropfen: Einige der Kellner drehen die Musik auch tagsüber schon mal mehr als einen Tick zu laut auf. Ein paar Liegestühle am Strandabschnitt vor dem Café unter den Schatten spendenden Palmenschirmen (3 € pro Liege). Auch vom Strand aus kann man inzwischen Drinks bestellen: Die Schirmständer haben eine Vorrichtung, mittels derer man an der Bar ein Klingelzeichen auslösen kann. Und prompt steht ein Kellner vor dem Liegestuhl und nimmt die Order entgegen. ✆ 22420-23235. ‹‹‹

Kafenion im Gerichtsgebäude. Nicht nur Polizisten und Amtsrichter trinken hier ihren Kaffee. Wegen der niedrigen Preise und dem freundlichen Wirt finden viele Koer gerne den Weg hierhin, Touristen sind natürlich auch herzlich willkommen. Griechischer Kaffee für 1 €, ein Sandwich kostet 1,50 €.

Art-déco-Flair in der Avra-Bar

Bar Kaza 36 Beliebt bei jungen Koern, (noch) kaum bekannt bei Touristen. Gemütliche Café-Bar mit großem Garten; die Gäste stehen am Kicker oder spielen Dart, der Innenbereich lockt mit Lounge-Sesseln.

Bella Vista 20 An der Uferstraße Akti Miaouli, gehört zum Nobelhotel Aktis. Hier bezahlt man den unverbauten Blick aufs Meer mit, doch man tut es gerne. Die Korbstühle sind bequem, der Kaffee ist genauso prima wie die Snacks, der Service stets freundlich.

Avra Cafe. Neben dem Bella Vista, in einem von den Italienern in den 1930er-Jahren errichteten Prachtbau, genießen Besucher die entspannte Atmosphäre, tagsüber Kaffee und Frappé, abends Long Drinks und Cocktails. Die Stühle und Tische reichen bis zum Meer.

Snacks Die Koer kaufen ihre **Gyros-Pita** übrigens am liebsten beim Imbiss am Paleologou-Platz / Ecke M.-Alexandrou (für ca. 1,50 €).

Die besten **Souvlakis** (auch zum Mitnehmen) gibt es in den beiden Restaurants **Krasivoulos** (Artemisias 48, ✆ 22420-30467) und **Thrasivoulos** (Amerikis, ✆ 22420-26945). Es gibt die Souvlaki sowohl in der klassischen Version mit Fleischstücken oder aber mit Hackfleischbällchen – auch sehr lecker. Wer mit wenig Geld reist, wird hier günstig satt.

Süßspeisen Zentral liegt das alteingesessene **Ariston** am Platz zwischen dem archäologischen Museum, der Agora und der Defterdar-Moschee. Es gibt ausgezeichnete Torten und Baklava, ein Stück kostet um 2,50 €. Die Konditorei schließt schon am Mittag.

Wussten Sie, dass Eclairs eine griechische Spezialität sind? Die Koer nennen das (eigentlich französische) Gebäck zärtlich *Eklaraki* und kaufen es bevorzugt in der Konditorei **O Lichondis**, Ecke Grigoriou / Aristonos. Ausführliche Testreihen der Autoren dieses Buches haben ergeben, dass nicht nur die unterschiedlich gefüllten Eclairs, sondern auch das restliche Gebäck fantastisch ist!

Gute Süßspeisen gibt es auch bei **Deni's** in der Veriopoulou/Ecke M. Alexandrou. Was hier in den Regalen und an der Theke angeboten wird, muss man einfach probieren. Verführerische Eissorten und die leckeren Waffeltüten mit Schokoladenüberzug.

››› Unser Tipp: Eisdiele Special. Den Knüller in Sachen Eiscreme bietet die Eisdiele an der Uferpromenade neben dem Hotel Aktis; zu erkennen ist sie an der überdimensionalen Eistüte vor der Tür. Selbst um Mitternacht steht hier noch eine Schlange! Betrieben wird die Eisdiele von einer Koer Bäckerfamilie, deren Sohn – so erzählt man sich – in Italien die Kunst des Eismachens gelernt hat. Mit Erfolg! Das Bitterschokoladeneis ist eine Wucht, auch Sesameis und die Fruchtsorten sind fein. Die Süßigkeiten und Kuchen sind ebenfalls sehr begehrt, z. B. Galaktoboureko, Blätterteig mit Vanillecreme-Füllung und Sirup übergossen. ‹‹‹

Nachtleben

→ Karten hinterer Umschlag und S. 89

Das Nachtleben von Kos kann sich sehen lassen, was Umfang, Angebot und Nachfrage angeht: Unzählige Bars und Kneipen schließen erst im Morgengrauen. Wer sich im Urlaub austoben will, dem sind in Kos-Stadt keine Grenzen gesetzt: Hier begegnen sich Nachtschwärmer und Frühaufsteher. Wenn Sie den Kontakt mit teils arg betrunkenen Touristen scheuen, sollten Sie die Zentren des Nachtlebens meiden und sich in ein ruhigeres Café oder Pub zurückziehen.

Discos Für die Diskotheken gelten folgende Getränkepreise: Bier (0,25 l) ca. 4 €, Cocktails und Longdrinks um die 6 €.

Dancing Club Heaven und **Tropical Island**. Die beiden Diskotheken am Strand (Zouroudi-Str./Lambi Beach) bieten schicke Einrichtungen, kühle Swimmingpools, Karaoke-Nights, griechische und internationale Hits und Nonstop-Partys.

Fashion Club 13 Der wohl größte überdachte Tanztempel der Stadt, firmiert inzwischen unter dem Namen „The X Club by Fashion". Spätestens beim Flanieren durch das Hafenviertel kommt man an der Diskothek nicht mehr vorbei. An den Tischen, die etwas erhöht über der Straße vor dem Eingang stehen, geht es um Sehen und Gesehenwerden. Die Rausschmeißer an der Tür

Kos-Stadt und Umgebung
→ Karten hinterer Umschlag, S. 89 und 107

lassen nicht jeden rein. Der Tanzpalast bietet eine Lasershow, verfügt über eine Klimaanlage und spielt House, Techno oder was sonst gerade in ist. Der Eintritt beträgt 15 € (inkl. eines Getränks), Cocktails 6 €. Kanari 2, ✆ 22420-22592.

Hamam Club 34 unterhalb der Hadji-Hassan-Moschee, am Ende der Barstreet (siehe unten). Die kleine Disco hat historisches Flair und ist daher architektonisch reizvoll: Die Räume beherbergten einst ein türkisches Bad. Getanzt wird in den früheren Badekammern, gerne auch zu griechischer Musik, in der HS fast jeden Abend live zwischen 21.30 Uhr und Mitternacht. Leider sind die Getränke teuer.

Bars Die sogenannte **Barstreet** ist ebenso unvermeidlich wie der Fashion Club. Im Zentrum der Stadt zwischen dem Eleftherias-Platz und der Platane des Hippokrates gelegen, besitzt die Barstreet, auch *Barbemena* genannt, gewisse Ähnlichkeiten mit dem Bermudadreieck – Absturz programmiert. In den drei Straßen Diakou, Pl. Plesa und Nafklirou grenzt eine Bar an die nächste, die Musik vermischt sich allnächtlich auf den Straßen zu einem teilweise ohrenbetäubenden, babylonischen Musikmix! Ob drinnen oder draußen – es wird getrunken, geflirtet und getanzt, vor den Bars auf und ab flaniert. Bis 4 Uhr morgens tobt das pralle Leben. Das Publikum ist gemischt, was die Nationalität angeht, und vorwiegend jung.

Zentrum des Nachtlebens: die Barstreet

Eine zweite Barstraße ist mit der Zeit rund um die Porfiriou-Straße nahe dem Lambi-Strand gewachsen. Die Getränkepreise sind die gleichen: ein Bier für etwa 3 €, Cocktails und Longdrinks ab 4 €.

Eine besondere Empfehlung für einen Laden auf der Barstreet haben wir nicht. Preisniveau, Ausstattung, Musik und Publikum unterscheiden sich nur unwesentlich. In letzter Zeit sind die Versuche, Kundschaft durch persönliche Ansprache und Rabatte („Drink three, get one free") zu locken, leider bei vielen Bars immer aufdringlicher geworden.

Jenseits der Barstreet **Four Roses** 22 Alteingesessene Bar mit Tanzfläche innen und Terrasse außen. Hier können Sie mitunter auch Rock- und Livemusik hören: eine willkommene Abwechslung vom Mainstream der meisten anderen Bars und Diskotheken. Arseniou-/Vas.-Georgiou, ✆ 22420-21060.

Blues Brothers 11 Wer eine Unterkunft in Hafennähe hat, kann die meistgespielten Hits dieser Bar bald mitsingen – die Leistung der Boxen ist beachtlich. Sitzen kann man drinnen und draußen, im Innenraum befindet sich eine kleine Tanzfläche. Angenehm: Hier hört man auch mal einen Song, der älter als vier Wochen ist – im Gegensatz zur Barstreet. Wer Lust hat, kann draußen das Treiben im Hafen beobachten. Am Politekhniou-Platz (besser bekannt als „Dolphin Square" in Anlehnung an den Springbrunnen, den drei Wasser speiende Delfine zieren).

Bitter Sweet 17 Das Musik-Café in der Altstadt ist bei einheimischen Jugendlichen genauso angesagt wie bei Kos-Urlaubern. Der Innenraum lebt von der Rustikalität des fast 100 Jahre alten Gebäudes, der Hinterhof ist schlicht und bequem möbliert. Die Musik kommt von einem DJ. Wer Hunger hat, erhält auch spät noch Snacks, Drinks gibt es sowieso immer. Apellou 19, ✆ 22420-23616.

Mylos. Am Ende des Lambi-Strands. Was tagsüber als lässiges Strandcafé funktioniert (→ *Cafés*), verwandelt sich abends in eine Open-Air-Bar mit angesagter Musik, teilweise auch live.

Feste

Dreikönigstag (6. Januar): Ein religiöses Spektakel. Das Heilige Kreuz wird im Meer versenkt und damit das Wasser geweiht. Junge Männer tauchen nach dem Kreuz und übergeben es dem Metropoliten. Während der Zeremonie werden weiße Tauben freigelassen, die über das Geschehen hinwegflattern.

Ostern – das Fest aller Feste: Zum Osterfest kehrt ganz Kos heim. Die Fähren, die in Piräus ablegen, sind oft schon Wochen vorher ausgebucht. Wer jetzt noch nach einem Flugticket fragt, erntet nur bedauerndes Kopfschütteln. Ostern trifft sich die Familie, das Dorf, die ganze Insel.

Das griechisch-orthodoxe Osterfest beginnt am *Gründonnerstag*, doch dem geht eine vierzigtägige Fastenzeit voraus. Das bedeutet v. a. kein Fleisch, kein Vergnügen und keine Liebe – daran halten sich heute allerdings nur noch wenige strenggläubige Alte in den Dörfern.

Am Morgen des *Karfreitags* bringen die Menschen Blumen zur Kirche. Um 21 Uhr treffen sich die Gläubigen an der Kirche Ag. Paraskevi in der gleichnamigen Straße beim Eleftherias-Platz zu einer Prozession, angeführt vom Popen *(Papas)* und den städtischen Honoratioren.

Höhepunkt der Osterwoche ist die Auferstehungsfeier am *Samstagabend*. Auch der allerletzte Stehplatz in der Kirche ist vergeben, Menschentrauben bilden sich an den Eingängen. Stundenlang trägt der Pope seine Gebete vor. In der Kirche herrscht keineswegs die stille Andacht mitteleuropäischer Ostergottesdienste, es wird vielmehr gesprochen, begrüßt, man kommt und geht. Nicht zuletzt ist die Feier eine willkommene Informationsbörse. Alle warten auf einen Moment. Um Mitternacht ist es endlich so weit: Der Pope verkündet die Auferstehung Christi: „Christos anesti". Man umarmt und küsst sich, wünscht sich frohe Ostern *(Kalo Pasca)* und antwortet auf den Gruß „Christos anesti" mit einem freudigen „lithos anesti": Er ist wirklich auferstanden. Am Hafen wird dann ein Feuerwerk gezündet, begleitet von Böllerschüssen, überall flackern Kerzen. Schließlich machen sich Familie und Freunde auf den Weg nach Hause, wo bereits die traditionelle Ostersuppe wartet und man bis zum Morgengrauen trinkt und feiert.

Am *Sonntag* unternehmen die Familien Ausflüge – sehr beliebt ist das Wäldchen Plaka bei Antimachia – und braten dort ihr Osterlamm.

Wichtig: Da das Datum des griechisch-orthodoxen Osterfestes nach dem julianischen Kalender berechnet wird, liegt es meist später als in Mitteleuropa. Übrigens: Auch Fremde sind beim Osterfest willkommen.

Kulturwochen „Hippokratia": Das städtische Kulturamt veranstaltet jedes Jahr von Juli bis September ein Kulturfestival unter diesem Namen. Das Programm ist ansprechend bunt gemischt und reicht vom Auftritt lokaler Rockbands im Sportstadion über Ausstellungen zeitgenössischer Malerei bis zur Aufführung von Theaterstücken und byzantinischer Musik im Kastell. Auch für Kinder werden Tanz- und Malveranstaltungen angeboten.

Tipp: Ein nicht alltägliches Ereignis ist die *Deklamation des hippokratischen Eides* im Asklepieion, die mehrfach während der Kulturwochen zelebriert wird. In der einnehmenden Atmosphäre des antiken Heiligtums spricht ein Jüngling, begleitet von zwei Mädchen, die die Göttinnen Hygieia und Panakeia darstellen, den altgriechischen Originaltext der berühmten Eidesformel der Ärzte.

Das zweisprachige Programm (Griechisch und Englisch) für die Hippokratia gibt es bei den Touristeninformations-Büros.

In den Jahren 2009 und 2010 zelebrierte Kos sein eigenes Filmfestival: das **Kos International Health Film Festival „Ippokratis"**, das in den ersten Septembertagen stattfand. Gezeigt werden internationale Lang- und Kurzfilme von Filmemachern, die sich künstlerisch oder dokumentarisch mit Fragen des Lebens, Sterbens, der Gesundheit und Prävention beschäftigen. Eine internationale Jury aus Regisseuren, medizinischen Wissenschaftlern und Spezialisten verleiht Preise an herausragende Arbeiten. Daneben hat das Publikum selbst auch zwei Preise zu vergeben. Künstlerische Leiterin des Festivals ist die griechische Filmemacherin Lucia Rikaki. Die Filme werden im Open-Air-Kino an der Fenaretis-Straße und im Saal des Orfeas-Theaters am Eleftherias-Platz gezeigt. Leider fiel das Festival 2011 und 2012 aus. www.healthfilmfestival.gr.

Kos-Stadt und Umgebung
→ Karten hinterer Umschlag, S. 89 und 107

Der Eid des Hippokrates

1. Ich schwöre bei Apollon, dem Arzt, und Asklepios und Hygieia und Panakeia und alle Götter und Göttinnen zu Zeugen anrufend, dass ich nach bestem Vermögen und Urteil diesen Eid und diese Verpflichtung erfüllen werde.

2. Den, der mich diese Kunst lehrte, werde ich meinen Eltern gleich achten, ihn an meinem Lebensunterhalt teilnehmen lassen und ihn in Not mitversorgen. Seine Nachkommen werde ich meinen Brüdern gleichstellen und, wenn sie es wünschen, diese Kunst lehren ohne Entgelt und Vertrag.

3. Ratschlag und Vorlesung und alle übrige Belehrung werde ich meinen und meines Lehrers Söhnen mitteilen, wie auch den Schülern, die nach ärztlichem Brauch durch den Vertrag gebunden und durch den Eid verpflichtet sind, sonst aber niemandem.

Skulptur zu Ehren des Hippokrates

4. Meine Verordnungen werde ich treffen zu Nutz und Frommen der Kranken, nach bestem Vermögen und Urteil. Ich werde sie bewahren vor Schaden und willkürlichem Unrecht.

5. Ich werde niemandem, auch nicht auf eine Bitte hin, ein tödliches Gift verabreichen oder auch nur dazu raten; auch werde ich nie einer Frau ein abtreibendes Zäpfchen geben.

6. Rein und fromm werde ich mein Leben und meine Kunst halten.

7. Ich werde nie schneiden, sogar den Blasenstein nicht, sondern es denen überlassen, deren Gewerbe es ist.

8. Welche Häuser ich betrete, ich will zu Nutz und Frommen der Kranken eintreten, mich enthalten willkürlichen Unrechts und jeder anderen Schädigung, auch aller Werke der Wollust an den Leibern von Männern, Frauen und Sklaven.

9. Was ich bei der Behandlung sehe oder höre oder außerhalb der Behandlung im Leben der Menschen, werde ich, soweit man es nicht ausplaudern darf, verschweigen und solches als Geheimnis bewahren.

10. Wenn ich nun diesen Eid erfülle und nicht verletze, möge mir im Leben und in der Kunst Erfolg zuteil werden und Ruhm bei allen Menschen bis in ewige Zeiten; wenn ich ihn übertrete und meineidig werde, das Gegenteil.

Lange Zeit wurde dieser Eid von den angehenden Ärzten geschworen, bis 1949 der Weltärztebund eine zeitgemäße Neufassung des hippokratischen Eides vorlegte, das sogenannte Genfer Gelöbnis – eine nicht minder feierliche Deklaration.

Empfang des Asklepios – Mosaik im Museum von Kos

Kos-Stadt und Umgebung
→ Karten hinterer Umschlag, S. 89 und 107

Die archäologischen Stätten

Jeder Stein ist Geschichte – beim Flanieren durch die Stadt treffen Sie überall auf Ausgrabungsstätten. Mal nur ein paar scheinbar wahllos umherliegende Steine, mal ein halb verdecktes Mosaik, an anderer Stelle Säulengänge und mächtige Mauern.

Folgende archäologische Stätten sollten Sie auf jeden Fall besuchen: das Hafenviertel mit der antiken Agora und dem Kastell, die Ausgrabungen entlang der Grigoriou-E.-Straße und natürlich die bedeutendste Sehenswürdigkeit der Insel, das Asklepieion. Ein Abstecher zu dieser antiken Kultstätte, die gleichzeitig ein Krankenhaus war, darf in keinem Programm fehlen (→ *Umgebung von Kos-Stadt*).

Museum

Das archäologische Museum von Kos ist in einem auffallend schlichten Gebäude (aus der Zeit der italienischen Besatzung) am Eleftherias-Platz untergebracht. Gezeigt werden Funde von der Insel, die meisten stammen aus dem Odeon, der Casa Romana und dem Haus der Europa. Das Museum unterteilt sich in eine westliche, eine östliche und eine nördliche Halle sowie den kleinen Innenhof (Peristyl), in dem ein hervorragend erhaltenes Fußbodenmosaik einer römischen Wohnung in Kos-Stadt aus dem 2. oder 3. Jh. n. Chr. zu sehen ist. Es zeigt den *Empfang des Asklepios*, des Gottes der Ärzte, durch einen Bewohner der Insel und Hippokrates (sitzend). Das von oben einfallende Tageslicht verleiht dem Raum seine besondere Atmosphäre.

Auf der westlichen Seite des Innenhofes finden Sie die beachtenswerte und gut erhaltene *Dionysos-Gruppe*: Dionysos stützt sich, wahrscheinlich trunken vom

Weine, auf einen unbekleideten Satyr sowie auf einen Weinstock, auf dem Pan sitzt und Flöte spielt. Zu ihren Füßen spielt Eros mit einem Raubtier. Erwähnenswert ist außerdem die Statue der *Jagdgöttin Artemis*, die auf der Nordseite des Peristyls steht – Sie erkennen sie an dem Jagdhund zu ihren Füßen, der zusieht, wie sie gerade einen Pfeil aus dem Köcher auf ihrem Rücken zieht, um ihren Bogen zu spannen.

Diese und andere Götterstatuen – nicht alle sind so gut erhalten wie die beiden erwähnten – bilden den Rahmen des Mosaikraums. In den drei anderen Hallen des Museums sind die Ausstellungsstücke nach Epochen gegliedert: Im östlichen Saal sind Funde der römischen Zeit, im nördlichen Saal Werke aus der hellenistischen Epoche und im westlichen schließlich Funde der späthellenistischen Periode ausgestellt. Hier befindet sich eine Statue des Hippokrates, eine Kopie des klassischen Vorbildes. Das Museum ist zwar nicht groß, aber einige der knapp 130 Exponate, besonders die Statuen, sind nicht nur für Historiker interessant.

In der HS werktags 8–20, Mo ab 13.30 Uhr. Eintritt 3 €.

Kastell Neratzia

Der innere Festungsring des Kastells wurde Anfang des 14. Jh. unter dem venezianischen Gouverneur *Fantino Cuerini* angelegt. Die Johanniter weiteten das Kastell bis ins 16. Jh. hinein systematisch aus: Ende des 15. Jh. ließ *d'Aubussion*, der Großmeister des Ordens, den äußeren Festungsring errichten, 1514 war er fertig. Vom Kastell aus kontrollierten die Ordensritter die Meerenge zwischen Kos und der türkischen Küste, führten ihre Galeeren in den „ewig währenden Krieg gegen die Muselmanen", der nichts anderes war als die vom Papst abgesegnete Seeräuberei gegen die osmanische Handelsschifffahrt. 1464 griffen 18.000 türkische Soldaten auf einer Armada von 156 Schiffen die Festung an, doch die Ritter des Johanniterordens konnten sich gegen die gewaltige Übermacht behaupten. Das Jahr 1523 bedeutete das Ende des Ordens auf Kos. Die Türken übernahmen das Kastell, bis 1908 nutzten sie es noch als Kaserne. Das Erdbeben im Jahr 1933 zerstörte schließlich die letzten intakten Gebäude im Inneren. Die mächtigen Mauern dagegen widerstanden den heftigen Erdstößen und demonstrieren, mit welchem Aufwand das Bollwerk einst errichtet wurde.

Antike Überreste und steinerne Kreuzritterwappen im Kastell

Vom Platz mit der Platane des Hippokrates führt eine Steinbrücke über den ehemaligen Burggraben zum Eingangstor des Kastells. Der Graben wurde zugeschüttet; heute verläuft dort die palmengesäumte Straße Finikon. Zu sehen gibt es auf dem weitläufigen Gelände

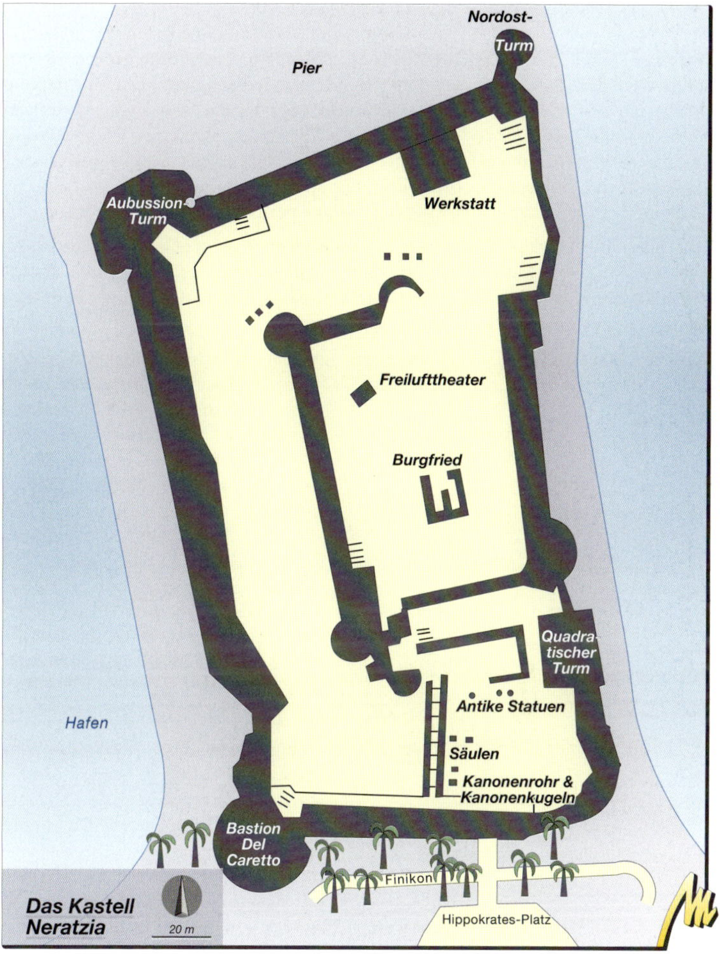

Kos-Stadt und Umgebung
→ Karten hinterer Umschlag, S. 89 und 107

zahlreiche Wappen aus dem 15. und 16. Jh., in die Mauern eingelassen von Rittern, die die Festung renoviert und erweitert haben. Als Baumaterial verwendeten sie auch Überreste antiker Säulen und Altäre, die heute auf dem Gelände ausgestellt sind. Zu sehen sind zudem einige Kanonen, allerdings teilweise arg verrostet.

In einem für die Öffentlichkeit nicht zugänglichen Gebäude im Nordosten des Areals werden archäologische Funde restauriert und aufbewahrt. Im inneren Festungsring ist ein Freilufttheater; dort finden im Rahmen des Festivals *Hippokratia* Aufführungen statt. Lohnenswert ist ein Rundgang über die restaurierten Wälle und Rundbastionen, nicht zuletzt wegen des schönen Blicks über den Mandraki-Hafen und die Dächer von Kos.

In der HS werktags 8–20, Mo ab 13.30 Uhr. Der Eintritt war 2012 frei, vorher 3 €.

Agora

Wer vom Kastell aus in südliche Richtung schlendert, erreicht die größte Ausgrabungsstätte der Stadt, die Agora. Das Gelände hat zwei Eingänge. Der eine liegt im Norden an der Nafklirou-Straße (Barstreet). Hier ist das Areal von gewaltigen dunkelrot und blau blühenden Bougainvillea-Sträuchern und der Hadji-Hassan-Moschee begrenzt. Der andere Eingang befindet sich an der Ecke Ippokratous-/Vironos-Straße. Einen guten Überblick über die historische Stätte gewinnt man im Übrigen vom Café Platano am Platz der Platane des Hippokrates.

Zwar bietet die Agora eine ganz besondere Atmosphäre, war jedoch für das archäologisch nicht geschulte Auge in der Vergangenheit wenig aufschlussreich. Inzwischen hat die Stadtverwaltung große Tafeln aufgestellt, die das Areal, vor dem man gerade steht, entschlüsseln und erklären.

Zwischen den steinernen Zeugen früheren Insellebens wachsen hohe Palmen, Zypressen und vereinzelt Laubbäume, und man kann in diesem Ruinengarten kaum einen Fuß vor den anderen setzen, ohne über marmorne Säulenteile oder Quaderblöcke der mittelalterlichen Stadtmauer zu stolpern. Zutage gefördert wurden diese baulichen Überreste mehrerer Jahrhunderte eher zufällig durch das große Erdbeben im Jahre 1933. In nur 27 Sekunden zerstörte es fast die gesamte mittelalterliche Stadt. Dabei kamen die Agora und die Hafenanlage wieder zum Vorschein.

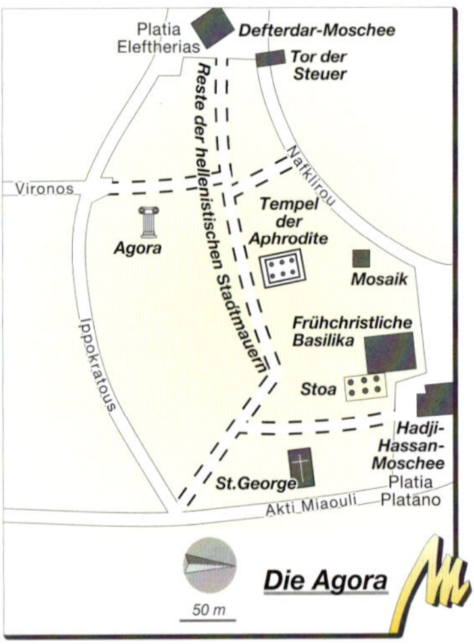

Die *Agora*, die dem Areal seinen Namen gab, war in der Antike das Zentrum des öffentlichen Lebens, Marktplatz und Ort, an dem die Volksversammlungen stattfanden. Die Agora ist zu erkennen an den beiden mächtigen, wieder aufgerichteten Säulen mit dem teilweise erhaltenen Gebälk, das sie einst verband. Sie vermitteln einen Eindruck von der Größe der Agora, die immerhin 160 x 80 m betrug. Die Bruchstücke der *hellenistische Stadtmauer* durchziehen das ganze Gebiet. Sie war an manchen Stellen bis zu 8 m breit!

Tempel der Aphrodite: Von diesem Heiligtum sind nur noch Stümpfe korinthischer Säulen aus Marmor erhalten, die auf einem gemauerten Podest stehen bzw. liegen.

Stoa (Säulenhalle): Sie stammt aus dem 4. oder 3. vorchristlichen Jh. und ist damit das älteste Fundstück des Ausgrabungsgeländes. Zu erkennen ist sie an den acht wieder aufgerichteten Säulen in korinthischer Ordnung, deren charakteristisches Merkmal die Verzierung der Kapitelle mit Akanthusblättern ist.

Basilika: Im 5. oder 6. Jh. entstand neben den Ruinen der Stoa die große Basilika, deren Grundfläche 72 x 24 m betrug. Trotz der Größe ist heute kaum noch etwas von der Basilika zu erkennen, denn lediglich die Ruinen einer Treppe, die zum Vorraum führte, und Bodenteile der Taufkapelle blieben erhalten.

Von 1391 bis 1396 erbaute der Johanniterorden unter der Leitung des deutschen Ordensritters *von Schlegelholz* die mittelalterliche Stadt *(Chorio)*, die mit Verteidigungsmauern befestigt wurde. Reste dieser Stadtmauer sind noch heute zu erkennen, zum Beispiel das *Tor der Steuer*, das heute den Eingang vom Eleftherias-Platz zur Barstreet darstellt.

Einige Säulen der Agora wurden wieder aufgerichtet

In späteren Jahrhunderten wurde die Stadt erweitert und ihr Aussehen verändert. Man verwendete Steine und Quaderblöcke aus antiker oder mittelalterlicher Zeit zum Hausbau, sodass die alten Fundamente bald unter den neuen Gebäuden verschwunden oder darin verbaut waren. Erst die Aufräumarbeiten nach dem Erdbeben 1933 förderten die alten Ruinen zutage.

Die kleine Kirche *St. George tou Arrenagogeiou*, die in einem Parkstück zwischen der Agora und der Hafenstraße Akti Miaouli liegt, überlebte als eines der wenigen Gebäude das Erdbeben von 1933. Sie stammt aus der späten byzantinischen Periode und weist eine halbkreisförmige Apsis auf. Ein Dutzend Fenster, davon acht Bogenfenster, bringen Licht ins Innere. Neben der Kirche liegt das Grab von Erzbischof Gerasimos of Kos (gest. 1838) und seiner Mutter Anthoula (gest. 1811). Wenn man vor dem Grab steht, sieht man durch ein Glasfenster Fotos der beiden.

Tägl. von 8.30 bis 15 Uhr, Mo geschlossen. Der Eintritt war 2012 frei.

Gymnasion, Nymphäon und das Haus der Europa – ein Rundgang durch die Antike

Im Südwesten von Kos, wo die Grigoriou-E.- die Theokritou-Straße kreuzt, liegt ein weiteres großes Ausgrabungsgelände. Am westlichen Rand des Geländes, entlang der Theokritou-Straße, befand sich in der Antike das *Gymnasion*, eine Sportanlage mit einer überdachten Laufbahn, die es den Athleten ermöglichte, auch im Winter und bei Regen zu trainieren. Der griechische Name der Laufbahn, *Xysto Dromos*, heißt wörtlich „Abschabe-Straße" und weist auf eine hygienische Gepflogenheit der Sportler hin: Vor dem Training und den Wettkämpfen rieben sie ihre Körper mit Öl ein, das sie nachher zusammen mit dem Staub wieder abschabten, um sich anschließend mit klarem Wasser zu waschen – die Seife war eben noch nicht erfunden. Die Anlage wird ins 2. Jh. v. Chr. datiert, also in die hellenistische Epoche. Die wieder aufgerichtete Säulenreihe lässt die Größe der Sportstätte erahnen: Einst waren es sogar 80 Säulen.

Direkt neben der Laufbahn befinden sich die Reste der sogenannten *Östlichen Thermen* aus der römischen Zeit – inzwischen nicht viel mehr als ein bogenförmiges Gewölbe. Am nördlichen Ende der Anlage ist ein gut erhaltenes, überdachtes *Fußbodenmosaik* aus römischer Zeit zu sehen. Es stellt die neun Musen mit Apollon als Musenführer, Dionysos und das *Paris-Urteil* dar: Im Streit der Göttinnen Hera, Athene und Aphrodite, wer von ihnen die Schönste sei, entscheidet sich Paris, der in Begleitung des Götterboten Hermes als Schiedsrichter herbeigeeilt ist, für Aphrodite. Zum Zeichen ihres Sieges überreicht er ihr einen Apfel, und sie verspricht ihm die schönste Frau auf Erden.

Wenn Sie den Weg auf der der Säulenreihe gegenüberliegenden Seite wieder zurückgehen, haben Sie das Vergnügen, auf einer Straße aus der Zeit der Römer zu wandeln: Die *Via Cardo* (= Achse) begann damals, so wird vermutet, am Hafen der Stadt und verlief parallel zum Sportstadion. Linker Hand steht gleich ein als *Nymphäon* bezeichnetes römisches Gebäude aus dem 3. Jh. v. Chr., das öffentliche Bäder beherbergte. Es wird erzählt, die Entdecker des Hauses hätten es Nymphäon getauft, weil sie von der Grazie des Baus so beeindruckt waren, dass sie ihn für einen Tempel der Nymphen hielten.

Der Innenraum des Gebäudes erinnert in seiner Formgebung und seinen Ornamenten an maurische Baukunst: Die Wände sind bis zu einer Höhe von 1,80 m mit Marmor verkleidet, und den Innenhof, der an drei Seiten von Säulen umrahmt wird, schmücken Mosaikarbeiten, von denen leider nur Fragmente erhalten sind. Auf der vierten Seite war eine Mauer mit Nischen, hier befanden sich die Wasserbecken. Leider kann man den Raum nur durch ein kleines Fenster betrachten. Dazu müssen Sie einige Stufen der kleinen Treppe neben dem Nymphäon hinaufgehen. Die Treppe führt zur *Platia Diagora*; auf dieser Anhöhe lag in der Antike wahrscheinlich die Akropolis (Oberstadt) der Stadt Kos, deren Freilegung aber noch dauert.

Nymphäon: öffentliches Bad aus römischer Zeit

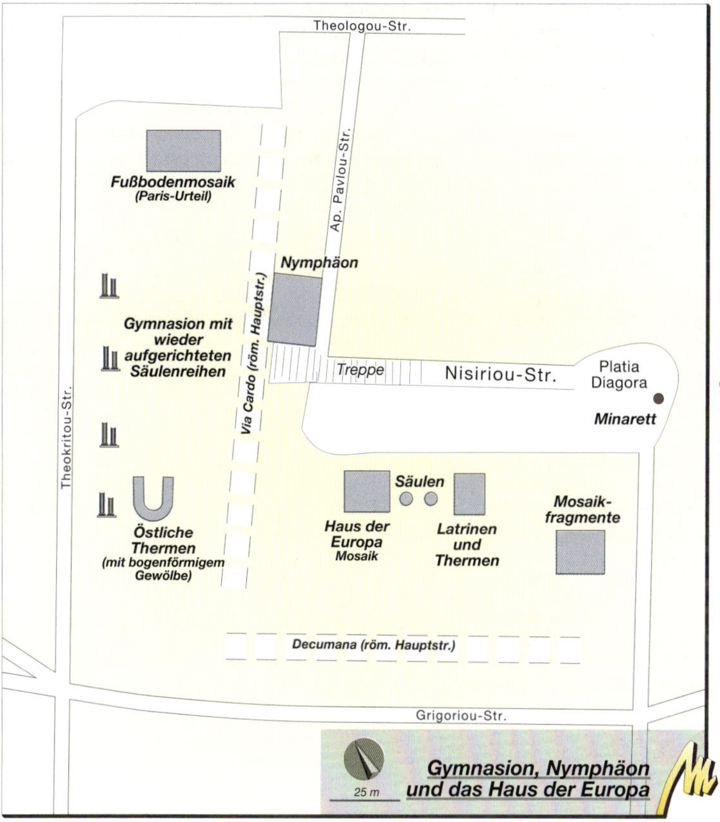

Kos-Stadt und Umgebung
→ Karten hinterer Umschlag, S. 89 und 107

Wenn Sie die Stufen wieder hinuntergehen, sich dann nach links wenden und weiter der Via Cardo folgen, stoßen Sie auf die zweite wichtige Straße, die diese historische Stätte durchzieht und den Namen *Decumana* trägt. Sie verläuft im rechten Winkel zur Via Cardo, parallel zur Grigoriou-E.-Straße. Eine Steintafel mit der Aufschrift „paved central road" weist darauf hin, dass es die Hauptstraße war, die im 3 Jh. n. Chr. von den Römern angelegt wurde. Wir folgen der Straße jetzt in ihrem Verlauf von Westen nach Osten. Linker Hand stehen zwei große Säulen, daneben überdachte Ruinen.

Dieser Komplex trägt den Namen *Haus der Europa*, eine ehemalige römische Villa, benannt nach dem berühmten Fußbodenmosaik im Innern. Das Mosaik erzählt die Geschichte der phönizischen Königstochter Europa, die vom Göttervater Zeus in Gestalt eines Stieres nach Kreta entführt wird. Vor ihnen fliegt Eros, der Gott der Liebe, mit einer Fackel in der Hand. Sinn der Entführung, so will es die Sage, waren dann auch allerlei erotische Vergnügungen, von denen allerdings Zeus' Gattin Hera nichts wissen durfte ...

In dem Raum direkt rechts neben den Säulen befinden sich Überreste *römischer Thermen und Latrinen*. Man sieht die Vertiefungen der Becken und Wandmalereien, die verschiedene Berufe darstellen. Relativ gut erhalten ist das Bild des Briefträgers mit dem Schriftzug: „Die ganzen zwölf Stunden laufe ich". Im letzten Haus, am östlichen Ende der Ausgrabungsstätte, lassen sich noch Fragmente eines *Fußbodenmosaiks* erkennen: Auf der der Decumana zugewandten Seite sieht man einen Eber und einen Jäger, links um die Ecke sind einige Kampfszenen dargestellt.

Das Gebäude ist jederzeit frei zugänglich.

Rund um die Casa Romana und das Odeon

Casa Romana: Die restaurierte römische Villa südlich der Grigoriou-E.-Straße wurde auf den Fundamenten eines hellenistischen Gebäudes aus dem 3. Jh. v. Chr. errichtet. Es handelt sich um ein zweistöckiges Wohnhaus mit drei Atrien, die der Belichtung und Belüftung der umliegenden Wohnräume dienten; diese Räume zieren farbenprächtige Mosaikböden. Daneben gibt es mehrere Fresken sowie ein Badezimmer mit einem 2,5 x 5 m großen Becken. Das Gebäude vermittelt einen guten Eindruck vom Wohnkomfort der antiken Römer, auch wenn – abgesehen von den Mosaiken und den Säulen rund um den großen Innenhof – nur wenig erhalten ist und leider nicht alle Zimmer zu besichtigen sind.

Tägl. außer montags 8.30–19.30 Uhr. Eintritt war 2012 frei.

Thermen: Sie befinden sich neben der römischen Villa; das Gelände ist über denselben Eingang zu betreten. Im Gegensatz zur Casa Romana gleichen die Thermen eher einem Trümmerhaufen. Rechts vom Eingang zur römischen Villa kann man die Überreste eines antiken Bades inklusive Toilette bewundern – von einer Steinaushöhlung führt eine Abflussrinne zur Kanalisation. Mit viel Fantasie lässt sich ausmalen, über welch ausgeklügelte Installation diese Stätte vor 2000 Jahren verfügt haben muss.

Tägl. außer montags 8.30–15 Uhr. Eintritt frei.

Die Bäder, die Weine, die Liebe

Einen Eindruck, welche Bedeutung die Thermen bei den alten Römern besaßen, vermittelt der Grabstein eines Mannes, der dort seine Philosophie verewigen ließ: „Die Bäder, die Weine, die Liebe: Sie ruinieren unsere Körper, aber sie machen das Leben aus." Römische Bürger aller Schichten schätzten den Besuch von Thermen und verzichteten nur ungern darauf, obwohl es ein teures Vergnügen war. Für die Befeuerung der Heizungen benötigte man Unmengen von Holz und Holzkohle. Ob auch auf Kos große Waldgebiete abgeholzt wurden, um als Brennmaterial in den Thermen zu enden, ist jedoch nicht bekannt.

Altar des Dionysos: Schräg gegenüber den Thermen liegt ein weiteres kleines Ausgrabungsgelände. Hier befand sich der *Tempel des Dionysos*, des Gottes der Feste, des Weines und des Rausches. Von dem Bauwerk aus dem 3. Jh. v. Chr. blieben jedoch lediglich Reste des Altars erhalten.

Jederzeit frei zugänglich.

Odeon: Das kleine Theater aus dem 2. Jh. n. Chr. liegt am Ende eines Parks an der Grigoriou-E.-Straße. Es war ursprünglich überdacht und für musikalische Aufführ-

Kos-Stadt und Umgebung
→ Karten hinterer Umschlag, S. 89 und 107

Odeon – antikes Theater

rungen konzipiert. Wiederentdeckt wurde es erst 1929. Die insgesamt 18 Ränge aus Marmorstufen sind in einem erstaunlich guten Zustand. An sie schließen sich niedrige Steinstufen an, die den Oberrang des Theaters bildeten – hier durften die weniger begüterten Zuschauer sitzen. Gelegentlich finden hier noch heute Theater- und Konzertaufführungen statt. Der Rundgang unter den Stufen wurde 2009 restauriert und beherbergt eine Ausstellung über Ausgrabung und Restaurierung des Odeons in den Dreißiger- und Vierzigerjahren sowie Informationen über andere Theater Griechenlands.

Jederzeit frei zugänglich; Rundgang tägl. außer montags 8.30–15 Uhr.

Weitere Sehenswürdigkeiten

Zu den reizvollsten Plätzen der Stadt gehören sicherlich der muschelförmige Mandraki-Hafen mit der breiten Promenade und die Palmenallee Finikon, die zwischen Kastell und dem Platz der Platane des Hippokrates verläuft.

Der ehemalige, von den Italienern errichtete Gouverneurspalast befindet sich am östlichen Ende der Palmenallee. Auch heute ist das hoheitliche Gebäude noch Sitz verschiedener Ämter, der Polizei und des Gerichts; um den Innenhof verlaufen Arkadengänge, in seiner Mitte steht eine hohe Palme. Am Gouverneurspalast beginnt die breite Uferstraße Akti Miaouli, gesäumt von italienischen Villen, deren mit Flieder, Palmen und Hibiskussträuchern bewachsene Gärten heute Cafés beherbergen. Zwischen diesen Prachtbauten finden Sie die restaurierten Tore der venezianischen Stadtmauer aus dem 13. Jh.

Prima als Orientierungshilfe für den ersten Tag und obendrein lustig ist die Fahrt mit dem *Mini Train* durch Kos-Stadt. Mehrmals täglich zuckelt die kleine Lok mit ihren drei grün-weißen Waggons an den wichtigsten Sehenswürdigkeiten vorbei. Aus den Lautsprechern tönen auf den Fahrten bis 14 Uhr englische Erläuterungen, auf den späteren Touren griechische Musik, während einem der Fahrtwind um die

Nase weht. Die zweite Linie bedient der blau-weiß gestreifte Mini Train. Er startet am Parkplatz neben der städtischen Touristeninformation. Mit ihm gelangen Sie zum Asklepieion und zurück.

Die 20 Min. lange Fahrt durch Kos-Stadt kostet 5 € (Kinder 2,50 €). Abfahrt ist halbstündlich zwischen 10 und 18 Uhr im Hafen. Der blau-weiße Mini Train zum Asklepieion startet zwischen 8 und 15 Uhr stündlich. Fahrpreis: 5 €, Kinder 2,50 €. Da das Asklepieion montags geschlossen ist, fährt dann auch kein Mini Train dorthin. Nähere Informationen unter ✆ 22420-26276.

Volta: Griechisches Flanieren

Volta, das ist die Promenade am Abend, eine Tradition, die in vielen Ländern am Mittelmeer gepflegt wird. Familien, Teenagergruppen oder Soldaten auf Ausgang schlendern gemächlich über bestimmte exponierte Straßen, in Kos-Stadt vor allem den Hafenboulevard. Besonders am Wochenende aufs Feinste herausgeputzt, heißt das Motto: Sehen und Gesehenwerden.

Platane des Hippokrates: „Eine der hübschesten Gegenden der Stadt", so schreibt *Erhart Kästner* (1904–1974, Prosaautor, Reiseschriftsteller und ehemaliger Sekretär Gerhart Hauptmanns) in seinen Erinnerungen an die Insel aus den 1940er-Jahren, „ist der kleine Platz, wo die sogenannte Platane des Hippokrates ihre müden Arme auf Marmorsäulen stützt und eine entzückende kleine Moschee aus dem Jahre 1786 beschattet." Die Platane des Hippokrates steht auf einem kleinen Hügel zwischen der Finikon-Straße („Allee der Palmen") und der Agora, direkt vor dem Eingang zum Kastell. Auch wenn die Überlieferung daran festhält und die Koer die Geschichte bis heute gerne erzählen, Hippokrates hat weder im Schatten dieses Baumes gesessen noch dort seine Schüler unterwiesen. Die gewaltige Platane, deren Stamm einen Durchmesser von etwa 10 m hat, zählt nach Einschätzung von Biolo-

Das Stadttor an der Platia Eleftherias

gen höchstens 500 Jahre. Gestützt wird der altersschwache Baum von marmornen Pfeilern, Stahl- und Holzkrücken.

An der Mauer, die die Platane umgibt, befindet sich ein Sarkophag, der während der Türkenherrschaft als Brunnen und Wasserreservoir für die gegenüberliegende *Hadji-Hassan-Moschee* diente. Die arabische Inschrift am Sarkophag gibt das Gründungsjahr der Moschee (1786) an. Wegen ihrer schönen Säulenloggia wird die Moschee auch *Loggia-Moschee* genannt. Bedauerlicherweise kann sie wegen Baufälligkeit nicht besichtigt werden. Am Rande des Platzes haben die Porträtmaler ihre Staffeleien aufgebaut. Meisterhaft beherrschen sie das nötige Vokabular in den verschiedensten Sprachen, um ihre Kundschaft zu gewinnen.

Kos-Stadt und Umgebung
→ Karten hinterer Umschlag, S. 89 und 107

Platia Eleftherias: Der *Platz der Freiheit*, wie die Koer ihn getauft haben, ist der Hauptplatz, das Zentrum der Stadt. Hier herrscht den ganzen Tag reges Treiben: Die Bauern bringen Obst und Gemüse zur Markthalle, aus den angrenzenden Gassen der denkmalgeschützten Altstadt strömen scharenweise Touristen, und nachts schallt die Musik aus den Bars entlang der Nafklirou-Straße über den Platz. Zwischen Barstreet und Eleftherias-Platz erhebt sich ein Tor der mittelalterlichen Stadtmauer, das von Bougainvilleen überwachsen ist. Schräg gegenüber vom Museumsgebäude steht die zweite große Moschee der Stadt, die *Defterdar-Moschee* aus dem 18. Jh., die jedoch – wie die Hadji-Hassan-Moschee bei der Platane des Hippokrates – nicht besichtigt werden kann. Einen bestechenden Kontrast bilden ihre roten Dächer, die sich gegen das Blau des Himmels abheben. Der Platz der Freiheit liegt etwas oberhalb des Hafens; folgen Sie von der Uferpromenade aus der Vas.-Pavlou-Staße.

Synagoge von Kos: Die ehemalige Synagoge liegt in der Diakou-Straße 4, inmitten der Amüsiermeile und dennoch ist sie eher auf den zweiten Blick zu entdecken. Obwohl Juden seit der Antike auf Kos gelebt haben, gibt es nur wenige Spuren ihres Lebens und Wirkens auf der Insel. Der jüdische Friedhof, nur wenige Hundert Meter neben dem moslemischen gelegen (siehe unten), einige paar jüdische Häuser in der Nähe des Hafens und die Synagoge sind die einzigen sichtbaren Zeugnisse ihrer Anwesenheit. Die letzten 120 Juden der Koer Gemeinde wurden 1944 von den Nazis nach Auschwitz deportiert. Ihre Namen sind auf einer Tafel im Eingangsbereich verewigt. Seit Anfang der 1990er-Jahre ist das Gebäude wieder instand gesetzt und dient der Stadt als Kulturzentrum, in dem Ausstellungen stattfinden.

Islamischer Leuchtturm

Wie Bleistiftspitzen ragen die Türme der Moscheen aus dem Häusergewirr von Kos heraus. Der Name *Minarett*, von dem aus einst der Muezzin die Gläubigen zum Gebet rief, leitet sich von dem arabischen Wort „manara" ab, was so viel bedeutet wie „Platz, auf dem Feuer und Licht ist". Tatsächlich wurden die Türme während des Fastenmonats Ramadan nachts beleuchtet. In der islamischen Welt kennt man das Minarett seit dem 8. Jahrhundert.

Hamam: Das alte Bad aus der Zeit der Türkenherrschaft an der Platane des Hippokrates (neben dem Gerichtsgebäude) ist restauriert worden. Es diente in der Zwischenzeit als Lager für Salz, das von der Insel einst exportiert wurde. Bei unserer Recherche 2012 war das Hamam leider geschlossen.

Zentrum für Zeitgeschichte und italienische Architektur: Das Zentrum in der Grigoriou E. wurde im August 2012 eröffnet. Im Fokus steht der Einfluss der Italiener, die von 1912 bis 1939 auf Kos herrschten. Zahlreiche Bauwerke in der Stadt stammen aus dieser Periode.

Tägl. 10–22 Uhr. Eintritt: 2 €

Baden

Sowohl nördlich als auch östlich der Stadt befinden sich lang gezogene Sandstrände. An touristischen Unterhaltungsmöglichkeiten fehlt nichts: Wasserski, Paragliding, Surfbrett- und Sonnenschirmverleih (5 € pro Tag für zwei Liegen inklusive Schirm), Strandcafés und Eisverkäufer. Massen sonnenhungriger Urlauber aalen sich auf den Liegestühlen.

Lambi Beach, der Hauptbadestrand der Stadt, ist für Touristen, die Abgeschiedenheit und Ruhe in natürlicher Umgebung suchen, nicht zu empfehlen. Selbst in der Vor- und Nachsaison geht es hier zu wie auf dem Rummelplatz. Nichtsdestotrotz: Für einen Sprung in die kühlenden Fluten der Ägäis reicht es allemal – in den Morgenstunden und am späten Nachmittag ist der Strand nicht so übervölkert. Etwas weniger Andrang, auch tagsüber, herrscht an der Küste in Richtung *Kap Skandari*. Der Strand vor der Mylos-Bar ist dagegen schon so weit vom Zentrum entfernt, dass sich dort nur noch wenige Touristen aufhalten. Hie und da spenden die Bäume ein wenig Schatten. Noch ruhiger präsentiert sich der frei zugängliche Strand vor dem Hotel Atlantis. Sie können einfach durch die Hotelhalle und Gartenanlage gehen oder am Strand entlangwandern (Entfernung zum Hafen ca. 3 km).

Auch östlich des Mandraki-Hafens drängen sich die Erholungssuchenden auf dem 5 m breiten Strand, reiht sich Liegestuhl an Liegestuhl. Zudem verlaufen die stark befahrenen Straßen Vas.-Georgiou und G.-Papandreou direkt dahinter. In Richtung *Kap Psalidi* (= Schere) hinter dem Jachthafen haben Cafébetreiber in den letzten Jahren

Den Lambi-Strand lieben Einheimische und Eingereiste

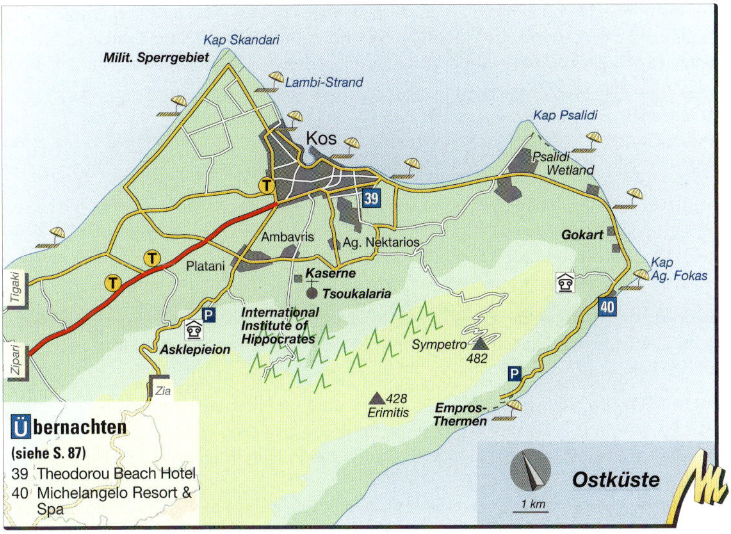

die Strandabschnitte vor ihren Cafés mit Liegestühlen bestückt. Der Strand ist zwar immer noch schmal, doch sauber – und sogar mit einer Blauen Flagge ausgezeichnet. Die Anbindung an gastronomischen Service macht den Aufenthalt komfortabel.

Zwischen *Kap Psalidi* und *Kap Ag. Fokas* befinden sich mehrere größere und kleinere Sand-Kies-Buchten, von der Asphaltstraße zweigen Schotterpisten zu den Stränden ab. Direkt hinter dem Kap. Ag Fokas, unterhalb des militärischen Beobachtunspostens spenden Tamrasiken Schatten. Der Strand ist gut zehn Meter breit, ist im oberen Bereich sandig, am Meer kiesig. Ausgeschildert ist er als "Mistral Beach", einige Liegestühle und Sonnenschirme stehen bereit. Wenige Hundert Meter östlich endet der Strand und geht in eine Felsküste über. Bademöglichkeiten gibt es dann erst wieder bei den *Empros-Thermen*.

Sport und Spiel

Basketball: Freiplätze gibt es auf dem Gelände des Gymnasiums an der Ippokratous-Straße sowie an den Ecken Kanari-/S.-Christou-Straße und Themistokleous-/Finilou. Weitere Plätze befinden sich gegenüber vom Hotel Niridiis (an der Straße Richtung Kap Ag. Fokas) und am Koritsas-Platz. In der Halle an der Ecke Artemisias-/Fenaretis trainieren die Teams des örtlichen Basketballclubs.

Beachvolleyball: Mehrere gepflegte Plätze finden Sie am Lambi-Strand.

Fahrradfahren: Auf Kos ein beliebter Sport. Rennrad und Mountainbike sind Statussymbole der jungen Koer. Die Stadtverwaltung bewies ein Herz für die Radler: 3 m breite, asphaltierte Radwege ziehen sich vom Stadtrand über das Kap Psalidi in Richtung Kap Ag. Fokas auf der einen und vom Kap Skandari mehrere Kilometer in Richtung Tigaki auf der anderen Seite. Außerdem ist auf dem Highway zwischen Kos-Stadt und Zipari eine Spur für die Velofahrer reserviert. Der Koer Bürgermeister widmet sich vermehrt Fragen des Umweltschutzes und der Verkehrsplanung und hat die Uferstraße zur Einbahnstraße für Autos erklärt. Dafür führen jetzt Radwege am Hafen entlang – auf denen allerdings meist Fußgänger spazieren gehen ...

Kos Bike Activities bietet geführte Mountainbike-Touren, zum Beispiel nach Paleo Pyli, zum Sonnenaufgang an den Empros-Thermen oder auf Nissiros; Preis inkl. Leih-Bike zwischen 25 und 52 € pro Person. Die Station befindet sich am Hotel Kripiotis Village in Psalidi, ✆ 69-44150129, www.kosbikeactivities.com.

Fußball: Auf dem planierten Sandplatz an der Artemisias-Straße werden die Ligaspiele (in der Regel samstags um 17 Uhr, lange Sommerpause) ausgetragen. Die Gäste der großen Hotels am Kap Psalidi können auf kleinen Kunstrasenplätzen spielen. Strandfußball ist unter anderem auf dem Gelände der Mylos-Bar möglich.

Gokart: Im Stadtgebiet von Kos gibt es eine Bahn. Sie liegt in Psalidi, rund 5 km vom Zentrum entfernt. 8 Min. kosten 7 €, für 17 € können Sie 20 Min. lang aufs Gas drücken.

Tennis: Die meisten großen Hotels außerhalb des Stadtzentrums haben einen Tennisplatz, viele mit Flutlicht. Der Preis für 1 Std. liegt bei 7–8 €, das Entleihen von Schlägern kostet extra (ca. 4–5 €/Paar). Folgende Hotels verfügen über einen oder mehrere Courts:

In Psalidi: Alexandra Beach, Archipelago, Aristo, Dimitra Beach, Edmark, Oceanis Beach Resort, Platanista, Ramira Beach, Sun Palace, Michelangelo. In Lambi: Aeolos Beach, Apollon, Athina Beach, Blue Sea Beach, Cosmopolitan.

Wassersport: Das Angebot ist groß. Auch einige Hotels haben Wassersportstationen eingerichtet: Das Atlantis am Lambi-Strand in der Nähe vom Kap Skandari, das Oceanis und das Sun Palace beim Kap Psalidi sowie das Dimitra am Kap Ag. Fokas. Die Stationen verleihen ihre Surfbretter jedoch bevorzugt an Hotelgäste. Der Wind kommt meist aus nörlicher Richtung, bewegt sich also parallel zum Ufer.

Wassersportstation Crazy Riders bietet Parasailing (15 Min. kosten für eine Person etwa 45 €, im Doppel 70 €), Wasserski (15 Min. ca. 25 €, für Anfänger gibt's eine kostenlose Unterweisung) und Jetski (18–25 € je nach Maschine). Daneben gibt es hier für 10–20 € die weniger sportlich ambitionierten als vielmehr vergnüglichen Aktivitäten wie Ringo und Banana Boat. Lambi-Strand, Zouroudi-Straße.

Die Ägäis: ein traumhaftes Segelrevier

Windzone Surf Club. Das sympatische Team bietet Wind- und Kitesurfing sowie Stand-up-Paddle an, die Sie für 30 € am Tag leihen können, Windsurf-Equipment für 50 € pro Tag. Kurse gibt es auch, z. B. zweistündiger Kitesurfing-Einstiegskurs (90 €) oder ein Zehn-Stunden-Windsurfkurs (180 €). Die Station liegt am Strand vor dem Naturschutzgebiet Psalidi Wetlands. ✆ 69-39117475, www.windzone-kos.gr.

Tauchen: Die Tauchreviere bei Kos sind nicht gerade berauschend, die Ägäis ist praktisch leer gefischt. Dennoch nutzen viele im Urlaub die Gelegenheit und entdecken die Welt unter Wasser. Tauchausflüge bietet unter anderem das *Kos Diving Center*. Sein Boot liegt im

Mandraki-Hafen und hat alle nötige Ausrüstung an Bord. Tauchausflüge können direkt auf dem Boot gebucht werden. Anfänger erhalten eine Einweisung.

Ein Tauchtrip mit **Liamis Dive Centre** kostet 55 €, im Preis sind die Bootsfahrt nach Pserimos, die Ausrüstung, Einweisung (auf Deutsch) und Unterwasserbegleitung enthalten; das zweite Abtauchen ist mit 25 € deutlich preiswerter. Sicherheit schreiben die Tauchlehrer groß: In kleinen Gruppen mit ständiger Begleitung geht es maximal 6 m tief. Alles andere wäre für Anfänger zu gefährlich. Auch hier liegt das Boot im Hafen Mandraki, ✆ 69-32209406, www.liamisdiving.com.

Die **Kos Divers** sitzen im Niriides Beach Hotel in Psalidi, etwa 1,5 km vom Zentrum entfernt. Hier bietet man begleitete Tauchgänge oder Auffrischungskurse an (30/50 €) und Tauchausrüstung sowie -zubehör zum Verkauf. Im Kipriotis Village Resort, einer großen Ferienanlage ebenfalls in Psalidi, werden außerdem PADI-Tauchkurse für Fortgeschrittene angeboten (ab 40 €), ✆ 22420-21553, ✆ 69-32155422, www.kosdivers.com.

Kos-Stadt und Umgebung → Karten hinterer Umschlag, S. 89 und 107

Biotop Psalidi Wetlands

Östlich von Kos-Stadt erstreckt sich an der Spitze des Kaps Psalidi auf einer Halbinsel auf einer Fläche von rund 100 ha das Biotop Psalidi Wetland. In den Wintermonaten ist die Senke zu großen Teilen mit Brackwasser gefüllt, in den Feuchtwiesen mit ihren salzliebenden Pflanzen finden Zugvögel wie Reiher und Flamingos eine willkommene Rast auf ihrem Weg in den Süden oder überwintern hier. Im Hochsommer ist das Gelände trocken, die Zugvögel halten sich dann in nördlicheren Gefilden auf. Dennoch lohnt ein Besuch: Ein Fußweg (Eco Path) führt durch das Gelände, in dem unter anderem Schilf, Strandhafer und Schafgarbe wachsen, Kiefern und Eukalyptusbäume spenden vereinzelt Schatten. Auf zwei Beobachtungstürmen haben Besucher die Möglichkeit, die Vögel zu beobachten. In den Wetlands sind zudem Schmetterlinge, Eidechsen oder Frösche heimisch. Leider ist das Besucherzentrum nur selten geöffnet.

Unberührte Natur unweit der Stadt

Mit dem Biotop stellt die Insel nicht nur dem immer weiter raumgreifenden Tourismus an der Küste ein Stück geschützte Landschaft entgegen. Im Sommer 2002 öffnete der Wasserpark *Shape* mit riesigen Rutschen, Bars und Musikbeschallung. Das Remmidemmi im Park vertrieb die Vögel im angrenzenden Schutzgebiet. Stadtverwaltung und Parkbetreiber gerieten aneinander. Am Ende siegte der Naturschutz. Gut für die Tiere. Und nicht so schlimm für die Urlauber, denn wer auf Riesenwasserrutschen steht, der kommt im Wasserpark *Lido* in Mastihari auf seine Kosten.

Von Kos-Stadt Richtung Ag Fokas, kurz vor dem Ramira Beach-Hotel links abbiegen und bis zum Ende der asphaltierten Straße fahren. Dort treffen Sie auf das Besucherzentrum, das leider meist geschlossen ist, ✆ 22420-21340. Rechts an dem Gebäude vorbei finden Sie ein kleines Tor, dahinter verläuft der Eco Path. Der Eintritt ist frei.

Umgebung von Kos-Stadt

Das Asklepieion ist mit Kos und dem Arzt Hippokrates, ohne Zweifel der berühmteste Sohn der Insel, eng verbunden. Das antike Heiligtum und Krankenhaus muss man besichtigen, will man die frühe Geschichte der Koer begreifen. Und so verlässt kaum ein Tourist die Insel, ohne das Asklepieion besucht zu haben.

Ein Asklepieion (sprich: Äsklipion) ist ein *Heiligtum des Asklepios* oder auch *Äskulap*, wie die Römer den Gott der Heilkunst, Sohn des Gottes *Apollon*, nannten. Die rund 300 Asklepieien in Griechenland, an die teilweise Ärzteschulen angeschlossen waren, entwickelten sich seit dem 5. Jh. v. Chr. zu Wallfahrtsorten für Kranke. Zentrum der Asklepios-Verehrung war Epidauros. Von hier aus verbreiteten die Asklepiaden – Mitglieder einer geheimen Brüderschaft von Priesterärzten – den Kult zu Ehren des Gottes der Heilkunst.

Immer wenn ein neues Heiligtum eingeweiht wurde, brachten sie eine Schlange aus Epidauros mit. Die antiken Äskulap-Statuen zeigen den Arzt meist mit einer Schlange, die sich um einen Stab windet. Noch heute gilt der sogenannte *Äskulapstab* als Symbol der Heilkunst; er ziert Apotheken und Arztpraxen und dient den Sanitätskorps mehrerer Nationen (auch der Bundeswehr) als Abzeichen.

Die antiken Therapiezentren waren mit Badeanlagen, Ruheräumen, Gästehäusern und vielem mehr ausgestattet. Die – neben Epidauros – bekanntesten Asklepieien befanden sich in Athen, Pergamon und schließlich auf Kos.

Obwohl das Asklepieion auf Kos wahrscheinlich erst nach seinem Tod 370 v. Chr. entstanden ist, gilt es weithin als die Heilstätte und Schule des Hippokrates. Zweifelsfrei steht jedoch fest, dass dieses medizinische Therapiezentrum auf seinen Lehren basierte.

Viel ist von der ursprünglich beeindruckenden Architektur des antiken Asklepieion nicht geblieben, wie der größte Teil der Insel fiel sie dem Erdbeben von 554 n. Chr. zum Opfer. Dennoch ist genug erhalten, um einen guten Eindruck von der Größe und Konzeption des antiken Asklepieion zu bekommen. Entdeckt wurden die Ruinen des Heiligtums 1902 von dem deutschen Archäologen *Rudolf Herzog* und von *Iacovos Zaraftis*, einem Geschichtsforscher aus Kos. Die Restaurierung der Anlage erfolgte hauptsächlich unter italienischer Regie.

Das Asklepieion

Weiß werden die Augen
vor der blendenden Weiße
der kleinen Kapelle auf Astypalea.
Und dann die Einfahrt in den Hafen von Kos,
das blaue Meer bis zum Horizont,
das weite grüne Land,
versprechen dir alles und geben dir alles.
Unverfälscht und kraftvoll diese Insel des Hippokrates,
wo Menschen immer noch Heilung finden,
droben im Asklepieion.

(K. Panajiotopoulos)

Wieder aufgerichtet: die Säulen des Apollon-Tempels

Kos-Stadt und Umgebung
→ Karten hinterer Umschlag, S. 89 und 107

Die nicht zuletzt wegen ihrer Größe aufsehenerregende Heilstätte erstreckte sich über drei Terrassen, die durch durch Freitreppen miteinander verbunden waren. Der antike Reiseschriftsteller Pausanias berichtet, dass ein heiliger Hain das Asklepieion umschlossen habe, der weder durch Geburt noch durch Tod verunreinigt werden durfte.

Erste Terrasse: Hat man den Eingang passiert, geht man direkt auf die große Treppe (24 Stufen) zu, die zur ersten Terrasse führt. Kurz hinter der obersten Stufe fällt rechts der Blick auf eine Zypresse, an deren Fuß eine Steintafel darauf hinweist, dass hier einst das Eingangstor (Propylon) des Asklepieion stand; die Rudimente, die noch zu erkennen sind, lassen die Größe des Portals erahnen. Insgesamt hat die erste Terrasse eine Ausdehnung von 80 x 100 m.

Die Fundamentreste sind Überbleibsel der *Säulenhalle* (Stoa), die die Terrasse im Westen, Norden und Osten umgab, sowie der dahinterliegenden Zimmerreihen. Es ist anzunehmen, dass hier Patienten wohnten und behandelt wurden und außerdem ein Teil der Ärzteschule sowie das Anatomie- und Pathologie-Museum untergebracht waren. Wenn Sie sich gleich nach dem Treppenaufgang links halten, finden Sie hinter den Stoa-Resten die Ruinen einer *römischen Badeanlage*, in der Wasserbehandlungen durchgeführt wurden.

An der Frontseite des Areals sehen Sie die Mauer mit eingelassenen Bogennischen, die die zweite Terrasse stützt. In den restaurierten Nischen standen früher Götterstatuen. In einer etwas größeren links von der Treppe befindet sich ein *Brunnen* mit einer Figur des Gottes *Pan*, der seine Flöte in der Hand hält. Leider ist die Quelle, die den Brunnen mit Wasser speiste, versiegt. In der ersten Nische rechts neben der Treppe sind die Reste eines Altars zu besichtigen. Eine Inschrift weist darauf hin, dass der Altar dem Koer *Xenophon* geweiht war, einem Leibarzt von Kaiser *Claudius*.

Zweite Terrasse: Sie ist deutlich schmaler als die erste. Hier befand sich das religiöse Zentrum der Anlage. Wenn Sie nach dem Treppenaufgang weiter geradeaus

Eines der ersten Krankenhäuser der Geschichte: das Asklepieion

gehen, sehen Sie direkt vor sich den *Asklepios-Altar*, der mit Seilen abgesperrt ist. Rechts davon, etwas erhöht und mit einem eigenen kleinen Treppenaufgang, sind zwei Säulen des dazugehörigen *Asklepios-Tempels* wieder aufgebaut worden; sie stammen aus dem 4. oder 3. Jh. v. Chr. Im Tempel verdeckt eine recht gut erhaltene Granitplatte die Schatzkammer mit den Weihgeschenken an *Asklepios*, den Gott der Heilkunst. Links vom abgesperrten Altar stehen sieben wieder aufgerichtete korinthische Säulen des *Apollon-Tempels*. Auch diese Terrasse wird im Süden von einer Mauer begrenzt, die die nächste Plattform stützt. Links der Treppe, die die Mauer unterbricht, befindet sich das Fundament einer *Exedra*, eine Nische mit Sitzbank, aus dem 3. Jh. v. Chr.

Dritte Terrasse: Auf der mit 60 Stufen längsten Treppe geht es hinauf zur dritten Terrasse, die etwa so groß ist wie die erste. Direkt gegenüber der Freitreppe erhebt sich der große *Asklepios-Tempel* aus dem 2. Jh. v. Chr., der einmal 34 x 18 m maß, überdacht und von 104 Säulen umgeben war. Die Podeste der Säulen sind teilweise noch zu erkennen. Erhalten ist zudem ein Altar. Auch diese Ebene war wie die erste an drei Seiten von einer *Säulenhalle* (Stoa) und daran angrenzenden Zimmern umgeben.

„Mit der Lust, die es gewährt, auf der Höhe von Freitreppen zu stehen, blickt man über den marmorgestuften Berg. Inseleinwärts hat man die Zackenwand des Gebirges vor sich, an dessen Hängen die Heilstatt liegt. Es sind Felswände, die dem Karwendel nicht nachstehen. Meerwärts aber breitet die Ebene sich hin. Ihresgleichen ist auf keiner anderen griechischen Insel, nirgends liegt eine so weite, liebliche, fruchtende Fläche am Meer, denn die Inseln sind ja alle nichts als Gebirge mitten im Meer."

Aus Erhart Kästners Reisebericht, den er 1944 auf dem Dodekanes schrieb. Der *Insel Verlag* veröffentlichte den Text unter dem Titel „Griechische Inseln".

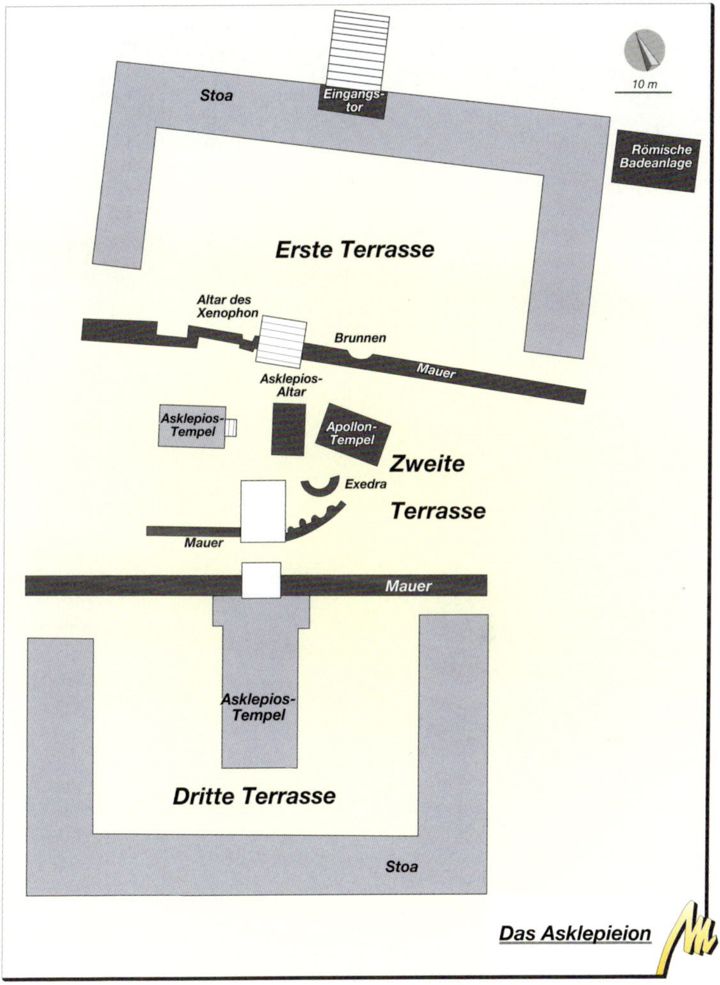

Kos-Stadt und Umgebung
→ Karten hinterer Umschlag, S. 89 und 107

Ein Besuch des Asklepieion lohnt sich nicht nur wegen der archäologischen Funde, sondern auch wegen der geschichtlichen Assoziationen, die die Weite dieser antiken Heilstätte mit ihren freigelegten Ruinen zulässt. Ein weiterer Grund für einen Besuch: die herrliche Aussicht auf die Ebene, in der die Stadt Kos liegt, auf das ägäi sche Meer und die Küste des türkischen Festlandes.

Öffnungszeiten/Eintritt Wechseln häufig. Zuletzt tägl. von 8.30 bis 15 Uhr, in der HS bis 19.30 Uhr, Mo geschlossen. Eintritt 4 €, ermäßigt 2 €, Kinder und Jugendliche bis 17 Jahre sowie Studenten frei. Oft drängen sich mehrere Besuchergruppen gleichzeitig auf dem Gelände des Asklepieion. Besuchen Sie das Heiligtum deshalb während der Woche am späten Nachmittag. Dann haben sich die Touristenbusse bereits wieder auf den Heimweg gemacht.

Anfahrt Von 8 bis 22 Uhr fahren die **Stadtbusse** 1 x stündl. zur Ortschaft Platani; von hier sind es noch 1,5 km bis zum Ziel. Bis zum Asklepieion fährt der blau-weiße Mini Train, der stündlich zwischen 8 und 15 Uhr vom Parkplatz neben der städtischen Touristeninformation startet. Fahrpreis: 5 €, Kinder 2,50 €.

Mit dem **Fahrrad** ist das Asklepieion, das knapp 4 km vom Stadtzentrum entfernt liegt, problemlos zu erreichen. Ab Platani geht es zwar stetig bergauf, jedoch ist die Steigung gut zu schaffen. Die Fahrt mit dem Rad dauert von Kos-Stadt aus etwa 20 Min. Der Weg zum Asklepieion ist ausgeschildert. Auch Autoparkplätze stehen ausreichend zur Verfügung.

Essen & Trinken Vor dem Eingang zum Asklepieion bietet eine Bar, die einige Tische und Stühle im Schatten der Bäume platziert hat, frisch gepressten Orangensaft an. Teuer, aber der Saft ist köstlich.

Zwischen Platani und Asklepieion zweigt eine Straße zum *International Institute of Hippocrates* ab. Ziel der 1960 gegründeten Stiftung ist die Förderung einer humanistisch ausgerichteten Medizin in der Tradition des Hippokrates.

Hippokrates, die Legende lebt ...

Hippokrates wurde 460 v. Chr. auf Kos geboren, in Kefalos im Inselwesten. Er war der Sohn der *Fainareti* und des Arztes *Gnossidikos*, der ihm grundlegende medizinische Kenntnisse beibrachte. Hippokrates studierte in den medizinischen Schulen von Kos und Iona sowie im Asklepieion von Ephesus, unternahm Studienreisen nach Ägypten, Asien und zur Insel Samos. Er starb um 370 v. Chr. in Larissa (Thessalien). Um sein Leben und Wirken ranken sich unzählige Sagen und Legenden, deren Wahrheitsgehalt Historiker allerdings bezweifeln. So soll Hippokrates den an einer „unheimlichen Krankheit" leidenden Makedonenkönig *Perdikkas II.* geheilt haben, indem er die Ursache der Erkrankung in einer unstandesgemäßen Liebesbeziehung zu einer schönen Magd entdeckte. Nach Abbruch des Verhältnisses verschwanden Kopfschmerz und Appetitlosigkeit des Königs, und schließlich bekam jener auch wieder Lust auf die Königin.

Als gesichert gilt, dass Hippokrates die medizinische Wissenschaft seiner Zeit entmystifizierte. Er löste sie aus den magischen Fesseln der Zauberei und stellte sie auf die Grundlage empirischer Beobachtung und Beschreibung von Krankheitssymptomen. Der bedeutendste Arzt seiner Zeit vertrat die sogenannte *Säftelehre*, nach der die Elemente Wasser, Feuer, Luft und Erde – in Gestalt von „Blut, Schleim, gelber und schwarzer Galle" – im Körper des Menschen als Kardinalsäfte wirken. Gesundheit beruht demnach auf der richtigen Mischung dieser Elemente, Krankheit auf einer fehlerhaften Zusammensetzung. Das „Corpus Hippocraticum" ist die erste naturwissenschaftlich fundierte Systematik der Medizin in Europa. Die Säftelehre hielt sich bis ins Mittelalter; seitdem gilt Hippokrates als „Vater der Medizin".

Jedoch nur ein kleiner Teil der Schriften, die Hippokrates zugeschrieben werden, stammt tatsächlich von ihm selbst. Unter seinem Namen finden wir Dokumente aus rund 500 Jahren vereinigt – ein Beweis für die rätselhafte Wirkungskraft dieser historisch schwer fassbaren Persönlichkeit. In seiner Reportage „Eine Handvoll Feigen für ein Lächeln" schreibt *Theodor Geus*: „Fast nichts von den Geschichten, die hier (auf Kos) erzählt werden, ist wahr. Niemals saß Hippokrates unter der Platane am Marktplatz, die uralt ist, aber nicht alt genug; er hat nicht den Eid der Ärzte geschrieben, und er hat nicht im Asklepieion gewirkt."

Bevor man zum Hippokrates-Institut kommt, das leider nicht zu besichtigen ist, liegt auf der Hälfte des Anstiegs *Hippocrates Altis*. Es handelt sich um ein imposant hergerichtetes Gelände, das an eine Kultstätte erinnert (Altis = Allerheiligstes). Sie ist frei zugänglich und verleiht kulturellen Veranstaltungen im Zusammenhang mit dem Institut einen stimmungsvollen Rahmen.

Die Empros-Thermen

Die schwefelhaltige Heilquelle, fast an der Ostspitze der Insel, dem Kap Agios Fokas, gelegen, lockt scharenweise Besucher an – allerdings kurieren die wenigsten davon ein Leiden aus.

Von der Straße oberhalb der Thermen zweigt eine stellenweise recht steile Sand- und Geröllpiste hinunter zum Meer ab, die an einer hohen schroffen Felswand entlangführt. Zunächst passieren Sie einen kleinen Strand mit schwarzem Sand. Hier bietet ein Sonnenschirm- und Liegenverleih seine Dienste an. Kurz darauf folgen die Thermen: 49 Grad Celsius heiß strömt das nach Schwefel riechende Wasser aus einer Felsspalte, von dort fließt es durch einen schmalen, kurzen Korridor ins Meer. In einem Naturbecken aus aufgeschichteten Steinen vermischt es sich mit dem Salzwasser. Die Temperatur in dem ca. 25 qm großen Pool liegt zwischen 30 und 40 Grad, je nach Entfernung zum einströmenden Quellwasser.

Baden in den Empros-Thermen: wenig erfrischend, aber gesund

Bei hohen Außentemperaturen ist das Baden nicht gerade erfrischend, aber umso gesünder. Hartgesottene schwören auf Wechselbäder: Zunächst legt man sich in das heiße Wasser (möglichst direkt bei der Quelle), um dann in das vergleichsweise kühle Meer außerhalb des Bassins zu springen. Die Bäder sollen bei Haut-, Augen-, Atemwegs- und Muskelerkrankungen sowie bei Rheuma und Arthritis helfen; auch Entwicklungsstörungen im Kindesalter werden bekämpft – so verspricht es zumindest der Text einer Tafel bei den Thermen.

Vom Meeresboden in der Umgebung der Thermen steigen Luftblasen empor: Bei den als *Thionies* bezeichneten Bläschen handelt es sich um Gase, die einem unterirdischen erloschenen Vulkan entströmen. Zu tauchen lohnt auch wegen der vielen Fische, die sich hier tummeln. Leider sind Pool und Kiesstrand in der Hauptsaison bis in die frühen Abendstunden arg überlaufen. Dies gilt auch für den schmalen Kieselstrand westlich der Thermen, der von einer bis zu 20 m steil aufragenden Felswand gesäumt wird. Wenn Sie aber über den nächsten Felsvorsprung klettern, erreichen Sie eine weitere Kiesbucht, in die sich nur wenige Touristen verirren.

Tipp: Besuchen Sie die Thermen am Abend oder in der Nacht, am besten in einer Vollmondnacht. Wenn die Außentemperaturen sinken, ist das Baden im heißen Wasser unter einem grandiosen Sternenhimmel besonders schön.

Wenig einladend wirkten die Thermen jüngst, weil das Gebäude oberhalb verfällt. Es wurde in den 1920er-Jahren von den Italienern errichtet, die es als Badehaus nutzten; das Quellwasser wurde damals in Eimern in die Badestuben getragen. Nach dem Zweiten Weltkrieg war das Anwesen verwaist, Anfang der Achtzigerjahre wurde es renoviert und beherbergte lange eine Taverne. Die schloss allerdings 2010 – seitdem steht das Gebäude leer.

Anfahrt Über die beiden Kaps Psalidi und Ag. Fokas führt die breite Uferstraße direkt zu dem beliebten Ausflugsziel, rund 12 km von Kos-Stadt entfernt. Parkmöglichkeiten gibt es sowohl an der Hauptstraße, bevor die Sandpiste zu den Thermen hinabführt, als auch direkt unten am Strand bei den Thermen.

Radfahrer dürfen sich über eine in Griechenland seltene Einrichtung freuen: einen Fahrradweg. Dieser beginnt am nördlichen Rand von Kos und endet nach etwa 6 km. Schweißtreibend ist die Strecke rund um das Kap Ag. Fokas, einem Ausläufer der Gebirgskette, die sich bis nach Kardamena zieht. Hier gilt es, einen Höhenunterschied von ca. 75 m zu überwinden; wer keine Gangschaltung hat, der schiebt. Nehmen Sie auf jeden Fall ausreichend Wasser und eine Kopfbedeckung mit. Von der Anhöhe am Kap Ag. Fokas haben Sie einen schönen Blick auf die türkische Küste.

Die **Stadtbusse** fahren von 10 bis 17 Uhr stündlich zu den Thermen und zurück; die einfache Fahrt kostet 1,50 €. Am Ende der asphaltierten Strecke, wenige Hundert Meter hinter der Bushaltestelle an der Abfahrt zu den Thermen, führt ein Fußweg auf eine ca. 20 m hohe Klippe mit einer herrlichen Aussicht über die karge, hügelige Südküste von Kos.

Essen & Trinken **Imbissbuden** finden Sie am oberen Parkplatz und am Steinstrand neben der Therme.

Platani

Die meisten Besucher nehmen nur die schöne Zypressenallee wahr, die von Platani zum Asklepieion führt. Doch auch das Dorf ist einen Besuch wert. Hier leben Orthodoxe und türkischstämmige griechische Moslems seit vielen Generationen friedlich zusammen.

Es gibt eine Moschee und eine Kirche, vor allem aber rund um die Platia einige empfehlenswerte Tavernen, deren Küche ein türkischer Akzent auszeichnet. Hier servieren die Kellner zum Beispiel zum Kebab ein Glas Airan, ein typisches türkisches Erfrischungsgetränk aus Joghurt, Salz und Wasser.

Am südlichen Ortsrand, etwa auf halber Höhe zwischen der Ortschaft Platani und dem Zervanos-Platz, liegen zwei Friedhöfe nebeneinander: der moslemische und der jüdische. Die mit zwei Davidsternen verzierten Gittertore sind seit Jahrzehnten verschlossen. Die jüdische Gemeinde Koswurde 1944 von den deutschen Besatzern ausgelöscht, die die letzten Mitglieder in Konzentrationslager deportierte – niemand kehrte zurück.

Der moslemische Friedhof steht dagegen offen. Die letzte Ruhestätte scheint aus allen Nähten zu platzen. Grabsteine stehen dicht an dicht entlang der Wege und

Mauern. An anderer Stelle liegen sie scheinbar wahllos übereinander. Der Friedhof entstand wahrscheinlich kurz nach der türkischen Eroberung, Moslems aus fünf Jahrhunderten liegen hier begraben – größtenteils sind arabische Schriftzeichen in die Grabsteine gemeißelt.

Arap. Gäste dürfen sich auf abwechslungsreiche griechische Spezialitäten mit türkischem Einfluss freuen, denn die Familie hat türkische Ahnen. Besonders empfehlenswert: die gemischte Vorspeisenplatte, an der man sich fast schon satt essen kann. Stellen Sie sie ruhig nach Ihren Vorstellungen aus einzelnen Vorspeisen zusammen, die Kellner sind geduldig, freundlich und erfüllen gerne jeden Wunsch. Das Restaurant ist zudem relativ preiswert – und deshalb oft voll belegt. An der Platia.

Paradiso. Traditionsreiche Konditorei mit großer Auswahl an Kuchen und Gebäck inklusive orientalischer Spezialitäten wie Baklava oder Kataifi. An der Platia.

Kos-Stadt und Umgebung
→ Karten hinterer Umschlag, S. 89 und 107

Panagia Tsoukalaria

Suchen die Bewohner der Stadt Ruhe und Abgeschiedenheit in nächster Umgebung, dann unternehmen sie einen Ausflug in ein schmuckes Wäldchen westlich von Kos. Mitten im Wald, zwischen Nadel- und Eukalyptusbäumen, liegt die Kirche Panagia Tsoukalaria.

Sie ähnelt mehr einem Bunker als einem Gotteshaus: Das 1920 errichtete Gebäude ist komplett betonverschalt. Auch die Sitzgelegenheiten und Tische auf dem großen Vorplatz strahlen unbesetzt eher den Charme einer Autobahnraststätte aus. Dies ändert sich jedoch an Sonn- und Feiertagen, wenn die Koer zum Grillen hierher kommen, dann erfüllen griechische Sommerhits vom Band den kleinen Wald, und der Duft von Holzfeuer und gegrilltem Fleisch lässt einem das Wasser im Munde zusammenlaufen. Dem Weg in den Wald folgend, durch ein im Sommer trockenes Flussbett, kommen Sie zu einer Quelle, aus der Gebirgswasser sprudelt.

Zwischen dem Odeon und der Casa Romana zweigt von der Grigoriou-E.-Str. eine Straße in Richtung des Vororts Ambavris ab. An der gleichnamigen Taverne vorbei, erreichen Sie eine Kreuzung, an der eine Windmühle steht, die zu einer Ferienwohnung umgebaut wurde. Dort geradeaus weiter, an einer Kaserne vorbei, bis sich der Weg nach ca. 500 m gabelt. Der links abzweigende Weg, der im letzten Stück von hoch gewachsenen Zypressen gesäumt wird, führt direkt zur Kirche Panagia Tsoukalaria.

Der an der Gabelung rechts abzweigende Weg (→ *Anfahrt*) führt zur *Quelle Vourina*. Durch einen ca. 30 m langen unterirdischen Gang gelangt man zum Quellgebäude, das wahrscheinlich aus der hellenistischen Epoche stammt und heute leider verschlossen ist. Durch eine Öffnung in der Mitte der Kuppel dringt Licht und Luft ins Innere. Noch heute wird das Quellwasser der Stadt Kos als Trinkwasser zugeleitet.

Tipp für den Rückweg: Die gleiche Strecke bis zur Kreuzung nach der Kaserne zurück, dort nach links abbiegen, bis Sie nach etwa 800 m die Ortschaft Platani erreichen. Für eine Rast empfiehlt sich besonders die Taverne Arap auf der Platia. Von hier mit dem Stadtbus zurück ins Zentrum von Kos.

Tour 1: Kos – Zia – Asklepieion – Kos → S. 236
Abfahren über die bewaldeten Flanken des Dikeos.

Ausflüge von Kos-Stadt

Mit dem Bus

Inselrundfahrt: Auf der Rundreise werden in mehreren Orten Stopps eingelegt – Zia, Antimachia und Kefalos fehlen in keinem Programm. Zum Baden und Essen fährt man in der Regel nach Kamari. Der Preis inklusive Mahlzeit beträgt ca. 30 €. Die Stopps sind allerdings sehr kurz – fast ein wenig zu kurz, um einen Eindruck von den Orten gewinnen zu können. Diese Tour können Sie in Reiseagenturen in Kos-Stadt buchen.

Griechische Nacht: Nach dem Abendessen in einer der Mammuttavernen in Zia spielt eine Tanzkapelle Bouzouki-Musik. Die Veranstaltung kostet inklusive Transfer, Essen und Wein rund 30 €. Auch dieser Ausflug ist im Programm der meisten Reiseagenturen vor Ort.

Mit dem Boot

Die Auswahl an Überfahrten zu den Nachbarinseln ist groß. Tickets verkaufen Reise- und Fähragenturen; oft besteht auch die Möglichkeit, eine Tour an der Rezeption der großen Hotels zu buchen (das ist allerdings in der Regel deutlich teurer als bei den Agenturen). Wir empfehlen, das Ticket direkt am Hafen zu erwerben: So können Sie wählen, ob Sie lieber mit einer großen Motorfähre oder einem kleinen Segler aufbrechen wollen.

Am Abend ankert die Armada von Ausflugsbooten im Mandraki-Hafen entlang der Promenade. Am Kai stehen Tafeln, die die Fahrten der nächsten Tage ankündigen. Vielsprachig versucht man, Sie vom Kauf eines Tickets zu überzeugen. Die Boote sind bis 21 Uhr besetzt (in der Hauptsaison länger).

Frischer Wind auf offener See: Bootsausflug in der Ägäis

Unser Leser Olaf Köllner aus Freital hat sich auf dem Segler *Eva* besonders wohlgefühlt: „Es ist das kleinste und schönste Schiff. Nach einem einfachen, aber reichlichen und sehr schmackhaften Mittagessen – die Mannschaft grillt in einer malerischen Bucht Souvlaki und Schwertfisch, röstet Brot und bereitet Salate frisch zu, dazu gibt es echten griechischen Rotwein aus einem Fass – werden noch zwei kleine Häfen angelaufen. Die Rückfahrt erfolgte unter vollen Segeln. Das war ein solch beeindruckendes Erlebnis, dass die plötzliche Ruhe sich auf die 30 Passagiere übertrug. Wie in einem Kitschroman ging dazu die Sonne langsam unter." Beachten Sie: Die kleinen Nussschalen schaukeln schon bei leichtem Wind erheblich – wer leicht seekrank wird, sollte sich daher für eine große Ausflugsfähre entscheiden.

Three-Islands-Tour: Seit Jahren die beliebteste aller Touren – mindestens 20 Boote stehen täglich für diesen Ausflug bereit. Sie führt zu den Inseln *Pserimos, Plati* oder *Krevatia* und *Kalymnos*. Sie können wählen, ob Sie nach Kalymnos-Stadt (dort wird meist eine Schwammfabrik besichtigt) oder zur Ortschaft Vathi im Osten der Insel Kalymnos (liegt in einer bezaubernden Bucht) wollen. Bei beiden Touren gehören in der Regel Badestops auf Pserimos und Plati zum Programm. Auf allen Booten stehen ausreichend Schnorchel, Taucherbrillen und Flossen zur Verfügung. Im Preis enthalten sind Snacks an Bord sowie ein einfaches Mittagsmahl, oft auch Getränke. Die Boote fahren in der Regel zwischen 9 und 10.30 Uhr raus, zwischen 17 und 18.30 Uhr legen sie wieder im Mandraki-Hafen an. Eine vergnügliche Tour, wenn auch der Aufenthalt in Kalymnos-Stadt viel zu kurz ist. Sollten Sie ruhebedürftig sein, fragen Sie bei der Buchung nach eventueller musikalischer Beschallung. Manche Boote haben Boxen an Bord, die 8 Std. lang unter Beweis stellen, was sie zu leisten in der Lage sind! Die Three-Islands-Tour kostet je nach Anbieter, Route und Verpflegung um 30 €.

Nissiros, die Vulkaninsel: Ebenfalls täglich steht dieser Ausflug auf dem Programm, allerdings ist die Zahl der Anbieter deutlich kleiner. Beispielsweise die Ausflugsfähren *M/V Nissos Kos* und *M/V Stefamar* fahren fast täglich zur Vulkaninsel (buchen können Sie die Tour bei *Pulia Tours* in der Vas.-Pavlou-Str. 3). Die Fähre startet in Kos um 8.30 Uhr, Abfahrt von Nissiros um 15.30 Uhr, der Ausflug kostet rund 25 €. Diese Bootstour sollten Sie auf keinen Fall missen, der Vulkan ist ein Erlebnis – auch wenn der Schwefelgestank im Kraterinneren unerträglich scheint (→ S. 229).

Das Kloster Panagia Spiliani auf Nissiros

Patmos: Die Insel wird einmal wöchentlich von der Ausflugsfähre *Petros L* angelaufen. Die Tour dauert von 8.30 bis 16 Uhr und lohnt sich für alle, die sich nur kurze Zeit auf Kos aufhalten, aber doch gerne eine andere Inseln kennenlernen möchten. Der Tagesausflug kostet rund 35 € und ist bei *Pulia Tours*, Vas.-Pavlou 3, zu buchen (→ S. 211).

Bodrum: Den Reiz Bodrums (= Keller) macht das historische Straßenbild aus. Auf den Bau klotziger Hotelburgen hat man hier verzichtet. Der Blick von oben auf das in der Sonne gleißende Städtchen gehört zu den beliebtesten Fotomotiven der Ägäis. Der Trip hinüber auf das türkische Festland kostet 20–30 € (Hin- und Rückfahrt). Ob Sie dort einen Einkaufsbummel durch die kleinen Gassen der Altstadt unternehmen oder das Mausoleum besichtigen, bleibt Ihnen überlassen. Die Fähren legen täglich zwischen 8.30 und 9 Uhr ab, Rückkehr zwischen 16 und 17 Uhr. Folgende Sehenswürdigkeiten sollten Sie sich nicht entgehen lassen.

Mausoleum: Das Monument liegt 100 m hinter der Tepecik-Moschee. Es wurde von Artemisia II., Schwester und Gattin von Mausolos (377–353 v. Chr.), gebaut. Es soll sich ursprünglich um einen 50 m hohen Bau gehandelt haben, der auf einer in den Fels gehauenen Terrasse von 105 x 242 m Grundfläche stand. Den Dachabschluss bildete eine Stufenpyramide, deren Spitze die Statuen von Mausolos und Artemisia krönten. Das Mausoleum galt in der Antike als eines der sieben Weltwunder. Erdbeben und Steindiebstahl beim Bau des Kastells führten dazu, dass nur noch die Grundmauern vorhanden sind.

Tägl. außer montags 8–12 und 13–18 Uhr. Eintritt 3 €.

Mehrere Leser haben uns von ihren schlechten Erfahrungen mit den Führungen in Bodrum berichtet. Stefan Goller aus Bottrop schrieb: „Es war wie auf einer Kaffeefahrt mit zweistündiger Besichtigung und Kaufzwang." Auch Winfried Dauner aus Germaringen warnt: „Man sollte es tunlichst vermeiden, die sogenannte Führung in Anspruch zu nehmen. Nach einem viertelstündigen langweiligen Monolog darf man den Bus besteigen. Nach kurzem Aufenthalt auf dem Hügel geht es vorbei am Amphitheater (Besichtigung vom Bus aus!) zum Verkaufshaus."

Kastell St. Peter: Das Wahrzeichen Bodrums ist die Johanniterburg, die sich auf einer Halbinsel im Hafen erhebt. In ihrem Zentrum stehen der Französische und der Italienische Turm (beide 1431 errichtet), um die im Jahr 1440 eine Mauer mit dem Deutschen Turm, dem Englischen Turm und dem Schlangenturm angelegt wurde. In den Mauern des Kastells ist das *Museum* mit festen und wechselnden Ausstellungen untergebracht. In der Kapelle und deren Nebenräumen lässt sich eine große Sammlung von Unterwasserfunden bewundern. In der sogenannten *Glashalle* neben der Kapelle wird eine prächtige Glassammlung mit geborgenen Schalen und Vasen präsentiert. Im Italienischen und Französischen Turm ist die Ladung eines byzantinischen, 1025 gesunkenen Schiffes zu sehen, die 1977 entdeckt und geborgen wurde. Der Englische Turm ist originalgetreu eingerichtet, u. a. mit einer Rittertafel.

Tägl. außer montags 9–12 und 13–19 Uhr. Eintritt 4,50 €.

Weitere Sehenswürdigkeiten sind das *Basarviertel*, das *alte Stadttor* und das frei zugängliche *Amphitheater*.

In historischen Gewändern auf dem Weg zur Deklamation des hippokratischen Eides

Gutes Surfgebiet: die Nordküste

Die Nordküste

Vom Kap Skandari bis nach Mastihari – über eine Länge von 25 km zieht sich der Sandstrand die gradlinige Nordküste entlang. In der Tiefebene dahinter betreiben Bauern Landwirtschaft, sichern die Versorgung mit Korn und Gemüse aller Art. Allerdings wurden in den vergangenen Jahren auch etliche Hotels hochgezogen.

Die Touristenhochburgen Tigaki und Marmari fehlen heute in kaum einem Katalog deutscher Reiseveranstalter. Noch in den 1980er-Jahren gab es weit und breit nur Felder, wo jetzt Tavernen, Geschäfte und Unterkünfte für Touristen stehen. Landwirtschaft wird ringsum aber noch immer betrieben, vor allem Getreide und Gemüse wächst auf den Feldern. Dazwischen gedeihen Feigen-, Zitronen- und Orangenbäume, Olivenhaine und Weinstöcke. Nach der Ernte grasen die Kühe oft nur ein paar Meter hinter dem Strand. Auch das ehemalige Fischerdorf Mastihari geriet in den Sog des Fremdenverkehrs, doch noch ist der ursprüngliche Charme des Ortes, der direkt gegenüber der Insel Kalymnos liegt, nicht ganz verschwunden. Obwohl die Zahl der Besucher jährlich zunimmt, lässt sich leicht ein ruhiger Platz am feinsandigen Strand finden, abseits von Tavernen und Sonnenschirmen. Ruhig und ursprünglich sind auch die Abschnitte vor dem Salzsee.

Tigaki

Ein Ort aus der Retorte, dessen Bebauung Anfang der 1980er-Jahre einsetzte. Mittlerweile tummeln sich in der Hochsaison hier mehrere Tausend Urlauber. Die meisten kommen aus Deutschland und England – und haben pauschal gebucht.

Tigaki, oft auch „Tingaki“ geschrieben, wächst um die Stichstraße, die vom Insel-Highway zum Meer führt. An ihr haben sich Hotels, Tavernen, Bars und Geschäfte

bis hinunter zum Wendeplatz angesiedelt. Kontinuierlich entstehen Bauten auch entlang der Uferstraße in Richtung Kos. Überlaufen wirkt die Ansiedlung aber nicht: Die Gebäude halten Abstand voneinander. Und auf den Feldern ringsum weiden Kühe, Ziegen und Schafe. Griechen leben hier – zumindest auf Dauer – nicht; sie treten lediglich als Personal in Erscheinung und verlassen den Ort am Ende der Saison. Im Winter ist Tigaki weitgehend menschenleer.

Baden

Die ursprüngliche, natürliche Schönheit des Strandes hat in Ortsnähe durch die Vielzahl von Sonnenschirmen und Strandliegen gelitten. Dafür verspricht die touristische Infrastruktur einen Urlaub der kurzen Wege: Die meisten Hotels befinden sich in der Nähe des Strandes, an dem auch die Versorgung mit Getränken und Snacks stets gesichert ist.

Im Ortsbereich ist der Sandstrand zwischen 50 und 100 m breit; einige Tamarisken spenden Schatten, die regelmäßige Reinigung zeigt Wirkung, doch stehen die Sonnenliegen, die für den stolzen Preis von 5 € (zwei Liegen mit Schirm) pro Tag verliehen werden, stellenweise dicht an dicht. Zur Infrastruktur am Strand gehören zudem Süßwasserduschen, Toiletten und einige Snackbars. Rund 500 m westlich und östlich des Wendeplatzes verschwinden die Sonnenschirme, der Strand ist hier schmaler.

Folgt man dem Schild *Alikes*, so erreicht man nach 800 m das ehemalige Salzwerk. Vor dem Salzsee rechts runter finden „Dorfstrand-Flüchtlinge" den wahrscheinlich besten Platz zum Baden: Den Strand ziert zwar stellenweise Seegras, und er ist mit rund 20 m deutlich schmaler als im Ortsbereich, doch dafür ist das Wasser klar, und die Zahl der Badegäste (darunter auch einige FKK-Freunde) hält sich in Grenzen. Eine vorgelagerte Sandbank sorgt dafür, dass man selbst nach 50 m noch stehen kann – ideal für Kinder. Allerdings gibt es hier, wie an der gesamten Nordküste, kaum Baumbestand und damit wenig natürlichen Schatten. Lediglich der kontinuierliche Wind aus nördlichen Richtungen verschafft den Strandbesuchern etwas Kühlung.

Sport

Plori Water Sports (am Strand bei der gleichnamigen Taverne) bietet Wasser- und Jetski (15 Min. für 30 €), man kann auch Tretboote leihen (20 € pro Std.) oder auf der überdimensionierten „Banane" über das Wasser reiten. Eine zweite neue Wassersportstation befindet sich ca. 200 m weiter in Richtung Salzsee. Hier steht Windsurfen im Zentrum des Angebots: Wer sich ein Brett leihen will, zahlt für 1 Std. 15 €, für 2 Std. 25 € und für einen ganzen Tag 50 €. Das Surfen können Sie hier auch lernen: Eine Unterrichtsstunde kostet 25 €; in einer Gruppe ist es preiswerter, pro Person kostet die Stunde dann noch 15 €; das komplette Zubehör ist in den Preisen inbegriffen. Zu leihen sind außerdem Kanus, Kajaks und Wakeboards. Die Betreiber haben zur großen Freude der Kinder aufblasbare Burgen zu Wasser gelassen.

Ausflüge

Inzwischen buhlen in diesem kleinen Ort eine ganze Handvoll Touristenbüros um die Gunst ausflugswilliger Urlauber. Das angebotene Programm ist nicht nur von den Ausflugszielen, sondern auch von den Preisen her nahezu identisch. Die meisten der unten aufgeführten Ausflüge sehen ein Mittagessen vor und werden von einer deutschen Reiseleitung begleitet. Allgemein gilt, dass Kinder die Hälfte des veranschlagten Preises bezahlen.

Für 30 € wird ein Tagesausflug zur Vulkaninsel *Nissiros* angeboten (3 x wöchentlich). Für den gleichen Preis gibt es die *Inselrundfahrt* im Bus (2 x wöchentlich). Den Sonnenuntergang in *Zia* kann man immer samstags für 8 € bestaunen, ebenso viel kostet der Ausflug von Tigaki zu den *Empros-Thermen*. Bestseller ist der Trip nach *Bodrum* (4 x wöchentlich), der inklusive Hafentaxe und Transfer nach Kos zwischen 25 und 35 € kostet. Für eine Tagestour nach *Rhodos* mit dem Tragflächenboot werden 40 € verlangt (2 x wöchentlich). Beliebt ist auch die *Three-Islands-Tour* (Pserimos, Plati und Kalymnos, 4 x wöchentlich), die etwa 35 € inklusive Mittagessen kostet. Ein Tagesausflug nach Patmos kostet 38 € (1 x wöchentlich).

Im Programm ist ferner ein *griechischer Abend*, der in Zia veranstaltet wird und für den 27 € zu zahlen sind (1 x wöchentlich). Essen und Wein sind im Preis inbegriffen, geboten werden Tanz und Livemusik. Die Touristenbüros Tigaki Tours und Tigaki Express verkaufen außer den Tickets für die Ausflüge auch Fahrkarten für die

Fähren sowie für die Tragflächenboote (Flying Dolphins), die in Kos-Stadt ablegen. Eine nähere Beschreibung der Ausflüge finden Sie unter *Kos-Stadt/Verbindungen* und *Ausflüge* (→ Karte S. 118).

Per Velo nach Tigaki

Viele Urlauber, die in Kos-Stadt wohnen, fahren mit dem Fahrrad nach Tigaki. Da die Strecke über die Schnellstraße wegen der vorbeibrausenden Autos und Lkws unangenehm zu fahren ist, schlagen wir eine alternative Route vor, die in der ersten Hälfte über gut ausgebaute Radwege und in der zweiten über weniger befahrene Seitenstraßen führt: Verlassen Sie Kos-Stadt in Richtung Lambi über die Amerikis-Straße. Wenn Sie an deren Ende angelangt sind, fahren Sie rechts und dann sofort wieder links. Jetzt sind Sie auf der Verlängerung der Kanari-Straße in Richtung Lambi. Nach etwa 1 km sehen Sie links eine Bushaltestelle und eine Allee, die von Eukalyptusbäumen gesäumt ist; in die biegen Sie ein. Am Ende der Allee, wo sich die Straße gabelt, rechts abbiegen und an der Blue Lagoon Resort Anlage entlang bis zum Meer fahren. Dann links und auf der breiten, asphaltierten Straße direkt am Meer entlang. Am Hotel Costa Angela führt die Straße ins Landesinnere, der folgen Sie einfach. Nach rund 1 km gabelt sich die Straße. Nach rechts folgen Sie dem natürlichen Verlauf der Straße, die den letzten Kilometer die Küste entlangführt, bis zum Wendeplatz von Tigaki. Die Strecke ist wegen des teilweise unverstellten Blicks auf die Türkei sowie die Inseln Pserimos und Kalymnos attraktiv.

Alternativ können Sie Kos-Stadt auch über die Argirokastrou-Straße in westlicher Richtung verlassen, die Strecke ist etwas kürzer. Sie überqueren die Ethnikis-Antistasis-Straße und sind nun auf der Verlängerung der Argirokastrou – von nun an folgen Sie einfach dem natürlichen Verlauf der Straße bis nach Tigaki. Diese Route führt durch landwirtschaftlich genutztes Gebiet: Am Straßenrand sieht man Felder mit Tomaten und Auberginen, wild wachsende Feigenbäume, Oliven- und Zitronenhaine. Linker Hand liegt das Dikeos-Gebirge. Die Fahrten dauern 30–40 Min.

Die Nordküste → Karte S. 124

Basis-Infos

Verbindungen Von Kos-Stadt fahren die **Busse** Montag bis Samstag zwischen 9 und 23 Uhr insgesamt 7 x tägl. nach Tigaki. In umgekehrter Richtung fährt der erste Bus um 9 Uhr, der letzte abends um 21 Uhr (Fahrpreis: 2 €). Sonntags fahren die Busse zwischen 9 und 18 Uhr 5 x von Kos nach Tigaki und retour. Der aktuelle Fahrplan hängt bei **Tigaki Tours** am Wendeplatz aus. Die Agentur verkauft auch deutsche Zeitungen und Magazine, und wer ins Internet will, kann hier für 2 € pro 15 Min. surfen.

Am Wendeplatz halten die Busse, und einige **Taxis** warten auf Kundschaft. Ein Taxifahrer verlangt für die 12 km lange Fahrt von Kos-Stadt nach Tigaki etwa 14 €. Ein **Mini Train** startet vom Wendeplatz aus zu einer Rundfahrt oder nach Pyli und zurück. Die Fahrt dauert jeweils gut 30 ten und kostet 5 € für Erwachsene und 2,50 € für Kinder.

Arzt Ein Schild auf der rechten Seite der Stichstraße, vom Meer kommend, weist auf einen „Deutschen Facharzt für Allgemeinmedizin" hin, der einen 24-Std.-Service anbietet und auf Kos einen sehr guten Ruf genießt. ✆ 22420-68016 und 69-44533440, lamprian@hol.gr. Zudem bietet **med life** medizinische Hilfe an. An der Uferstraße, wenige Meter vom Wendeplatz entfernt. ✆ 22420 91525.

Auto-/Zweiradverleih Eine Handvoll Autoverleihstationen buhlen um Kundschaft. Besonders empfehlen können wir **Sevi Rent a Car** mit zwei Stationen in Tigaki: eine an der Stichstraße und eine an der

Straße, die am Strand entlang Richtung Kos führt. (Der Verleih hier lohnt auch, wenn man in Kos-Stadt wohnt.) Ein Dutzend Modelle stehen zur Wahl. Die Kleinwagen sind in vorbildlichem Zustand und kosten ab 30 € pro Tag, Vergünstigungen gibt es auf Anfrage. Der Service ist freundlich und zuverlässig. ✆ 22420-69076 und 22420-68299 oder 69-47121792, www.sevi rentacar.gr.

Tigaki Tours. Die Reiseagentur verleiht auch Autos. Einen Kleinwagen können Sie ab 40 € pro Tag mieten. Ab zwei Tagen Leihdauer oder bei Buchung einer Tour sind Sonderangebote möglich. Das freundliche Personal spricht auch Deutsch. ✆ 22420-69994 oder 22420-69494.

Tigaki Moto. Alteingesessener Verleiher mit vielen Bikes. Gute Alu-Fahrräder ab 3 € pro Tag, Motorroller ab 12 €. Quads und Vespas können Sie für 20 € pro Tag leihen. Preise mit Haftpflichtversicherung, freien Kilometern, Helm und 24-Std.-Service. ✆ 22420-69044.

Nikos. Für die neuen Alu-Fahrräder verlangt der freundliche Betreiber ab 4 € pro Tag, Mountainbikes kosten 5–8 € täglich. Motorroller gibt es ab 12 €, Quads ab 20 € und Buggys ab 40 € pro Tag. Ermäßigung ab drei Tagen. Preise inkl. Helm und 24-Std.-Service. Nikos unterhält zwei Filialen: eine an der Stichstraße und eine an der Uferstraße Richtung Kos. ✆ 22420-68380, www.nikosbikeskos.com.

Geldautomat Am Kreisverkehr gegenüber der Reiseagentur Tigaki Tours, direkt neben dem Hotel Meni Beach.

Supermarkt Der **Konstantinos Supermarkt** verfügt über ein enorm großes Sortiment an Souvenirs: von Schwämmen über Muscheln bis zu griechischer Musik. Daneben finden Urlauber hier alles, was sie zum Baden brauchen. Und Lebensmittel gibt es auch. Unten am Wendeplatz finden Sie einen kleineren Supermarkt, dessen Sortiment für den täglichen Bedarf ausreicht.

Tankstelle Nahe der Schnellstraße.

Übernachten

Der Bauboom hat in Tigaki zweckmäßige und schmucklose Hotels und Tavernen entstehen lassen. In der Vergangenheit gestaltete sich die Zimmersuche während der Hauptsaison schwierig, da die meisten Unterkünfte an Veranstalter gebunden sind. Wenn die Hotels freie Zimmer haben – und das kommt in den letzten Jahren häufiger vor –, stehen sie aber auch Individualreisenden offen.

Kos Palace **1** Das Hotel mit 100 Zimmern und sieben Suiten liegt rund 1 km westlich des Wendeplatzes. Viel Licht durchflutet die ansprechende Architektur. Die Zimmer sind mit einem Kühlschrank ausgestattet und haben Balkon oder Terrasse sowie Fernsehen (mit deutschen Programmen). Zudem gibt es einen Spa-Bereich und ein Fitnessprogramm. An der Rezeption wird auch Deutsch gesprochen, die Frau des Inhabers stammt aus Deutschland. Wenig anziehend präsentiert sich allerdings der Strand vor dem Gelände: schmal und ohne Schatten. Ein Restaurant und eine Snackbar am großen Swimmingpool mit üppigen Grünflächen ringsherum, ein Volleyball- und ein kleiner Fußballplatz (Kunstrasen) stehen den Gästen zur Verfügung. DZ inkl. Frühstück und Abendessen je nach Saison zwischen 60 und 100 €. ✆ 22420-69890, ℻ 22420-69600, kospalace@yahoo.com, www.kospalace.gr.

Tigaki's Star **10** 1991 fertig gestelltes Gebäude östlich der Stichstraße, das immer noch in gutem Zustand ist. Das von Anfang April bis Ende Oktober geöffnete Hotel mit seinen 73 Zimmern verfügt über einen Pool sowie einen kleinen Kinderspielplatz und ist lediglich 500 m vom Strand entfernt. Einmal pro Woche laden die Betreiber zum gemeinsamen Grillen im hübschen Garten. Bungalow-Apartments werden in der NS ab 60 € vermietet, in der HS für ca. 70 €. Wer eine Klimaanlage im Zimmer haben will, muss 5 € mehr zahlen, Ein DZ kostet inkl. Frühstück in der HS ca. 65 €, in der NS 50 €. ✆ 22420-69541, ℻ 22420-69047, www.tigakisstar-kos.com.

Tropical Sol **8** Die insgesamt 120 Zimmer verfügen eine Klimaanlage und einen Kühlschrank. Swimmingpool und Tischtennisplatte sind in reger Benutzung, das sympathische Hotel versprüht Siebzigerjahre-Charme und liegt recht zentral an der Stichstraße. Ein DZ kostet in der HS 65 €, in der NS 40–50 € inkl. reichhaltigem Frühstücksbuffet. ✆ 22420-69341, ℻ 22420-69034, www.tropicalsol-kos.gr.

Ipanema 6 Das kleine, sympathische Hotel liegt etwas versteckt und ruhig abseits der Stichstraße. Die schattige Terrasse vor dem Hotel ist ein angenehmer Ort. Die Zimmer sind sauber und mit TV, Klimaanlage und Kühlschrank ausgestattet. Der Betreiber führt direkt neben dem Hotel auch eine Café-Bar. Ein DZ mit Dusche gibt es in der NS für 25 €, in der HS für 35 €. ✆/℻ 22420-69255.

Seaside 3 Ordentliche Apartments, auch wenn die Anlage etwas renovierungsbedürftig wirkt. Alle Zimmer mit freiem Blick aufs Meer und mit Bad und Balkon. Die Räume liegen über der Taverne Alikes (an der Stichstraße in Richtung Salzsee) und werden von denselben Betreibern vermietet. Für eine Woche kostet das Apartment für zwei Personen zwischen 300 und 350 €. ✆ 22420-69577.

Meni Beach 5 Direkt am Wendeplatz gelegenes Hotel, in dem meist auch Zimmer für Individualreisende frei stehen. Alle Unterkünfte haben einen Balkon. Am Pool, den nicht nur die Hotelgäste benutzen dürfen, gibt es eine Snackbar. Inzwischen ist ein gleichnamiges Restaurant angeschlossen, das auch Nicht-Hotelgästen offen steht. 50–90 € kostet ein DZ inkl. Frühstück, 65–100 € ein Familienzimmer mit zwei Schlafräumen. ✆ 22420-69217, ℻ 22420-69181, www.hotelmenibeach.com.

Essen & Trinken

Ein Teil der Tavernen vor Ort bietet nur Fast Food und einfache griechische Küche – höhere Ansprüche bleiben unbefriedigt. Empfehlenswert sind aber die Tavernen Plori, Ampeli und Alikes.

»» **Unser Tipp: Plori 2** Rund 100 m westlich des Kreisverkehrs. Hier hat man die Füße fast im Sand, so nah am Strand liegt die Taverne. Die Kellner sind ausgesprochen freundlich, die griechische Küche ist gut und abwechslungsreich. Wirt Michali pflegt seinen Garten, Gemüse und Gewürze landen auf den Tellern der Gäste. Der Auberginensalat ist genauso frisch und lecker wie Shrimps, Muscheln und Fisch, der hier je nach Tagesangebot auf den Tisch kommt. Die Küche setzt auf lokale Produkte, Weine und traditionelle Gerichte wie Gigantes, Stifado und Giouvetsi, zubereitet nach traditionellen koischen Rezep-

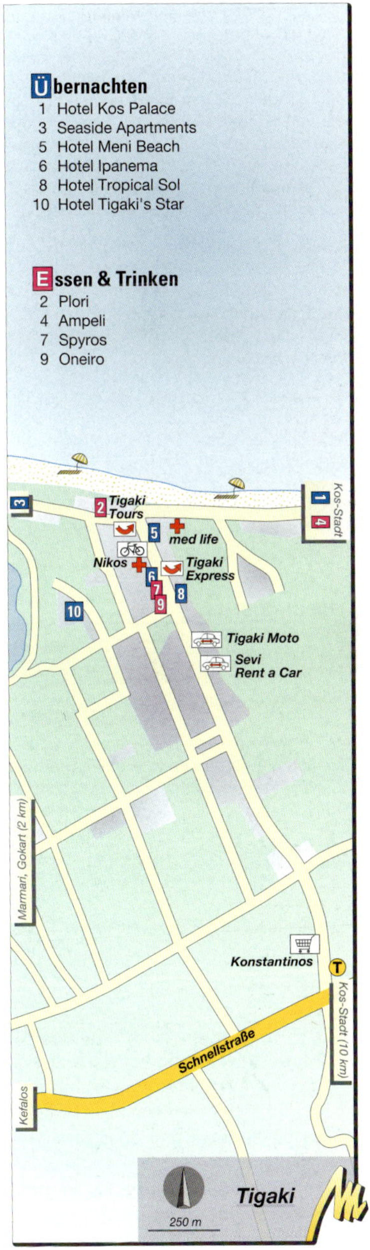

Die Nordküste → Karte S. 124

ten. Zum Abschluss sollten Sie die hausmachten Süßigkeiten kosten, zum Beispiel Revani, ein Grießkuchen mit Eis oder Galaktoboureko, Blätterteig mit cremiger Füllung. Wer auf dem Heimweg nur auf einen Frappé vorbeikommt, wird im Schatten der Weinreben ebenfalls herzlich willkommen geheißen. Die Betreiber unterhalten auch die Wassersportstation am Strand, die z. B. Jetski und Schleppfahrten anbietet. «

Spyros **7** Gediegene Atmosphäre mit Stofftischdecken unter hölzerner Wandverkleidung. Empfehlenswert sind das Bekri meze (Gulasch mit Kartoffeln) und die Grillteller. Das Personal ist ausgesprochen freundlich und aufmerksam.

Ampeli **4** In dem alten Bauernhaus außerhalb von Tigaki herrscht eine familiäre Atmosphäre. Gäste sitzen in einem wunderschönen Garten, in dem ein Teil der Produkte gedeiht, die die Küche verarbeitet, z. B. Paprika, Tomaten und Auberginen. Das Essen ist einfach, aber lecker und reichhaltig. Wegbeschreibung: Von Tigaki aus am Strand entlang in Richtung Kos. Rund 250 m hinter den Byron Apartments führt eine Straße ins Landesinnere. Die Taverne ist ausgeschildert. ■

Alikes. Vor dem Salzsee (Alikes), mit Blick aufs Meer. In das einfach eingerichtete, griechische Restaurant kehren regelmäßig – vornehmlich am Sonntagmittag – Einheimische ein. Die solide Küche zu niedrigen Preisen verdient diesen Qualitätsbeweis. Die angebotene Palette der Vorspeisen ist breit, vom klassischen Tsatsiki über Kartoffelsalat mit Knoblauch bis zu kleinen, gebratenen Fischen ist alles dabei. Auch all jene, die von der griechischen Küche genug haben, kommen auf ihre Kosten: Die Sandwichs und Pizzen sind dick belegt und schmecken, wenn auch nicht authentisch italienisch, richtig gut. Im Wendekreis Richtung Salzsee fahren, auf der linken Seite am Ortsende gelegen.

Oneiro **9** Große Taverne mit 200 Plätzen und großer Auswahl an griechischen Gerichten, aber auch Spaghetti und Pizza.

Nachtleben

Wer des Nachts das Tanzbein schwingen will, muss sich nicht zwangsläufig auf den Weg nach Kos-Stadt machen. Das Nachtleben Tigakis spielt sich in Bars und Musikcafés ab. Die meisten befinden sich an der Stichstraße, die Stühle zur Flaniermeile hin ausgerichtet. Angeboten werden Snacks, Kaffee und natürlich Alkoholika aller Art: Vom irischen und deutschen Bier bis zum Cocktail ist hier alles zu bekommen. Eine Sperrstunde gibt es nicht; die Bars sind bis in den frühen Morgen geöffnet, wenn trinkende und zahlende Gäste da sind.

Manche Bars haben eine kleine Tanzfläche, so z. B. das **Mascot**, wo mittwochs und samstags Karaoke oder Livemusik auf dem Programm stehen. Bands treten auch im **Barzentrum Mall** auf, 100 m westlich vis-à-vis der Taverne Plori.

Der Salzsee – eine einzigartige Landschaft

Wer von den Bergen aus den Blick über die Ebene an der Nordküste schweifen lässt, sieht die helle Fläche, die sich zwischen Marmari und Tigaki erstreckt: der Salzsee oder Alikes, wie die Griechen ihn nennen. Bis in die 1990er-Jahre zur Gewinnung von Salz aus Meerwasser genutzt, ist die Saline heute stillgelegt und hat sich zum Lebensraum für allerlei Tierarten entwickelt. Im Frühling und Frühsommer brüten hier viele seltene Vogelarten. Auch Exoten wie Flamingos kommen zu Hunderten hierher, um zu überwintern – Salzseen und Brackgewässer sind die bevorzugten Lebensräume dieser grazilen Vögel. Spätestens im April brechen die Flamingos wieder auf, dann ist das Wasser im See vertrocknet. Die einzigartige Landschaft soll in Kürze zum Naturschutzgebiet erklärt werden. (→ S. 33)

Marmari

Ähnlich wie der östliche Nachbarort Tigaki ist Marmari ein Produkt der Hotelkonzerne. Marmari war einst der Liegeplatz für die Boote der Fischer aus Pyli. Die ersten Unterkünfte wurden Ende der 1980er-Jahre gebaut. Gut aufgehoben sind hier Urlauber, die Wassersport mögen: Mit drei Stationen gibt es ein reichhaltiges Angebot.

Zwar finden Sie auch hier die meisten Gebäude unmittelbar an der Stichstraße zum Meer, doch ein Teil der Infrastruktur hat sich abseits dieser Pulsader angesiedelt. Ausschlaggebend für die touristische Erschließung war der kilometerlange Sandstrand mit einem Band niedriger Dünen, an dem sich auch heute noch ein ruhigeres Plätzchen finden lässt, wenn man sich etwas vom Zentrum des Orts entfernt. Durch die teils weit ins Wasser reichenden Sandbänke eignet sich dieser Küstenabschnitt für einen Urlaub mit Kindern.

In Marmari machen viele deutsche Pauschalurlauber Ferien. Der Ort hat sich darauf eingestellt: Das Personal in Hotels und Surfstationen spricht vielfach Deutsch. Dass es in Marmari inzwischen mehrere große All-inclusive-Anlagen gibt, hat sich zu Ungunsten der Infrastruktur ausgewirkt. Obwohl die Zahl der Urlauber nominell gestiegen ist, existieren hier inzwischen weniger Tavernen und Cafés als früher. Die Gäste werden eben in den Anlagen und Hotels rundum versorgt.

Die Nordküste → Karte S. 124

Baden

Lediglich unterhalb des zentralen Platzes gibt es natürlichen Schatten, doch die Plätze unter den Tamarisken sind rasch belegt. Wie in den meisten Badeorten der Insel bestimmen auch in Marmari Sonnenschirme und Strandliegen das Erscheinungsbild. Ruhige Plätze am 20 bis 30 m breiten Sandstrand, den ein Band niedriger Dünen von den Feldern im Hinterland trennt, finden Sie auch in der Hochsaison: Dann müssen Sie allerdings die Abschnitte unmittelbar vor dem Ortskern und den großen Hotels umgehen.

Volleyball, Surfen, Sonnenbaden – an der Nordküste vielerorts möglich

Deutlich weniger Andrang herrscht an der Küste sowohl in westlicher als auch in östlicher Richtung, allerdings wird der Strand auch schmaler (knapp 10 m). Ohne Unterbrechung zieht er sich bis Tigaki bzw. Mastihari – beste Voraussetzungen für einen ausgedehnten Strandspaziergang. Leider sammelt sich stellenweise jede Menge Seegras im Wasser und am Ufer, was die Badefreuden erheblich trüben kann. Ein angenehmer Abschnitt, weil etwas weniger besucht, ist der *Pithos Beach* etwa 1 km östlich des Wendeplatzes. Sie erreichen ihn über einen ausgeschilderten Abzweig von der Verbindungsstraße zwischen Marmari und Tigaki.

Sport

Da an der Nordküste ein beständiger Wind weht, wird in Marmari ganz viel Wassersport angeboten. Es gibt aber auch einen Reitstall und eine Kartbahn. Am Strand vor dem Hotel Caravia Beach ist die *Wassersportstation von Holger Bründel* angesiedelt. Absolut entspannt präsentiert sich der Mann aus Norddeutschland – die gute Stimmung greift auf die Gäste schnell über. Ein Windsurfkurs mit jeweils 2 Std. an sechs Tagen kostet 140 €. Erlernen können Sie hier auch das Katamaransegeln. Könner leihen sich ihre Ausrüstung hier: Surfequipment pro Tag 35 €.

Weiter im Angebot: Wasserski und sogenannte Schleppfahrten, also Banana Boat oder Ringo. Die Station ist von Mai bis Oktober geöffnet, ✆ 22420-41291 und 69-44558405. Übrigens: Die blaue Flagge über der Surfstation von Holger Bründel signalisiert nicht die Sauberkeit des Strandes (auch wenn die hervorragend ist), sondern die Treue zum Hamburger Sportverein. Einen Fanclub gibt es auf Kos auch, raten Sie mal, wer Gründungsmitglied ist ...

Neben dem Hotel Marmari Beach befindet sich die Sportstation *Marmari Windsurfing*, deren Schweizer Betreiber auf Windsurfen und Katamaransegeln spezialisiert sind. Der Surfeinsteigerkurs dauert 8 Std. und kostet 180 €, die Ausrüstung steht für eine Woche zur Verfügung. Wer bereits surfen kann und sich nur ein Brett mieten will, zahlt 20 € pro Std. bzw. 220 € pro Woche. Ein einstündiger Katamarantrip kostet 30 €. Kanus gibt es für 5 € pro Std. www.marmari-windsurfing.com.

In Marmari befindet sich eine von insgesamt vier Kartbahnen auf Kos

Auch auf der dritten Station in Marmari, *Fun 2 Fun*, wird Deutsch gesprochen. Die Station befindet sich nahe dem Grecotel Royal, westlich des Ortszentrums. Neben einem klassischen Surfkurs (10 Std. für 210 € inklusive Grundschein) können Sie auch einen Kitesurfkurs belegen. Anfänger zahlen für 2 Std. 70 €. Wer nur Surfequipment braucht, erhält es für 20 € pro Std. Zur Verfügung steht hier stets aktuelles Fanatics- und Northsails-Material. Außerdem im Angebot: Katamaranverleih und -kurse sowie Stehpaddeln (1 Std. für 15 €). ✆ 69-42695576, www.fun2fun-kos.de.

Beim *Salt Lake Riding Center* werden unterschiedliche Touren angeboten, z. B. ein Strandausflug zu Pferde (Dauer: 1 Std.; 30 €) oder ein Ritt um den Salzsee. Besonders beliebt ist der Sunset-Ausritt am Strand (Dauer: 2 Std.; 50 €). Kinder sind nach Angaben der Betreiberin Gina Daoulas (die Kanadierin spricht gut Deutsch) ganz versessen aufs Ponyreiten, die Eltern zahlen für 20 Min. 10 €. Wer sich auf den Rücken eines Pferdes schwingt, sollte lange Hosen und geschlossene Schuhe tragen. Der Reitstall stellt Helme und Schutzwesten für Kinder zur Verfügung. ✆ 69-441044446.

Auf halbem Weg zwischen Tigaki und Marmari, an der Straße Ioanni Kapodistria, liegt das *Christos Go Karts Center*. Die 750 m lange Piste ist top, ebenso die Karts. Der zehnminütige Fahrspaß kostet 12 € (Kinder: 10 €). Auf einer kleinen Extrastrecke können sich Kinder auf Elektrokarts als Nachfolger Michael Schumachers profilieren (5 € für 10 Min.). Derweil können die Eltern auf der Terrasse der Snackbar ihren Sprösslingen zuschauen – die meisten steigen aber lieber selbst in eines der rasanten Gefährte. Die Bahn ist täglich von 9.30 bis 23 Uhr geöffnet. ✆ 22420-68184, www.christosgokarts.com.

Ausflüge

Hier finden Sie das gleiche Ausflugsprogramm wie in Tigaki (siehe dort), zu buchen sind die Ausflüge in den Touristenbüros vor Ort (z. B. Tigaki Tours, ✆ 22420-42055, oder Tigaki Express, ✆ 22420-41666).

Basis-Infos

Verbindungen Von Kos-Stadt fahren **Busse** Montag bis Samstag zwischen 9 und 23 Uhr insgesamt 7 x tägl. nach Marmari. In umgekehrter Richtung fährt der erste Bus um 9 Uhr, der letzte abends um 21 Uhr (Fahrpreis: 2 €). Sonntags fahren die Busse zwischen 9 und 18 Uhr 5 x von Kos nach Marmari und retour. Die Haltestelle befindet sich vor dem Marmari Beach Hotel und am kleinen Platz unten am Strand. Die Fahrt von/nach Kos-Stadt kostet 2 €. Mit dem **Taxi** kostet die Strecke Kos – Marmari 16 €.

Auto-/Zweiradverleih Eine Handvoll Auto- und Zweiradverleiher konkurrieren in Marmari um die Gunst der Kunden. Bei **Kombos** kostet z. B. ein Hyundai Getz mit Klimaanlage 40 €, ein Fiat Panda 30 € pro Tag. Suzuki Jeeps werden für 45 € tägl. angeboten. Für Gruppen interessant: der Fiat Doblo (bis 7 Pers.) oder Fiat Scudo (bis 9 Pers.) für je 70 €. ✆ 22420-41657 oder 69-45550112.

Autos bietet auch die Filiale der Reiseagentur **Tigaki Tours** in Marmari. Das Angebot entspricht dem in Tigaki (siehe dort). ✆ 22420-42055.

Beim Zweiradverleih **Dino Moto Rentals** stimmen Service, Wartung und die Auswahl: Rund 400 motorisierte und nichtmotorisierte Räder stehen zur Verfügung. Allerdings waren die Preise zuletzt recht hoch. Motorräder kann man ab 30 € pro Tag leihen, einen Scooter gibt es ab 20 €, ein Mountainbike ab 15 €, leistungsstarke Quads ab 30 € pro Tag. ✆ 22420-41770, www.dinomoto.gr.

Übernachten

→ Karte S. 133

Die großen All-inclusive-Hotels wie das *Magic Life* befinden sich westlich der Stichstraße. Die Strandabschnitte unmittelbar vor den Anlagen sind in der Hochsaison gut besucht von Gästen, die kurze Wege lieben. Das ist nicht nach jedermanns Geschmack. Aber keine Sorge: Auch Individualreisende finden in Marmari passende Unterkünfte.

››› Unser Tipp: **Captain's Studios** **6** Eines der ersten Häuser, die in Marmari gebaut wurden, und ein Tipp für alle, die auf Großhotels keine Lust haben. Der ehemalige Tankerkapitän Nikita baute es 1987 mit dem Wunsch, an dieser Stelle die Ruhe und die Natur der Insel genießen zu können. Die Atmosphäre ist herzlich und

Die Nordküste → Karte S. 124

familiär: Frühstück, Abendessen und Snacks zwischendurch nehmen die Gäste in der Cafeteria mit Blick aufs Meer ein. Insgesamt stehen zwölf einfache Räume, acht Studios und vier DZ zur Verfügung – alle mit Moskitonetz und Klimaanlage. Kinder sind stets herzlich willkommen. Ein DZ kostet 35 € inkl. Frühstück, ein Studio 37 €. ✆ 22420-41431, captain_nikita@hotmail.com. «‹

Caravia Beach **1** Die Anlage liegt am Strand, rund 400 m östlich des Wendeplatzes. Insgesamt 600 Betten stehen im fünfgeschossigen Haupthaus und einer Reihe von Bungalows zur Verfügung. Durch ihre Blütenpracht sticht die Gartenanlage des Hotels aus der Umgebung hervor. Erfreulich menschenleer präsentiert sich der Strandabschnitt vor dem Hotelkomplex. Das Freizeitangebot des All-inclusive-Hotels ist reichhaltig: Swimmingpool, Tennisplätze, Windsurfing, Minigolf, Disco – die Liste ließe sich fortsetzen. Das Hotelmanagement sorgt auch für eine Kinderbetreuung. Das DZ kostet in der NS 105 € all-inclusive, in der HS 190 €. Einen Bungalow für bis zu vier Personen gibt es ab 145 €, in der HS 250 €. ✆ 22420-41291, ℻ 22420-41215, www.caraviabeach.gr.

Cavo d'Oro **2** Familienfreundliche Apartmentanlage mit Strandbar, Restaurant, üppigem Garten und kleinem Spielplatz. Den Betrieb organisieren zwei Brüder, Mama herrscht in der Küche, die griechische Spezialitäten und internationale Gerichte anbietet. Die insgesamt 21 Apartments (darunter eins für 5 Personen), liegen abseits des Ortszentrums, sodass Gäste den Strand (mit Beachvolleyball-Feld und kleiner Bar) fast für sich allein haben. Zur nächsten Windsurfstation sind es nur 50 m. Ein Studio für 2 Personen mit Klimaanlage und kleiner Küche kostet in der NS 30, in der HS ab 50 €. ✆ 22420-41800, ℻ 22420-41047, info@cavodorohotel.gr, www.cavodorohotel.gr.

Palladium **8** Das Hotel liegt 800 m vom Strand entfernt. An der Frontseite des u-förmigen Gebäudes sind Bar, Restaurant, Minimarkt und Rezeption (auch deutschsprachig) untergebracht. In den anderen Teilen des zweistöckigen Hauses befinden sich die 96 Zimmer. Größtenteils deutsche Pauschaltouristen logieren hier. Breites Angebot an Tageszeitungen, fast alle überregionalen bundesdeutschen Blätter sind erhältlich. „Auch das Essen hier war ein echter Genuss", schrieb uns Sylvia Dechert. Das DZ kostet je nach Saison 40–64 € mit Frühstück, Familienzimmer gibt es zwischen 72 und 122 €. Für Halbpension zahlt man in der NS pro Tag 10 €, in der HS 13 € mehr. ✆ 22420-41407, ℻ 22420-41409, www.hotelpalladiumkos.gr.

Zikas Studios **11** An der Stichstraße zum Pithos Beach, rund 1 km östlich von Marmari. Stavros Zikas, der den gleichnamigen Supermarkt betreibt, vermietet sechs Studios. Ein kleiner Garten umgibt das Haus, die Unterkünfte sind einfach, zum Strand sind es etwa 400 m. 20–40 € kosten die Studios pro Tag. ✆ 22420-41323.

Venos Apartments **10** Auf den ersten Blick fällt der überaus gepflegte Garten mit Rosen und Geranien auf. Im zweistöckigen Gebäude gibt es elf schlichte Zimmer mit Balkon zum Meer (400 m entfernt), Kitchenette, Klimaanlage und TV. DZ zwischen 25 und 35 €. An der Straße Richtung Tigaki. ✆ 22420-41538 und 69-44654870.

Apartments Kontis **14** An der Stichstraße zum Meer, gegenüber der Abzweigung nach Tigaki. Die kleinen, zusammenhängenden Bungalows sind klimatisiert und sauber, verfügen über eine Küche mit Spüle, Herd sowie Kühlschrank. Vom hinteren Balkon aus blickt man auf Aprikosenbäume, Bananenstauden und Weinreben. Die Vermieter wohnen nebenan. Für die Übernachtung in einer der sechs Unterkünfte werden je nach Saison 20–30 € (für 2 Pers.) berechnet. ✆ 22420-41388, ℻ 22420-48572, tpapanik@in.gr.

Essen & Trinken/Nachtleben/Einkaufen

Essen & Trinken Da viele der Besucher Pauschalurlauber sind, die Halb- oder Vollpension oder All-inclusive gebucht haben, gibt es in Marmari leider nicht mehr allzu viele Tavernen.

Smiley's Corner **4** Auch wenn der Name etwas anderes vermuten lässt, hier wird frisch und gut und griechisch gekocht, u. a. Saganaki (panierter, gebackener Schafs- oder Ziegenkäse). Der Besitzer spricht sehr gut Englisch, was den Kontakt erleichtert. Dass sich die Einheimischen hier zum Essen einfinden, ist ebenfalls ein gutes Zeichen. Zum Ouzo reicht man kleine Köstlichkeiten.

Die Nordküste → Karte S. 124

Stavros 3 Nahe dem Hotel Marmari Beach. Von vielen Lesern gelobte traditionelle griechische Küche, große Portionen, günstige Preise (z. B. Moussaka für ca. 6,50 €). Spezialitäten wie mit Reis und Leber gefüllte Ziege gibt es auf Bestellung. Verwendet werden Zutaten und Fleisch aus der Region. ■

Snackbar Sun Set 7 Die griechischen Standards werden sorgfältig zubereitet und sind preisgünstig. Hier wird man nicht nur mit Essen und Trinken versorgt, sondern kann auch Kicker und Billard nutzen.

Iliovasilema 9 Abseits der Hauptader des touristischen Lebens gelegen. Die Taverne ist komplett weinumrankt, sodass man den Eingang an der Ecke kaum wahrnimmt. Angenehm ist die Bepflanzung, da sie auch an heißen Tagen Schatten bietet. Neben traditioneller griechischer Küche wird an manchen Abenden auch musikalische Unterhaltung geboten: Der Wirt (spricht Deutsch) lässt sich dann zu Gesang und Tanz hinreißen.

Spatzennest 13 Den deutschen Namen trägt die Taverne wegen der Gäste, nicht wegen der Betreiber: Die sind Griechen. Beliebt ist das östlich von Marmari gelegene Spatzennest wegen der hausgemachten Pizzas und der Cocktails (Pina Colada 5 €), die die Gäste gerne auch mal auf dem Liegestuhl auf dem Rasen vor der Taverne genießen.

Nachtleben Wie in Tigaki findet das Nachtleben in den Bars statt, die sich entlang der Stichstraße zum Meer angesiedelt haben. Sie sind auf flanierendes Publikum eingestellt, die gepolsterten Stühle mit Blick auf die Straße ausgerichtet. Ein Cocktail kostet ca. 3,50 €, ein halber Liter Bier um die 2 €.

Insel-Bar 12 Oldie-Abende sind hier besonders beliebt. Dann wird jeder Millimeter unbestuhlter Raum als Tanzfläche genutzt.

Bar Image. Bietet eine musikalische Besonderheit. Zwar werden auch hier die bekannten Chart-Hits gespielt, ab Mitternacht jedoch wird klar, warum sich im Laufe des

Abends mehr und mehr Einheimische einfinden: Der DJ wechselt das Programm und spielt griechische Weisen und Bouzouki-Musik, zu der dann auch gerne und ausdauernd getanzt wird. In der Nähe des Wendeplatzes am Strand.

Einkaufen In der Galerie **Daily Art** **5** finden Sie handgemachten Silberschmuck und Keramiken – und Bilder von Kurt Hlavacek, der die Galerie betreibt. Auf dem Platz davor organisiert der Künstler gerne auch kleine Jazzkonzerte (→ S. 155). ✆ 22420-41732.

Mastihari

Der dritte Badeort an der Nordküste zeichnet sich nicht nur durch seine schönen Strände und die spärlich bevölkerte Umgebung aus, sondern auch durch die zentrale Lage, die es erlaubt, weitere wenig besuchte Strände schnell zu erreichen.

Schnurgerade zieht sich die Straße auf den letzten zwei Kilometern zwischen Antimachia und Mastihari (auch *Mastichari* geschrieben) durch die fruchtbare Küstenregion, den Wegesrand säumen Eukalyptusbäume.

Im Zentrum von Mastihari dominieren noch die kleinen Privatquartiere, in der Umgebung des Dorfes haben in den vergangenen Jahren neue komfortable Hotels ihre Pforten geöffnet. Der Tourismus hat auch hier Einzug gehalten. Doch noch ist Hektik eher ein Fremdwort in Mastihari, das sich viel von seinem ursprünglichen Charme bewahrt hat.

Überreste antiker Hafenanlagen und einer frühchristlichen Basilika, wahrscheinlich aus dem 5. Jh. deuten auf eine frühe Besiedelung der Gegend hin. Für das Mittelalter fehlen Zeugnisse, es ist jedoch anzunehmen, dass die Siedlung damals aufgegeben wurde. Erst 1933 fanden erneut Menschen an diesem Platz eine Heimat. Dabei handelte es sich um Bewohner von Antimachia, die ihr Dorf nach einem schweren Erdbeben verlassen hatten. Bis Mitte der Achtzigerjahre lebten die Einwohner Mastiharis vorwiegend von Landwirtschaft und Fischerei. Dann fasste der Tourismus langsam Fuß, und heute ernährt diese Branche die Mehrheit der Einwohner.

Der Strand bei Mastihari: traumhaft schön

Sehenswertes

Skulpturenpark: Am Neptune Beach Hotel steht allen Interessierten die antike Götter- und Sagenwelt offen. Der bayerische Bildhauer Peter Müller hat die griechische Mythologie in eisernen Figuren umgesetzt. Achilles, Poseidon und Co begegnen Ihnen auf Augenhöhe, lediglich Göttervater Zeus und der Namensgeber des Hotels, Neptun, sind auf übermenschliche vier Meter angewachsen.

Eintritt frei: Skulpturenpark des Neptune-Hotels

Basilika Agios Ioannis: Nahe dem Strand vor dem Hotel Euro Villages Achilleas, gut 1 km westlich von Mastihari, stehen die Überreste der frühchristlichen Basilika, die wahrscheinlich aus dem 5. Jh. stammt. Die Strukturen des insgesamt etwa 20 x 15 m großen Gebäudes lassen sich anhand des Verlaufs der rudimentär erhaltenen Grundmauern gut rekonstruieren. Besonders gut erhalten innerhalb der Reste der Außenmauern ist das kreuzförmige Taufbecken, in den Boden eingelassen und mit Marmor und Ziegeln befestigt. Es lag einst inmitten der Taufhalle, des Baptisteriums, eines Raumes mit kuppelartigem Dach und fünf halbkreisförmigen Nischen in den Wänden; in einer dieser Nischen saß der Bischof während der Taufzeremonie.

Über den (nachts beleuchteten) Fußweg am Strand entlang bis zur Hotelanlage Euro Village Achilleas, die westlich von Mastihari liegt. Kurz vor dem Hotelstrand weist links ein Schild „Basilica St. John“ auf die Ausgrabung hin.

Hippocrates Garden: Das Kulturzentrum hat Giouli Zafeiratou dem berühmtesten Sohn der Insel, Hippokrates, gewidmet. Die naturverbundene Griechin errichtete die Kopie einer griechischen Siedlung, so wie sie im 5. Jh. v. Chr. ausgesehen haben mag, in jener Zeit also, als der berühmte Arzt auf Kos lebte. Im Zentrum der Anlage steht die Nachbildung eines traditionellen griechischen Hauses (*Oikos*) aus jener Zeit, ein zweigeschossiges Gebäude, das aus lokalen Steinen erbaut wurde. Es dient als Ausstellungsraum für die Kultur jener Epoche und wird für Seminare und Kurse genutzt.

Daneben liegt der „Arkadengang der Philosophen“, ganz im Stil der Antike mit Fußbodenmosaik und Reliefs an den Wänden. Im Garten gedeihen Kräuter wie Lavendel, Thymian und Oregano; zudem wird biologisch erzeugtes Obst und Gemüse angebaut und verkauft. Aus den Weinstöcken geht ein trockener roter Biowein hervor, der unter dem Namen Eros vermarktet wird. Ein Amphitheater, das bis zu 80 Besuchern Platz bietet, vervollständigt die Anlage. Das Kulturzentrum liegt 6 km entfernt von Mastihari in Richtung Antimachia. Gegenüber dem Eingang führt ein Pfad zu einer etwa 500 m entfernten Quelle.

Eintritt 5 € (inkl. einer Mischung für Kräutertee), ✆ 69-07761521, www.hippocratesgarden.gr.

Baden

Westlich des Hafens beginnt der örtliche Badestrand, der sich über 1 km erstreckt. Er ist bis zu 20 m breit, anfangs von Tamarisken gesäumt und feinsandig. Später gibt es einige Dünen, die mit Büschen und Disteln bewachsen sind. Die regelmäßige Säuberung des Strandes verhindert, dass sich das Seegras auftürmt, so, wie es im Hafen geschieht. Hinter dem Strand befinden sich ein Kinderspielplatz und ein Volleyballfeld. Bis dorthin stehen auch die Liegestühle, die im Set (zwei Liegen und ein Sonnenschirm) für 5 € pro Tag vermietet werden. Für das leibliche Wohl der Urlauber sorgen mehrere Tavernen in Strandnähe. Ein schmaler, aber beleuchteter und betonierter Weg führt vom Ortskern den Strand entlang zum Euro Village Achilleas Hotel – ideal für einen abendlichen Spaziergang.

Vagi, ein weiterer feinsandiger Strand, befindet sich 2 km westlich. Von der Straße Richtung Hippocrates Garden zweigt eine Sandpiste zum Strand ab, an dem sich eine gepflegte Bar befindet. Unterhalb der Apartment-Anlage The Small Village, rund 4 km westlich von Mastihari, finden Sie einsame Strandabschnitte ohne Service. Bei starkem Wind rollen die Wellen über 50 m kräftig ein, sodass sich hier Bodysurfer richtig wohlfühlen können.

Riesenrutsche im Lido Waterpark

Rund 1,5 km östlich von Mastihari führt eine Sandpiste zum Strand, dem sogenannten *Troulos Beach.* Dort scheint die Zeit stehen geblieben zu sein: Einige einfache, von Sonne und Salz bereits ausgebleichte Liegestühle unter Schirmen bieten den wenigen Besuchern schattige Plätzchen. In der kleinen Bar „Troulos Beach“ verkauft ein älterer Grieche Snacks, Kaffee und kühle Getränke.

Etwas weiter östlich, gegenüber dem Lido Waterpark, ist das Restaurant *Tam-Tam* ausgeschildert. Die schöne Anlage hat sich in den letzten Jahren ausgedehnt – inzwischen gehören auch ein Shop (Strandbekleidung, Schmuck etc.) und ein Kinderspielplatz zum Tam-Tam. Café und Restaurant liegen windgeschützt oberhalb des weiten Strandes. Die Servicekräfte sprechen Englisch und Deutsch (die Betreiberin ist Deutsche). Die Speisekarte bietet neben griechischen Klassikern auch Thunfisch-Sandwichs, Pizza und Pasta an – zu moderaten Preisen. Das Essen

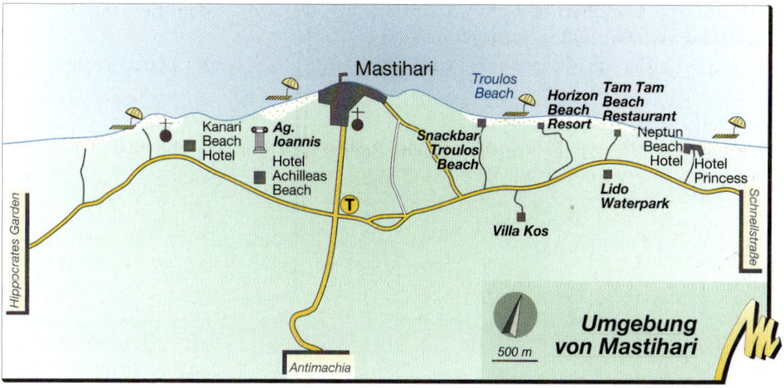

ist einfach, aber lecker – und man genießt den wunderbaren Blick aufs Meer. Die Bar bietet am Abend innere Abkühlung. Für Kinder steht ein kleiner Spielplatz (Rutsche, Schaukel und Wippe) bereit. Der Strand selbst ist wenig besucht. Der sandige Meeresboden fällt flach ab, sodass ein Erwachsener in 30 m Entfernung vom Strand gerade einmal hüfthoch im Meer steht.

Lido Waterpark: Es soll der größte Wasserpark der Ägäis sein – das sagen zumindest die Betreiber. Geboten wird Wasserspaß auf 80.000 m² mit fünf großen Wasserrutschen und einem Wellenbad. Die Kleinen können sich auf einem Wasserspielplatz austoben, Erwachsene können in einem normalen Schwimmbecken ihre Bahnen ziehen, im Jacuzzi entspannen oder sich im Lazy River auf einem großen Schwimmring treiben lassen. Bademeister wachen darüber, dass keiner untergeht. Fürs leibliche Wohl (und zusätzlichen Umsatz) sorgen Bars und Restaurants.

Der Wasserpark liegt zwischen Mastihari und Marmari, in der Nähe des Neptun-Hotels. Eintritt 17 € für Erwachsene, 13 € für Kinder von vier bis elf Jahren. ✆ 22420-59241, www.lidowaterpark.com.

Sport

Die Wassersportstation *Water Proof* am Ortsstrand von Mastihari verleiht ein Board mit Segel für 17 € pro Std. bzw. 45 € pro Tag. Ein zehnstündiger Kurs kostet 170 € (Kinder: 145 €). Montags um 10 Uhr können Sie kostenlos an einer Surf-Schnupperstunde teilnehmen. Einen Katamaran zu leihen kostet 30 € pro Stunde, wer Katamaransegeln lernen will, zahlt 230 € für 10 Std. Joe und Debbie bieten auch Kitesurfen an: Der vierstündige Schnupperkurs kostet 135 €. Weitere Infos unter www.water-proof.de. Direkt neben der Surfstation befindet sich ein Beachvolleyball-Feld, außerdem gibt es einen Basketballplatz.

Ausflüge

Die *Three-Islands-Tour* nach Kalymnos, Plati und Pserimos beginnt täglich (außer Fr und So) um 9.30 Uhr und endet um 17.00 Uhr. Der Ausflug kostet inklusive einer Mahlzeit 35 €. Ein Tagestrip nach Nissiros kostet 30 €. Der Ausflug nach *Bodrum* wird für 38 € angeboten. Im Preis enthalten sind die Hafentaxe und der Transfer nach Kos-Stadt bzw. Kardamena, von wo aus die Boote übersetzen.

Auskunft zu Ausflügen erhalten Sie bei **Mastichari Travel**, ✆ 22420-59290. Hier können Sie auch Geld wechseln. Öffnungszeiten: 8.30–13 und 17.30–21.30 Uhr.

Die Nordküste → Karte S. 124

Basis-Infos

Verbindungen **Bus**: Die Busverbindungen wochentags sind recht gut: 6 x tägl. (sonntags nur 3 x) geht es nach Kos und zurück; die Fahrt dauert 30 Min. und kostet 2,90 €. Achtung: Der letzte Bus nach Kos fährt sonntags schon um 17 Uhr ab. Außerdem besteht eine Busverbindung zum Flughafen.

Taxi: Der Taxameter klettert auf der Strecke von Mastihari nach Kos (rund 30 km) auf 29 €, bis zum Flughafen kostet die Fahrt 15 €.

Fähre: Zwischen Mastihari und Kalymnos verkehrt 3 x tägl. eine Fähre, sonntags 2 x täglich (auch in der NS). Erwachsene zahlen für die einfache Fahrt 5 €, Kinder 3 €, Mopeds werden für 5 € und Pkws für 17 € befördert. In der Regel legt die Fähre morgens gegen 9 Uhr, nachmittags um 14.30 und um 17.30 Uhr in Mastihari ab. Die Überfahrt nach Kalymnos-Stadt (Pothia) dauert ca. 45 Min. Die aktuellen Zeiten sind beim A.N.E.M-Büro am Wendekreis zu erfragen. ✆ 22420-59027 oder 22420-59124, www.anem ferries.gr.

Auto-/Zweiradverleih Autos vermieten die großen Hotels, die Reiseagenturen sowie die beiden Verleihstationen vor Ort.

Mavos Travel. Hier kostet ein Fiat Panda mit Klimaanlage 35–40 € pro Tag (je nach Saison), ein Jeep Suzuki Jimny 45–52 €, einen Minivan gibt es für 70 €. Rabatte gibt es ab drei Tagen Leihdauer, sie sind unterschiedlich gestaffelt. ✆ 22420-59255, mahos rentkos@gmail.com.

Mastihari Travel, der Fiat Seicento kostet pro Tag 35 €, für drei Tage 95 € und für eine Woche 190 €. Einen Suzuki Jimny Jeep bekommen Sie für 50 € tägl., drei Tage kosten 145 €. Auch Ausflüge wie die Drei-Insel-Tour (33 €), nach Nissiros (30 €) oder Bodrum (38 €) sowie Apartments vermittelt die Agentur. ✆ 22420-59290, www.mastiharitravel.gr.

Theo verleiht Fahrräder ab 7 €, Scooter ab 15 €, Quads ab 40 € und Buggys ab 50 € pro Tag. Rabatte gibt es auch hier ab drei Tagen Leihdauer – sie sind unterschiedlich gestaffelt. ✆ 22420-59097 und 69-36017213, michalis.mammis@gmail.com.

Einkaufen Internationale **Presse** (einen Tag alt) hat der Supermarkt nahe dem Restaurant Kali Kardia im Sortiment. Außerdem gibt es in Mastihari eine Boutique, ein Schmuckgeschäft sowie zwei Souvenirläden.

Pia & Ira **4** Die Deutsche Pia und die Griechin Ira verkaufen in zwei nebeneinanderliegenden Geschäften Souvenirs, darunter auch Ikonen (ab 50 €) und Schmuck; besonders interessant sind die rund 80 Jahre alten Silberringe, die die Betreiberinnen aus Nachlässen erworben haben. Das Geschäft in dem 150 Jahre alten Haus wirkt ein wenig wie ein Museum. ✆ 22420-59093.

Feste Am Abend des **28. August** beginnt an der Kirche Ag. Ioannis, zwischen den Hotels Kanari Beach und Kouros Club gelegen, eine Feierlichkeit, die bis zum Morgen des nächsten Tages andauert. Bei Musik, Wein und Gegrilltem begehen die Griechen ihr Patronatsfest.

Übernachten

Die Bettenkapazität vervielfachte sich in den letzten Jahren stetig durch Neueröffnungen von großen Hotel- und Apartmentanlagen im Einzugsbereich von Mastihari. Trotzdem wirken weder die Strände noch der Ort selbst überlaufen.

››› **Unser Tipp: Sea Breeze** **2** Das Hotel liegt unweit des Wendekreises an der Uferpromenade. Eleni und Costas Diakanastasi verfügen in ihrer Residenz über 28 Hotelzimmer und vier Apartments, zum Teil mit Klimaanlage. Mitte der 1980er-Jahre haben sie eröffnet und peu à peu ihr Domizil rund um den mit Bougainvilleen, Bananen und Hibiskus bepflanzten Innenhof erweitert. Die Betreiber sind außerordentlich freundlich und haben Freude am Kontakt mit den Reisenden. Ein klimatisiertes DZ kostet je nach Saison 40–50 €, ein Apartment, für eine Familie mit zwei Kindern konzipiert, ist für den gleichen Preis zu haben – Frühstück inbegriffen. Angerichtet wird es im großen, gemütlichen Innenhof des Hauses. ✆ 22420-59171, ℻ 22420-59172, www.seabreezekos.gr. ‹‹‹

Mastichari Bay. Eine der großen, älteren Hotelanlagen in Mastihari, 400 m östlich des Ortszentrums. Abwechselnd gelb und

Die Nordküste → Karte S. 124

türkis sind die Rahmen und Balkongeländer der insgesamt 22 Häuser gestrichen, die durch kleine Straßen miteinander verbunden sind. Dazwischen blüht ein üppiger Garten; kunstvoll angelegt, vereint er eine Vielzahl von Pflanzen: Bougainvilleen, Bananen, Jasmin und Farne. Sauber präsentiert sich der aufgeschüttete Sandstrand der Anlage, unmittelbar am Ufer jedoch, wo Felsbrocken den Sand vor den Angriffen des Meeres in Schutz nehmen, sammelt sich Seegras. Über Seegras und Felsen hinweg führen drei Stege vom Strand ins Wasser. Hinter dem Strand liegt noch ein Pool. Zur Verfügung stehen zudem ein Fitnessstudio, ein Tennisplatz, zwei Bars und ein Restaurant. Pro Person kostet die Unterkunft in einem der 280 Zimmer (mit Klimaanlage, Kühlschrank, Meerblick, Telefon, Balkon und Fernseher mit Satellitenanschluss) zwischen 30 und 60 € je nach Saison inkl. Halbpension. Die Apartments für bis zu vier Personen werden für 105–210 € angeboten, Kinder von acht bis zwölf Jahren zahlen die Hälfte. ✆ 22420-59300, 📠 22420-59307, www.mastiharibayhotel.com.

Pension Anna 6 Hier haben uns die Zimmer gut gefallen. Zur Ausstattung der fünf Unterkünfte zählen Bad und Balkon. Leider sind Fremdsprachen nicht gerade Annas Stärke: Geduld muss beweisen, wer telefonisch ein Zimmer reservieren möchte. Ab 20 € bekommt man ein DZ, ab 25 € ein Studio mit Kitchenette. ✆ 22420-59041.

Studios Daiana 9 Gut wohnt es sich auch hier, die Studios liegen direkt hinter der Strandpromenade. Nehmen Sie ein Zimmer zum Meer und genießen Sie die Aussicht auf die untergehende Sonne. Der Preis liegt bei 30–35 € pro Zimmer/Nacht. ✆ 22420-59116.

Villa Kos. Auf einem Hügel gelegen, rund 2,5 km vom Ortszentrum entfernt, nahe dem Hotel Horizon Beach Resort und dem Lido-Wasserpark. Leonidas und Blandine Stephanidis (die Französin spricht ausgezeichnet Deutsch) vermieten fünf Ferienhäuser, die 64 m² groß sind und über zwei Schlafzimmer und einen großen Raum verfügen, der Wohnzimmer und Küchenzeile (mit Geschirrspülmaschine) beherbergt. Angeboten wird auch ein 108 m² großes Haus, das bis zu 8 Personen bewohnen können. Die Strecke zum Strand beträgt gut 500 m. Die Anlage der freundlichen Besitzer ist auf dem Weg zu einem echten Kleinod. Preise pro Haus und Woche: für 2 Personen 350–525 €, für 4 Personen 490–850 €. ✆ 22420-59167 und 69-78012153, blstephanidis@free.fr, www.villakos.com.

Athinas Studios 5 Mitten im Ort, an der Parallelstraße zum Strand. Gepflegte Zimmer mit Balkon, Klimaanlage und Dachterrasse mit Meerblick. Ein DZ kostet 30 bis 45 €, es steht auch ein Studio für vier Personen zur Verfügung. ✆ 69-74180326, www.athinas-studios.gr.

Neptune. Das Angebot des Hotelkomplexes mit seinen 570 Zimmern, Suiten und Apartments ist gewaltig: Vom Apollon-Theater über ein „Mini Waterland" für Kinder bis zum Spa-Bereich – die Gäste können einiges erwarten. Besonders gefallen hat uns das Sportangebot, zu dem Beachvolleyball, ein Fitnesscenter, Squash- und Tenniscourts gehören. Ein Skulpturenpark (→ S. 135) steht allen Besuchern offen. Ein weiterer Pluspunkt: Auf den geführten Mountainbike-Touren können Sie die ganze Insel erkunden. DZ inkl. Frühstück zwischen 189 und 242 € pro Nacht. ✆ 22420-58900, ℻ 22420-41574, www.neptune.gr.

Privatquartiere gibt es einige, hauptsächlich an der Eingangsstraße und hinter der Strandpromenade. Der Übernachtungspreis liegt zwischen 20 und 30 €, abhängig von Ausstattung und Saison.

Essen & Trinken

→ Karte S. 139

Ein gutes Dutzend gastronomischer Betriebe hat sich in Mastihari angesiedelt, meist entlang der Ufer- und Hafenpromenade. Geboten wird hauptsächlich traditionelle griechische Küche, besonders Fischgerichte.

››› **Unser Tipp: Traditional House 8** Am westlichen Ende der Strandpromenade, gegenüber dem Kinderspielplatz. Wirt Savas und seine Familie versorgen ihre Gäste mit ausgezeichneten koischen Spezialitäten – und zwar reichhaltig. „Hier gibt es alles, was Griechenland kulinarisch zu bieten hat", schwärmten Leser Dr. Angela Kremshofer und Andreas Lafner. Savvas kommt aus Kefalos, seine Frau Ioanna aus Antimachia – Gemüse und Fleisch stammen aus eigener Züchtung bzw. eigenem Anbau. So sind Qualität und Frische garantiert. Besonders gut: selbst gebackenes Brot mit Olivenpaste, der pikante Schafskäsesalat, das Melzana briam (im Ofen geschmorte Mischung aus Kartoffeln, Tomaten, Zucchini und Auberginen), die mit Tomaten, Käse und Zwiebel gefüllten Kalamari und der in Rotwein eingelegte Käse. ‹‹‹

Kali Kardia 1 Das „gute Herz" schlägt hier seit 1955; lange Zeit war die Taverne die einzige weit und breit. Während eine Gruppe alter Fischer an ihrem Stammtisch sitzt und diskutiert, genießen die Gäste beim Essen den Blick aufs Meer. Das Angebot an Weinen ist reichhaltig – allein fünf verschiedene lokale Sorten stehen zur Auswahl. Der gute Ruf des Restaurants gründet sich auf die Fischgerichte.

Sea Side 3 An der Strandpromenade. Hier überzeugen alle Gerichte inkl. der Vorspeisen, die Preise sind mit denen des Kali Kardia vergleichbar. Von der überdachten Terrasse genießt man den Blick auf die im Meer versinkende Sonne. Spezialität des Kochs sind die mit Käse überbackenen Shrimps Saganaki und die Bekri meze, scharfes Schweinefleisch mit Kartoffeln oder Reis.

Monument des Scheiterns

Am Hafen von Mastihari fällt der Blick unweigerlich auf die Ruine einer Kirche. Doch handelt es sich hier nicht um eine Ausgrabung, sondern um Steine, die heftigen Anstoß erregt haben. Die Gemeinde wollte dem Hafen mehr Charme verleihen, plante deswegen den Bau des Gotteshauses als Blickfang im ansonsten tristen Hafenrund. Gleichzeitig wollte ein anderer Bauherr direkt gegenüber eine Taverne errichten. Die Interessen kollidierten. Denn der Tavernenbetreiber in spe fürchtete um den Meerblick seiner künftigen Gäste und trat dem Bau der Kirche entgegen. Mit Erfolg: Die Arbeiten mussten eingestellt werden. Doch Ironie des Schicksals – während des langen Streits ging dem Griechen das Geld aus, die Taverne blieb genauso unvollendet wie die Kirche.

Nachtleben

→ Karte S. 139

Wild ist es nicht, aber es existiert: Das Nachtleben in Mastihari. Eine Handvoll Bars bieten Unterhaltung, auch nach Mitternacht.

Number One 7 Eine große, von Wein beschattete Terrasse läuft an zwei Seiten des Gebäudes entlang. Gespielt wird 1960er- bis 1990er-Jahre-Musik. Cocktails und Indoor-Tanzfläche.

Hamlet Ausgezeichnet sind die Cocktails, die Pavlos Zois in der Café-Bar nahe dem Hotel Princess auf den Tresen zaubert. Das Mixen hat er als Barmanager auf verschiedenen Luxusdampfern perfektioniert. Tequila Sunrise, Butterfly Flip und andere Cocktails 3,50 €.

Weißer Sand, türkises Wasser: Karibikflair am Strand von Mastihari

Nadelwald umgibt das Dorf Zia

Das Dikeos-Gebirge

Zurück in die Vergangenheit: Nur wenige Kilometer von den Touristenhochburgen mit ihren Hotelkomplexen entfernt ducken sich die kleinen Häuser der Bergdörfer an die Hänge des Dikeos. Weite Wälder bedecken die Nordflanke des Gebirgszuges, der faszinierend viele Braun-, Grau- und Grüntöne aufweist.

Das Gebiet bietet ausgezeichnete Möglichkeiten für Touren aller Art – sei es die Besteigung des Dikeos (mit 846 m der höchste Berg der Insel), eine Wanderung über die Ausläufer der Gebirgskette oder ein Ausflug zur verlassenen Stadt Paleo Pyli, über der sich die Ruinen einer venezianischen Festung erheben. Was immer Sie auch unternehmen, überall bietet sich ein grandioses Panorama auf die fruchtbare Hochebene und die Küste, hinüber auf das türkische Festland und die benachbarten Inseln im Ägäischen Meer.

Erhalten, was sich bewährt hat

Die traditionellen Häuser der Bergdörfer stehen unter Denkmalschutz – ein Versuch, den Baustil zu erhalten. Die Bauweise ist einfach, aber effektiv: Über die Grundmauern werden Balken gelegt, quer dazu Bretter und Äste. Bedeckt ist das Flachdach schichtweise mit Schilf, Algen und schließlich mit Lehm, der mit einer Steinwalze zusammengedrückt und somit undurchlässig wird. In den Häusern bleibt es im Sommer angenehm kühl, und wenn im Winter geheizt wird, kann die Wärme kaum nach außen abstrahlen. Die Fenster und Türen sind ringsum von behauenen Steinen eingerahmt.

Außer Zia und Pyli sind die Ortschaften rund um das Dikeos-Gebirge bislang vom Fremdenverkehr weitgehend unberührt geblieben. Dabei sind die Dörfer der ideale Ausgangspunkt für Wanderungen und Spaziergänge in der Berglandschaft

Das Dikeos-Gebirge

der Insel. Je weiter Sie hinaufsteigen, desto alpiner muten die Berge an und desto traumhafter wird die Aussicht auf die Küstenebene der Insel. Das Leben verläuft meist ruhig und beschaulich, die rund 2.000 Koer, die hier leben, sind geprägt von der Kargheit der Berge und üben sich seit jeher in zäher Geduld, um dem Boden landwirtschaftliche Erträge abzuringen. Die Bewässerung der Felder wurde in der Vergangenheit immer teurer, weil der Grundwasserspiegel stetig sank und einige Quellen versiegten. Folge: Die örtlichen Produkte waren deutlich teuer als die vom Festland. Wegen der stark steigenden Rohölpreise und der damit verbundenen höheren Transportkosten hat sich das Blatt aber wieder gewendet – Landwirtschaft auf Kos lohnt sich wieder.

Zipari

Etwa 10 km von Kos-Stadt entfernt gruppieren sich die Häuser des Dorfes Zipari um den Insel-Highway. Entlang der Hauptstraße reihen sich Geschäfte und Tavernen aneinander, sodass das Dorf wenig Atmosphäre entwickeln kann. Kern des Ortes mit seinen 1100 Einwohnern ist seit 1999 der Dorfplatz – auch er liegt jedoch direkt an der Durchfahrtsstraße.

Dennoch wächst Zipari stetig: Viele Griechen, die das Leben in den beengten Verhältnissen der Bergdörfer satt haben, schaffen sich hier ein neues Domizil genauso wie Bewohner der Inselhauptstadt, die hier von ihren Eltern und Großeltern Land geerbt haben, das sie zum Teil noch landwirtschaftlich bestellen oder auf das sie ein Haus für die Familie bauen.

Sehenswertes: Rund 1 km nordöstlich von Zipari befinden sich Reste der Agios-Ioannis-Kapelle (Straßenname: Ag. Ioannis Chostou). Die Kapelle ist Teil eines kleinen Bauernhauses. Der Boden der Kirche besteht teilweise aus Steinblöcken, die aus der Antike stammen, die Kirche selbst wird jedoch ins 16. Jh. datiert. Ansonsten ist das Kirchlein recht schmucklos und unscheinbar. Ausgeschildert ist Agios Ioannis sowohl vom Highway aus als auch von der Parallelstrecke nach Tigaki.

Verbindungen Sämtliche **Busse** von und nach Kos-Stadt halten in Zipari gegenüber der Schule an der Ortsdurchfahrt; die Fahrt nach Kos-Stadt kostet 2 €.

Essen & Trinken Vor, in und hinter Zipari gibt es am Straßenrand zahlreiche Tavernen, die sich größtenteils auf die Versorgung von Ausflüglern spezialisiert haben; kleine, einfache Gerichte stehen auf den Speisekarten.

In der **Taverne Dimitris** herrscht typisch griechische Atmosphäre: Neonlicht und Kunstlederstühle zur Wachstischdecke. Hier essen die Bewohner von Zipari, die offensichtlich weniger Wert aufs Ambiente als auf das Preis-Leistungs-Verhältnis legen – und das stimmt. Zwar ist die Auswahl an griechischen Gerichten nicht groß, doch die Portionen sind reichhaltig und die Preise niedrig. Zu Dimitris gelangen Sie, indem Sie – von Kos kommend – in die erste nach rechts abzweigende Straße einbiegen; nach 50 m auf der rechten Seite liegt die Taverne.

In neuen Schläuchen: der Wein von Kos

Der Name ist unaussprechlich, der Wein gut. Seit 1929 erzeugt die *Winzerfamilie Hatziemmanouil* Wein auf Kos. Lange Zeit weitgehend unbeachtet, wurde der Wein in vielen Tavernen als Hauswein ausgeschenkt. Mit dem Umzug der Kellerei nach Asfendiou im Jahr 2005, neuen Maschinen und repräsentativem Gebäude ist alles anders geworden. Der Wein wird wahrgenommen. Dabei muss er Vergleiche mit den renommierten Erzeugnissen anderer Regionen wie etwa Rhodos nicht scheuen. Sechs meist trockene Weine stellt die Winzersippe her: Cabernet Sauvignon/Syrah (rot), Malagouzia/Asyrtiko (weiß), Grenache (Rosé), Syrah (rot), Asyrtiko (weiß) und einen süßen Dessertwein. Die Weine können Sie vor Ort verköstigen: Im markanten rosa Haus, direkt an der Hauptstraße, findet der Ausschank statt. Leider sind bislang keine Öffnungszeiten festgelegt worden, rufen Sie besser vorher an (✆ 22420-68888). Die Weine sind erschwinglich, zwischen 9 und 12 € kostet eine Flasche.

Auch das zweite lokale Weingut, *Oinampelos*, liegt in der Nähe von Zipari und bietet recht gute Qualität. Die Winzer konnten kürzlich bei einem internationalen Wettbewerb eine Silbermedaille erringen – mit der griechischen Rebsorte Malagouzia, die hier mit einem Sauvignon Blanc gekreuzt wurde (www.inambelos.gr). Die lokalen Weine erhalten Sie nicht nur beim Winzer selbst, sondern auch in vielen Geschäften (z. B. Markthalle Kos) und Tavernen.

Evangelistria

In Zipari zweigt eine schmale, asphaltierte Straße nach Süden ab, hinauf in die Ausläufer des Dikeos. Nach zwei Kilometern stetiger Steigung von etwa 5 % passieren Sie die *Taverne Panorama*, deren außergewöhnliche Auswahl an köstlichen Vorspeisen übrigens auf jeden Fall einen Stopp lohnt. Über die von Feigen- und Olivenbäumen, Aloe Vera und Mittelmeer-Zypressen gesäumte Straße erreichen Sie nach weiteren drei Kilometern Evangelistria. Blickfang des Dorfplatzes ist die Kirche, daneben eine Taverne.

Durch die linke Tür können Sie in die *Kirche Evangelismo* (Verkündung) eintreten. Das 1910 erbaute Gotteshaus (der Glockenturm wurde 27 Jahre später hinzugefügt) wird durch vergoldete Kronleuchter erhellt und bietet auch sonst alles, was viele griechisch-orthodoxe Kirchen so prägt: naiv anmutende Darstellungen in schillernden Farben und Goldverzierungen im Übermaß.

Die *Taverne Asfendiou* neben der Kirche lädt zum Verweilen ein. Auf der schattigen Terrasse werden als Spezialität des Hauses Hähnchen serviert, gebraten auf dem

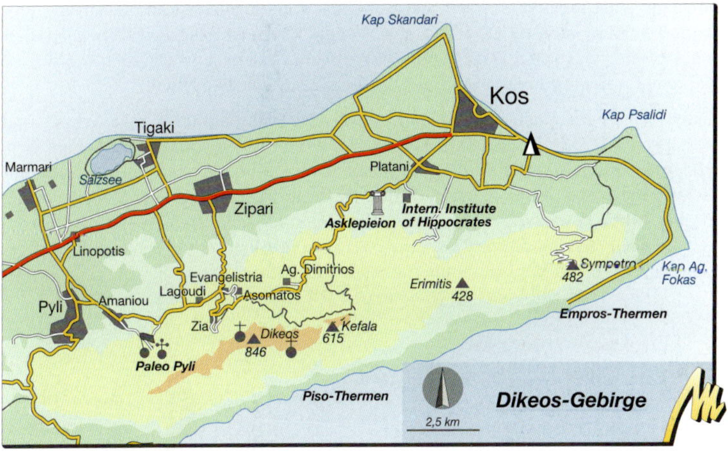

Dikeos-Gebirge → Karte S. 145

Grill vor der Taverne. Vom Dorfplatz in Evangelistria zweigt eine kleine Asphaltstraße in Richtung Westen ab, über die man via Lagoudi und Amaniou schließlich Pyli erreicht. Auf der Straße, die bergan führt, gelangen Sie nach Zia.

Asomatos

Der Ort grenzt östlich an Evangelistria, getrennt sind die Dörfer nur durch einen im Sommer ausgetrockneten Gebirgsbach, über den eine kleine Brücke führt. Einst gehörten Asomatos und das inzwischen verlassene Ag. Dimitrios zu den größten Orten der Insel. Besonders während des Zweiten Weltkrieges flüchteten viele Koer vor den Bombenangriffen von der Küste in die Berge. Nach Beendigung der Kampfhandlungen verließen die Menschen die Bergregion jedoch wieder.

Waldbrände

Nahezu die gesamte Nord- und Ostseite der Berge Dikeos und Sympetro sind mit strohtrockenen Wäldern und etlichen Olivenhainen überzogen. Die Koer haben berechtigte Angst, dass dieser Baumbestand durch ein Feuer vernichtet werden könnte: Der kleinste Funke kann die Katastrophe auslösen! Deshalb der dringliche Appell:

- im Wald nicht rauchen
- generell kein offenes Feuer entfachen
- keine Dosen liegen lassen (das Aluminium kann die Sonnenstrahlen reflektieren und dadurch trockene Äste oder Grashalme entzünden; Ähnliches gilt für Flaschen, Glas kann die Sonnenstrahlen bündeln und so ein Inferno auslösen.)

Nach dem Anschluss des Dodekanes an den griechischen Staat sahen sich viele Bauern gezwungen, die Gegend um Asomatos zu verlassen, weil sie mit den landwirtschaftlichen Erträgen des Festlandes nicht konkurrieren konnten. Mitte der

Siebzigerjahre lockte die Arbeit im Tourismus v. a. junge Leute an die Küste – hier konnte man in kurzer Zeit viel Geld verdienen. Heute ist über die Hälfte aller Häuser verwaist; Gestrüpp, Feigen- und Olivenbäume wuchern in den halb verfallenen Ruinen des Dorfes, in dem weit mehr Hühner als Menschen leben.

Doch seit einigen Jahren wird in Evangelistria und Asomatos rege gebaut und restauriert: Mühsam schaufeln Bagger in den viel zu engen Straßen Schutt weg, viele der alten Häuser sind bereits wieder instand gesetzt, eines davon sogar mit Swimmingpool und Bar – und natürlich einer erstklassigen Aussicht. Noch wirken derlei Anwesen wie Fremdkörper inmitten der ruhigen Gassen. Sehenswert ist die *Kirche des Erzengels Taxiarches* aus dem 18. Jh. Alljährlich am 8. November begehen die Einwohner der Gemeinde Asfendiou ihr Patronatsfest.

Mittelmeer-Zypresse

Sie ist – neben der Olive – der am weitesten verbreitete Baum auf Kos. Zu erkennen ist die Mittelmeer-Zypresse an den kugelförmigen, ca. 3 cm großen Zapfen, die an kurzen Stielen hängen und aus acht bis vierzehn holzigen Schuppen bestehen. Neben der wichtigen Funktion, den Boden gegen Erosion zu schützen, dienen Blätter und junge Zweige verschiedenen Zwecken: Das aus ihnen gewonnene ätherische Öl lindert Atemwegserkrankungen, findet aber auch als Bestandteil von Raumsprays und Parfums Verwendung.

Zia

An den Hängen des Berges Dikeos, 350 m über dem Meeresspiegel, liegt der kleine Ort, der sich – im Gegensatz zu den anderen Bergdörfern – auf das Geschäft mit den Touristen eingelassen hat. Allein schon der Anfahrt wegen lohnt ein Abstecher in das höchstgelegene Inseldorf. Die schmale Straße windet sich in Serpentinen durch Obstgärten, Mandel- und Olivenhaine den Berg hinauf.

Zia hat sich fein herausgeputzt: Die Häuser sind frisch getüncht, die Ortsdurchfahrt und Gassen sauber. Oft herrscht um die Mittagszeit ein reges Treiben. Tagesausflügler flanieren, suchen sich einen Platz in einer der Tavernen, studieren das Angebot der Souvenirgeschäfte. Doch wenn nicht gerade zwei Busse gleichzeitig im Ort mit seinen 100 Bewohnern eingetroffen sind, wirkt Zia immer noch eher gelassen, ruhig und freundlich.

Sehenswertes

Die zu dem kleinen Kloster *Moni ton Spondon* (Kloster der Opfergaben) gehörende Kirche Ag. Georgios steht im oberen Teil von Zia. Der ursprünglich byzantinische Baustil des Gotteshauses wurde durch zahlreiche Um- und Anbauten verfälscht.

Abt Hossios Christodoulos: der heilige Bauherr

Im Jahr 1088 gründete der Abt Hossios Christodoulus oberhalb von Zia ein Kloster, das der Mutter Gottes (*Panagia*) geweiht war. Der byzantinische Kaiser Alexios Komnenos I. legte in einer Goldbulle fest, dass die Mönche im Kloster von Zia wirtschaftliche Unterstützung erhalten sollten. Zu diesem Zweck übertrug der Kaiser dem Abt Christodoulos, der zu diesem Zeitpunkt auf der Insel lebte, die Lehnsrechte der kaiserlichen Güter auf Kos. Damit verbunden war die Verpflichtung, einen Teil der Einkünfte für den Bau eines Klosters auf der damals unbewohnten Insel Patmos zu verwenden, die der Abt von der Mutter des Kaisers, Anna Dalassena, als Geschenk erhalten hatte. Dokumentiert wurde diese Schenkung in einer zwei Meter langen Urkunde, die sich im Klosterarchiv auf Patmos befindet.

Im oberen Teil des Dorfes steht eine funktionstüchtige *Wassermühle* aus dem 19. Jh., die allerdings nur noch selten in Betrieb genommen wird. Sie ist die letzte von 20 Mühlen, die einst der Dorfbach angetrieben hat. In der Mühle ist heute ein Souvenirgeschäft beheimatet.

Am westlichen Ortsende befindet sich der *Park von Zia*, ein kommerzieller, kleiner Naturpark, dessen Besuch sich besonders für Familien mit kleineren Kindern lohnen dürfte. Denn es gibt hier u. a. einen Spielplatz sowie Kleintiere wie Enten, Pfauen und Schildkröten – und natürlich eine herrliche Aussicht. Geöffnet tägl. von 9 Uhr bis Sonnenuntergang, Eintritt 3 €, Kinder 1,50 €, www.kosnaturalpark.gr.

Hymne an die Feige

„Als ich am anderen Morgen die Landstraße entlang lief, war es ein Weg durch einen einzigen Hain übervoll hängender Feigenbäume. Überall boten die Bauern an, sich vom Baum zu bedienen. Feigen sind zwei, drei Monate lang das Allerwohlfeilste. Getrocknet, wie wir sie kennen, ist es ein armer Ersatz. Die frische Feige ist erdbeerhaft süß, ihr weichsaftiges Fleisch gehört zu den besten der Früchte der Erde, v. a. am Morgen genossen, wenn die Kühle der Nacht noch drin steckt. Es ist eine richtig nährende Frucht, und sie sättigt gewaltig. Es gibt unzählige Arten, jeder Baum trägt anders schmeckende Früchte. Auch in den Farben weichen sie ab, da gibt es grüne, mehr gelbe und die blauvioletten, die sicher die besten sind."

aus: Erhart Kästner, *Griechische Inseln*

Etwas oberhalb des Ortes, hinter der Taverne Kefalovrysi, befindet sich eine kleine Niederlassung des Klosters Spondon, die Kapelle *Isodia tis Theodokou* neben der *Quelle Kefalovrysi*. Zu erreichen sind Kirche und Quelle über einen 300 m langen Weg (anfangs Treppen), der am Wendeplatz bergauf führt. Die Strecke gleicht einem natürlichen Korridor: Verschiedene Sträucher und Bäume säumen beidseitig den Weg und bilden mit ihren Blättern einen grünen Gang. Im Spätsommer verströmen die vielen Feigen, die zu Boden gefallen sind und dort gären, einen betörenden Geruch. Im Halbdunkel des Blätterdachs vollzieht sich der Aufstieg zur Kapelle inmitten des Waldes. Die Quelle ist zwar versiegt, die weiß-blau getünchte Kapelle steht aber meist offen. Im Inneren wirkt der heilige Ort jedoch mehr wie eine Rumpelkammer für ausrangierte Reliquien ... Fröhlich geht es hier am 21. November zu, wenn die Einwohner der Bergdörfer sich zum Patronatsfest der Kapelle versammeln.

Verbindungen Von Kos-Stadt aus fahren Mo–Sa tägl. drei **Busse** via Zipari und Evangelistria nach Zia und wieder zurück, sonntags fährt kein Bus. Die 18 km lange Fahrt dauert etwa 40 Min., denn der Bus kann die engen Serpentinen nur langsam bewältigen. Der Fahrpreis beträgt 2 €. Wichtig: Der letzte Bus zurück nach Kos-Stadt fährt von Zia bereits gegen 16 Uhr ab.

Arzt Den ärztlichen Dienst erreichen Sie unter ✆ 22420-69202.

Einkaufen Fast zwei Dutzend kleiner Geschäfte bieten Kräuter und Gewürze feil. Getrocknet und in kleine Tüten verpackt, sind sie ein nützliches Mitbringsel, das gut riecht und farbenfroh ist: Curry, Safran, Paprika, grüner Pfeffer ... Das Tütchen kostet 1–3 €. In den Souvenirshops werden auch Webarbeiten, meist Teppiche und Decken, Keramikprodukte, Kleider, Alabasterfiguren, Ledersandalen und Thymianhonig angepriesen. Die Gewürze und übrigen Angebote stammen leider in der Regel nicht von der Insel, vielfach noch nicht einmal aus Griechenland. Die Läden schließen gegen 22 Uhr.

Typisches Dikeos-Motiv: kleine Kapellen in Hanglage

Feste Am Abend des 5. August klettern die Einwohner Zias hinauf zur Kirche Ag. Christos. Sie feiern dann in den 6. August hinein, den Namenstag des Heiligen.

Übernachten Es gibt weder eine Pension noch ein Hotel, nicht einmal explizit zur Vermietung eingerichtete Privatzimmer. Ob sich dennoch eine Übernachtungsmöglichkeit finden lässt, klärt ein Besuch in den Tavernen.

Essen & Trinken Die Auswahl an Restaurants ist für einen derart kleinen Ort riesig groß, denn in Zia gilt die Regel: Jedes Haus, in dem kein Souvenirgeschäft untergebracht ist, beherbergt eine Taverne. Alle buhlen sie um die Gunst der Touristen. Empfehlenswert sind die folgenden Restaurants:

Oromedon **2** Wie geschaffen, um sich den Sonnenuntergang anzuschauen, ist der schöne Balkon auf drei Ebenen. Das Oromedon – der alte Name für den Dikeos – am Ortseingang hat sich ganz darauf eingestellt, den Abend in Zia für die Besucher perfekt zu gestalten. Mit Erfolg: Der Service ist zuvorkommend, die Speisen wie Auberginen-Käse-Taschen oder Kichererbsenpaste sind einfallsreich. Das selbst gebackene Krustenbrot dazu ist ein Gedicht, und die Preise stimmen auch. Bleibt zu hoffen, dass diese Qualität trotz des Besucherandrangs lange erhalten bleibt.

Taverne Olympia **1** Hier kommen die besten griechischen Speisen des Ortes auf den Tisch. Besonders gut schmecken die gefüllten Weinblätter *(Dolmadakia)*, Bulgur und die Eintöpfe mit Wurst oder Fleisch. Einfach, aber sehr gut ist der Hauswein. Dass das Restaurant am Wochenende v. a. von Griechen besucht wird und auch im Winter geöffnet hat, ist ebenfalls ein Hinweis auf die gute Qualität. Von der Terrasse am Hang hat man zudem einen schönen Blick.

Nachtleben Zia wird von den Tourismus-Managern als „typisches Bergdorf" angepriesen. Hier veranstalten sie die von jeder

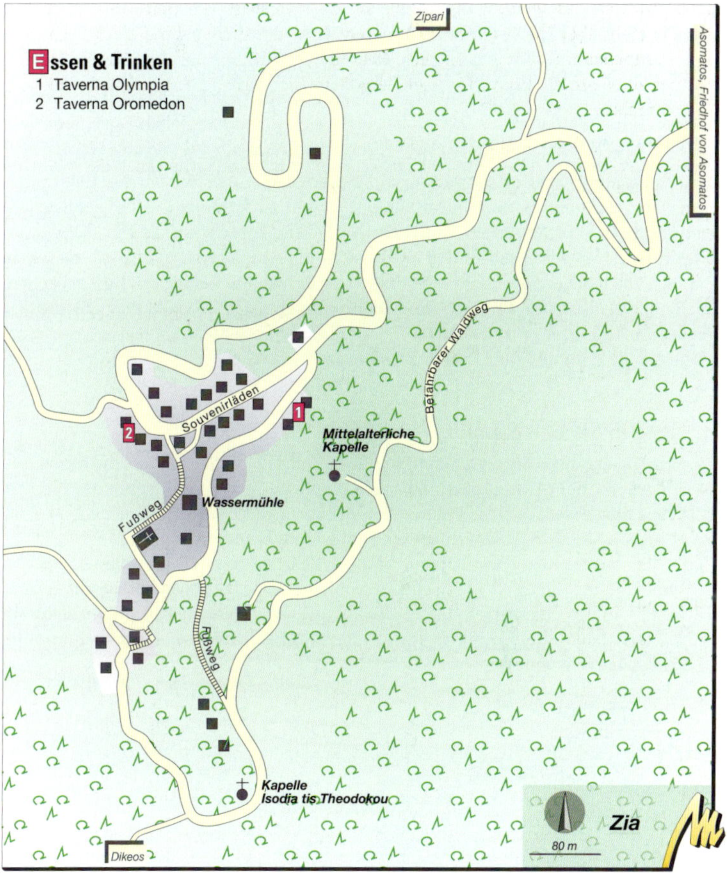

Reiseagentur auf Kos sowie von zahlreichen Hotels angebotenen *griechischen Nächte*, zu denen die Gäste scharenweise in Bussen gebracht werden. Sicher nicht jedermanns Sache, denn vornehmlich wird dem Publikum dabei statt traditioneller Folklore ein kitschig-seichtes Tingeltangel verkauft. Konzipiert für derartige Massenveranstaltungen mit bis zu 500 Teilnehmern ist z. B. die Taverne **Fantasia**, auf halbem Weg zwischen Zia und Evangelistria gelegen. Die Großtavernen verfügen über eine Tanzfläche und eine Bühne für die aufspielenden Bands. Aus der Bouzouki wird hier ein gefälliges folkloristisches Spektakel. Immer lohnenswert ist der herrliche Panoramablick über die Nordküste von Kos auf das türkische Festland.

Wanderung 2: Besteigung des Dikeos → S. 237
Aufstieg zum höchsten Punkt der Insel (846 m).

Wanderung 3: Über die Flanken des Dikeos → S. 239
Erleben Sie Kos' waldreiche, ruhige und einsame Seite.

Dikeos-Gebirge → Karte S. 145

Agios Dimitrios

In der flirrenden Mittagshitze hat das weitgehend verlassene Dorf die Atmosphäre einer Geisterstadt im Wilden Westen. Doch zwischen all den öden und überwucherten Ruinen blendet das Weiß der Dorfkirche. Einen herrlichen Blick über Felder und Landschaft genießt man vom Kirchplatz unterhalb des Glockenturms aus.

Obwohl Agios Dimitrios seit Jahren unbewohnt ist, wurde die Kirche 1988 renoviert. Und auch einige der Häuser, die noch nicht zu Ruinen verfallen sind, scheinen mit ihren verschlossenen Fenstern und Türen geduldig auf die Rückkehr ihrer Bewohner zu warten. Hier, an den nordwestlichen Ausläufern des Dikeos, zwischen Zia und Asklepieion, sprudelte einst eine Quelle, die die Felder fruchtbar machte, doch auch sie ist heute versiegt. Doch vielleicht kehrt das Leben in Agios Dimitrios wieder zurück. Einige Häuser werden wieder hergerichtet. Es scheint nur eine Frage der Zeit, bis das Dorf wieder zum Leben erwacht.

Liebe in der Geisterstadt

Manche erzählen die Geschichte mit einem anerkennenden Augenzwinkern, andere mit dem Unterton moralischer Empörung – die Geschichte des Liebespaares, das sich in das verlassene Dorf zurückgezogen hat: Eine deutsche Touristin, die gemeinsam mit ihrer Familie den Sommerurlaub auf Kos verbringt, lernt einen Koer kennen, und die beiden verlieben sich ineinander. Während ihr Mann alleine nach Deutschland zurückkehrt, bleibt sie auf der Insel. Um das unerwartete Liebesglück ungestört genießen zu können, zieht das Paar nach Agios Dimitrios, wo es noch heute leben soll – glücklich und als einzige Bewohner.

Pyli

Der 2400 Einwohner zählende Ort liegt 300 m über dem Meer inmitten einer fruchtbaren Hochebene. Die Verbindungsstraße vom Insel-Highway nach Pyli führt durch Tomatenfelder und Olivenhaine, um sich dann kurvenreich durch den Ort zu winden, vorbei an der Platia – dem Mittelpunkt des Dorflebens.

Das Zentrum bevölkern tagsüber viele Touristen, die hier eine Rast einlegen. Den Kindern von Pyli (oft auch *Pili* geschrieben) dient die Platia als Spielplatz, den Erwachsenen am frühen Abend als Treffpunkt.

Voll vermarktet: Geschäfte und Tavernen dominieren in Zia

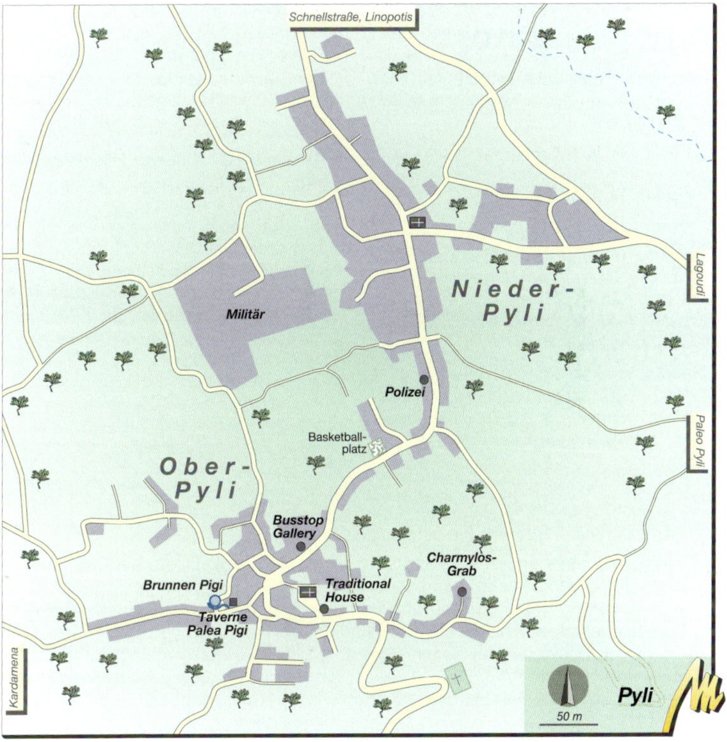

Dikeos-Gebirge → Karte S. 145

Einen Abstecher in diesen Ort sollten Sie auf keinen Fall versäumen. Denn mit dem Brunnen Pigi, dem Traditional House sowie dem Charmylos-Grab gibt es einiges zu sehen. Und dann ist da ja auch noch die Geisterstadt Paleo Pyli. In jüngster Zeit ist Pyli aber auch ein heißer Tipp für Kunstfreunde. Denn mit Kurt Hlavacek hat hier auch ein international anerkannter Künstler sein Atelier eröffnet.

Bereits in der Antike war das Gebiet bewohnt. Hier siedelte der Stamm der Peleten, wovon sich der Name *Pyli* ableitet. Doch die Ansiedlung war nur schwer gegen die Angriffe von Piraten, Vandalen und Westgoten im 5. und 6. Jh. und die der Normannen und Sarazenen im 7. Jh. zu verteidigen. Also zogen die Bewohner in die Berge und siedelten sich dort unterhalb der byzantinischen Festung an. Als dort 1830 die Cholera ausbrach, verließen sie ihren Zufluchtsort und orientierten sich erneut Richtung Küste, wo sie sich an der Stelle des heutigen Pyli niederließen. Der verlassene Ort in den Bergen trägt heute den Namen *Paleo Pyli*, was einfach „das alte Pyli" heißt.

Verbindungen Mo–Sa fahren 4 x tägl. (So nur 2 x) Busse von Kos-Stadt nach Pyli und zurück. Die 30-minütige Fahrt kostet 2 €.

Arzt Der ärztliche Dienst ist unter ✆ 22420-41230 zu erreichen.

Einkaufen **Ria und Remko**. Das Paar aus den Niederlanden lebt seit 1978 in Pyli. Remko widmet sich Aquarellen und Radierungen, Ria fertigt Gold- und Silberschmuck. Die Produkte können Sie in den beiden Geschäften an der Platia erwerben. Bilder in Acryl und Öl sowie Kunsthandwerk finden Sie in der **Busstop Gallery** (→ Kasten S. 155).

Feste Am ersten Wochenende nach Ostern findet in Pyli ein **Pferderennen** statt. Gut 80 Reiter nehmen daran teil und die Einheimischen wetten kräftig. An der Stirn des siegreichen Pferdes wird ein Hühnerei aufgeschlagen!

Polizei Die kleine Station an der Ortsdurchfahrt hat die Nummer ✆ 22420-41222.

Sport Top ist der Basketballplatz von Pyli mit Flutlicht und farbigem Feld.

Übernachten Das Angebot an Unterkünften ist bescheiden. Lediglich einige **Privatzimmer** für etwa 20 € pro Nacht stehen zur Auswahl. Auskünfte erhält man in den Tavernen rund um die Platia.

Essen & Trinken Mehrere Tavernen rund um den Dorfplatz und entlang der Ortsdurchfahrt haben sich auf Touristen eingestellt: Serviert werden v. a. Snacks und Getränke.

Taverne Pili. Im Schatten einer dichten Bougainvillea lässt sich das bunte Treiben auf dem Marktplatz prima verfolgen. In der netten Taverne werden u. a. Pizzen und Salate serviert. Die Karte bietet eine große Auswahl an solider, griechischer Kost.

››› Unser Tipp: **Taverne Palea Pigi (Old Spring)**. Unmittelbar neben dem Brunnen Pigi. Von der Terrasse, die von einem riesigen Feigenbaum beschattet wird, blickt man auf der einen Seite auf den Brunnen mit den Löwenköpfen hinunter. Auf der anderen kann man Frösche und Fische in einem kleinen Teich beobachten. Währenddessen serviert der freundliche Betreiber appetitliche Vorspeisen und Grillgerichte (wie z. B. Souvlaki-Spieße oder Hackfleischwürstchen *Sousoukakia*) zu günstigen Preisen. Man kann hier aber auch nur auf einen eisgekühlten Frappé einkehren. ‹‹‹

Ausflug mit Pferden: Reiten auf Kos

Pferdeliebhaber landen auf Kos früher oder später in Amaniou bei Pyli. Dort betreiben Peter Ehrenberg und seine Frau den ausgezeichnet geführten Stall *Alfa-Horse* mit eigenem Reit- und Longeplatz. Die Pferde und Ponys kommen alle aus Deutschland, die Tiere sind geimpft und gepflegt. Das Angebot reicht von Ponyreiten für Kinder über Anfänger- und Auffrischungskurse bis zu anspruchsvollen Ausritten für erfahrene Reiter. Ungeübte Reiter werden geführt, die Sicherheit bei den Ausritten wird großgeschrieben. Eine interessante Art, die schöne Bergwelt der Insel zu erkunden.

Adresse: Alfa-Horse, Pyli, ✆ 22420-41908, ℻ 22420-48609, www.alfa-horse.de.

Anfahrt: Von Pyli in Richtung Amaniou fahren, an der Kirche im Ort links abbiegen.

Sehenswertes

Brunnen Pigi: Von der Platia zweigt eine Straße nach Westen zum 200 m entfernten Brunnen Pigi (= Quelle) ab, der als *Water Spring* ausgeschildert ist. Aus dem Steinquader des Brunnens ragen sechs Rohre, aus denen das Wasser plätschert. Eine Inschrift belegt, dass das Brunnenhaus 1592 erbaut wurde. Viele Einwohner Pylis kommen noch heute regelmäßig mit bauchigen Gefäßen vorbei, um sich das kühle Nass für den Heimkonsum abzufüllen.

Sollten Sie beobachten, dass jemand den Brunnen umrundet und aus jedem der Rohre einen kräftigen Schluck nimmt, so hat das seine besondere Bewandtnis: Gerüchten zufolge soll nämlich dieses Ritual dazu führen, dass der oder die Betreffende noch im selben Jahr ihren Auserwählten oder ihre Auserkorene zum Traualtar geleitet und diese Ehe mit reichlich Nachwuchs gesegnet wird. So viel zur Legende. Tatsächlich ist die Fruchtbarkeit in nächster Nähe zu beobachten: Rund um den Pigi-Brunnen blüht die Natur kraftvoll auf. Vom Brunnen aus führt ein breiter Weg leicht bergab. Nach wenigen Metern sehen Sie rechter Hand die Überreste eines frühneuzeitlichen Patrizierhauses, etwa aus dem 17. Jh.

Charmylos-Grab: Knapp 700 m von der Platia entfernt befindet sich ein unterirdisches antikes Familiengrab, dessen zwölf Totenkammern in den Fels eingelassen wurden (→ Karte). Ein Zaun vor dem Eingang verhindert das Betreten. In der Gruft mit je sechs Grabnischen auf den beiden Längsseiten fanden Angehörige des Charmylos-Clans, des ersten koischen Herrschergeschlechts, ihre letzte Ruhestätte. Charmylos war der mythische Stammvater, der mit dem Götterboten Hermes verwandt gewesen sein soll.

Auf dem Hügel über der Totenkammer steht eine kleine byzantinische Kirche. Links neben der Tür sehen Sie antike Fresken, rechts eine Steinplatte mit einer

Brunnen Pigi – Spendet Liebe und Leben

Antike Totenkammer

altgriechischen Inschrift. Sowohl die Fresken als auch die Steinplatte entstammen dem Grab, und auch in der Kirche sind mehrere Quaderblöcke aus der Gruft verbaut worden. Die Tür des griechisch-orthodoxen Gotteshauses steht immer offen. Im Innenraum riecht es nach Kräutern und Räucherwachs, die Wände schmücken Heiligenbilder, die zum Teil aus Russland stammen. Es ist kühl, und nur ein ewiges Licht erhellt den weiß gekalkten Raum. Vor dem Eingang der Kirche steht ein runder Tisch mit Stühlen, der zum Ausruhen einlädt. Eine alte Frau, die im Haus nebenan wohnt und die Kirche in Ordnung hält, stellt eine Karaffe mit Wasser auf den Tisch und bietet uns Kaffee an. Bald kommt ihr Mann hinzu, der früher auf großen Öltankern die Weltmeere befahren hat und gerne Seemannsgarn spinnt. Auch die Enkelin mit ihrer Lieblingskatze auf dem Arm und ein neugieriger Nachbar gesellen sich zu uns, und im Nu sind wir in dieser religiösen Umgebung in ganz irdische Themen vertieft.

Herkules in Frauenkleidern

Gemäß der griechischen Mythologie soll es Herakles, den Sohn des Zeus und der Alkmene – bei den Römern hieß er Herkules –, auch auf die Insel Kos verschlagen haben. Nachdem Herakles seine zwölf Aufgaben – etwa den Höllenhund Cerberus aus der Unterwelt locken oder die Ställe des Augias säubern – vollbracht hatte, befahl ihm sein Vetter, die Tochter des Königs Laomedon, Hesione, zu befreien. Sie war von einem Meeresungeheuer entführt und an einen Felsen gekettet worden. Herakles tötete das Untier, rettete Hesione und brachte sie zu ihrem Vater. Der wortbrüchige Laomedon verweigerte ihm jedoch die versprochene Belohnung, worauf Herakles sein Land verwüstete und plünderte.

Mit einer Beute stach er in See, wo er und seine Gefährten in ein furchtbares Unwetter gerieten. Bis auf Herakles' Schiff versank die kleine Flotte in der Ägäis. Als Schiffbrüchige landeten der Held und einige seiner Getreuen auf Kos. Dort trafen sie den Hirten Antagoras, dem sie ein Schaf abkaufen wollten, um ihren Hunger zu stillen. Antagoras schlug den Handel aus und forderte stattdessen einen Zweikampf: Sollte Herakles siegen, bekäme er das Tier. Herakles willigte ein, der Kampf begann. Viele Stunden rangen die Muskelprotze – ohne dass es einem gelang, den anderen zu bezwingen. Der Zweikampf artete in eine Schlacht zwischen den Anhängern Antagoras und den Gefährten des Herakles aus; letztere waren unterlegen und mussten fliehen.

Herakles versteckte sich im Haus einer Bäuerin, die ihm Frauenkleider gab. In dieser Aufmachung flüchtete er nach Pyli, wo ihn gastfreundliche Menschen aufnahmen. Die Bewohner des Bergdorfes versammelten sich und entschieden, dass der König von Kos, Eurypilos, der Herakles in Abwesenheit als Seeräuber verurteilt hatte, in sträflicher Weise das Gastrecht verletzt hatte. Zusammen mit Herakles führten die Einwohner Pylis, die Peleten, Krieg gegen den König, den Herakles im Kampf tötete. Die schöne Königstochter Chalkiope nahm er erst gefangen und später zur Frau.

Traditional House (Paradosiako Spiti): 60 Jahre sind vergangen – das Haus wirkt wie aus einer anderen Welt: ohne Strom, ohne fließendes Wasser, mit Körben an der Decke, in denen einst Vorräte gelagert waren. Einen Einblick in den Wohnalltag der 1950er-Jahre erlaubt das Haus an der Platia in Pyli. Das Gebäude selbst ist älter als seine Ausstattung; es wurde vor gut einem Jahrhundert errichtet.

Kurt Hlavacek vor seinem Bild „Make Love not War“

Solismus aus Pyli

Vielleicht haben Sie das Signum SOL schon einmal in einer Galerie oder Ausstellung gesehen. Dahinter verbirgt sich der Maler *Kurt Hlavacek*. Seine Werke, farbenfroh und surreal, entstehen in seinem Atelier in Pyli, nahe dem Brunnen Pigi. Doch nicht nur Bilder schafft der Künstler, stetig wächst auch sein Skulpturenpark. Das Spiel mit Dimensionen hat es ihm besonders angetan – und wenn die Schatten der Skulpturen über die weißen Wände wandern, hilft ihm die Sonne eine weitere entstehen zu lassen.

Ein Eigenbrötler ist er nicht, im Gegenteil. „Ich lasse mir auch gerne über die Schulter gucken“, sagt der gebürtige Wiener. Auch Malkurse bietet er an, vermittelt Techniken, freut sich über Talente. Rund 90 € pro Tag verlangt der „Begründer des Solismus“, Transport vom Hotel, Essen und Material im Preis inbegriffen. Seine Werke verkauft er mit seiner Frau Nel Bezemer auch in der *Busstop Gallery* an der Durchgangsstraße von Pyli, 50 m unterhalb der Platia. Dort können Sie auch Werke anderer Künstler sowie modernen Schmuck erwerben. ✆ 22420-42104, www.busstopgallery.gr.

In dem Bild „24 Hours Kos“ hat sich Hlavacek mit der Hauptstadt der Insel auseinandergesetzt. „Jedes Mal, wenn ich die Stadt verlasse, bleiben Eindrücke hängen. Die habe ich hier gemalt“, sagt Hlavacek. Beispielsweise ein Schiff mit Menschen, die beim Einlaufen von der Reling herunterschauen, oder die Brücke, die von der Platane des Hippokrates zum Kastell Neratzia führt.

Paleo Pyli: Auf einem imposanten Fels, etwa 30 Höhenmeter oberhalb der inzwischen weitgehend zerfallenen Häuser von Paleo Pyli, ragen die Mauern der byzantinischen Festung in den Himmel. Das unterirdische Tunnelsystem der befestigten Anlage ist noch intakt – einige Einbrüche geben den Blick in die Unterwelt frei. Innerhalb der Festungsmauern befanden sich einst drei Kirchen, Überreste des *Marienklosters Moni Theodokou*, das Ende des 11. Jh. von Abt Hossios Christodoulos gegründet wurde. Der Aufstieg zur Burgruine lohnt sich nicht zuletzt wegen des herrlichen Blicks auf die umliegende Landschaft. Zum Kloster gehörte auch die *Kapelle Asomati Taxiarches*. An ihrem roten Dach und dem Rundbogendurchgang auf dem Vorhof ist sie, auf halbem Weg unterhalb der Festung gelegen, leicht zu erkennen. Die Wände der Kirche zieren Fresken, die aber mittlerweile leider zum großen Teil zerstört sind.

Anfahrt Zunächst nach Amaniou, einer kleinen Ortschaft 500 m östlich von Pyli. Ab jetzt ist Paleo Pyli ausgeschildert. Die ansteigende Asphaltstraße endet an einer Quelle, deren Wasser in ein mehrere Meter langes, ca. 40 cm breites Becken fließt (Vorsicht: unangenehme Bremsen!). Hier können Sie Ihr Fahrzeug abstellen. Vom Parkplatz aus weisen hölzerne Schilder den Wanderweg hinauf zur alten Festung. Auf- und Abstieg dauern insgesamt rund 40 Min.

Essen & Trinken Oria. Der ideale Ort zum Rasten! Mit herrlichem Blick auf die Überreste des Kastells genießen Sie hier einen kühlen Frappé (2,50 €), stärken sich mit einem Joghurt mit Honig (4,50 €) oder einem einfachen Fleischgericht (7 €). Bemerkenswert: Die Toilette der Taverne ist in eine Felsnische gebaut, der Blick in den Himmel bleibt frei. Geöffnet tägl. 9 bis 21 Uhr.

››› Unser Tipp: Old Pyli. An der Straße zum Kastell, die Spezialität des Hauses ist Fisch. Den fängt Wirt Georgos Stavropoulos selbst, wozu er jeden Tag mit seinem Boot in Mastihari in See sticht. Georgos setzt auf Qualität: nur frische, selbst zubereitete Speisen kommen auf den Tisch. Und das schmeckt man. Hier sollten Sie unbedingt einkehren – und neben dem Essen den Blick über die Tiefebene und das Meer genießen. «‹‹

Wanderung 4: Rund um Paléo Pylí → S. 241
Geisterstadt, byzantinische Festung und die höchste Taverne der Insel.

Lagoudi

Hier scheint die Zeit stehen geblieben: Die Einwohner arbeiten nach wie vor überwiegend in der Landwirtschaft, die Gassen des Dorfes sind eng, die Häuser weiß, das Leben ist einfach. Nur wenige Urlauber verirren sich nach Lagoudi, wo Fremde freundlich gegrüßt werden. Am Ortsanfang bzw. -ende führt Sie ein gepflasterter und nachts beleuchteter Weg durch den Ort. Auf einer Anhöhe am Nordrand des Ortes thront die Marienkirche *Langadi*; im Innenraum sind naiv anmutende Heiligenportraits zu sehen, überragt von einer Jesus-Darstellung in der Kuppel. Priester Kyriakos und seine Schwester sprechen ein wenig Deutsch, da sie in den 1960er-Jahren in Wilhelmshaven gelebt haben.

Fest Am Abend des 7. Mai beginnt das Kirchweihfest in Lagoudi mit Musik und Tanz, am 8. Mai findet ein Gottesdienst mit anschließender Prozession statt.

Essen & Trinken Beautiful Greece. Die Flämin Christina Zenteli bietet nicht nur Speisen und Getränke, sie verkauft Kunst und Schmuck und vermietet drei originell eingerichtete Apartments. Durch den üppig bewachsenen Garten, vorbei an Gemälden und Installationen, führt der Weg in das höher gelegene Café, von wo aus Besucher den weiten Blick über die Nordküste genießen. Christina serviert selbstgemachte Zitronenlimonade, gute Weine und ein täglich wechselndes Hauptgericht; gerne verweilt die Gastgeberin zum gemütlichen Plausch. In den mit antiken Möbeln eingerichteten Räumen kann man herrlich entspannen und die Werke der Meisterin bestaunen. Bilder, Schmuck und historische Möbel sind zu erwerben. Die Apartments im Natursteinhaus (mit Meerblick) sind ab 50 € zu mieten. ✆ 22420-69004, zenteli.cc@gmail.com.

Wanderung 5: Von Evangelistria nach Pyli → S. 243
Besuchen Sie das Wäldchen Konidario oder die Taverne Old Pyli.

Linopotis

Am Highway nördlich von Pyli, rund 13 Kilometer von Kos-Stadt entfernt, liegt Linopotis: ein Dutzend Häuser, eine Tankstelle, zwei Tavernen und ein Teich. Die ersten Einwohner der Ortschaft waren Italiener, die hier 1925 ihre Häuser bauten, nachdem die einheimischen Grundbesitzer enteignet worden waren. Bekannt ist Linopotis wegen der nahe liegenden Quelle *Limni* (= See). Die Benennung erfolgte aus gutem Grund: Das Quellwasser speist einen Teich direkt an der Schnellstraße – die Heimat von Wasserschildkröten und einer großen Entenfamilie. Wichtig ist die Quelle für die Landwirtschaft; sie dient der Bewässerung der Felder um Pyli und Marmari. Schon Theokrit, ein Dichter der Antike, nach dem der lokale Retsina benannt ist, rühmt in seinen Idyllen die Schönheit der Quellenlandschaft.

Nahe der Kaserne westlich von Linopotis wurden auf einem kurzen Stück begrünter Mittelspur zwischen den Fahrbahnen der Schnellstraße Reste einer römischen Wasserleitung freigelegt.

Essen & Trinken Taverne Karamolentes. Gewiss, es gibt romantischere Plätze. Doch hier isst Kos. Sommers wie winters versammeln sich allabendlich viele Koer, um zu reden und die ausgezeichnete griechische Küche zu genießen. Die Taverne, die eine große Auswahl bietet, liegt direkt an der Hauptstraße beim Linopotis-Teich.

Einkaufen Manufaktur Hatzipetrou. Produziert seit 1910 das lokale Olivenöl – und verkauft direkt ab Werk. Das in verschiedenen Abfüllmengen, in Glas- oder Metalldosen erhältliche Öl ist in der Produktionshalle an der Schnellstraße deutlich günstiger als in den Geschäften, z. B. 250 ml extra virgin kosten 2,50 €. ✆ 22420-69528 und 69-44153898

Ruine der byzantinischen Festung über Paleo Pyli

Dikeos-Gebirge → Karte S. 145

Ein Ausflugsboot kehrt nach Kardamena zurück

Die Inselmitte

Landschaftlich ungemein abwechslungsreich: Fruchtbare, in verschiedenen Gelb- und Grüntönen schimmernde Ebenen werden von zerklüfteten Landstrichen unterbrochen. Die Oberfläche erinnert an einen Pizzaboden, der Blasen wirft. Die Mitte der Insel ist bizarr und kontrastreich.

Mitte des 19. Jh. lebten die Bewohner Antimachias und Kardamenas noch zusammen in der mächtigen ehemaligen Johanniterfestung, dem Kastell von Antimachia, dann trennte sich die Gemeinde. Heute präsentiert sich ein ungleiches Geschwisterpaar: Während die Einwohner Antimachias noch immer hauptsächlich ihre Felder bestellen, avancierte Kardamena zum Zentrum eines durchorganisierten Tourismusbetriebes.

Kardamena

Einst ankerte eine ansehnlicheFlotte von Fischerbooten im Hafen, heute sind es noch nicht einmal ein knappes Dutzend Fischer, die ihrem Gewerbe nachgehen. Auch die Zahl der Bauern ist stark geschrumpft. Die 1800 Griechen im Ort leben vor allem von den Besuchern: In der Hauptsaison wohnen bis zu 20.000 Touristen in Kardamena.

Von britischen Reiseveranstaltern wird der Ort als „English Village" angepriesen. Die touristische Infrastruktur war bislang auch gänzlich auf die Geschmäcker und Urlaubsgewohnheiten der Gäste aus Großbritannien eingestellt. Sonnenbaden, Trinken und Feiern stehen für sie ganz oben auf der Liste. Weil Letzteres in der Regel bis tief in die Nacht hinein stattfindet, beginnt das morgendliche Leben in Kardamena auch recht spät. Ab mittags laufen in den Bars dann englische TV-Programme oder aktuelle Kinohits auf der Leinwand. Dazu wird das erste Bier des Tages getrunken. Mittlerweile scheint sich jedoch grundsätzlich etwas zu ändern,

denn es gibt bereits Hoteliers, die diesen am Gastgeberland völlig uninteressierten Spaßtourismus leid sind und keinen Kontakt mehr mit britischen Reiseveranstaltern suchen.

Verhexter Sumpf: Der Bann ist gebrochen

Iraklis M. Karanastasis schreibt in seiner „Volkskunde von Kos“: „In der Mitte der Insel und etwa eine Stunde voneinander entfernt liegen die Dörfer Antimachia und Kardamena. Diese beiden Dörfer bildeten früher eine Gemeinde. Zur Zeit, als die Revolution von 1821 ausbrach, lebten die Einwohner – wie uns unsere Großeltern erzählten – im Kastell von Antimachia, einer großen venezianischen Festung, welche die gesamte zentrale Hochebene der Insel beherrscht. Sie hatten sich dorthin zurückgezogen, um den furchtbaren Einfällen algerischer und sarazenischer Korsaren zu entgehen, von denen die Ägäis zur Zeit der Piraten heimgesucht wurde. Um 1850 verließen sie den engen Raum in der Festung, um in freieres Gebiet überzusiedeln. Sie teilten sich in zwei Gruppen: Die eine ließ sich in einer offenen, weiten Hochebene (220 m ü. d. M.) nordwestlich des Kastells nieder (dem heutigen Antimachia), und die andere ging vom Kastell in Südwestrichtung hinunter und siedelte sich in einem Tal an, das dicht mit Weingärten, Öl- und Obstbäumen bewachsen ist, von einem Trockenbach durchflossen wird und zwanzig Minuten Fußweg von der Küste entfernt liegt. Heute trägt die Stelle den Namen Paläa Kardamäna. In diesem schönen Tal konnten sie jedoch nicht länger als 50 Jahre leben, da das Gebiet versumpfte, die Bevölkerung unter Malaria zu leiden hatte und das Dorf sich nicht entwickeln konnte. Die Einwohner glaubten, dass dieser Ort verhext sei, und deshalb ließen sie immer nur 39 Familien hier wohnen. Wurde eine vierzigste Familie gegründet, musste sie aussiedeln.“ Diese Zahl ist seit Langem überschritten – der Bann ist gebrochen.

Der ursprüngliche Dorfkern Kardamenas liegt zwischen Hafen und Kirche, doch ist er zwischen all den Hotelbauten, kaum noch auszumachen. An der Uferpromenade reiht sich Café an Café, davor dümpeln die Boote im Wasser; hier präsentiert sich der Ort (zumindest tagsüber) von seiner schönsten Seite. Etwas ruhiger und griechischer als im Zentrum geht es in dem Ortsteil zu, der westlich des – meistens ausgetrockneten – Flussbettes liegt. Sowohl am östlichen als auch am westlichen Ausläufer wird Kardamena von gigantischen Hotelprojekten eingerahmt. Im Osten liegt das Hotel Norida Beach, ein All-inclusive-Club mit 1000 Betten, im Westen befindet sich das luxuriöse Aegean Village, dessen Name Programm ist: Hier ist ein eigenes Dorf entstanden.

Südwestlich der heutigen Ansiedlung befand sich in der Antike die Stadt *Halasarna,* deren Bevölkerungszahl weit über der von Kardamena lag. Von dieser Stadt wurden einige Überreste gefunden, unter anderem die eines hellenistischen Theaters und einer Grabanlage. Aus den ersten nachchristlichen Jahrhunderten stammen die Grundmauern der Basilika Agios Theotis bei Kardamena.

In den 1880er-Jahren zogen die Bewohner schließlich dorthin, wo das heutige Kardamena liegt, und betrieben Fischerei und Landwirtschaft. Dies änderte sich Mitte der 1970er-Jahre: Tourismusmanager entdeckten den langen Sandstrand, sahen, dass sich die Ebene als Baugrund hervorragend eignet, und begannen mit der Errichtung der ersten Hotels. So vollzog sich der Wandel vom ehemaligen Fischerdorf zur Hochburg des Massentourismus.

Baden

Die Badebedingungen um Kardamena sind eigentlich ideal: Der feinkörnige helle Sand zieht sich über etwa 9 km am Meer entlang. Vermutlich liegt es genau daran, dass es selbst außerhalb der Hochsaison an den Stadtstränden zugeht wie auf einem Rummelplatz. Kommentar eines Einheimischen: „Die Leute müssen verrückt sein, sich dorthin zu legen." Keine 500 m jenseits des Ortes nimmt der Andrang Sonnenhungriger deutlich ab.

Urlaubsidyll am Strand westlich von Kardamena

Relativ wenige Urlauber halten sich am östlichen Strandabschnitt zwischen dem Club Malibu und dem Hotel Norida Beach auf. Die Strandqualität ist wechselnd – mal steinig, dann wieder feinsandig. Rund 200 m östlich des Clubs Malibu sorgt ein kleiner Tamariskenhain für Schatten. Je weiter man sich in Richtung Osten bewegt, umso sauberer, breiter und feinsandiger wird der Strand. Am Ostende des Strandes, oberhalb des Hotels Norida Beach, stehen eine Handvoll Häuser und eine kleine Kirche, die zu den Orten *Eleon* und *Tolari* gehört – Ansiedlungen, die nur auf wenigen Karten verzeichnet sind. Von Eleon erhascht man einen guten Ausblick über den Küstenverlauf bei Kardamena.

An den beliebteren Abschnitten westlich des Hafens, wo nur vereinzelt Bäume für Schatten sorgen, werden Sonnenschirme und Liegen zum Verleih angeboten (5–6 € für zwei Liegen und Sonnenschirm pro Tag). Hier ist das Ufer ziemlich flach; dank der zahlreichen Sandbänke kann man noch weit draußen im Meer stehen. Außerdem herrscht hier – im Gegensatz zur Nordküste – kaum Seegang, was die Strände besonders kinderfreundlich macht. Aber Familienurlaub machen nur wenige Besucher des ehemaligen Fischerortes.

Sport

An den Stränden in und um Kardamena gibt es vier *Wassersportstationen*, alle firmieren unter dem Namen *Kardamena Water Sports.* Die Stationen befinden sich im Hafen sowie bei den Hotels Akti, Aegean Village und Porto Bello. Am Ortsbadestrand werden vor allem Parasailing (35 € pro Person), Jet- und Wasserski sowie Schleppfahrten (jeweils ab 15 €) angeboten. Stärker auf Surfen und Katamaransegeln setzen die Filialen bei den Hotels. Eine Stunde Surfen kostet 20 €, wer für die gleiche Dauer einen Katamaran segeln will, bezahlt 40 €. ✆ 22420-91444 und 69-44636565, www.koswatersports.gr.

Tauchen lernen oder auch Fortgeschrittenenkurse buchen kann man beim *Arian Diving Centre.* Der Schnupperkurs mit Bootsausflug kostet inklusive Ausrüstung 48 €, Kurse für Fortgeschrittene gibt es ab 100 €. ✆ 22420-92465 und ✆ 69-34770790, www.arian-diving-centre.com.

Die *Gokartbahn Kardamena* an der Straße zum Hotel Norida Beach hat von 11 bis 23 Uhr geöffnet. 5 Min. kosten 10 €. ✆ 22420-92065, www.gokart-kardamena.gr. *Minigolf* ist im Zentrum von Kardamena möglich. Der Spaß kostet 5 €, Kinder zahlen die Hälfte. Täglich geöffnet, Tickets im Fotoshop gegenüber.

Kardamena ist ein guter Ausgangspunkt für Touren mit dem Mountainbike: Es gibt nur zwei asphaltierte Straßen von Kardamena nach Kos oder Antimachia, für Biker stehen dagegen acht Strecken zur Auswahl – und die sind auch für ungeübte Fahrer geeignet.

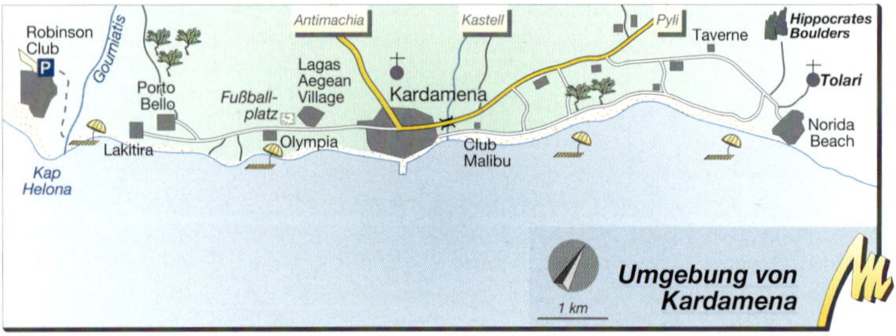

Ausflüge

Der Ausflug nach *Nissiros* kostet 16 €, ein Ausflug nach *Kos* („Shopping Tour“) 9 €. Besonders beliebt ist die Bootstour *Three Beaches* (Bubble, Paradise und Camel Beach); inklusive Mittagessen bezahlt man 22 €. Der Ausflug nach Bodrum kostet 35 €. Auch Ausflüge nach Kalymnos und Pserimos umfasst das Programm, die Boote starten zum Teil in Kos-Stadt. Tickets für die Tagestouren verkaufen die Reisebüros.

Tour 6: Castle Walk → S. 244
Ein gepflasterter Weg führt hinauf zum Kastell von Antimachia.

Basis-Infos

Information Eine Touristeninformation gibt es im Ort nicht mehr. Im Gemeindehaus, in dem sie vorher untergebracht war, sitzt inzwischen die Post. Auskünfte erhalten Sie bei den Reisebüros. Gleich vier davon finden Sie zwischen der Platia Elephterias und dem Halteplatz der Inselbusse. Freundlich und kompetent bedienten uns die Mitarbeiter von **Offshore Travel** (✆ 22420-91603). Das Angebot umfasst Fährtickets, organisierte Ausflüge und Autovermietung. Einen ähnlichen Service bietet **Kardamena Travel**, ✆ 22420-91371.

Verbindungen Bus: Zwischen Kos-Stadt und Kardamena gibt es Mo–Sa 6 x, So 3 x tägl. eine Busverbindung. Die Fahrt dauert 45 Min. und kostet 3,20 €. Der Bus hält beim Supermarkt Louis oberhalb der Platia Elephterias.

Zudem fahren **Lokalbusse** 11 x tägl. (zwischen 8 und 24 Uhr) die Strandabschnitte nach Osten und Westen ab; bei den Hotels Porto Bello und Norida Beach kehren sie wieder um.

Fähre: Tägl. um 14 oder 17 Uhr legt eine der beiden Fähren Agios Konstantinos oder Nisyros in Richtung Nissiros ab (einfache Strecke für 8 €). In der HS fahren die Fähren zudem um 9.30 Uhr auf die Nachbarinsel. Informationen zu den Abfahrtzeiten gibt die Reiseagentur Entikon, ✆ 22420-31465.

Mini Train: Der Zug auf Rädern startet vom Hafen, um die Strände 3 x tägl. sowohl in Richtung des Hotels Porto Bello im Westen als auch in Richtung des Norida-Beach-Hotels im Osten abzufahren.

Taxi: Ein **Taxi** kostet von Kos-Stadt nach Kardamena rund 32 €. Die Wagen warten am Platz vor der Fußgängerzone in der Ortsmitte. Dort halten auch die Inselbusse.

Arzt/Apotheke Nahe der Kirche befindet sich eine Notfallpraxis, in der mehrere Mediziner arbeiten. Geöffnet 9–14 und 17–21 Uhr. ✆ 22420-91525. Im Ort gibt es mehrere Apotheken.

Auto-/Zweiradverleih Das Angebot ist groß; neben den Filialen der renommierten

Autoverleiher gibt es ein Dutzend lokaler Unternehmen, die Zwei- und Vierräder anbieten. Da sich die Preise nicht wesentlich unterscheiden, seien hier stellvertretend nur zwei Beispiele genannt:

Autoverleih Lukas. Ein Kleinwagen kostet pro Tag 30–35 €, je nach Saison. Für einen Suzuki Jimny oder Samurai sind 50 bzw. 70 € zu entrichten. Die Preise verstehen sich inkl. Vollkaskoversicherung. Wer den Wagen drei Tage mietet, zahlt in der NS für einen Kleinwagen 75 €, für die Jeeps 130 bzw. 150 €. Hier im Autoverleih kann man auch Studios und Apartments mieten (siehe bei Übernachten) – wer Unterkunft und Auto zusammen mietet, bekommt einen günstigen Paketpreis. ✆ 22420-91598 oder 69-46928632, www.lukasbeachstudios.com.

Zweiradverleih Peter's hat zwei Filialen, eine große Auswahl und günstig. Fahrräder gibt es ab 4 € tägl., Scooter ab 15 €, Buggys ab 40 € und Quads ab 25 €. Rabatte gibt es ab drei Tagen. Auch hier kann man Studios mieten, die in der NS 22–25 €, in der HS 28–35 € kosten. ✆ 22420-92160 oder 22420-92260, www.petersmotorental.com.

Einkaufen In Kardamena gibt es Souvenirläden und Boutiquen, Fotogeschäfte und kleine Supermärkte.

Geld Banken und Automaten sind mehrfach vorhanden. Einen **Geldautomaten** finden Sie direkt an der Platia. Die Filiale der *National Bank of Greece* mit EC-Automat befindet sich an der Hauptstraße nahe der Kirche. Geöffnet ist sie Mo–Do 8.45–13.30 Uhr, Fr 8.45–13 Uhr.

Übernachten

→ Karte S. 164/165

In der Hauptsaison sind die Hotels und Pensionen meist ausgebucht. Dann auf gut Glück ein Zimmer zu suchen, ist nicht ratsam. Von Mitte Juli bis Mitte August läuft hier ohne vorherige Buchung nichts. Selbst in den kleineren Pensionen entlang der Strandpromenade müssen Sie mit 25–40 € für ein DZ rechnen. Nachteil dieser Unterkünfte: Die Promenade ist auch Zentrum des Nachtlebens, deshalb ist es hier relativ laut.

»» Unser Tipp: **Olympia Mare** 14 Ein idealer Platz zum Entspannen. Rund 2 km westlich von Kardamena direkt am Strand gelegen – man braucht keine Straße zu überqueren, um in Liegestuhl oder Hängematte zu entspannen! Keine Hotels, Tavernen oder Diskotheken stören in der Nähe. Das Haus steht allein abseits des touristischen Trubels. Die Gäste sind allesamt Individualreisende, denn Betreiber Niklos Katsillis arbeitet nicht mit Agenturen zusammen. Zur Auswahl stehen 21 Apartments: jeweils zwei Räume (einer davon mit kleiner Küche) und Bad, zwischen 44 und 64 qm groß. Alle Unterkünfte sind klimatisiert, gepflegt und mit Geschmack möbliert; zwei Apartments sind barrierefrei. Der Aufenthalt für zwei Personen kostet 50–90 €. ✆ 22420-91711, 📠 22420-92711, www.olympiamare.com. ««

Nissia und Kamares 7 Wohl eine der sympathischsten Unterkünfte, was Architektur und Ambiente angeht. Rund um einen üppig bepflanzten großen Innenhof liegen die 40 Apartments der Anlage. Zahlreiche Bogengänge verbinden die verschachtelten, weißen Häuser mit den blauen Fensterläden; die Zimmer sind geräumig und mit Holzmöbeln eingerichtet. Es herrscht eine entspannte Atmosphäre. Der Swimmingpool steht auch Nicht-Hotelgästen zur Verfügung. Es gibt auch Apartments für vier Personen. Alle Unterkünfte sind mit Bad und Küche. Wenn Sie ein Zimmer in der HS möchten, müssen Sie schnell sein und am besten schon im Vorjahr buchen, da die Apartments teilweise über Agenturen vermietet werden. Studios für zwei Personen kosten je nach Saison zwischen 32 und 47 €. ✆ 22420-91091, 📠 22420-92291, www.nissiakamares.gr.

Lagas Aegean Village 13 Eine Ferienanlage der Superlative, hauptsächlich Gäste aus der Schweiz und Deutschland. Errichtet wurde die Anlage auf der dem Meer zugewandten Seite eines Hügels, etwa 1 km westlich des Hafens. Das Aegean Village ist ein kleines Dorf und mit den vielen Einkaufsmöglichkeiten, Sportangeboten, Restaurants, einer Diskothek und einer Arztpraxis fast schon autark. Angenehm überrascht die abwechslungsreiche Gestaltung der zweistöckigen Bungalows, die in Farbe und Form variieren. Die Unterkünfte sind geräumig und alle Zimmer aufs Meer ausgerichtet. Die Anlage kann bis zu 650 Urlauber beherbergen und verfügt über zahlreiche Sportangebote: vier Tennisplätze (mit Flutlicht), zwei große Schwimmbecken (Frei- und Hallenbad), eine Sauna und ein Fitnesscenter sowie verschiedene Wassersportangebote am Strand unmittelbar vor dem Feriendorf. Für Rollstuhlfahrer werden speziell ausgestattete Hotelzimmer angeboten, auch die Gemeinschaftseinrichtungen und Geschäfte sind barrierefrei. In der NS kostet der Aufenthalt pro Person mit Halbpension 60 € im DZ, in der HS 80 € pro Person, 40 % Kinderermäßigung (bis zwölf Jahre). ✆ 22420-91401, 📠 22420-91635, www.aegeanvillage.com.

Lukas Beach Studios. Angenehme Apartments, die fünf Minuten Fußweg von Kardamena entfernt – und damit ruhig – liegen. Vermietet werden sie vom Betreiber der Autovermietung Lukas Rent a Car. Die Studios bieten 2–4 Pers. Platz, haben Balkon mit Meerblick und eine gut ausgestattete Küche. Preise: In der NS zahlen 2 Pers. 140 € pro Woche, in der HS 190 €. ✆/📠 22420-91598, www.lukasbeachstudios.com.

Nach **Privatzimmern** sehen Sie sich am besten westlich des Flussbettes um, über das eine kleine Brücke führt. Hier findet man DZ zwischen 25 und 35 € je nach Saison und Größe.

Essen & Trinken

In Kardamena eine original griechische Taverne zu finden ist kein leichtes Unterfangen. Hier im englischen Badeort dominieren Fast Food und Pizza das kulinarische Geschehen. Einige der empfehlenswerteren Tavernen finden sich im westlichen Stadtteil hinter dem Hotel Valinakis.

Liotrivi 11 Schöner Kontrast: die Füße im Sand, die Tische weiß eingedeckt. Das 1850 errichtete Gebäude direkt am Strand hat Stelios Kopanas aufwendig restaurieren lassen. Hier wurde bis Anfang der 1990er-Jahre noch Olivenöl gepresst. Die einst von Eseln angetriebene Mühle steht noch im Innenraum, die Mühlsteine stammen von den Inseln Nissiros und Santorini. Gute griechische Küche, auch Fisch ist im Angebot. Ein Bekri Meze kostet 14 €, die gebratenen Fischstücke in Weinsoße sind mit 17 € auf der Karte verzeichnet. Freitags und samstags Livemusik.

Die Inselmitte → Karte S. 161

»» **Unser Tipp: Avli** **5** Besticht durch eine große Auswahl an Appetithappen (*Mezedes*) und Weinen: Die Karte listet 65 Tropfen. Nahe der Platia sitzen die Gäste in einem großen Patio – abgeschirmt vom Rummel ringumher. Das Restaurant befindet sich in einem 1902 erbauten Haus. Es ist eines der wenigen Gebäude, die das Erdbeben im Jahr 1933 überstanden haben, www.avlirestaurant.gr. «««

Hellas **9** Etwas abseits des Trubels, ebenfalls kurz hinter der Brücke über das im Sommer ausgetrocknete Flussbett, sitzen die Gäste des Hellas auf einer netten Terrasse und lassen sich die köstliche Pizza aus dem Holzofen für um die 6,50 € schmecken. Neben einfachen italienischen Speisen in großer Auswahl gibt es natürlich auch griechische Hausmannskost, die frisch ist und richtig satt macht.

Ta Adelfia **8** Schräg gegenüber der Taverne Hellas. Spezialität ist Pizza in allen Variationen, daneben gibt es auch Pasta und griechische Küche zu günstigen Preisen.

Chrisopolous **12** Am westlichen Ortsende liegt die Taverne, die sich selbst als „Family Restaurant" versteht. Es gibt hier die griechischen Standards und Fisch aus der Ägäis zu günstigen Preisen – und einen unverbauten Blick aufs Meer.

Pelagos **2** An der Promenade rund 300 m östlich des Anlegers. Auf den ersten Blick sieht die Taverne aus wie die anderen am Ufer, unterscheidet sich aber deutlich: Dimitris und Mike setzen auf „saisonale griechische Küche", verwenden, wenn möglich, Produkte von der Insel und schenken koischen Wein aus. Dimitris ist Koch aus Leidenschaft, er setzt auf sein selbst produziertes Olivenöl, schwört auf die frischen Fischprodukte und empfiehlt als Vorspeise seine frittierten Kircherebsen oder den überbackenen Feta mit Kräuten. Gut auch, dass diese Qualität nicht teurer ist als bei der Konkurrenz an der Uferpromenade. ■

Theo's **6** An der Uferpromenade in der Nähe der Hafenmole. Hier gibt es relativ preisgünstige griechische Kost. Das Theo's ist eine der wenigen urigen Tavernen und Bars, die sich entlang des Hafenbeckens aneinanderreihen.

The Garden **3** Ein wirklich angenehmes Café, das sich schräg gegenüber der Autovermietung Lukas Rent befindet. Auf der erhöhten Terrasse entlang der Straße sitzt man unter Schatten spendenden Bäumen.

Nachtleben

→ Karte S. 164/165

An der Uferpromenade reiht sich eine Bar an die andere. Und in mancher Parallelstraße im Zentrum Kardamenas sieht es nicht anders aus. Sommer, Sonne, Flirts und jede Menge Alkohol lautet das Motto in den Bars und Diskotheken ...!

Bars Eine lange Theke, eine kleine Tanzfläche und ohrenbetäubend laute Musik – so präsentieren sich die Nachtlokale in Kardamena. Zentrum des Nachtlebens sind die Uferpromenade und die Parallelstraße, doch auch im übrigen Stadtgebiet finden Sie viele Bars. Einheitliche Öffnungszeiten gibt es nicht; meist sind die Lokale bis tief in die Nacht geöffnet. Ab Mitternacht müssen die Bars, die nicht über einen entsprechend schallisolierten Innenraum verfügen, die Musik leiser drehen, in den anderen kann bei unveränderter Lautstärke weiter getrunken und getanzt werden. Preise: Ein Cocktail kostet zwischen 2,50 und 3,50 €, die Flasche Bier (0,5 l) um 2 €, der Eintritt ist frei.

Blue Lagoon und **Obsession** **10** In beiden Bars gruppieren sich die Tische rund um einen Pool, in dem sich erhitzte Gemüter abkühlen können. Aus leistungsstarken Boxen klingen Techno, Pop, Soul und Blues, während die Gäste, Bier und Cocktails schlürfend, vermutlich langsam taub werden. Es gibt hier auch Frühstück (englisch und kontinental) sowie einfache Gerichte und Snacks. Das Preisniveau liegt geringfügig über dem der normalen Bars.

Diskotheken **Starlight** **1** Der Klassiker unter den Discos in Kardamena, am nördlichen Ortsende, unweit des Hotels Kardamos. Die Saisonhits dröhnen aus leistungsstarken Boxen auf die Open-Air-Tanzfläche.

Status Club **4** Ein Tanztempel im wahrsten Sinne des Wortes: Das Gebäude erinnert an antike Tempelarchitektur. Abends stehen die aufgestylten Teenager Schlange, um hineingelassen zu werden.

Veranstaltungen

Patronatsfest: Am Abend des 7. September ist die Kirche Kardamenas übervoll. Die Messe wird per Lautsprecher auf den Platz vor dem Gotteshaus übertragen, wo halb Kardamena dicht gedrängt und gut gelaunt zusammensteht. Nach dem Gottesdienst zieht der Tross durch die Gassen, an der Spitze der Priester mit der Marienikone. Am 8. September versammeln sich die Einwohner erneut auf dem großen Hof der Kirche, um den Geburtstag der Muttergottes zu feiern. Bei diesem Fest grillt, trinkt, singt und tanzt die Gemeinde bis in den frühen Morgen.

Großveranstaltungen sind die **griechischen Abende**, die von den großen Hotels in den eigens dafür konzipierten Tavernen am nördlichen Ende von Kardamena oder in den Hotels selbst veranstaltet werden. Für 15 € gibt es Essen, Wein und griechische Livemusik.

Antimachia

Antimachia selbst liegt auf einem Hochplateau, etwa 200 m über dem Meer. Wer die ganze Ortschaft durchquert, stellt fest, dass sie sehr weitläufig und immer wieder von unbebautem Gebiet unterbrochen ist.

Die 2000 Einwohner des Ortes leben größtenteils von der Landwirtschaft: Getreide, Gemüse und Sesam wachsen auf den Feldern rund um Antimachia. Große Bedeutung kommt dem Anbau von Wein und Oliven zu, der sich auf das Gebiet nördlich des Ortes konzentriert. Die meisten Touristen sehen den Ort während ihres Urlaubes nur zweimal – nach der Landung und vor dem Abflug, denn wer zum Flughafen will, muss zwangsläufig an Antimachia vorbei. Zwar ist der Ort selbst kein Idyll, wegen der restaurierten Windmühle und dem alten Bauernhaus lohnt sich aber ein kurzer Abstecher. Sehenswert sind in der Umgebung das Kastell und die Plaka.

In der Antike lebten zwei Bevölkerungsgruppen in der Nähe des heutigen Ortes: Zum einen die kleine Gemeinde der Hippioten, knapp 3 km nordöstlich, und zum anderen die der Antimachiden, die in der Gegend um das Plateau siedelte, auf dem der Johanniterorden Jahrhunderte später seine Festung errichten sollte. Nach den Antimachiden wurde der Ort später benannt. Die antiken Siedlungen zerfielen und wurden verlassen. Wie die Siedler aus Kardamena flüchteten auch hier die Menschen vor Piraten und Türken und zogen in das Kastell. Um 1850 ließ sich ein Teil der Bewohner in einem Tal südwestlich der Festung nieder, ein anderer im Nordwesten. Das Erdbeben von 1933 brachte zahlreiche Häuser zum Einsturz und beschädigte die übrigen so schwer, dass viele abgerissen werden mussten; die Menschen aber blieben und bauten ihre Stadt wieder auf. Ein kleiner Teil der Einwohner zog an die Nordküste und gründete die Siedlung Mastihari.

Verbindungen Der internationale Flughafen von Kos liegt ca. 1,5 km südwestlich von Antimachia. Von Kos-Stadt aus fahren tägl. zwei Busse ins Ortszentrum, die Fahrt kostet 3,20 €. Am Kreisverkehr kurz vor Antimachia halten jedoch tägl. mehr als 20 Busse, da die Linien Kos – Kefalos und Kos – Kardamena (und retour) hier vorbeifahren. Vom Kreisverkehr zum Dorf sind es nur wenige Minuten zu Fuß.

Arzt Einen Arzt erreichen Sie unter ✆ 22420-51230.

Feste Am 29. und 30. Juni findet das **Kirchweihfest Ag. Apostoli** statt.

Am zweiten Wochenende im Juli folgt das **Honigfest**. Imker zeigen ihr Handwerk, Besucher können verschiedene Honigprodukte probieren. Die aktuellen Termine erfahren Sie in der Touristeninformation in Kos-Stadt.

Polizei Die örtliche Polizeistation erreichen Sie unter ✆ 22420-51222.

Übernachten Abgesehen von einer Unterkunft zwischen der Landebahn des Flug-

Die Inselmitte → Karte S. 161

hafens und dem Highway, die aber den Mitarbeitern der Fluggesellschaften vorbehalten ist, gibt es in Antimachia weder ein Hotel noch eine Pension. Lediglich eine kleine Anzahl an **Privatzimmern** steht für rund 25 € zur Verfügung. Auskunft erhält man in den örtlichen Tavernen.

Robinson Club Daidalos. Thront auf einer 50 m hohen Klippe oberhalb des Kap Helona. Das 220.000 m² große Feriendorf mit 268 Zimmern, das durch einen Schrägaufzug mit dem Strand verbunden ist, verfügt über zwei Pools, Sauna, Fitnesscenter, Theater, Disco, zwei Tavernen und diverse Geschäfte. Reichhaltig ist auch die Palette des Sportangebots: Vom Tenniskurs auf einem der zwölf Plätze (vier mit Flutlicht) über Volleyball, Tischtennis, Bogenschießen und Gymnastik bis hin zum Wassersport ist hier alles möglich. Katamarane und Surfbretter stehen zur Verfügung, Kurse müssen extra bezahlt werden. Organisiert werden Jeep- und Bootsausflüge; eine ganztägige Kinderbetreuung sowie ein Jugendprogramm entlasten Eltern. Kontakte zur einheimischen Bevölkerung sind nahezu ausgeschlossen: Der nächste erreichbare Ort ist das 9 km entfernte Antimachia. Eine Woche Aufenthalt mit Vollpension kostet pro Erwachsenem im DZ je nach Zimmer- bzw. Suitegröße und Saison 550–2700 € inkl. Flug und Vollpension. ✆ 22420-91527, www.robinson.com.

Essen & Trinken Auf großen Touristenrummel ist hier niemand eingestellt, es gibt aber eine Handvoll Tavernen und Kafenions. Eine ordentliche Mahlzeit bekommt man in der **Taverne Panorama** am Ortsausgang, die mit einem außergewöhnlichen Ausblick aufwartet: Von hier aus sieht man die startenden und landenden Flugzeuge. Kühle Getränke, Eiscreme und andere Kleinigkeiten bietet die Taverne neben und der Kiosk gegenüber der Windmühle an, der auch über einige Sitzgelegenheiten verfügt.

Sehenswertes

Windmühle: Sie ist die letzte von einst 50 Windmühlen, die in der Gegend rund um Antimachia standen. Sie wird wegen ihres einstigen Besitzers *o mylos tou papa*, „die Mühle des Pfarrers", genannt. Im Hintergrund knirschen unablässig die Mühlsteine, während einige der Holzbalken des 250 Jahre alten Gebäudes schwach ächzen. Wen das nicht beunruhigt, der kann bis ins Dach hochklettern und durch eine Öffnung hinausschauen. Wenn die Mühle in Betrieb ist, sollten Sie beim Aufgang allerdings vorsichtig sein: Es ist eng in dem Gemäuer, die Mühlsteine und die Zahnräder sind bedenklich nahe, ohne abgesichert zu sein. Das Dach selbst lässt sich drehen – so kann es an der Richtung des Windes ausgerichtet werden. Auch auf die Stärke des Windes reagiert der Müller: bei starkem Wind werden die Holzmasten der Flügel nur mit kleinen, bei schwachem Wind mit großen Segeltüchern bespannt.

Die letzte von ehemals 50 Windmühlen von Antimachia

Leider war die Mühle bei unserer letzten Recherche geschlossen. Zuvor war sie tägl. 9–15.30 Uhr geöffnet. Eintritt 1,50 € (inkl. Eintritt für das *Traditional House*).

Traditional House (Paradosiako spiti): Schräg gegenüber der Windmühle befindet sich der Nachbau eines traditionellen Bauernhauses der Region, ausgeschildert als *Traditional House of Antimachia*. Vier Räume umfasst das Anwesen: Wohnzimmer, Schlafzimmer, Stall und Arbeitsraum mit Ofen. Bis in die 1960er-Jahre haben in solchen Häusern bis zu drei Generationen zusammengelebt.

Auf der linken Seite des Vorhofes befindet sich die Lagerstätte der Wasserkrüge, die mit Schwämmen verschlossen sind. Hinter dem Haupthaus ist der Schweinepferch zu erkennen; in dem kleinen Rundbau wurden die Tiere bis Weihnachten gemästet – dann waren ihre Tage gezählt. Im Anbau auf der rechten Hofseite steht ein Webstuhl aus dem Jahr 1919, dessen Funktionstüchtigkeit die Hausherrin gerne vorführt. Auch ein Backofen befindet sich in diesem Raum; auf der Bank neben dem Eingang wurde der Teig geknetet und das Brot nach dem Backen gekühlt. Neben dem Ofen fällt ein Tongefäß auf: Darin wurde das traditionelle Osterlamm gebacken, gefüllt mit Leber und Reis.

Der Hauptraum, das mit traditionellen Teppichen versehene Wohnzimmer, diente der Repräsentation und als Kinderzimmer. Hier werden Holztruhen mit handgeschnitzten Verzierungen, Stickereiarbeiten und Fotos gezeigt. Gäste erholten sich einst auf dem *Tavlados*, einem mit Kissen und Decken ausstaffierten Ruhelager, das über vier Holzstufen betreten wurde. Nachts diente es dem älteren männlichen Nachwuchs als Bett. Im Hohlraum unter dem Tavlados wurden in Tongefäße gefüllte Lebensmittel gelagert: Wein, Öl oder Käse.

Gegenüber der Eingangstür liegt der nachträglich eingebaute Durchgang zum *Stall*. Dort sehen Sie Nischen, in die das Futter für Kühe, Ziegen und Schafe geschüttet wurde. Außerdem werden im Stall eine Tabakpresse, Eselgeschirr mit Transportkörben und ein Spinnrad gezeigt. Der Eselskopf mit Glocke diente den Kindern zu Karneval als Teil des Kostüms.

Über dem Bett im Schlafzimmer, das außerdem noch als Küche und Esszimmer diente, hängen eine Wiege und ein Brotkorb. Gegenüber dem Bett sehen Sie eine breite, erhöhte Bank, die während der Mahlzeiten als Sitzgelegenheit, in der Nacht als Bett der Mädchen diente. Die erhöhte Anlage der Schlafstätten schaffte Lagerraum (unter dem Bett der Eltern wurde vor allem Weizen aufbewahrt) und schützte vor Schlangenbissen oder Skorpionstichen. Die Kinderwiege verhinderte, dass die Eltern sich aus Versehen auf den Säugling legten, sodass diesem der Erstickungstod drohte – auch in unseren Gefilden früher eine verbreitete Todesursache.

Tägl. 9–17 Uhr, sonntags 11–15 Uhr. Eintritt 1,50 € (inkl. Eintritt für die Windmühle).

Umgebung

Kastell von Antimachia: Auf einer Anhöhe oberhalb der Bucht von Kardamena thront das mächtige Kastell, das im 13. Jahrhundert errichtet wurde. Eine gut lesbare Inschrift über dem zweiten Tor dokumentiert, dass die Festung 1404 zum letzten Mal erweitert wurde. Begründet hatten das Kastell die Venezianer, die im 14. Jahrhundert von den Johannitern als Burgherrn abgelöst wurden; schließlich bezogen die Türken in der Festung Quartier. Die meterdicken Grundmauern sind an der Nordflanke verhältnismäßig gut erhalten, selbst ein Teil der Zinnen hat die sechs Jahrhunderte überdauert. Das Innere der Burg hat sich die Natur zurückgeholt. Nur einige Zisternen und zwei Kirchen sind noch weitgehend erhalten. In der *Kirche Agios Nikolaos* sind die Reste eines Freskos des heiligen Christophorus auszumachen, der das Christkind trägt. In der *Kirche Agia Paraskevi* stoßen Sie auf insgesamt 16 Ikonen der heiligen Paraskevi, der Märtyrerin, der im 2. oder 3. Jahr-

Die Inselmitte → Karte S. 161

Eingang zum Kastell

hundert von ihren Verfolgern die Augen ausgestochen und schließlich der Kopf abgeschlagen wurde. Ihre Augen trägt sie auf den Darstellungen in einer Schale – heute wird Paraskevi als Schutzheilige der Augenkranken verehrt. Die Kirchweih ist am 26. Juli mit einer Prozession und einem Gottesdienst.

Über dem Eingang der Kapelle im östlichen Teil der Festungsanlage sind drei Wappen angebracht, eines davon zeigt die Jahreszahl 1520 und gehörte dem damaligen Großmeister des Johanniterordens, Del'Carretto. Im Inneren des ziegelgedeckten Gemäuers ist der Rest eines Freskos zu erkennen, das den heiligen Christophors darstellt. Die tiefe Zisterne auf dem Vorhof speichert schon lange kein Wasser mehr. Von den übrigen Gebäuden auf dem Areal, ehemalige Ställe und Häuser, ist nicht sehr viel erhalten. Im Kastell sorgt eine Getränkebude für Erfrischung. Von der Südflanke des Kastells bietet sich bei klarem Wetter ein herrliches Panorama, der Blick reicht über die Bucht von Kardamena und die Ägäis bis zur Vulkaninsel Nissiros.

Anfahrt Von Kos-Stadt aus fahren Sie über die Schnellstraße in westlicher Richtung. Rund 800 m vor dem Kreisverkehr bei Antimachia, unmittelbar vor einer Kaserne, müssen Sie nach links abbiegen. Ein Schild macht auf das Kastell („Castle") aufmerksam.

Eintritt Künftig soll der Besuch des Kastells Eintritt kosten, das Kassenhäuschen steht schon seit Jahren – es war 2012 aber noch immer unbesetzt.

Plaka: Ein beliebtes Ausflugsziel, diesmal nicht primär für Touristen, sondern für die Inselbewohner selbst: Die Plaka ist ein Wäldchen in einer Senke, inmitten einer ansonsten kargen Landschaft. Zwar führt der Bach, der sich durch den Wald schlängelt, im Sommer kein Wasser, doch der Anblick einer Quelle verrät, warum hier Stein- und Aleppokiefern wachsen können. Auf einer Lichtung mit zwei großen Grillstellen versammeln sich am Wochenende die Einheimischen, um geduldig ganze Lämmer und Ferkel am Spieß zu rösten, die einen appetitlichen Duft verströmen. Neugierigen Touristen reicht man stolz ein Stück vom Sonntagsbraten zum Probieren. Aus den Autos dröhnen laut die griechischen Schlager der Saison, die schon die Kinder auswendig kennen, was sie auch unter Beweis stellen. Mitten in diesem Szenario stolzieren rund zwei Dutzend Pfauen umher, die nervös nach heruntergefallenen Brotkrumen oder anderen Leckerbissen Ausschau halten. Kaum 1 km² groß, eignet sich die Plaka weniger für einen Waldspaziergang, doch für eine Rast bietet dieser schattige, kühle Ort ideale Bedingungen.

Anfahrt: Von Antimachia über die Schnellstraße nach Westen. Etwa 2,5 km hinter dem Ort zweigt kurz vor einer kleinen Kapelle (weiß-blaues Dach) eine asphaltierte Straße nach rechts (Nordwesten) ab, die nach etwa 2 km in den Wald führt. Über die Schotterpiste kommt man von der Lichtung in südwestlicher Richtung zurück zur Hauptstraße.

Die Johanniter – Ritter ohne Furcht und Tadel?

Die Entstehung des Ordens reicht zurück ins Mittelalter, in die Zeit der Kreuzzüge. Dem Aufruf der Päpste zur Rückeroberung der heiligen Stätten im Vorderen Orient folgte der europäische Adel zwischen 1096 und 1270 siebenmal. Besonders umkämpft war Jerusalem, das die christlichen Ritter mehrmals eroberten, doch letztendlich siegten die überlegenen islamischen Streitkräfte und brachten die Stadt wieder in ihre Gewalt. Wegen der zahlreichen verwundeten Kreuzritter und der erkrankten Pilger wurde in Jerusalem ein christliches Hospital eingerichtet, das Johannes dem Täufer geweiht war; die Mitglieder der Krankenpflege-Bruderschaft nannten sich in Anlehnung daran *Johanniter*. 1120 formt der erste Meister, Raimund du Puy, die Bruderschaft zum Orden um: Mitglied konnte werden, wer adeliger Abstammung, unverheiratet sowie schuldenfrei war und schwor, sowohl keusch und besitzlos zu bleiben als auch den Armen und Kranken zu dienen. Im Kampf gegen „die Feinde der Christenheit" zeichneten sich die Ritter mit dem weißen Kreuz auf dem schwarzem Mantel und dem roten Waffenrock jedoch durch besondere Grausamkeit aus.

Zusammen mit dem genuesischen Abenteurer und Piraten Vignolo dei Vignoli wollten die Johanniter den gesamten Dodekanes erobern. 1306 landeten die ersten Kriegsgaleeren auf Rhodos, drei Jahre später war die Insel in ihrer Gewalt. Auch auf Kos und Leros errichtete der Orden Festungen. Das Ende kam über 200 Jahre später, am 26. Dezember 1522: Der militärischen Übermacht der Türken konnten sich die Johanniter nicht mehr erwehren. Während der größte Teil das Angebot Sultan Süleimans des Prächtigen annahm und die Insel mitsamt der mobilen Besitztümer verließ, kämpfte der Rest vergeblich gegen die Übermacht; die meisten verloren dabei ihr Leben.

1530 schließlich überließ Kaiser Karl V. den Johannitern die Insel Malta als Lehen – daher auch der bekanntere Ordensname *Malteser*. Nachdem Napoleon Bonaparte 1798 die Insel erobert hatte, folgten einige heimatlose Jahrzehnte. Schließlich erhielt der Orden im Vatikan eine faktisch autonome Enklave, wo der Großmeister auch heute noch residiert, offiziell anerkannt von 38 souveränen Staaten.

Kirche Agios Georgios Loizos: Durch landschaftlich reizvolles Gebiet führt die Strecke zwischen Antimachia und Mastihari. Die durchfurchte Landschaft, in der sich Schluchten und Hochplateaus abwechseln, ist fruchtbar; das dokumentieren großflächige Olivenhaine und Weinberge. Etwa auf halbem Weg befindet sich östlich der Straße die kleine Kirche Ag. Georgios Loizos, für deren Bau Steine antiker Gebäude verwandt wurden. Verschiedene archäologische Funde belegen, dass die Kapelle im ehemaligen Hippioten-Gebiet liegt. Unter den Funden ist eine marmorne Weihinschrift für Pan, den Gott der Wildnis, sowie eine Inschrift, die dokumentiert, dass die Einwohner dieser kleinsten antiken Gemeinde auf Kos alle zwei Jahre ein Fest zu Ehren der Göttin Hera, Gattin des Zeus und Beschützerin von Ehe und Geburt, veranstalteten.

Tour 7: Agia Marina – Kirche im Olivenhain → S. 246
Ein Spaziergang durch eine furchenreiche Landschaft.

Die Inselmitte → Karte S. 161

Blick über die Bucht von Kefalos

Der Westen von Kos

Einsame Buchten und kilometerlange, breite Sandstrände, weite Ebenen und schroffe Felsen – vielfältig und widersprüchlich präsentiert sich Kos rund um den Isthmus. Erfreulicherweise hält sich der Touristentrubel auf der Halbinsel von Kefalos, die die Koer in Anlehnung an ihre Form auch „Schafskopf" nennen, noch in Grenzen.

Die Bucht von Kefalos zählt zu den schönsten Griechenlands, und auch die Sandstrände rund um den Paradise Beach brauchen keinen Vergleich zu scheuen. Landwirtschaft gibt es in der kargen Region kaum, der Boden ist weit weniger fruchtbar als in der Tiefebene der Nordküste. Südwestlich von Kefalos, der verwinkelten und etwas verschlafenen Ortschaft, liegen kleine, ruhige Badebuchten an der zerklüfteten Küste. In der Antike befand sich hier die Hauptstadt der Insel; archäologische Sehenswürdigkeiten wie die *Stefanos-Basilika* zeugen von der historischen Bedeutung dieser Gegend. An der Nordwestküste sind die Strände touristisch nicht erschlossen und schwer zugänglich – die vom Aussterben bedrohten Meeresschildkröten der Gattung *Caretta caretta* sollen hier noch regelmäßig ihre Eier ablegen.

Kamari

Eigentlich steht der Name Kamari für zwei Orte: für den alten Hafen von Kefalos, der immer schon Kamari hieß, und für den Badeort Agios Stefanos, benannt nach der Basilika im Ostteil der Bucht. Im Laufe der Zeit wuchsen die Ansiedlungen zusammen. Für den auf diese Weise entstandenen Ort hat sich die Bezeichnung Kamari durchgesetzt.

Trotz kontinuierlicher Erweiterung der touristischen Infrastruktur erweckt der Ort größere Sympathie als etwa Tigaki oder Marmari – obwohl auch hier kaum Griechen leben. Die malerische Bucht mit der vorgelagerten kleinen Insel *Kastri* dürfte wohl ein wesentlicher Grund für Kamaris Anziehungskraft sein. Überragt vom

Der Westen von Kos

Hochplateau, auf dem sich der ursprüngliche Ort Kefalos befindet, liegt Kamari auch in unmittelbarer Nähe der schönsten erschlossenen Strände der Insel. Viele Touristen, darunter jede Menge Deutsche und Engländer, kommen hierher, um ihrem sportlichen Hobby zu frönen: Kamari ist ein Eldorado der Surfer und Segler, die den stetigen, ablandigen Wind zu schätzen wissen.

Sehenswertes

Insel Kastri: Kaum ein Reiseführer oder Prospekt verzichtet auf den Abdruck eines Fotos der Bucht von Kefalos. Aus gutem Grund, denn es handelt sich um eines der reizvollsten Motive auf der Insel. Ein Aussichtspunkt neben dem Highway, etwa 500 m vor dem Ortseingang, bietet eine sehr gute Fotoperspektive, die sich auch die meisten Katalogmacher zunutze machen. Blickfang ist die Insel Kastri, etwa 90 m vom Ufer entfernt. Selbst schlechte Schwimmer können das Eiland erreichen. Auf dem Inselchen befindet sich die Kapelle des heiligen Nikolaus, dem Schutzpatron der Seefahrer, die allerdings in der Regel verschlossen ist.

Überreste der Basilika Ag. Stefanos

Agios Stefanos: Am Strand vor dem Gelände des inzwischen geschlossenen Club Med, gegenüber der Insel Kastri, sind die Überreste der frühchristlichen Basilika Agios Stefanos zu besichtigen. Errichtet wurde das antike Heiligtum zwischen 496 und 554 n. Chr., zu einer Zeit, als die Insel Kastri mit dem Festland noch durch eine Brücke verbunden war, die später bei einem Erdbeben einstürzte. Der italienische Archäologe Luciano Lorenzi legte die Basilika 1932 frei und richtete vier Säulen wieder auf. Eigentlich handelt es sich um eine Doppelbasilika: zwei dreischiffige Kirchen mit einer gemeinsamen Taufkapelle am Kopfende. Die Mosaike der Basilika sind größtenteils mit Kies bedeckt, um sie zu schützen.

Basilika Kamariou: Die Überreste der Basilika sind am westlichen Ende der Bucht oberhalb der Taverne Faros zu sehen. Folgen Sie der Straße an der Taverne landeinwärts, dann zweimal links abbiegen und über eine holprige Piste den kleinen Hügel hinauf (ausgeschildert „Basilica"). Die Säulenstümpfe und die Mosaike, die geometrische Muster zeigen, sind jedoch deutlich schlechter erhalten und weniger anschaulich als die von Agios Stefanos.

Agora: Die Annahme, dass Kamari bereits in der Antike eine bedeutende Ansiedlung war, wird durch neuere Funde gestützt. 300 m westlich des Hotels Kordistos, zwischen Ortsdurchfahrt und Strand, legten Archäologen Ruinen frei, die vermutlich von einer antiken Agora stammen. Noch sind die Ausgrabungsarbeiten nicht abgeschlossen, und es ist zu vermuten, dass sich im Erdreich noch weitere Schätze verbergen.

Baden

Die Bucht mit der vorgelagerten Insel Kastri präsentiert sich nicht nur optisch als Traumbucht. Der bis zu 25 m breite Strand besteht aus feinem hellen Sand, ebenso der Meeresboden, der flach abfällt. Die Sonnenschirme stehen selbst in der Hauptsaison nicht dicht an dicht, und die regelmäßige Reinigung des Strandes garantiert ungetrübte Badefreuden. Nachteil: Wer gerne weit hinausschwimmt, der sollte die abgesteckten Surfreviere meiden oder zumindest vorsichtig passieren. Zwei Sonnenliegen mit Schirm kosten pro Tag 5 €.

Da inzwischen auch die lärmenden Varianten des Wassersports (Jetskis) hier immer mehr Anhänger finden, ziehen sich Ruhe suchende Touristen mehr und mehr in den westlichen Teil der Bucht am Fuß des Berges Zini zurück – auch dort findet man Liegestühle und Sonnenschirme.

Kräftige Brandung am Kap Kata

Sport

In Kamari wird Wassersport aller Art betrieben. Die Bucht von Kefalos gilt als *High Wind Area* und bietet Windsurfern ideale Bedingungen. Der Wind ist stetig, stark und ablandig, im Sommer erreicht er nachmittags oft sechs Beaufort. Surfer und solche, die es werden wollen, sind bei *Kefalos Windsurfing* gut aufgehoben. Der Schweizer Jens Bartsch bietet Anfängerkurse für 220 € an, Material inbegriffen. Wer nur Equipment leihen möchte, erhält dies für 25 € die Stunde bzw. 60 € täglich. Für Vorausbuchungen gibt es Preisnachlässe. ✆ 22420-71917 und 69-77620316, www.kefaloswindsurfing.com.

Cat Adventures, Katamaranschule und Apartmenthaus in einem, ist am Strand nahe der Taverne Wave zu finden und von Mai bis Oktober geöffnet. Die von dem flämischen Paar Dirk und Ann Trio geführte Schule bietet komplette Urlaubspakete an: Eine Woche in einem der sieben Apartments (zwei bis drei Personen) mit Unterricht in der Gruppe kostet je nach Saison zwischen 550 und 580 €. Wer einen Katamaran mieten möchte, zahlt pro Stunde 50 €, für eine Privatstunde bezahlt man 25 € extra. Den Leiter Dirk Trio erreichen Sie in den Wintermonaten in Belgien unter ✆ 0032-494-187595, im Sommer vor Ort unter ✆ 69-70719498. Mehr Infos auf www.catadventures.be.

Bei *Baywatch Watersports* können weniger Ambitionierte an Wassersportangeboten aller Art teilnehmen. Jetski und Paragliding kosten 40 €, für 25 € kann man 15 Min. Wasserski fahren. Und wer sich auf einem Banana Boat oder Ringo übers Meer ziehen lassen will, zahlt 10 €. Tretboote kosten 10 € pro Stunde. Außerdem transportieren Sie die Betreiber per Motorboot-Taxi, zum Beispiel zu den Stränden am Kap Krikelos. Die Station, die ein Brite mit seinem Sohn unterhält, ist erreichbar unter ✆ 69-72390421 und 0972-390421, baywatch2@hotmail.com.

Am Kochylari-Strand, an der nördlichen Seite des Isthmus, befindet sich eine Station von *Kefalos-Kitesurfing*. Bereits 1991 hat Yiannis Antonouris sein Geschäft eröffnet und sich eine große Fangemeinde erobert. Windsurfer, Kitesurfer und Wakeboarder fühlen sich hier wohl. In der Filiale am Paradise-Beach fahren die Kunden eher Wasserski oder lassen sich mit dem Parasegel in die Lüfte heben. Eine Stunde Privatunterricht im Kitesurfen kostet 45 €. ✆ 69-32474093, ℻ 22420-71455, www.kefaloskitesurfing.com.

Strände

In der lang gezogenen Bucht östlich der Ortschaft Kamari erstrecken sich die schönsten und weitläufigsten Strände der Insel. Breit und einladend zieht sich das

Der Westen → Karte S. 175

feinsandige Ufer durchgängig vom Isthmus bis zum Kap Helona – insgesamt fast zehn Kilometer Strand. Da der Sand zum Teil auch die Hänge bedeckt, wirken diese wie Dünen. Von der Schnellstraße, die parallel zur Küste verläuft, führen sechs Wege hinunter zum Meer (alle ausgeschildert). Von Kefalos kommend, ist die Reihenfolge der Strände: Camel Beach, Paradise/Bubble, Lagada/Banana, Markos und Polemi/Magic.

Camel Beach: Etwa 1,5 km östlich des Ortseingangs von Kamari zweigt eine Schotterpiste vom Highway zum Meer ab. Von hier aus eröffnet sich ein herrlicher Blick über die Südküste bis zum Kap Helona, das Luftlinie etwa 8,5 km entfernt liegt. Auf dem Plateau über der Bucht sorgt eine Taverne für das leibliche Wohl; eine steile Piste führt hinunter zum Strand. Der Camel Beach besteht eigentlich aus drei unterschiedlich großen Buchten, die im Osten durch das *Kap Tigani* begrenzt sind. In der größten Bucht stehen Sonnenschirme in Zweierreihen (5 € pro Paar). Über einen flachen Steinvorsprung kann man in die östlichen Buchten klettern, die durch bizarr geformte Felsen voneinander getrennt werden. An diesen Klippen fühlen sich große Fischschwärme wohl. Es lohnt sich, die Taucherbrille mitzunehmen. Müll gibt es in den kleinen Buchten kaum, die Strände werden sauber gehalten.

Paradise Beach: Er schließt sich im Osten an den Camel Beach an. Der Inselbus hält an der Schnellstraße, 500 m vom Paradise Beach entfernt. Von dort aus führt eine Asphaltstraße zum Strand hinunter. Die große Taverne am Hang über dem Strand ist bereits für Frühstücksgäste geöffnet. Das Angebot nehmen viele junge Touristen gerne an, die den frühen Bus in den Westen der Insel genommen haben. Das „Paradies" ist voll erschlossen, fast die gesamte Bucht – mehr als 600 m – ist mit Schirmen und Liegen bestückt. Mehrere Stationen verleihen Jetski, die mit lautem Motorenlärm die Ruhe vertreiben – für etwa 40 € pro Stunde. Außerdem werden Wasserski, Schleppfahrten (Banana Boat, Ringo etc.) sowie Parasailing angeboten.

Stillleben: gestrandetes Boot in griechischen Farben

Bubble Beach (= Blasenstrand): Der Name, den dieser Strandabschnitt auch trägt, verweist auf die vom Meeresgrund aufsteigenden kleinen Bläschen: Gase, die aus einem erloschenen Vulkan tänzelnd dem Meeresgrund entweichen und funkelnd an die Wasseroberfläche steigen. Am westlichen Ende befindet sich der *Waterpark.* Für 3 € Eintritt dürfen Sie eine vor der Küste schwimmende Kletterwand ersteigen, Wasservolleyball spielen, auf dem Trampolin hüpfen oder sich auf einer Wippe vergnügen.

Kitesurfer am Kochylari-Strand

Lagada- oder Banana Beach: Auch hier ziehen die Jetski-Fahrer ihre Runden, jedoch deutlich weniger als am benachbarten Paradise Beach. Eine Snackbar steht ebenso bereit wie einige Sonnenschirme und Liegestühle.

Markos Beach: Hier geht es deutlich ruhiger zu, die Zahl der Sonnenschirme ist überschaubar. Von den Strandtavernen gilt die am Markos Beach bei Einheimischen als die beste, gemütlich ist es allemal auf den blauen Holzstühlen unter der großen hölzernen Markise. Auch am *Sunny Beach* sorgt eine Taverne mit griechischer Küche und Snacks für gefüllte Mägen; einen Tretbootverleih müssen Sie auch nicht missen. Am *Magic Beach*, manchmal auch als *Polemi Beach* ausgewiesen, stehen nur wenige Liegestühle und eine Strandbar. Hier fühlen sich viele FKK-Fans wohl.

Der Westen → Karte S. 175

Weiter in östlicher Richtung, nahe dem *Kap Helona*, trifft man bislang nur auf wenige Touristen. Der bis zu 50 m breite Sandstrand und das Wasser sind recht sauber. Der sandige Meeresboden fällt vergleichsweise steil ab, und in Ufernähe liegen große Steinplatten im Meer, auf denen man leicht ausrutschen kann! Naturschatten gibt es keinen – in den Dünen, hinter denen die Küste steil und felsig ansteigt, wachsen lediglich ein paar Sträucher. Ein Hotelneubau könnte indes auch hier die Besucherzahlen künftig steigen lassen.

Auf der nördlichen Seite des Isthmus ist deutlich weniger los als im Süden. Zum kilometerlangen Sandstrand *Kochylari* führt eine asphaltierte Strecke. Hier stehen nur ein paar Liegestühle, Schatten fehlt. Das stört die Kitesurfer, die im Meer ihre Sprünge perfektionieren, wenig.

Anfahrt: Von Kos kommend, in Richtung Limnionas vom Highway abbiegen, nach 100 m wieder rechts abzweigen und der Asphaltstraße folgen (Achtung Zweiradfahrer: tückische Spurrillen).

Ausflüge

Das größte Angebot an Ausflügen bieten Trust Tours und Asklipios Tours. Für 25 € kann man am *Fishing Barbecue* teilnehmen: Der Ausflug geht zeitig los, an Bord wird gefrühstückt und später Fisch gegrillt. Außerdem startet jeden Morgen ein Taxiboot zum *Paradise Beach* (8 €, Kinder 4 €). Zweimal wöchentlich können Sie zur Vulkaninsel *Nissiros* übersetzen (25 € inklusive Busfahrt zum Vulkan). Für 45 € findet einmal pro Woche die *Three-Islands-Tour* (inklusive Barbecue) statt, 25 € kostet der Tagestrip nach *Kalymnos*. Wer für einen Tag nach *Bodrum* übersetzen will, muss 35 € zahlen, auch diese Tour findet einmal in der Woche statt. Weiter im Programm: die sogenannte *Greek Night* in der Groß-Taverne Fantasia in Zia.

Wanderung 8: Vom Paradise Beach nach Kardamena → S. 247
Der Küstenabschnitt lädt auch Strandfaulenzer zum Wandern ein.

Wanderung 9: Rund um den Isthmus → S. 249
Leichter Schwefelgeruch weist auf den vulkanischen Ursprung von Kos hin.

Tour 10: Die einsamen Gehöfte → S. 250
Weitläufige Ebenen, windschiefe Bauernhöfe und reizvolle Badebuchten.

Basis-Infos

Verbindungen Bushaltestellen befinden sich am Ortseingang und an der Kreuzung der Straße, die die Uferpromenade mit der Ortsdurchfahrt verbindet. Die Verbindungen sind in den vergangenen Jahren leider erheblich reduziert worden: Der **Bus** fährt nur noch 3 x tägl. nach Kos-Stadt. In umgekehrter Richtung fährt der Bus 4 x tägl., sonntags 3 x. Die Fahrt dauert knapp 1 Std. und kostet 4,40 €. Fast doppelt so schnell sind die **Taxifahrer**, die für die Strecke aber 47 € verlangen. Zweimal wöchentlich fährt ein Boot nach Nissiros (hin und zurück 18 €).

Arzt Im Notfall kommt ein Arzt aus Kefalos. ✆ 69-78217107.

Auto-/Zweiradverleih **Manolis**. Mit zwei Stationen an der Ortsdurchfahrt vertreten, vermietet Autos und Zweiräder. Einen Scooter gibt es je nach Hubraum für 10–18 € pro Tag. Auf ein kleines Quad mit 50 ccm können Sie sich für 12 € tägl. setzen. Ein klimatisierter Atos kostet in der NS 23 €. Für den Jimny-Jeep von Suzuki werden 48 € verlangt. ✆ 22420-71662, manolis.car.rental@hotmail.com.

Trust Tours. Ebenfalls mit zwei Filialen an der Durchgangsstraße. Service wird in dem Familienbetrieb von Savvos, Irene und Yiannis Kapiris großgeschrieben, und die Fahrzeuge sind bestens in Schuss. Quads gibt es ab 18 €, einen Buggy für 40 € tägl. Bei den Autos liegt die günstigste Kategorie (z. B. ein Peuget 107) bei 23 € pro Tag. Außerdem können Sie für 60–100 € pro Tag Motorboote leihen. ✆ 22420-71780, 69-99987878, www.trustrentalskos.com.

Bank Lediglich in Kefalos gibt es eine Filiale. Wenn Sie nach Kefalos hochfahren und sich direkt an der Ortseinfahrt scharf rechts halten, finden Sie die Bankfiliale (neben dem Restaurant Labada). In Kamari befindet sich ein **Geldautomat** neben der Tankstelle.

Feste Am 25./26. Juli findet das Kirchweihfest zu Ehren der heiligen Paraskevi in Kamari statt.

Polizei In Kefalos unter ✆ 22420-71222 zu erreichen.

Telefon/Post Weder die O.T.E. noch die Post hat eine Filiale in Kamari. Briefmarken verkaufen jedoch Souvenirläden und Supermärkte.

Reisebüro Professionellen Service bietet **Kastri Travel** an der Durchgangsstraße. Buchen können Sie hier Ausflüge aller Art, Mietwagen und Tickets für die Tragflächenboote ab Kos-Stadt. Außerdem stehen zwei PCs zum freien Internetsurfen zur Verfügung. ✆ 22420-71755, www.kefalos.com.

Flug- und Fährtickets sowie Zimmervermittlung bietet **Asklipios Tours**. Das Büro liegt am Ende der Uferpromenade in Richtung Kefalos. Auch Ausflüge können Sie buchen, etwa nach Nissiros für 18 € (plus 7 € für den Bus-Trip in den Vulkankrater) oder nach Kalymnos für 30 €. Die Boote starten im Hafen von Kamari. ✆ 22420-72143.

Übernachten

→ Karte S. 181

Die meisten Hotels und Apartmentanlagen sind eilig hochgezogen worden, entsprechend funktional ist die Architektur. Schöner sind in der Regel die Unterkünfte entlang der Uferpromenade, leider aber oft ausgebucht. In der HS hat man als Individualreisender ohne Reservierung kaum eine Chance, ein Zimmer zu bekommen. Empfehlenswerte Unterkünfte von Ost nach West:

››› Unser Tipp: **Panorama Studios** **1** Der Name ist Programm: Die Aussicht auf eine der schönsten Buchten der griechischen Inselwelt ist sagenhaft. Die Unterkünfte lassen auch ansonsten nichts zu wünschen übrig. Die 17 Apartments auf drei Ebenen sind sauber, verfügen über eine Kochnische sowie einen Kühlschrank und sind mit Geschirr ausgestattet – und natürlich mit Balkon oder Terrasse, um den Blick über die Bucht zu genießen. Familie Diamantis, die die Studios betreibt, versteht sich außerordentlich gut auf freundlichen Service. Frau Diamantis spricht Deutsch, da sie lange in Deutschland gelebt hat. Die Zufahrt zu den Studios geht vom Insel-Highway ab, zwischen der Straße zum Camel Beach und der zum Ag. Stefanos Beach weist ein Schild darauf hin. Zu Fuß zum Strand läuft man von den Apartments rund 15 Min. Ein DZ kostet je nach Saison zwischen 35 und 50 €, ausgezeichnetes Frühstück inkl. ✆ 22420-71924, ℻ 22420-71524, www.panorama-kefalos.gr. ‹‹‹

Kordistos **5** Direkt am Strand, aber auch nahe der Hauptstraße. Interessant v. a. für Wassersportfans. Das Hotel kooperiert mit der Windsurfstation in unmittelbarer Nähe. Wer nicht ins Meer springen mag, nutzt den Pool. Meerblick gibt es von den meisten Balkonen der 38 Zimmer. Die Preise für die Zimmer schwanken stark, sie liegen bei 35–55 € inkl. Frühstück. ✆ 22420-71251, ℻ 22420-71206, www.kordistoshotel.com.

Chronis Studios **4** Von der Durchgangsstraße aus nicht sofort zu finden, liegen die Studios doch etwas zurückgesetzt hinter dem Restaurant Hub's, dessen Besitzer die acht freundlich eingerichteten Studios vermietet. Das Haus ist von einem Garten umgeben, die Apartments haben alle Balkon und sind günstig: Zwei Personen zahlen 25 € pro Nacht. ✆ 22420-71540, hub's_kefalos@yahoo.gr.

Eleni **6** Das Hotel liegt an der Parallelstraße zur Durchgangsstraße. Die Abzweigung ist etwas schwer zu finden; sie befindet sich genau gegenüber den Zafira-Studios. Die 35 Zimmer mit Bad und großem Balkon sind sauber, ruhig und angenehm kühl. Die Hotelterrasse am Pool nutzen die Urlauber als Kommunikationszentrum. Hier wird auch das Frühstück serviert, das im Preis von 25–35 € für das DZ enthalten ist. ✆ 22420-71318, ℻ 22420-71888, hotel.eleni.kefalos@gmail.com.

Anthoulis **9** Relativ neues, kleines Hotel an der Durchgangsstraße, viele Apartments und Balkone haben Meerblick. Die Apart-

Der Camel Beach

Der Westen → Karte S. 175

ments sind sauber, geräumig, die Küche ist zweckmäßig ausgestattet; zwei Personen zahlen 25–35 €, vier 35–40 € pro Nacht. ✆ 22420-72057, ℻ 22420-72004.

Kamari Bay 13 Das Hotel mit familiärer Atmosphäre und Pool verfügt über 42 DZ mit Balkon und Aircondition. Mehrheitlich britische Gäste. Mit 30 € fürs DZ inkl. Frühstück ist der Preis recht günstig. ✆ 22420-71556, ℻ 22420-71534, kamari_b@otenet.gr.

Albatross 15 Eine sympathische, kleine Anlage direkt an der Uferpromenade. Obwohl es zum Wasser nur ein Katzensprung ist, steht den Gästen ein Pool zur Verfügung. Alle zehn Studios verfügen über Balkon mit Meerblick und Klimaanlage, sind recht geräumig und sauber. ✆ 22420-71981, ℻ 22420-72169, albatross@hotmail.com.

Kefalos Bay 12 Am Hang zwischen Kamari und Kefalos, grandioser Blick über die Bucht. In der gepflegten, ruhigen Anlage mit großen Grünflächen und Pool (16 x 9 m) stehen vier Wohnungen um 50 m^2 zur Verfügung. Zwei Personen zahlen 350–700 € pro Woche, je nach Saison. ✆ /℻ 22420-71011 und 69-76419656, www.kefalos-bay.com

Tsakini 17 Am westlichen Buchtende, über dem Hafen (Abzweigung „Basilica"), etwa 5 Gehminuten zum Strand. „Herrlicher Ausblick. Im Garten wachsen Tomaten, Paprika, Limonen, Weintrauben, Feigen und Zwiebeln, die wir pflücken durften. Der Vermieter und seine Familie sind sehr nett und gastfreundlich", schreiben Insa Lübsen und Hans-Joachim Wächter. Die Studios sind sehr einfach eingerichtet, aber sauber (Reinigung, Handtuch- und Bettwäschewechsel 2 x wöchentl.) DZ zwischen 20 und 35 €. ✆ 22420-71649, tsakinis@otenet.gr.

Hermes 10 Am Hang oberhalb von Kamari, auf halbem Weg nach Kefalos. Das kürzlich renovierte Hotel mit 70 Zimmern und großem Pool ist zehn Fußminuten vom Strand und ruhig gelegen. Die Zimmer sind klimatisiert und verfügen über einen Balkon. Die Familie, die das Hotel führt, hat noch einiges vor: eine Internetstation, ein Wäscheservice und ein Supermarkt sollen in Kürze entstehen. Bereits eröffnet ist der Autoverleih. Ein DZ kostet zwischen 40 und 50 € inkl. Frühstück und Klimaanlage. ✆ 22420-71102, ℻ 22420-71794, www.kefalos.com/hermes.htm.

Essen & Trinken

Mehr als ein Dutzend Tavernen, Restaurants und Cafés wetteifern um die Kundschaft; die meisten befinden sich entlang der Uferpromenade, von der man einen ausgesprochen schönen Blick über die Bucht genießt.

Faros 16 An der Anlegestelle, am westlichen Ende der Bucht. Eine große Auswahl an griechischen Gerichten, flotter Service und reichliche Portionen zu günstigen Preisen stimmen die Gäste auf der Terrasse am Strand zufrieden. Neben den reichhaltigen Omeletts überzeugen die Fischgerichte preislich wie qualitativ. Prima war auch das Kaninchenstifado.

The Wave 8 Direkt am Strand gelegen. Die schöne Aussicht aufs Meer und die Bucht lockt am Abend die Gäste auf die Terrasse. Geboten wird griechische Küche zu gemäßigten Preisen, es gibt eine große Auswahl an Fisch- und Fleischgerichten. Wen das Baden oder Surfen hungrig gemacht hat, der stärkt sich mit Omeletts. Es wird auch Frühstück angeboten.

»» **Unser Tipp: Stamatia** 11 Liegt ebenfalls direkt am Strand, nahe dem Wendeplatz. Die windgeschützte Terrasse ist etwas erhöht, sodass man einen erstklassigen Blick auf Bucht und Badende hat. Stamatia ist vielleicht die griechischste der Strandtavernen in Kamari: Die Speisekarte bietet vor allem griechische Kost – vom Stifado bis zur Dorade vom Grill. Wenn Ihnen das Essen hier besonders gut schmeckt, kann das auch am Olivenöl liegen: Wirt Antonis kümmert sich außerhalb der Saison um seine Olivenbäume und verwendet nur Öl aus eigener Herstellung. ««

Agios Stefanos 3 Das Restaurant an der Durchgangsstraße serviert die traditionelle griechische Küche. Neben den Standards gibt es hier regelmäßig „Special Offers". Sowohl vor als auch hinter dem Haus haben die Eigentümer eine hübsche Terrasse angelegt.

Katerina 2 Am östlichen Ende der Bucht. Vor allem von hungrigen Sonnenan-

betern gut besucht, entsprechend sieht die Tageskarte aus: Omelette (die Eier stammen von den eigenen Hühnern), Fisch aus lokalen Gewässern und griechische Standardgerichte. Das Brot backt die Familie selbst. ■

Nachtleben

Die Zeiten, in denen in Kamari nachts die Bürgersteige hochgeklappt wurden, sind vorbei. Inzwischen ringen zwei Diskotheken und ein knappes Dutzend Bars um die Gunst der späten Kunden.

Recht gut besucht ist die Bar **Popeye's** **7**. Einmal pro Woche geben hier nicht die Sangesprofis von CDs, sondern Laien ihr Können beim Karaoke-Wettbewerb zum Besten. Ein Cocktail kostet ab 4 €. Am Strand neben der Baywatch-Station liegt die **Bravo-Bar** mit Poolbillard. Im **B 52** **14** genießen die Gäste Cocktails auf der Terrasse (kleine Tanzfläche im Innenraum). Später am Abend sind Tanzclubs **Survivor** und **Carmela** angesagt.

Der Westen → Karte S. 175

Kefalos

Langsam mühen sich die Fahrzeuge über die Serpentinen von Kamari nach Kefalos hinauf: Die einen Kilometer lange Strecke erreicht eine Steigung von bis zu 15 Prozent. Kefalos thront weithin sichtbar auf einem Plateau rund 100 m über der gleichnamigen Bucht und präsentiert sich als liebenswertes griechisches Dorf.

Kefalos gehört zu den wenigen Siedlungen der Insel, die vom Tourismus nicht überrannt worden sind. Während der Siesta wirkt der Ort beinahe ausgestorben – die Luft steht, kaum ein Laut ist zu hören. Die Menschen leben hier nach ihrem eigenen Rhythmus – all diejenigen jedenfalls, die geblieben sind. Auf den Straßen begegnet man überwiegend Alten, Kindern und Frauen. Die sitzen handarbeitend vor den Haustüren, die älteren Männer spielen Tavli im Kafenion. Viele junge Leute verlassen den Ort. Manche für immer, andere während der Sommermonate, um in den touristischen Hochburgen der Insel zu arbeiten.

Die, die hier geblieben sind, betreiben vorwiegend Landwirtschaft, obwohl die Region nicht sonderlich fruchtbar ist. Auf kleinen Parzellen, die wie Terrassen an den Flanken der Hügel südwestlich von Kefalos liegen, werden Hülsenfrüchte, Tabak, Gemüse, Getreide und Tomaten angebaut. Von hier, aus dem Westen von Kos, kommt auch der bekannte und beliebte Thymianhonig.

Die vielen verwinkelten Gassen und eine verwirrende Straßenführung erschweren die Orientierung in Kefalos, zumal es offensichtlich keinen Punkt gibt, von dem aus der Ort zu überblicken ist. Erst ein Spaziergang durch die engen Gassen, in denen traditionelle Kafenions auf ihre Entdeckung warten, gibt Aufschluss über die Ausmaße des Ortes – er ist größer, als man zunächst vermutet. Und tatsächlich ist Kefalos mit seinen rund 2000 Einwohnern die zweitgrößte Ansiedlung der Insel.

Historiker gehen davon aus, dass sich die antike Hauptstadt der Insel, *Astypalea*, an dieser Stelle befand – der Großteil der Stadt wurde durch einen Erdrutsch während

Limnionas – abseits allen Trubels

des schweren Bebens 413 oder 412 v. Chr. in die Tiefe gerissen und verschüttet. Die antike Siedlung erwies sich für Archäologen als wahre Fundgrube. Zahlreiche Überreste gaben Aufschluss über das frühere Inselleben. Neben den Basiliken von Agios Stefanos, einem kleinen Asklepieion und Teilen der ursprünglichen Mole (im heutigen Kamari) wurden bei Kefalos die Reste eines Demeter-Tempels sowie drei Statuen freigelegt. Im 14. Jahrhundert zogen die Ritter des *Johanniterordens* in Kefalos ein und bauten eine Festung, die sie 200 Jahre später an Sultan Süleiman verloren.

Sehenswertes

Traditional House: Unbedingt sehenswert ist dieses 150 Jahre alte Haus, durch das Sie eine alte Frau führt. Es liegt am nördlichen Ortsausgang, unterhalb der Windmühle. Achten Sie außer auf die Einrichtung auch auf die Fotos an den Wänden. Im Backofen im Nebenraum backt die Frau bis heute ihr eigenes Brot, das wirklich köstlich schmeckt. Selbst an heißen Tagen ist es in den Räumlichkeiten angenehm kühl. Der Eintritt ist frei, die alte Frau verdient sich jedoch durch die Spenden der Besucher ein kleines Zubrot.

Tägl. 9–13.30 Uhr. Die Frau schließt das Haus jedoch auch auf, wenn Sie später kommen.

Kastell: Am östlichen Ortseingang errichtete der Johanniterorden ein Kastell, das im 16. Jahrhundert von Sultan Süleiman erweitert wurde, nachdem er die Ritter bezwungen und vertrieben hatte. Erhalten sind allerdings nur Rudimente der Grundmauern. Ein kurzer Abstecher lohnt sich allenfalls wegen des herrlichen Blicks über die Bucht von Kefalos. Sie finden das Kastell, wenn Sie sich direkt am Ortseingang scharf rechts halten.

Windmühle: Am nördlichen Ortsende, auf einem kleinen Hügel oberhalb des Traditional House können Sie die Windmühle *Papavasili* besichtigen. Sie war bis etwa Ende der 1980er-Jahre in Betrieb, ihre Flügel sind aber inzwischen leider abgebrochen.

Höhlen: Am nordwestlichen Rand von Kefalos, entlang der Strecke zwischen dem Kastell und der Windmühle Papavasili, sieht man die für die Gegend typischen Höhlen, die früher bewohnt wurden, und heute zum Teil noch als Lagerraum oder Ziegenstall dienen – viele der Eingänge sind inzwischen durch Türen verschlossen.

Sport

An der Straße in Richtung der Kirche Ag. Theologos, am südlichen Ortsende, trainiert und spielt das Fußballteam von Kefalos. Wenige Meter neben dem Platz, nur durch einen Zaun vom Spielfeld getrennt, endet das Hochplateau, und es geht 50 m steil hinunter. Kefalos ist eine griechische Hochburg des Taekwondo. Der Club hat schon viele Meister dieser Kampfsportart hervorgebracht.

Basis-Infos

Verbindungen Die Busverbindungen entsprechen denen von Kamari: 4 x tägl. fährt ein Bus von Kos-Stadt nach Kefalos und zurück, sonntags nur 3 x. Die einfache Fahrt kostet 4,40 €. Der Bus hält an der Kreuzung am Ortseingang.

Arzt/Zahnarzt Im Ort gibt es eine Krankenstation (pikanterweise vis-à-vis vom Friedhof), ✆ 22420-71230, und den Zahnarzt Mikes Kokkinos, ✆ 22420-71191.

Bank Die Filiale der **National Bank of Greece** ist Mo–Do 8–14.30 Uhr und Fr 8–14 Uhr geöffnet. Sie verfügt auch über einen EC-Automaten. Sie finden die Bank an der Platia: an der Ortsdurchfahrt scharf rechts halten, neben dem Restaurant Labada.

Der Westen → Karte S. 175

Einkaufen Die Spezialität der Region ist der **Thymianhonig**, der überall auf der Insel verkauft wird. In Kefalos bekommen Sie ihn in den Lebensmittelläden am Ortseingang.

Feste Am 14./15. August findet ein großes **Kirchweihfest** mit Musik und Tanz in Kefalos statt. Am 28./29. August **Patronatsfest** im Kloster Agios Ioannis.

Post Im Ortszentrum, geöffnet Mo–Fr 7.30–14 Uhr. Briefmarken gibt es jedoch auch in Kamari in Touristenshops.

Übernachten Über dem Dorfkafenion am Hauptplatz des Ortseinganges werden zwei **Privatzimmer** vermietet. Fragen Sie im Kafenion nach dem Wirt.

Essen & Trinken

Abgesehen von traditionellen Kafenions, die jedoch den einheimischen Männern vorbehalten bleiben, konzentrieren sich die Tavernen und Cafés um den Platz am Ortseingang und die Durchfahrtsstraße. Das Angebot ist nicht überwältigend, die meisten bieten Snacks, Pizza oder einfache griechische Gerichte an. Hier trifft man auch Tagesausflügler und Urlauber aus Kamari, die eine Strandpause einlegen und Frappé schlürfen. Einen Abstecher lohnt „Die große Mühle" an der Straße nach Limnionas.

Café/Bäckerei. Hier lässt sich in ausgesprochen griechischem Ambiente Kaffee (auch griechischer) trinken und einheimisches Gebäck verspeisen. Hausgemacht sind die Eclairs, die Baklava und andere griechische Süßigkeiten, die ihren Namen verdienen, strotzen sie doch nur so vor Honig und Zucker. Wer es nicht ganz so süß mag, der lässt sich zum Kaffee backfrische Kekse reichen, die man auch mitnehmen kann (das Kilo kostet um die 5 €). Das kleine Café liegt westlich des Traditional House. Im Ortszentrum ist es mit handgemalten Schildern ausgewiesen.

››› Unser Tipp: **Die große Mühle** *(Megalo Mylos)*. Auf halbem Weg zwischen Kefalos und Limnionas. Ein Muss für Kuchenfreunde. Hier servieren Petra und Dietmar Dickow v. a. Kaffee und Kuchen. Und das von bester Qualität, hausgemacht und frisch. Der Apfelkuchen ist köstlich, aber auch von Kirsch-, Aprikosen- und Joghurttorten bleibt kein Krümel auf dem Teller. Empfehlenswert ist zudem die griechische Vorspeisenplatte (ab 8,50 €). Dazu passt dann der koische Wein hervorragend. Geöffnet von 10 bis 18.00 Uhr, Mittwoch ist Ruhetag. Eigentlich wollte das Paar aus Bergisch-Gladbach nur eine alte Mühle restaurieren. Das klappte nicht. Deswegen haben sie eine neue gebaut. ‹‹‹

Der Norden der Halbinsel von Kefalos

Vorbei an der Windmühle Papavasili führt eine 5 km lange asphaltierte Straße hinunter zur *Bucht von Limnionas*. Oberhalb dieses kleinen Naturhafens an der Nordküste hat sich eine Taverne etabliert. Wirt Yannis Bezas bietet eine große Auswahl an Speisen, die Spezialität des Hauses sind die Fischgerichte. Besonders den Thun- und Schwertfisch sollten Sie probieren. Von Lesern gelobt wurde auch der Hummersalat. Durch die Scheiben der verglasten Terrassen, gegen die beständig der Wind drückt, blickt man auf die fünf bis sechs im Hafen dümpelnden Fischerboote. Wer Ruhe sucht, ist hier goldrichtig. Auf den großen Felsblöcken, an denen sich die Wellen brechen, sitzen Angler. Der kleine, etwa 100 m lange Sandstrand (mit Liegestuhlverleih) verlockt dazu, das Handtuch auszubreiten und ins spiegelglatte Meer zu springen.

Der Süden der Halbinsel von Kefalos

Astypalea – die antike Inselhauptstadt: Der Straße in Richtung Ag. Theologos folgend, zweigt nach gut 1 km ein Weg nach links ab. Ausgeschildert ist die Kirche *Panagia Palatiani*. In den Blick fällt zunächst eine 1988 erbaute Kapelle. Interessanter ist die Ruine einer etwa 20 m entfernten Kapelle. Historiker nehmen an, dass sie

In der griechischen Mühle gibt es deutschen Apfelkuchen

auf den Fundamenten eines antiken *Dionysos-Tempels* errichtet wurde. Ganz in der Nähe fanden Archäologen übrigens Fundamente eines dorischen Demeter-Tempels. Hier wurde eine hellenistische Statue, die die Muse Klio darstellt, ausgegraben – leider fehlte der Kopf. Ebenfalls kopflos kam die Göttin Demeter ans Tageslicht, deren Sitzstatue heute das Museum von Kos-Stadt ziert. Dass die alten Griechen ein Gespür für herrlich gelegene, stimmungsvolle Plätze hatten, bestätigt dieser Ort: Man genießt einen prächtigen Panoramablick über die Bucht von Kefalos.

Antikes Theater: Rund 2 km hinter Kefalos, kurz vor der Weggabelung Ag. Theologos/Ag. Mammas, liegen auf der linken Seite die Überreste eines antiken Theaters (kein Hinweisschild). Parkmöglichkeiten bieten sich vis-à-vis dem Eingang an einem Brunnen mit Quellwasser. Das Theater liegt in einem kleinen Kiefernwäldchen, das Sie durch ein Tor im Drahtzaun betreten. Leider sind nur noch die untersten beiden Stufen erhalten – und der herrliche Blick auf die Bucht von Kefalos. Achtung: Unmittelbar hinter dem Zaun, der das Gelände Richtung Osten schließt, klafft eine tiefe Schlucht.

Berg Zini/Aspri Petra: Aspri Petra (= der weiße Fels) ist Teil des Berges Zini, knapp unterhalb dessen Gipfel gelegen und bekannt durch eine Höhle, die ebenfalls den Namen *Aspri Petra* trägt. Sie diente den Menschen der Jungsteinzeit (3500–1700 v. Chr.) als Wohnstätte, wie Historiker anhand von Funden – menschliche Versteinerungen, Scherben von Gefäßen, Mühlsteine und einige Speerspitzen – nachweisen konnten: Dies sind die ältesten Zeugnisse menschlichen Lebens auf Kos. Später wurde hier den Schutzgöttern der Landwirtschaft gehuldigt; bis in die Zeit der Römer diente die Höhle als Kultstätte.

Anfahrt: Um Aspri Petra zu erreichen, müssen Sie zunächst von Kefalos in Richtung Ag. Ioannis fahren. Rund 5 km hinter Kefalos, etwa 2 km nach dem Abzweig zum Ag.-Theologos-Strand, folgt linker Hand ein Hinweis auf Aspri Petra. Nach etwa 500 m gabelt sich die Piste an einem grünen Obelisken, versehen mit einer weißen Marmortafel. Folgen Sie dem Weg, der rechts bergab führt. Wenn Sie nicht mit einem Jeep oder einer

Der Westen → Karte S. 175

Enduro unterwegs sind, sollten Sie das Gefährt hier parken, denn die Piste ist schlecht.

Nach gut 1 km zweigt von dieser Piste eine schmalere ab, die sich in Serpentinen zum kleinen Industriehafen Kap Pelli hinunterschlängelt. Kurz vor der genannten Abzweigung können Sie links oben am Berg das Felsenfenster sehen, neben dem sich der Eingang der Höhle befindet. Sie müssen jetzt querfeldein den Berg besteigen, durch kleine Büsche und Macchia hindurch. Dann treffen Sie auf einen Weg, der zum Felsenfenster und zur Höhle führt – er ist mit grünen Kreuzen gekennzeichnet. Achtung: Der Höhleneingang ist flach und liegt recht tief.

Der Abstieg ist etwas leichter: Folgen Sie den grünen Kreuzen auf den Steinen am Wegesrand. Irgendwann hört die Markierung auf. Gehen Sie jetzt einfach in Richtung Straße/Küste den Hang weiter hinunter.

Panagia Ziniotissa: Warum die *Kapelle Ziniotissa*, an der Nordflanke des Berges Zini (354 m) gelegen, als Sehenswürdigkeit ausgeschildert ist, lässt sich nicht nachvollziehen. Weder architektonisch herausragend noch historisch bedeutsam, zeichnet sie sich einzig durch ihre exponierte Hanglage mit Panoramablick über die Bucht von Kefalos aus – den man allerdings auch von zahlreichen anderen Stellen aus genießen kann. Den Weg über die 2,3 km lange Sandpiste zur Kapelle kann man sich daher unseres Erachtens sparen.

Kloster Agios Ioannis: Rund 7 km südlich von Kefalos liegt das Kloster Ag. Ioannis. Sie finden es leicht, wenn Sie sich in Kefalos links halten und so den Ort durchqueren. Die asphaltierte Straße endet am Kloster, 43 Stufen führen vom Parkplatz zur Terrasse hinunter, doch Geistliche beschreiten sie nur noch selten: In dem Kloster leben keine Mönche mehr. Lediglich zum Patronatsfest am 28./29. August, wenn der Enthauptung Johannes' des Täufers gedacht wird, nehmen an langen Tischen Hunderte Pilger Platz. Der Ort bietet sich für eine Rast an: Eine ebenso alte wie mächtige Platane – der Stamm hat einen Umfang von 3 m – spendet Schatten, während man die Aussicht über die malerische Südwestküste genießt. Im Sommer bietet ein kleiner Verkaufsstand Getränke, Salate und Honig aus eigener Imkerei an. Der Beiname des Klosters, *Thymianos*, verweist auf das häufige Vorkommen von Thymian in der Region, der seinen starken, aromatischen Duft überall verbreitet.

Glockenturm des Klosters Ag. Ioannis

Kurz vor dem ehemaligen Kloster schlängelt sich die Straße in engen Serpentinen zur Spitze des Berges *Latra* (426 m) hinauf, wo sich eine Radaranlage des Militärs befindet. Würde es sich nicht um militärisches Sperrgebiet handeln, könnte man von hier einen ausgezeichneten Rundumblick genießen.

Agios Mammas: Am südwestlichen Zipfel von Kos, am Ende einer holprigen Schotterpiste, liegt diese Kapelle in völliger Einsamkeit. Der Wind heult über das Plateau, Nissiros scheint zum Greifen nah. Wenige Meter hinter dem Gotteshaus geht es fast senkrecht hinab bis zum Meer. Seien Sie vorsichtig, wenn Sie hinunterschauen.

Baden auf der Halbinsel von Kefalos

An der Westküste gibt es sie noch, die feinsandigen Strände in einsamen Buchten. Auch wenn es inzwischen Tagesausflüge per Boot zu diesem Küstenabschnitt gibt, sind die Buchten wenig besucht und ruhig – und auch von Land aus gut zu erreichen.

Agios Theologos: Von der Straße in Richtung des Klosters Ag. Ioannis, die streckenweise durch bis zu 5 m hohe Sandsteinformationen führt, zweigt nach 2 km eine Straße rechts ab, die zu den Stränden um die *Kapelle Agios Theologos* und am *Kap Kata* führt. Es geht zwischen Feldern hindurch, die sich wie Stufen den Hang hinunterziehen, bis sich der Weg etwa 4 km nach der Abzweigung erneut gabelt: Rechts führt eine Schotterpiste 700 m weiter zum Strand Kata. Wenn Sie diese Abzweigung ignorieren und der Asphaltstraße folgen, erreichen Sie nach ungefähr 1 km den nach der Kapelle Ag. Theologos benannten Küstenabschnitt.

Der 200 m lange Sand-Kies-Strand an der Westküste ist wenig besucht, was wohl an der oft recht kräftigen Brandung liegt. Weht der Wind Meltemi, erreichen die Wellen zur Freude fortgeschrittener Surfer eine Höhe von bis zu 3 m. Für ungeübte Schwimmer ist das Terrain dann jedoch zu gefährlich, auch wegen der Strömung. Die touristische Infrastruktur am Strand beschränkt sich auf ein paar Palmstrohschirme, eine Wassersportstation gibt es nicht. Wenn Sie an der Küste unterhalb der Kapelle rund 200 m in Richtung Süden wandern, finden Sie weitere kleine, von schroffen Felsen geschützte Buchten mit schmalen Stränden. Das Wasser ist hier viel ruhiger, und es gibt nur wenige Besucher.

Essen & Trinken: Oberhalb des Strandes Ag. Theologos finden Sie eine ausgezeichnete Taverne, geöffnet schon ab 9 Uhr. Eine Einkehr können wir wärmstens empfehlen: Das Essen ist gut und preiswert, die große Wirtsfamilie ausgesprochen freundlich. Besonders gut hat uns der in Essig und Retsina eingelegte Ziegenkäse geschmeckt.

Kata: Der Strand, der als *Kap Kata* ausgeschildert ist, besteht aus zwei Buchten. Die kleinere ist wegen der mehr als faustgroßen Steine zum Sonnenbaden ungeeignet, im Gegensatz zu der weitläufigen Sandbucht nördlich davon. Windgeschützte, mitunter auch schattige Plätze gibt es in den Dünen, auf denen vereinzelt Sträucher wachsen.

Cavo Paradise Beach: Ganz am Ende der Insel, in Richtung der Kirche Ag. Mammas, liegt dieser einsame Strand. Er ist über eine extrem holprige Piste zu erreichen. Für das ordentliche Durchschütteln werden Sie aber belohnt. Links ragt eine Felswand des Kaps Krikelos imposant in die Höhe, das Wasser glitzert türkis, und den Strand haben Sie fast für sich allein. Nur sehr wenige Urlauber finden den Weg hierher, auch weil dieses kleine Badeparadies in kaum einer Karte verzeichnet ist. In der ersten der drei Sandbuchten stehen ein paar Liegestühle, ansonsten ist alles naturbelassen. Die Wellen brausen kräftig heran – wenn auch nicht ganz so stark wie am Strand Ag. Theologos. FKK-Freunde sind willkommen.

Wanderung 11: Vom Kloster Ag. Ioannis zur Kapelle Ag. Theologos → S. 252
Eine Wanderung durch die Einsamkeit.

Wanderung 12: Rund um das Kap Krikelos → S. 254
Der Weg durch den wilden Westen von Kos.

Über den Seeweg sind Kos' Nachbarn bestens erreichbar

Ausflugsziele

Kos ist der ideale Ausgangspunkt für einen Ausflug auf eine der nördlichen Dodekanes-Inseln. Die Schiffsverbindungen sind in der Hauptsaison ausgezeichnet und selbst in der Nebensaison noch gut. Auch wenn es von einer Insel zur anderen nur ein Katzensprung ist – jede hebt sich mit einzigartigen Charakteristika von ihren Nachbarn ab. Für Abwechslung ist gesorgt.

Wohin also? Nach *Patmos*, der heiligen Insel mit den feinsandigen Stränden, Sitz des Johannesklosters und geprägt von einer Mischung aus orthodoxer Glaubenslehre und multinationaler Urlaubsphilosophie? Oder *Kalymnos*, Insel der Schwammtaucher mit fjordartigen Buchten, traumhaften Sonnenuntergängen, Mandarinen- und Orangenplantagen? Reizt Sie *Leros*, die verkannte Insel, kahl, steinig und mit düsterer Geschichte, doch mit ausgezeichneten Erholungsmöglichkeiten? *Nissiros* dagegen prägen die schwarzen Kieselstrände rund um einen gigantischen Vulkankegel. Ruhe und Abgeschiedenheit erwarten Sie schließlich auf der Mini-Insel *Pserimos*.

Insel Pserimos

Kos und Pserimos trennen nur vier Kilometer. Und doch liegen Welten zwischen den beiden ungleichen Nachbarn. Die Einwohner preisen die Ruhe auf ihrem kleinen, kargen Eiland.

Auf der kleinen Insel hört man selten ein Auto, eine asphaltierte Straße gibt es nicht. Warum auch, man braucht zu Fuß nicht mehr als eine Stunde, um den entferntesten Punkt zu erreichen.

Die knapp 30 permanenten Bewohner der Insel leben hauptsächlich von Schaf- und Ziegenzucht, Imkerei und Fischerei. Obst und Gemüse können sie nicht anbauen, da es an Wasser fehlt. Weite Teile der Insel sind allein von Phrygana bedeckt, kuge-

ligen Büschen und Sträuchern bis höchstens Kniehöhe. Seit Ende der 1990er-Jahre hat der Tourismus als Einnahmequelle an Bedeutung gewonnen: Die Zahl der Tavernen und Pensionen steigt zwar langsam, aber merklich. Die Gemeinde hat zudem etwa 6000 Olivenbäume pflanzen lassen, um die Wirtschaft der Insel auf eine weitere Säule zu stellen.

Avlakia ist die einzige Ansiedlung der Insel. Sie bietet alles auf engstem Raum: einen kleinen Hafen mit Anlegestelle, einen Sandstrand, einige Tavernen, hübsche Häuser an den Hügeln. Der Strand ist gleichzeitig der Dorfplatz, einige Tavernen haben Tische und Stühle in den Sand gestellt. Avlakias Charme liegt in seiner Unscheinbarkeit und Ruhe. Doch ein paar Stunden am Tag geht es hier turbulent zu: Wenn die Boote mit den Tagesausflüglern gegen 11 Uhr anlegen, ist der Andrang auf den Terrassen der Tavernen groß und der feinsandige Strand binnen weniger Minuten voll belegt. Während Kinder im Meer planschen, Durstige auf ihre kühlen Getränke warten und Kellner die Hektik verfluchen, lassen sich die Katzen in ihrem Tun nicht beirren: Sie setzen ihren Mittagsschlaf irgendwo im Schatten der Häuser fort. Kaum fünf Stunden später verfällt Pserimos wieder in die gewohnte Ruhe. Dann hat auch das letzte Boot die windgeschützte Bucht verlassen.

Am 14. August strömen Griechen von den Nachbarinseln, ja selbst aus Athen, nach Pserimos, um in der am nördlichen Ortsausgang gelegenen Kirche, die inmitten eines üppigen Gartens liegt, *Kimisis tis Panagias* (Entschlafung der Jungfrau) zu feiern. Der Abend wird mit einem Grillfest eingeläutet, bei Musik und Tanz herrscht in den Tavernen Hochbetrieb. Die meisten Besucher nächtigen am Strand, denn die wenigen Unterkünfte sind voll belegt – wenn überhaupt geschlafen wird. Am 15. August beendet ein Gottesdienst das Fest. Er wird im weiten Hof vor der Kirche abgehalten, in der die Ikone *Panagia Pserimiotissa* verehrt wird. Unter dem frei stehenden Glockenturm der Kirche hat man einige in der Nähe gefundene antike und frühchristliche Überreste, Säulenstümpfe und -köpfe aufgestellt.

Viel zu entdecken gibt es auf Pserimos nicht. Zu empfehlen sind Ausflüge vor allem wegen der himmlischen Ruhe, die nur von den Ziegen und Schafen gestört wird, die

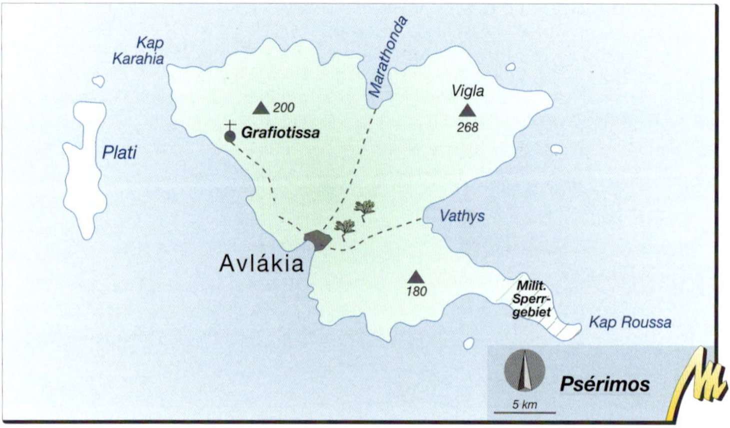

in recht großen Herden über die Insel ziehen. Lohnenswert ist ein kurzer Abstecher zu einer Quelle, die ca. 1,5 km von Avlakia entfernt an der Südküste der Insel liegt. Über den schmalen Pfad, der zunächst am Ortsfriedhof vorbeiführt, gelangen Sie zum Quellhaus. Von hier hat man einen schönen Blick auf die darunter liegende Bucht.

Rund 2 km nordwestlich von Avlakia liegt die *Grafiotissa-Kirche*. Der Weg dorthin verläuft vom Ortsstrand aus etwas oberhalb und parallel der Westküste. Hinter dem Gotteshaus befinden sich Überreste einer weiteren Kirche, von der bei einem Erdrutsch 1950 ein Großteil ins Meer stürzte. In der Nähe der Kirche finden Sie einige kleine Sandbuchten und Höhlen. Der Ausflug durch die Sandsteinlandschaft lohnt sich, nicht zuletzt wegen des Ausblickes auf den unbewohnten Inselwinzling *Plati* und die steilen, kahlen Felsen von Kalymnos. Bis zum Kiesstrand der *Marathonda-Bucht* an der Nordküste wandert man etwa 45 Min.; den Sandstrand der *Vathys-Bucht* an der Ostküste erreichen Sie nach einem Marsch von ca. 30 Min.

Baden können Sie an dem 170 m langen und rund 15 m breiten, feinsandigen Strand, der bis zu den ersten Häusern von Avlakia reicht. Tavernenbesitzer haben Liegestühle und Sonnenschirme aufgereiht – mitunter sogar Tische und Stühle. Da der Strand ein Teil des Dorfes ist, quasi die Platia von Pserimos, wäre Oben-ohne- oder gar Nacktbaden mehr als unpassend.

Verbindungen Pserimos liegt etwa eine Bootsstunde von Kalymnos und Kos-Stadt entfernt. Von Pothia (Kalymnos-Stadt) aus fährt in der HS tägl. eine Fähre mit Ausflüglern nach Pserimos (Fahrpreis ca. 8 €). Von Kos-Stadt aus starten – zumindest in der HS – mehrere Ausflugsboote tägl. nach Pserimos.

Montags, mittwochs und freitags setzt um 7 Uhr die *Grammatiki*, ein Versorgungsboot, von Pserimos nach Pothia über. Die Fahrt ist billiger als die Ausflugstouren und zudem wegen des Kontaktes mit den Einheimischen unterhaltsamer. Die Grammatiki liegt bis 13 Uhr am Kai vor der Markthalle im Hafen von Pothia; dann kehrt sie nach Pserimos zurück.

Einkaufen Das Sortiment des einzigen Ladens auf Pserimos ist bescheiden, die meisten Waren werden täglich frisch mit dem Boot von Kalymnos hierher geliefert.

Übernachten Es gibt nur einige Unterkünfte in Avlakia. Selbst in der HS übernachten kaum mehr als 40 Touristen auf der Insel. Für ein DZ ist je nach Ausstattung und Saison mit 25–35 € zu rechnen, es stehen auch einige Studios zur Verfügung, für die man bis zu 60 € bezahlt.

Tripolitis. Nennt sich Hotel, ist aber in Wirklichkeit eine kleine Pension, die bereits seit 1979 Zimmer anbietet. In dem kleinen zweistöckigen Haus nahe der südlichen Anlegestelle stehen nur sechs DZ zur Verfügung, die in der HS 40 € kosten. ✆ 22430-23196.

Kalliston. Die Studios könnten eine Renovierung vertragen. Vermietet werden sie über die Taverne Manola. DZ in der HS 60 €. ✆ 22430-51540.

Privatzimmer bieten die meisten Tavernen in Avlakia an, z. B. die **Taverne Manola**, DZ für 20–35 €. ✆ 22430-51540.

Essen & Trinken Wer länger bleibt, wird Gelegenheit finden, das halbe Dutzend Tavernen der Insel zu testen. Die meisten liegen unmittelbar hinter dem Strand und geben den Blick auf die im Naturhafen schaukelnden Fischerboote frei.

Taverne Marista. Hier wird viel frischer Fisch angeboten. Die Taverne liegt am Ende der Bucht; ein Weg führt vom Strand ins Inselinnere.

Taverne Manola. Wirkt eher wie eine Bar, serviert aber auch gute, klassisch griechische Küche.

Insel Kalymnos

Die Insel der Schwammtaucher und Zitrusplantagen. Auf den ersten Blick wirkt Kalymnos karg und kahl, denn auf den hoch aufragenden Bergen wächst kein Baum. Und so haben die Kletterer die Insel als Reiseziel entdeckt – und gesellen sich jetzt zu den Strandurlaubern.

Kalymnos ist eine vegetationsarme Insel, an den steinigen Hängen wachsen vor allem Wildkräuter, die dem hiesigen Honig seinen außergewöhnlichen Geschmack verleihen: Thymian, Oregano, Salbei. Nur in den unerwartet grünen Tälern an der Ostküste zeugen Olivenhaine und Zitrusplantagen vom Wasserreichtum dieser Gegend. Touristisch erschlossen sind vor allem die Westflanke von Kalymnos inklusive der vorgelagerten Insel Telentos, die Hauptstadt Pothia und die Ortschaft Vathi an der Ostküste. Wer dem dort während der Hochsaison herrschenden Rummel entgehen möchte, der findet im Inselinnern und in den Buchten an der Nordostküste viel Ruhe und Erholung.

Kalymnos ist auch eine Insel der Höhlen und Grotten. Zu den bekanntesten und schönsten zählt die *Nymphengrotte* nördlich der Hauptstraße in Richtung Chora, kurz hinter dem Ortsausgang von Pothia. Die Höhle ist auch als „Grotte der sieben

Der Hafen von Kalymnos

Insel Pserimos → Karte S. 190

Jungfrauen“ bekannt, die sich im 11. Jahrhundert auf der Flucht vor Piraten dorthin gerettet haben sollen.

Der *Klettersport* erfreut sich bei Kalymnos-Reisenden großer Beliebtheit: Schon in Pothia, besonders aber in den Orten an der Westküste weisen Schilder und Plakate auf Klettermöglichkeiten hin. Die Schwierigkeitsgrade der über 2000 Routen liegen im Bereich 3 bis 9. Erkundigen Sie sich bei der Touristeninformation oder kontaktieren Sie Stefanos Geriakos, der auch Apartments vermietet: ✆ 22430-47036 oder 69-77078442, www.kalymnos-stefanos.gr.

Auch zum *Wandern* ist Kalymnos ein gutes Revier: Sehr beliebt ist der Wanderweg von Pothia nach Vathi, die sogenannte Italian Road (4 km, gut 1 Std.). Der gepflasterte Weg startet an der Kirche Agia Triada, nahe dem archäologischen Museum. Er wurde von den Italienern während der Besatzungszeit (1912–1943) angelegt.

Kalymnos im Überblick

Größe: ca. 110 km² Fläche.

Bevölkerung: Etwa 16.500 Menschen.

Geografie: Hoch ansteigende kahle Berge und dazwischen liegende Tiefebenen (nur im Osten wirklich fruchtbar) kennzeichnen die Insel. Die höchste Erhebung ist der *Prophitis Ilias* mit 679 m.

Wichtige Orte: In der Inselhauptstadt *Pothia* lebt fast die gesamte Inselbevölkerung. Die meisten Touristen zieht es an die Westküste mit den Ortschaften *Massouri*, *Myrties*, *Linaria* und *Kantouni*. Von dort aus lohnt sich ein Ausflug auf die vorgelagerte Insel *Telentos*. Für einen Tagesausflug sehr zu empfehlen ist auch die kleine Ansiedlung *Vathi* an der Ostküste.

Verbindungen von und nach Kalymnos: Die *Fährverbindungen* sind ausgezeichnet – tägl. bestehen Anschlüsse nach Kos und zu anderen Inseln des nördlichen Dodekanes sowie nach Piräus. Tägl. legen die großen Fähren (z. B. Anek Lines) auf der Strecke Kos – Piräus via Leros und Patmos an. Die Fahrt nach Leros kostet 9,50 €, nach Patmos rund 12,50 €, nach Kos rund 6,50 €. Tickets gibt es im Reisebüro nahe der Anlegestelle, kurz vor Abfahrt auch in der Taverne am Kai. Deutlich schneller sind die *Katamarane* von Dodekanisos Seaways, die die Strecke tägl. fahren. Sie sind allerdings auch teurer, die Überfahrt nach Kos kostet z. B. 14,50 €. Außerdem setzt 2 x tägl. ein *Tragflächenboot* nach Kos über. Alle Schiffsagenturen haben Vertretungen an der Uferpromenade, einige Reisebüros verkaufen Tickets für mehrere Schiffslinien – die Logos weisen darauf hin.

Im Jahr 2006 wurde außerdem der *Flughafen* fertiggestellt. Es gibt tägl. Verbindungen von und nach Athen für ca. 90 € mit Olympic Air.

Straßen: Alle Ortschaften sind durch asphaltierte Straßen miteinander verbunden. Inzwischen gibt es auch eine zweispurige Straße zwischen Vathi und Arginontas. Nebenstrecken jedoch sind auch schon mal Schotterpisten.

Entfernungen: Pothia–Linaria 6 km, Pothia–Massouri 10 km, Pothia–Emborios 24 km, Pothia–Vathi 14 km.

Auto- und Zweiradverleih: In Pothia und den Touristenorten der Westküste gibt es ein großes Angebot.

Tankstellen: In Pothia, Linaria sowie in der Nähe von Vathi.

Übernachten: Quartiere aller Preisklassen in Pothia und entlang der Westküste; zudem einige Zimmer in Vathi. Zum Teil recht preiswert sind Apartmentanlagen mit Küche, Dusche und Terrasse. In der HS empfiehlt sich eine Reservierung vor Reiseantritt.

Karten: Ausgezeichnet ist die Kalymnos-Karte aus dem Verlag Terrain. Wer die Insel wirklich erkunden will, sollte die 7 € investieren. Die Karte aus dem Hause Emmanouil Vallas verzeichnet die Straßenverläufe verlässlich.

Internet: www.kalymnos-isl.gr

Telefonvorwahl: 22430.

Pothia – eine lebendige Stadt in steinerner Landschaft

Pothia

Eine wuchtige Stadtkulisse, wenn man mit dem Schiff im Hafen ankommt: Die weißen und pastellfarbenen Häuser ziehen sich den kargen Fels hinauf, die Hauptstadt der Insel dehnt sich weitläufig in ein Tal in Richtung Norden aus.

Pothia wirkt ungemein lebendig. Rund 15.000 der insgesamt 16.500 Kalymnier leben hier. Damit ist Pothia die drittgrößte Stadt des Dodekanes. Nur in Kos- und Rhodos-Stadt leben mehr Menschen. Pothia ist außerdem eine der wenigen Inselstädte Griechenlands, in denen im Winter mehr los ist als im Sommer. Denn dann sind die vielen Seeleute und Schwammfischer, die auf Kalymnos leben, zu Hause.

Dank des Yachthafens sind die Cafés und Restaurants an der Uferpromenade aber auch an den Sommerabenden besucht; von hier hat man den besten Blick auf das offene Meer – dann muss man jedoch auch den permanenten Verkehrslärm in Kauf nehmen. Dem können Sie leicht entziehen: Mittels eines Spaziergangs durch das Gassengewirr des ab 1850 entstandenen Ortskerns. Hier stoßen Sie immer wieder auf neoklassizistische Häuser, meist Domizile ehemaliger Kapitänsfamilien.

Insel Kalymnos → Karte S. 197

Sehenswertes

Lesesaal „Die Musen": Er befindet sich an der Hafenpromenade. Bereits zum Ende der türkischen Besatzungszeit wurde auf Kalymnos ein Lesezirkel gegründet, der neben kulturellen auch patriotische Ziele verfolgte. Während des Zweiten Weltkriegs lösten die italienischen Faschisten den Zirkel auf und zerstörten das Gebäude. Das heutige Haus mit der gut sechs Meter hohen Decke und den vier mächtigen weißen Säulen stammt aus dem Jahr 1978. Es beherbergt ein stilvolles *Kafenion*, in dem man unbedingt einen Kaffee trinken sollte.

Tgl. 8–14 Uhr.

Archäologisches Museum: Wären nicht die zahlreichen Hinweistafeln, man hätte keine Chance, das gut versteckte *archäologische Museum* zu finden. Der Weg lohnt sich! In dem 2010 eröffneten Museumsneubau finden Sie Funde aus der prähistorischen Periode, entdeckt hauptsächlich in den Grotten von Kalymnos. Ausgestellt sind imposante Bronzeplastiken und Steinstatuen, außerdem Münzen, Metallwerkzeuge und Gefäße, die vor allem aus den Gewässern rund um Kalymnos stammen. Auf dem Gelände befindet sich zudem das ehemalige Wohnhaus von Nikos Vouvalis, einem reichen Geschäftsmann (1853–1919), das für Besucher geöffnet ist. Zu sehen gibt es in einem spartanisch eingerichteten Zimmer alte Vasen, Teller und Gläser. Wesentlich prunkvoller dagegen sind der Speisesaal, das prächtige Wohnzimmer und das Arbeitszimmer des Kaufmanns. Ursprünglich verfügte das Anwesen über 32 Zimmer!

In der HS tägl. 8.30–15 Uhr, Mo geschlossen. In der NS nur Di bis Fr. Barrierefrei. Eintritt frei.

Seefahrts- und Volkskundemuseum: Es befindet sich nahe der 1861 erbauten Christuskirche am Eleftheria-Platz. Zu sehen sind Fotos und Exponate zur Geschichte der Schifffahrt und Schwammtaucherei, außerdem zur kalymnischen Musik und zum traditionellen Bäckerhandwerk. Folkloristische Kleidung ergänzt die gut aufbereitete Ausstellung.

Mo–Fr 8–13.30 Uhr, Sa/So 10–12.30 Uhr. Eintritt 3 €.

Kalymnion House: Exponate aus der jüngeren Geschichte erwarten den Besucher – und eine spannende Führung. Die Tochter eines Schwammtauchers führt Sie ein in die Bräuche und Kleidung des alten Kalymnos, berichtet (auch auf Deutsch) über Geburten und Hochzeiten sowie über die Geschichte des Schwammtauchens. Das Haus liegt an der Straße Richtung Ag. Savvas.

Tägl. 9–14 und 16–20 Uhr. Eintritt 2 €.

Festung Chrissocherias: Die im 13. Jh. vom Johanniterorden erbaute Anlage liegt am südlichen Ortsausgang von Pothia, oberhalb drei verfallener Windmühlen. Eine Treppe, aber auch eine steile Straße führen zur Festung hinauf, in der sich heute eine kleine Kapelle befindet. Sehr schön ist der Blick auf Pothia.

Baden

Nahe Pothia nur bescheidene Möglichkeiten. Wenn Sie sich in Richtung der *Thermen* aufmachen, die einen Kilometer südlich von Pothia liegen, finden Sie je eine kleine Bucht vor und hinter den Thermen. Das Wasser ist sehr sauber und klar. In der ersten Bucht sorgt eine Strandbar für Getränke, Snacks und Liegestühle, in der zweiten serviert die Taverne Acrogiali richtige Mahlzeiten und ordentlichen Wein.

Am südlichen Zipfel von Pothia führt eine Straße am Hang hinauf in Richtung der Ortschaft *Vothini*; hier gabelt sich die Straße. Der Weg zur *Vlichadia-Bucht* (ca. 6 km von Pothia entfernt) ist ausgeschildert. Die beiden rund 200 m langen Strandabschnitte sind durch einen kleinen Kai voneinander getrennt. Nördlich des Kais besteht der Strand aus Stein, südlich davon ist er sandig. Am Wochenende kommen viele Einheimische hierher, in den drei Tavernen herrscht dann Hochbetrieb.

Das private *Museum Sea World* beherbergt eine bunte Sammlung: Von geborgenen Amphoren über präparierte Haie und Muscheln aus den Gewässern des Dodekanes bis hin zu Taucheranzügen. Ein sehenswertes Sammelsurium (Eintritt: 2 €).

Harte Männer – weiche Schwämme

Wer in der Badewanne sitzt und sich mit einem samtweichen Schwamm einseift, wird kaum daran denken, dass es ein knochenharter Job ist, die sonderbaren Lebewesen vom Meeresboden an die Wasseroberfläche zu holen. Schwämme sind wirbellose Tiere ohne Organe, die sich von den Kleinstlebewesen ernähren, die das sie durchströmende Meerwasser mit sich führt. Sie setzen sich vor allem auf felsigem Untergrund fest.

Die Schwammtaucherei hat auf Kalymnos seit der Antike Tradition. Schon der Komödiendichter Aristophanes erwähnte sie. Im Mittelalter polsterte kalymnischer Schwamm die schweren Rüstungen der Ritter. Naturschwämme dienten später in der Kirche zum Aufwischen der Hostienkrümel, heutzutage finden sie in Industrie und Medizin Verwendung.

Kalymnos ist nach wie vor ein Zentrum der Schwammverarbeitung

Von den früher 135 Booten verlässt heute nur noch eine Handvoll den Hafen von Pothia, um zum Schwammtauchen hinauszufahren. Jedes Jahr kurz nach Ostern fahren die Boote vor die nordafrikanische Küste, im Oktober kehren sie zurück. Früher war diese weite Fahrt nicht nötig, denn in der Ostägäis gab es genug Schwämme. Mitte der 1980er-Jahre kam es jedoch zu einer Zerstörung der Schwammvorkommen durch eine Viruskrankheit, und heute sind die einheimischen Fanggründe weitgehend abgeerntet. Ergiebige Stellen liegen im Atlantik – allerdings sind die Schwämme dort von minderer Qualität und deswegen auch deutlich preiswerter. Die meisten Schwämme, die rund um den Hafen von Pothia angeboten werden, sind importiert. Verarbeitet werden die Schwämme allerdings oft auf Kalymnos: beschnitten und durch mehrere chemische Bäder blondiert. Im Naturzustand sind sie dunkel- bis mittelbraun.

Die Geschichte der Schwammtaucherei ist eine Geschichte von Legenden und Tragödien: Tausende von Schwammsuchern aus Kalymnos bezahlten ihre Waghalsigkeit mit dem Leben oder waren in jungen Jahren schon invalide: gelähmt, taub oder blind. Es dauerte bis ins erste Jahrzehnt des 20. Jh., bis man die Ursache der sogenannten *Taucherkrankheit* erkannte: Das zu schnelle Auftauchen aus großen Tiefen führt dazu, dass im Körper v. a. Stickstoff in Form von Bläschen freigesetzt wird, die die Blutbahnen verstopfen können. Heutzutage wissen Taucher, dass sie beim Auftauchen bestimmte Dekompressionspausen einhalten müssen.

Umgebung

Nordöstlich von Pothia liegt die Ortschaft *Chorio*, über der die Ruinen einer ausgedehnten Burg zu erkennen sind, die die Johanniter erbauen ließen. In Chorio lebten die Kalymnier vom 13. bis zum 18. Jh.; Mitte des 19. Jh. zog es immer mehr Bewohner nach Pothia. Vom Friedhof aus zweigt eine Straße ins Hochtal um das Dorf *Argos* ab. Hier steht das älteste Kloster der Insel, Ag. Apostoli, gegründet im 11. Jh. Heute ist es unbewohnt. Die Straße endet am 2006 eröffneten Flughafen.

Basis-Infos

Information Das weiße Häuschen der **Touristeninformation** steht recht zentral an der Uferpromenade, zu erkennen an Schiffs- und Busfahrplänen sowie Plakaten, die an die Fenster geklebt sind. Die Angestellten sind freundlich und hilfsbereit, leider sind die Öffnungszeiten etwas undurchsichtig. Auf jeden Fall aber finden Sie das kleine Büro vormittags offen. ✆ 22430-29299, www.kalymnos-isl.gr.

Verbindungen Die **Busverbindungen** an die Westküste der Insel sind gut. Die Busse fahren von der Markthalle (im Osten des Hafens) ab. Von 7 bis 22 Uhr pendeln sie in stündlichem Abstand zwischen Pothia und Massouri. 4 x tägl. gibt es eine Verbindung nach Vathi (die erste ab Pothia bereits um 6.30 Uhr, die letzte um 18 Uhr), 2 x tägl. nach Emborios. Angefahren werden außerdem Vlichadia, Argos und Plati Gialos.

Sogenannte **Bus-Taxis** verkehren zwischen Pothia und Massouri. Sie fahren an der Taxizentrale im Zentrum ab.

Für den Bus zahlt man bis Massouri etwa 1,20 €, für das Bus-Taxi 2,50 €. Mit herkömmlichen **Taxis** kostet es rund 8 €. Dann wird man allerdings bis vor die Hoteltür gefahren.

Ausflüge Im Hafen liegen zahlreiche **Ausflugsboote**. Reiseziele und Preise werden Ihnen bei einem Spaziergang am Kai auch unaufgefordert mitgeteilt.

Die Agentur **Kalymnos Tours** z. B. bietet Ausflüge nach Leros (20 €) oder in die Türkei (40 €) an sowie einen Tauchausflug (40 €).

Auto-/Zweiradverleih Bei **Avis** bezahlt man für einen Kleinwagen 37–45 € pro Tag (NS), ab 3 Tagen gibt es Rabatt. Avis hat Vertretungen in Pothia, Massouri und Myrties, ✆ 22430-47430, www.kalymnosrent.com.

Bei **Auto Market** in Pothia und Massouri gibt es Kleinwagen in der NS ab 25 €, zudem Rabatte ab 3 Tagen Entleihdauer, Motorroller ab 10 € pro Tag, ✆ 22430-51780, www.kalymnoscars.gr.

Übernachten

Wenn die Fähren anlegen, werden Hotel- und Privatzimmer in Hülle und Fülle angeboten. Wer Ruhe sucht, sollte sich nach einer Unterkunft oberhalb der Uferpromenade umsehen. Die Orientierung im dortigen Gassengewirr fällt anfangs etwas schwer.

››› **Unser Tipp: Villa Melina**. Das Belle-Époque-Hotel liegt am Stadtrand von Pothia im Stadtteil Evangelistria nahe dem archäologischen Museum (ausgeschildert ist es als „Villa Themelina"). Der Blick von der Dachterrasse ist so berauschend wie die riesige Terrasse selbst; wunderschön auch der Garten mit Pool im Patio, wo das Frühstück serviert wird. Die Hotelzimmer haben, stilecht, hohe Decken und Holzböden. Rund um den Garten gibt es zudem 12 Apartments und Studios für mehrere Personen. Am Frühstückstisch erzählt man sich von der gestrigen Wanderung und den Plänen für den Tag. Der freundliche Besitzer Antonis hat lange in Aachen gelebt, dort eine Taverne geführt – und ist auf seine Heimatinsel zurückgekehrt. Eine der schönsten Unterkünfte auf den Inseln des Dodekanes, ganzjährig geöffnet. Das DZ mit Frühstück gibt es in der HS für rund 55–60 €, in der NS 35–50 €. ✆ 22430-22682, ℻ 22430-23920, info@villa-melina.com. ‹‹‹

Panorama. Das Hotel mit den sympathischen Betreibern, die sehr gut Englisch sprechen, liegt hoch oben am Hügel. Von den Balkonen bzw. der Terrasse der 13 Zimmer hat man einen wunderbaren Blick über den Hafen. Man findet das Hotel am besten, wenn man an der Kirche nahe der Anlegestelle die Treppe hochgeht und sich dann rechts hält. Die Zimmer sind schön eingerichtet und klimatisiert, haben einen eigenen Kühlschrank sowie einen Fernseher und kosten 35–45 €, das Frühstück kostet 5 € extra. Kostenloser An- und Abtransport zum Hafen. ✆/℻ 22430-23138 und 69-73420269, www.panorama-kalymnos.gr.

Insel Kalymnos → Karte S. 197

Essen & Trinken

Vielleicht wird Ihnen auffallen, dass etliche Tavernenbesitzer mehr als aufdringlich auf Touristenfang gehen. Unser Tipp: die auf Fisch spezialisierten Tavernen an der Uferpromenade am östlichen Ende von Pothia (Richtung Vathi), dort, wo auch die Fischerboote liegen.

Pandelis. Neben dem Hotel Olympic, gemütliche Taverne mit Fisch- und Fleischgerichten wie z. B. Oktopus (10 €) oder Hühnchen vom Grill (7 €).

Naftikos Omilos. Die riesige Taverne des Nautischen Vereins, die hinter dem Hafenamt an der Anlegestelle liegt, ist v. a. für Kalamari über die Inselgrenzen hinweg bekannt. Die sind wirklich gut, in der Küche wird allerdings mit den Portionen ein wenig gegeizt. Eine weitere Spezialität: Afelia – in Wein gekochtes Fleisch, zubereitet ohne Öl oder Butter, mit Kartoffeln. Mittags ist ein Besuch nicht unbedingt zu empfehlen: Dann sind oft zu viele Tagestouristen zu Gast. Unbedingt ansehen sollten Sie sich das umwerfende Wandbild im Innern der Taverne.

Rembetiko. An der Uferpromenade nördlich der Stadthalle. Die Spezialität des Hauses sind Spaghetti mit Hummer- oder Langustenfleisch. Samstags bietet die Taverne Lamm vom Grill.

Die Westküste von Kalymnos

Den Westen könnte man auch als „Küste des spektakulären Sonnenuntergangs“ bezeichnen. Wegen der vergleichsweise guten Bademöglichkeiten und einer exzellenten touristischen Infrastruktur verbringen die meisten ihren Kalymnos-Urlaub hier. Breit gefächert ist auch das Sportangebot. Massouri und Myrties stehen bei Kletterern hoch im Kurs. Von hier aus starten sie zu den über 2000 Touren auf der Insel, versorgen sich mit Zubehör und finden Partner für gemeinsame Touren.

Kantouni und Linaria

Die beiden Badeorte sind zusammengewachsen. Am sauberen Kies- und Sandstrand legen Meeresschildkröten ihre Eier ab, die Gebiete sind dann mit Seilen abgetrennt. Sehenswert ist das *Kloster des Kreuzes*, das förmlich am steilen Felshang klebt. Es ist über einen ausgetretenen Pfad zu erreichen.

Übernachten **Kalydna Island**. Am Ortseingang von Kantouni, zwischen Durchfahrtsstraße und dem 300 m entfernten Strand. Das Zentrum der üppig begrünten Anlage mit 42 Apartments im mediterranen Stil bildet der Pool. Ein Apartment für zwei Personen kostet je nach Saison 50–70 €. ✆ 22430-47880, 📠 22430-47190, www.kalydnaislandhotel.gr.

Kantouni Beach. Vor allem Pauschaltouristen wohnen hier. Obwohl die Apartmentanlage direkt am Strand steht, gibt es einen Pool in der Mitte der Anlage. Dort findet man auch die Rezeption. Ein Apartment für zwei Personen kostet 47–70 €, die Studios sind etwas günstiger. Das Frühstück bereitet man selbst zu. Wer dazu keine Lust hat, der kann auch in der Bar frühstücken, das kostet aber extra. ✆ 22430-47981, 📠 22430-47549, www.kantounibeachhotel.gr.

Koletti. Die Studios liegen direkt neben dem Hotel Kantouni Beach. Hinter dem Gebäude ein etwas verwilderter Steingarten, zum Meer hin eine überdachte Terrasse mit Tischchen und Liegen, angenehme Atmosphäre. Ein Studio kostet rund 40 €. ✆ 22430-47122, liogermakalymnos@gmail.com.

Massouri und Myrties

Von Kantouni steigt die Straße zunächst etwas an und führt dann über enge Serpentinen hinunter zur Bucht von Massouri. Hier liegen die beiden quirligen Ortschaften Myrties und Massouri direkt hintereinander. Ein Grund, warum viele hier Urlaub machen, ist der weitläufige Sand- und Kiesstrand, der in der Hochsaison gut besucht ist, wo aber auch dann immer noch ein Plätzchen zu finden ist. Außerdem sind die Orte bei Aktivurlaubern beliebt: Klettern, Tauchen und Wandern stehen oben auf der Hitliste. Wer mehr Einsamkeit wünscht, setzt mit der kleinen Bootsfähre zur vorgelagerten Insel Telentos über (2 €). Sie ist der Blickfang eines unvergesslichen Panoramas: Es bietet sich allabendlich, wenn die Sonne hinter den mächtigen, kahlen Felsen versinkt.

Übernachten Die meisten Hotels sind in der HS mit Pauschaltouristen aus ganz Europa ausgebucht. Apartments mit Küche, Terrasse und Bad bieten sich als Alternative an.

George Fatolitis Beach. In Massouri, am Ortsausgang Richtung Armeos linker Hand. Sympathische, ruhige Anlage mit vielen Blumen. Von der Terrasse der Studios hat man einen unverbauten Blick auf die Bucht und die Insel Telentos. DZ ab 30 €. ✆/📠 22430-47091, www.fatolitis.gr.

Mehr als 2000 Kletterrouten stehen zur Wahl

Zairis. In Myrties an der Durchgangsstraße gelegen. Die Studios sind einfach eingerichtet und sauber, der kleine Garten dient den Gästen zur Entspannung. Der sehr freundliche ältere Grieche Zairis vermietet schöne Apartments, die 30–45 € kosten. ✆ 22430-47580 und 22430-23225.

››› Unser Tipp: Acrogiali. In Myrties an der Durchgangsstraße. Die Studios von Michalis Kalavros sind leider schnell ausgebucht – eine Reservierung ist not-wendig. Die Einrichtung der geräumigen Apartments ist mediterran-schlicht und geschmackvoll, einige sind auf zwei Ebenen angelegt. Die Balkone sind großzügig bemessen und bieten einen sensationellen Blick aufs Meer und die Insel Telentos. Die Unterkünfte im Parterre haben üppige, gepflegte Pflanzen vor der Haustür und den Strand ganz nah. Die Apartments sind für zwei bis vier Personen ausgelegt und für die Ausstattung nicht zu teuer: Zu zweit zahlt man je nach Saison 40–50 €. ✆ 22430-47521, www.acroyali-kalymnos.com. **‹‹‹**

Essen/Nachtleben Etliche Tavernen in Meeresnähe und an der Ortsdurchfahrt, viele Empfehlungen gibt es nicht.

Stalas. Seit 1968 derselbe Besitzer und am selben Ort gelegen, unmittelbar an der kleinen Mole von Myrties. Gute Fischgerichte. Sehr schön ist auch der Blick von der Terrasse am Meer auf die Insel Telentos.

Wer griechische Spezialitäten essen möchte, fährt weiter nach Armeos. Dort bietet die **Taverne Tsopanakos** z. B. Lamm- und Ziegenfleisch (um 8,50 €) und kalymnische Gerichte an.

Sport/Freizeit Kalymnos Adventure. Das 2012 von Birgitta Lovernius eröffnete Center bietet Spaß für Abenteuerhungrige: begleitete Wanderungen, Kletterkurse (2 Tage für Einsteiger 180 €, Durchwandern von Höhlen (Caving) und Kajak-Expeditionen. Wem das zu wild ist, kann an Mal- und Schreibkursen oder an Yogaseminaren teilnehmen. ✆ 22430-48160 und 69-84933327, www.kalymnos-adventure.com.

Climbers' Nest. Hier gibt es alles, was Kletterer benötigen: Die Wanderkarte von Terrain (7 €), den Kletterführer „Kalymnos Rock Climbing" mit Update (35 €), Kletterausrüstung zum Kaufen und Leihen. Birgit Möllers Geschäft ist Treffpunkt der Kletterer. ✆ 22430-48581 und 69-38173383, www.climbers-nest.com.

Insel Kalymnos → Karte S. 197

Insel Telentos

Ein beeindruckender Anblick: Schon früh versinkt die Sonne hinter dem mächtigen und düster wirkenden Felsen, der 535 m steil aufragt. Die bunten Lämpchen

Rund 700 Meter Meer trennen Telentos und die Westküste

des Hafens vor der grandiosen Farbkulisse im Hintergrund ergeben abends ein sehr fotogenes Zwielicht. Kletterer fühlen sich auf der Insel ebenso wohl wie Liebhaber von kleinsten Badebuchten und Freunde von romantischen Hafentavernen. Die rund 50 Einwohner von Telentos leben hauptsächlich vom Tourismus und von der Fischerei.

Verbindungen Von der Hafenmole in Myrties aus verkehren zwischen 8 und 24 Uhr halbstündlich Kaikia. Die Überfahrt kostet 2 €, Tickets gibt es beim Kapitän.

Baden Bereits an der Hafenmole weisen Schilder den Weg zu den verschiedenen Stränden der Insel. In nördlicher Richtung befinden sich mehrere kleine, schmale Kiesbuchten, an denen Sonnenschirme und Liegen zum Faulenzen einladen.

Übernachten Inzwischen haben auch große internationale Reiseagenturen die Insel entdeckt. Es gibt jedoch immer noch sympathische, kleine Unterkünfte, die meistens über die rund zehn Tavernen der Insel vermietet werden. Man findet DZ zwischen 20 € und 60 €.

On the Rocks. Die (leider nur wenigen) Zimmer sind schön. Ein DZ mit Balkon, kostet 55–60 € inkl. Frühstück. In der gleichen Preisklasse bieten George und Poppi Trikilis Zimmer in den **Hohlakas Sunset Studios**; in einer ruhigen Bucht südlich der Anlegestelle. ✆ 22430-23894, otr.telendos.com.

Porto Potha. Hotel nördlich des On the Rocks, insgesamt 20 geräumige Zimmer. Pool, Klimaanlage und Privatstrand, DZ in der HS um 50 €. ✆ 22430-47321 und 69-49028564, ℻ 22430-48108, portopotha@hotmail.com.

Essen & Trinken Acht Tavernen am Hafen. **Barba Stathis** und **On the Rocks** sind gute Adressen.

Der Norden von Kalymnos

Einsam und ruhig, eine Handvoll wenig besuchter Badebuchten und zwei kleine Ansiedlungen: Wer ungestört ausspannen oder in der kargen Berglandschaft wandern will, ist im Norden gut aufgehoben.

Arginontas: Ein ruhiger Ort, umgeben von steilen Felswänden. Einladend präsentiert sich der breite, stellenweise schattige Kiesstrand, auf dem ein paar Liegestühle auf Sonnenanbeter warten. Das Meer davor glitzert klar, türkis und blau. Idyllisch.

Emborios: Der verschlafene Hafenort ganz im Norden von Kalymnos ist per Bus (oder Boot ab Myrties) zu erreichen; uns aber erscheint die Anfahrt mit dem Mofa ideal, denn so können Sie die karge Landschaft des Nordens auf eigene Faust erkunden. Besuchern bietet Emborios viel Ruhe, gute Bademöglichkeiten und zwei Tavernen. Zu empfehlen ist Harry's Paradise. Der Besitzer (Harry) lebte lange in England und Australien und ist sehr freundlich. Das Essen ist gut; die schönen Apartments inmitten eines prächtigen Gartens nahe dem Strand kosten zwischen 40 und 45 €. ✆ 22430-40062, harrys@klm.forthnet.gr, www.harrys-paradise.gr.

Palionisos: Bis 2010 war der einsame Weiler nur über eine holprige Staubpiste erreichbar. Jetzt führt eine Straße fast bis in die Bucht, die aber auf den kostenlosen Inselkarten nicht verzeichnet ist. Nur wenige Besucher verirren sich hierher, auch weil es keine Unterkunft gibt. Im Sommer haben aber zwei Tavernen geöffnet. Beliebt ist die Bucht bei Seglern, die hier gerne eine Nacht vor Anker gehen.

Der Osten von Kalymnos

Die Straße von Pothia schlängelt sich kurvenreich an Felswänden entlang, rechts hat man immer die Ägäis im Blick. Ziegen suchen vergeblich Schatten am Straßenrand. Nach rund sechs Kilometern durch steinerne Ödnis traut man seinen Augen nicht. Unter einem liegt – inmitten einer kargen Felslandschaft – das grüne fruchtbare Tal von Vathi: eine Oase, die für ihre zahlreichen Zitrusbäume (über 40.000 sollen es sein) bekannt ist.

Die fruchtbare Vathi-Ebene

Insel Kalymnos → Karte S. 197

Vathi ist ein Ort zum Verlieben. Am Ende einer schmalen, tief eingeschnittenen Bucht liegt die kleine Ansiedlung. Inmitten der kargen, grau-weißen Bergwelt glitzert das Blau des Meeres und reicht fast bis an das Grün der Mandarinen-, Zitronen- und Orangenplantagen heran. Im Hafen namens *Rina* ankert eine bunte Vielzahl von Fischerbooten und Segeljachten. Entlang der Mole wetteifern sechs ausgezeichnete Tavernen um die Gunst der Gäste. Am Hang thronen zwei Basiliken aus frühchristlicher Zeit, am Ende des Fjords warten die Höhle Daskalio und eine Grotte auf Entdecker.

Verbindungen 4 x tägl. fährt der **Bus** von Pothia nach Vathi, der erste schon frühmorgens um 6.30 Uhr. Der letzte Bus zurück fährt ungefähr um 18 Uhr. Die einfache Fahrt kostet 1 €.

Baden Vor Ort bietet sich nur ein Sprung von der Mole in das saubere Wasser des Hafenbeckens an. Etwa 3 km Richtung Pothia liegt der Kieselstrand Akti. Von Vathi aus starten Kaikia zu den unberührten Buchten der Nordostküste. Mit Preisen zwischen ab 20 € für eine Tour kommt der Transfer jedoch auf Dauer teuer zu stehen, selbst wenn sich mehrere Personen den Preis teilen.

Wandern Vathi eignet sich hervorragend als Ausgangspunkt für Wanderungen in den nahezu unbewohnten Ost- und Nordteil der Insel, beispielsweise zum verlassenen Kloster *Panagia Kira Psili*. Wanderwege gibt es auch nach Pothia (ca. 1,5 Std.) oder Arginontas (ca. 3 Std.).

Übernachten **Galini**. Direkt am Platz an der Schiffsanlegestelle. Einziges Hotel am Platz (mit Restaurant). Sehr günstig: DZ mit Balkon 20–30 € inkl. Frühstück. Außerdem nimmt das freundliche Besitzerpaar Urlauber gerne auch kostenfrei zu den Badebuchten ringsum auf dem Boot mit. ✆ 22430-31241 und 69-77271297, ℻ 22430-31100, www.galinihotelvathikalymnou.com.

»» **Unser Tipp:** **Manolis**. Liegt inmitten eines blühenden Gartens. Der Betreiber der Pension, Manolis Kolettis, ist Fremdenführer, Kapitän, Farmer – und vor allem Gastgeber. In exponierter Lage thront die Pension an einem Hügel über der Bucht. Ein DZ (insgesamt sechs) kostet 35–45 € inkl. Nutzung der Gemeinschaftsküche. ✆ 22430-31300, www.pension-manolis.de. ««

Essen & Trinken Einen Favoriten auszumachen fällt schwer, drei Tavernen buhlen um die Gunst der Ausflügler. Sie liegen alle rund um den Platz an der Schiffsanlegestelle. Uns haben die **Tavernen Poppy's** und **Galini** mit großer, schattiger Terrasse, freundlichem Service und schönem Blick auf den Hafen gut gefallen. Das Gemüse stammt weitgehend aus eigenem Anbau.

Insel Leros

Krasser können Gegensätze kaum sein: Die Hafenstadt Lakki wirkt mit ihrer monumentalen Art-déco-Architektur wie eine Filmkulisse. Wer aber mit einem kleineren Schiff ankommt, landet im pittoresken Ort Agia Marina: An der Hafenpromenade haben Tavernen- und Cafébesitzer Stühle und Tische aufgestellt, im Schatten schlafen Katzen.

Leros ist touristisch erschlossen, aber selbst in der Hauptsaison nie überlaufen, es gibt ausgezeichnete Unterkünfte und Tavernen. Dennoch ist der große Run der Touristen ausgeblieben. Das hat vor allem geschichtliche Gründe. Denn während der Zeit der Militärdiktatur (1967–1974) ließ Junta-Chef *Papadopoulos* politische Gefangene in zwei Lagern auf Leros einkerkern, das eine nahe der Ortschaft Partheni im Norden, das andere bei Lakki. Rund 3000 politische Gegner internierten die Obristen auf Leros. Heute verfallen die Anlagen. Hinweise auf dieses dunkle Kapitel der jüngeren Geschichte der Insel sucht man vergebens. Dem Image geschadet hat auch die psychiatrische Klinik nahe Lakki: Ihr verdankte Leros lange Zeit den wenig schmeichelhaften Beinamen „Insel der Irren“.

Leros im Überblick

Größe: 52 km^2 Fläche, 71 km Küstenlänge.

Bevölkerung: Rund 8100 Einwohner.

Geografie: Drei kleine Hügelketten, die durch tief in den Inselkörper schneidende Buchten voneinander getrennt sind, gliedern die Insel. Leros' höchste Erhebung ist der *Klidi* mit 327 m.

Wichtige Orte: Der Hafen *Lakki*, die Hauptstadt *Platanos* sowie die Touristenorte *Alinda*, *Panteli*, *Ag. Marina* und *Xerokampos*.

Verbindungen: Da Lakki, der Hafen von Leros, von den großen *Fähren* auf der Route Piräus – Kos – Rhodos angelaufen wird, bestehen in der HS tägl. Verbindungen zu den nördlichen und südlichen Nachbarinseln. Dazu kommen kleinere *Boote*, die v. a. für Tagesausflüge genutzt werden, sowie *Katamarane* und *Tragflächenboote*, die Leros tägl. anlaufen. Sie und die kleineren Schiffe legen ausschließlich in Ag. Marina an der Ostküste an. Von Xerokampos ganz im Süden geht tägl. außer sonntags ein kleines Boot nach Kalymnos.

Flugzeug: Tägl. ein Flug nach Athen (1 Std., 76 €), Kos, Rhodos und Astipalea werden 3 x wöchentl. angeflogen.

Straßen: Die Straßenverbindungen zwischen den Orten sind einwandfrei.

Auto- und Zweiradverleih: Autos, Mofas und Vespas kann man in Lakki, Ag. Marina, Panteli und Alinda mieten. Fahrräder kosten um 5 € pro Tag, motorisierte Zweiräder je nach Größe 8–18 € und Kleinwagen 30–35 € (je nach Saison). In Alinda werden auch Tretboote und Kanus vermietet.

Tankstellen: In Lakki, Platanos und an der Straße nach Partheni.

Taxi: ✆ 22470-22550.

Krankenhaus: In Lakki, ✆ 22470-23300.

Übernachten: Quartiere finden Sie in Lakki, Panteli, Ag. Marina, Platanos Alinda und Drimonas. Der einzige Zeltplatz der Insel befindet sich in Xerokampos.

Karten: Am besten ist die Karte aus dem Terrain-Verlag (vor Ort im Zeitungsladen in Platanos erhältlich, 7 €). Die Karte „Leros Island" von 2012 gibt es kostenlos in einigen Tavernen und ist sehr verlässlich.

Internetcafés/Wi-Fi: Mittlerweile in allen Tourismusorten und den meisten Unterkünften.

Touristeninformation: Im Hafencafé am Kai von Lakki. Öffnungszeiten: 9–12 Uhr sowie bei Ankunft und Abfahrt der großen Fähren. Auskünfte zu den Flug- und Fährverbindungen samt Preisen erteilt die Agentur *Kastis Travel*, die in Lakki (gegenüber vom Taxistand) und Ag. Marina (am Hafen) Filialen unterhält.

Telefonvorwahl: 22470.

Lakki

Wer in Lakki mit der Fähre ankommt, traut seinen Augen nicht. Das kann keine griechische Insel sein: keine engen, verwinkelten Gassen, sondern breite Boulevards, keine weiß getünchten Kuben, sondern gerundete gelbe Gebäude im Stil des italienischen Rationalismus.

Die Italiener bauten Lakki während ihrer Besatzung von 1912 bis 1943 zur Fliegerbasis und zum Flottenstützpunkt aus. Um die Ansiedlung italienischer Einwanderer zu fördern, gestalteten sie Lakki zur italienischen Planstadt und gaben ihr einen neuen Namen: *Portolago*, benannt nach dem damaligen Gouverneur des Dodekanes Mario Lago. Doch das ambitionierte Vorhaben scheiterte, nur wenige Italiener kamen – und die Griechen übernahmen die Gebäude.

Gut 400 m misst die Hafenfront. Entlang der breiten Promenade reihen sich pompöse, teils leer stehende Art-déco-Bauten, Rasenflächen und Sitzbänke aneinander. Die Promenade wirkt wie der ganze Ort: etwas zu nüchtern, gradlinig, irgendwie

Insel Leros → Karte S. 205

leer. Zumal es lange dauerte, bis die Sanierung der Gebäude startete; in den vergangenen Jahren eröffneten aber immer mehr Geschäfte und Tavernen. Das hängt auch mit der Marina zusammen, die Segler anzieht. So sind die Cafes und Bars entlang der Promenade abends gut gefüllt.

Ein Blick zurück: Die Ägäis war während des Zweiten Weltkriegs heftig umkämpft. Die Schlacht von Leros tobte vom 12. bis 16. November 1943. Zwei Monate lang hatte die Wehrmacht zuvor die Engländer auf Leros bombardiert und schließlich überwältigt. An diese Vergangenheit erinnert ein *Militärmuseum*. Zu sehen sind Panzer, Waffen aller Art und eine Videodokumentation. In der Nähe finden Urlauber auch einen schmalen, aber schattigen Kieselstrand mit Taverne und Strandbar.

Verbindungen Busse verkehren 4–5 x tägl. zwischen Lakki und Partheni (via Platanos) im Norden sowie zwischen Lakki und Xerokampos im Süden der Insel.

Taxis warten in der Regel an der Anlegestelle auf Kundschaft.

Bank National Bank of Greece an der Hafenpromenade (mit Geldautomaten).

Militärmuseum Das Museum liegt 1 km in Richtung Merikia. Der Weg dorthin führt durch einen schönen Kiefernhain (Bademöglichkeiten und einige kleine Tavernen am Weg). Interessant zu sehen ist vor allem die Architektur, denn das Museum ist in einem von den Italienern angelegten Tunnelsystem untergebracht. Das Militärmuseum ist tägl. von 10 bis 13.30 Uhr geöffnet, Eintritt 3 €.

Zweiradverleih Am Hafen. Fahrräder gibt es für 3–6 €, Motorroller kosten etwa 10–15 € pro Tag.

Übernachten Die meisten Besucher zieht es an die Ostküste – nur wenige übernachten in Lakki.

Miramare. Das Hotel liegt hinter der Uferpromenade. Alle Zimmer mit Dusche, Toilette und Balkon. DZ kosten je nach Saison 28–50 € (inkl. Frühstück). ✆/℻ 22470-22469, www.leroshotelmiramare.co.uk.

Smalis Studios. Am Hafen über dem Fast-Food-Restaurant. Große Zimmer mit Kitchenette, Marmorboden, TV, Terrasse und neuem Bad, 50–60 €. ✆ 22470-22145 und 22470-23831.

Essen & Trinken Trotz einiger Bemühungen ist es mit der kulinarischen Infrastruktur nicht weit her.

To Petrino. Eine der wenigen empfehlenswerten griechischen Tavernen am Ort. Sie liegt an der Straße, die parallel zur Uferpromenade verläuft, neben der Post.

Bald wieder in neuem Glanz? Art-déco-Bau in Lakki

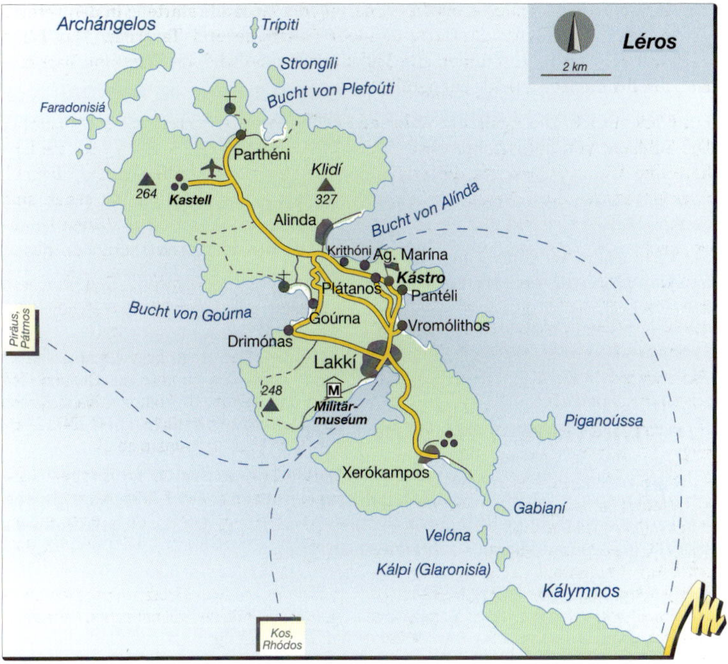

Der Süden von Leros

Xerokampos

Ein Ausflugsziel, das sich vortrefflich für eine Fahrradtour eignet. Die Strecke ist zwar etwas hügelig, dafür werden die Mühen mit einem herrlichen Blick auf die Bucht von Lakki belohnt. Xerokampos selbst strahlt eine angenehme Ruhe aus. Am Kiesstrand liegen Fischernetze zum Trocknen, einige Boote schaukeln friedlich auf dem Wasser, vier ausgezeichnete Tavernen versorgen die Reisenden – ein guter Platz für einen erholsamen Urlaub. Auffällig ist der überdimensionierte Sportplatz mit Tribüne mitten in der Streusiedlung, EU-Förderung macht's möglich ... Überreste eines mittelalterlichen Kastells befinden sich auf einem Hügel nordwestlich der Ortschaft: Herrlicher Blick über die Bucht von Xerokampos.

Verbindungen Mehrmals tägl. **Busse** nach Lakki und Platanos. Mehrfach wöchentl. Kaiki-Verbindung nach Kalymnos.

Übernachten **Villa Alexandros**. Die Pension ist von der Hauptstraße aus ausgeschildert. Großes, weiß gekalktes Haus mit schönen kühlen Apartments, einige davon über zwei Etagen. Alle Zimmer mit Klimaanlage, Küche und Balkon, zwischen 30 und 45 €. ✆ 22470-24220 und 69-72914552, www.villa-alex.gr.

Efstathia. Anlage mit Pool und kleinen Windmühlen. Die Apartments mit gut ausgestatteter Küche kosten pro Tag je nach Saison 35–60 €. ✆ 22470-24099, 📠 22470-24199, www.hotel-efstathia.gr.

Villa Maria. Am Strand mitten in der Bucht bietet Maria Remboulis vier einfach möblierte, aber geräumige Studios an. Gäste dürfen sich im Gemüsegarten bedienen. DZ 35–60 €. ✆ 22470-22827.

Insel Leros → Karte S. 205

Villa Carla. Umfasst zwei separate Apartments mit großem Garten. 100 m vom Meer und 300 m vom Ort entfernt mit toller Aussicht auf die Bucht. Die Einrichtung ist aufwendig (gemauerte Sofas, Stereo und DVD, Holzliegestühle, Fitnessbereich etc.). Die Unterkunft können Sie auch wochenweise über Michael Müllers Internetvermittlung Casa Feria buchen. Das kleinere Apartment (2–4 Pers.) kostet je nach Saison 600–950 € pro Woche.

Gut 400 m vom Meer entfernt liegt der einzige **Campingplatz** der Insel. Es kommen aber kaum Besucher auf die ruhige und schattige Anlage. Zwei Personen mit kleinem Zelt zahlen in der NS 15 €, in der HS 20 €. ✆ 22470-23372 und 69-44238490. Der Betreiber bietet auch Tauchgänge an, die Ausrüstung ist vor Ort vorhanden.

Essen & Trinken **Aloni**. Wer in der Nähe ist, sollte hier einkehren: Die Küche des Familienbetriebs bedient sich, wenn möglich, der Produkte aus eigenem Anbau. So wundert es nicht, dass selbst für das Moussaka Gäste aus anderen Orten kommen. Ausgezeichnet geschmeckt haben uns die Kohl-Dolmades (Lachanodolmades) und das Lamm in Weinsoße (10 €). Der Fisch ist frisch, gefangen in den Gewässern rund um die Insel. Die Taverne befindet sich am Strand in der Buchtmitte. ■

Der mittlere Teil von Leros

Erfrischend und abwechslungsreich präsentiert sich diese Region: Größerer Baumbestand, reizvolle Buchten, reichlich Urlauber – einfach mehr Leben. Und über allem thront das mächtige Kastell von Platanos. Darunter gehen die Ortschaften Agia Marina, Panteli und Platanos nahtlos ineinander über.

Agia Marina und Platanos

Auf den Karten sind zwei Ortschaften eingezeichnet – doch Agia Marina und Platanos sind längst zu einem Ort zusammengewachsen. Der Hafenort Ag. Marina besteht aus der Anlegestelle, der kleinen Uferpromenade mit Tavernen, Cafés, Bars sowie Souvenirshops – und einer gigantischen Kirche, die ausnahmsweise nicht strahlend weiß-blau, sondern in Erd- und Rottönen gehalten ist.

Die Ortschaft Platanos mit ihrem hübschen Marktplatz zieht sich in engen und verwirrenden Gassen den Hang hinauf. Überragt wird sie vom mächtigen Johanniterkastell aus dem 14. Jh., das auf dem Gipfel des 154 m hohen Kalkberges *Pityki* thront. Zwei Wege führen zu der Burg: Zu Fuß, über eine Steintreppe mit 300 Stufen, dauert es ca. 15 Min. Wer auf zwei oder vier Rädern unterwegs ist, dem steht eine fast 3 km lange Straße zur Verfügung. Der Weg schlängelt sich an Windmühlen vorbei und erreicht die Burg an der Rückseite. Von hier genießen Sie eine herrliche Sicht über die ganze Insel.

In der Kirche des Kastells ist ein Museum eingerichtet, in dem es eine bescheidene Auswahl an Gebetsutensilien, historischen Bibelausgaben und Ikonen zu sehen gibt. Besonders verehrt wird eine Marienikone. Sie gilt als wundertätig und ist deshalb im Hauptraum aufgestellt. Der Rahmen wurde im Jahre 713 angefertigt. Die Ikone selbst soll noch älter sein – einige behaupten sogar, der Evangelist Lukas hätte sie eigenhändig gemalt.

Tägl. 8.30–13.30 Uhr, Mi, Sa und So außerdem 16–19 Uhr.

Verbindungen **Tragflächenboote** sowie kleine und mittlere Fährboote legen in Ag. Marina an. Hilfreich ist ein Besuch in der Reiseagentur **Kastis Travel** am Hafen von Ag. Marina: präzise Auskünfte, freundliches Personal (tägl. 8.30–14.30 Uhr). 4 x tägl. **Busverbindung** nach Lakki.

Bank Im großen, weißen Gebäude direkt am Hafen, mit Geldautomat.

Post An der Straße, die von Platanos nach Ag. Marina führt.

Übernachten »» **Unser Tipp: Elefteria.** Die großzügige Anlage liegt hinter dem Reisebüro Laskarina Travel (an der Durchgangsstraße), das die Hotelbesitzer Antonis und Luna Kanaris ebenfalls betreiben. Ein Highlight ist die riesige Dachterrasse mit Pool, auf der u. a. auch Grillabende angeboten werden. Im Gebäude ist ein kleines privates Museum eingerichtet, das Fund- und Sammlerstücke aus dem Zweiten Weltkrieg ausstellt. Die Betreiber führen auch die Agentur Laskarina Travel, sie können also bei Reiseproblemen helfen. DZ, Studios oder Apartments mit Bad und Balkon ab 35 €. ✆ 22470-23550 oder 22470-24550, 📠 22470-24551, www.laskarinatravel.gr. ««

Essen & Trinken Ag. Marina ist ein guter Ort, um lokale Spezialitäten zu essen.

Mylos. Besonders empfehlenswerte Taverne neben der alten Mühle in Richtung Krithoni. Probieren Sie Foulia (ägyptische Bohnen mit Koriander), Garidhopilafo (Reis mit Shrimps) oder ein Fischgericht.

Bratsera. Bietet günstige Fischgerichte (z. B. Oktopus vom Grill für 8 €). Ein paar Tische hat Nikolas, Fischer und Inhaber, an der Uferpromenade aufgestellt, ein paar im Innenhof rund um die eigentliche Taverne.

»» **Unser Tipp: Taverne Dimitris o Karaflas.** Zwischen Platanos und Vromolithos.

In der Mittagshitze wirkt Platanos wie ausgestorben

Der Blick auf die Bucht von Vromolithos ist atemberaubend, ebenso die Speisen. Zu den Spezialitäten des Hauses zählen die Seeigel-Spaghetti (16 €) und das gebackene Schweinefleisch mit Zitronensoße (7,50 €). Sehr gut gefallen hat uns auch die große Auswahl ausgezeichneter Vorspeisen (*Mezedes*). ««

Panteli

Serpentinenreich schlängelt sich die Straße von Platanos zum Kastell hinauf. Den Weg von der hübschen kleinen Ortschaft Panteli bis zur Festung markieren sechs Windmühlen. Vom Kastell sieht man die bunten Fischerboote auf dem Wasser schaukeln. Unten in der Bucht erheben sich steile Felswände, die Häuser kleben am Stein. Stimmungsvoll wirken am Abend die Lichter der die Bucht umsäumenden Tavernen. Die Bademöglichkeiten sind gut, wenngleich der Strand etwas schmal geraten ist.

Bowling **Crescendo Bowling.** Center mit Internetcafé, Poolbillard und mehreren gut gepflegten Bahnen, die von den Einheimischen meist im Winter in Beschlag genommen werden. Wer nur Lust auf einen Kaffee hat, kann ihn mit großartigem Blick von der Terrasse auf die Bucht von Vromolithos und Panteli genießen. ✆ 22470-22104.

Übernachten **Panteli Beach.** Ist eine sehr schöne, kleine Apartmentanlage. Mit Geschmack und Geschick hat das holländisch-griechische Ehepaar Ilias eine Wohlfühloase geschaffen. Vieles der Einrichtung ist gemauert: Betten, Sofas, Sitzbänke vor dem Haus (alles natürlich bequem gepolstert) und auch die Duschen. Die Apartments (bis 5 Personen) kosten je nach Saison 80–100 €, Studios (bis 3 Personen) 55–80 €. Frühstück gibt es in der angeschlossenen Snackbar für 7 €. ✆/📠 22470-26400 und 69-72600035, www.panteli-beach.gr.

Afroditi. Pension nahe dem Basketballfrei-

Insel Leros → Karte S. 205

Das Kastell und die sechs Windmühlen über Panteli

platz mitten im Ort. Ruhig und sauber. Hier werden sowohl DZ (25–35 €) als auch Apartments (30–45 €) vermietet. ✆ 22470-23477.

Happiness. An der Straße hinunter zum Hafen. Die Pension verfügt über 8 Zimmer mit Balkon oder Terrasse. DZ je nach Saison 35–60 €. ✆ 22470-23498, www.studios-happiness-leros.com.

Kavos. Das Hotel liegt nahe der Anlegestelle. In der HS oft ausgebucht. Großzügige Zimmer mit kühlen Böden und blauen Balkonen. DZ ab 35 €. ✆ 22470-23247, 22470-25020, www.leros-kavos.com.

Windmühlen. Am Hügel unterhalb des Kastells, liebevoll restauriert und eingerichtet, um 100 € pro Tag. Wer sich für diese extravagante Unterkunft interessiert, kann sich an die Agentur Laskarina Travel wenden (→ S. 207).

Essen & Trinken **Psaropoula**. Schön gelegene Taverne im Hafen. Empfehlenswert sind die Lammgerichte sowie die verschiedenen Oktopus-Vorspeisen.

Zorbas und **Patimenos**. Beide direkt am Wasser gelegen, verwöhnen die Gäste mit frischen Fischgerichten und typisch griechischen Speisen.

Café Castelo. Großes Strandcafé mit schönem Blick auf die Bucht und das Kastell. Hier gibt es auch Pizza und Crêpes.

Alinda

Die Bucht von Alinda ist eine lang gezogene Sand- und Kiesstrandbucht 3 km nordwestlich von Agia Marina mit Blick auf die mächtige Burganlage von Platanos, die nachts beleuchtet ist. Kleinwüchsige Tamarisken bieten Schatten am Strand, für Abkühlung sorgt eine leichte Brise. Wegen des steten Windes tummeln sich in der Bucht auch Windsurfer. Direkt hinter dem Strand verläuft jedoch die Uferstraße – wer mit Kindern unterwegs ist, muss sie ständig im Auge behalten. Besser werden die Bademöglichkeiten nordöstlich des Alinda-Strands: Hier erwarten Sie mehrere abgelegene Felsbuchten mit kristallklarem Wasser.

Sehenswert ist in der Bucht von Alinda der *Bellenis Tower*, ein schlossähnliches, rosa Gebäude mit zwei Türmen an der Hauptstraße. Er beherbergt ein privat geführtes historisches und völkerkundliches Museum (tägl. 10–13 und 18–21 Uhr geöffnet, Eintritt 3 €). Ein zentrales Thema ist die Schlacht um Leros im Jahre 1943. Zwei Stockwerke sind voll mit geschichtsträchtigen Waffen, Keramik, Trachten, Dokumenten und Fotos. Parissis I. Bellenis (1871–1957), ein Sohn und Gönner der Insel, gründete das Gymnasium und viele andere Einrichtungen auf Leros. Am südlichen Ende der Bucht liegt außerdem der *Soldatenfriedhof* mit Gräbern der 184 bei der Schlacht um Leros gefallenen Alliierten.

Auto-/Zweiradverleih Bei **Motoland** gibt es außer freundlichem Service Fahrräder um 5 € pro Tag, Scooter (50–150 ccm) 10–20 € je nach Saison, einen Fiat Panda für 30–45 €, einen Jimny zwischen 45 und 55 €, außerdem Außenbordmotorboote auf Anfrage. ✆ 69-72600035, www.motoland.gr.

Übernachten Direkt am Strand befinden sich mehrere Pensionen und Hotels. Da die Bucht auch im Programm von etlichen Reiseveranstaltern ist, sind die besten Zimmer nicht selten ausgebucht. Auf Privatzimmer machen Hinweistafeln aufmerksam.

Boulafendis. Blickfang ist das hundertjährige Herrenhaus, das heute ein Restaurant (mit Pianobar) und die Rezeption beherbergt. Dahinter erstreckt sich eine moderne Ferienanlage mit Pool und allem, was dazugehört. Preis für zwei Personen in einem der hübschen Studios 47–68 €. ✆ 22470-23515, 📠 22470-24533, www.boulafendishotel-leros.gr.

Archontiko Angelou. Aufwendig restauriertes 1895 errichtetes Herrenhaus. Im akkurat gepflegten Garten wachsen Zitronenbäume und Kakteen, die Innenausstattung orientiert sich am Stil des späten 19. Jh. DZ je nach Größe und Saison 60–130 €, Frühstück kostet 15 € extra. ✆ 22470-22749 und 69-44908182, www.hotel-angelou-leros.com.

Hotel Alinda. Strandhotel in der Mitte der Bucht mit angeschlossener Taverne. 24 Zimmer mit Balkon und Meerblick. DZ 25–50 €, inkl. Frühstück. ✆ 22470-23266, 📠 22470-23383, www.alindahotel-leros.gr.

Effie's. Die Apartments liegen rund um einen üppig begrünten Hof. Für zwei Personen kostet ein Apartment zwischen 30 und 40 €. ✆ 22470-24459, www.efies-leros.gr.

Diamantis. Wer in Ag. Marina ankommt, kann die Betreiber Nikos und Anna Varna direkt im Souvenirshop am Hafen kontaktieren. Schön sind die großen Balkone der Apartments, die für zwei Personen in der NS 30–35 €, in der HS 45 € kosten. ✆ 22470-22378 und 69-32261652.

Essen & Trinken Entlang der Uferpromenade haben sich einige Tavernen etabliert, die Tische und Stühle an den Strand gestellt haben. Mit den Füßen im Sand, bekommt man v. a. frischen Fisch serviert. Gut gefallen hat es uns im stylischen **Koursaros**, dem 2012 eröffneten Strandcafé mit Lounge-Couch und Stühlen im 1970er-Jahre-Design. Große Speisekarte: Snacks, Salate, Pasta und traditionelle Gerichte. Cocktails und Frühstück gibt's auch.

Gourna und Drimonas

Der größte Sandstrand der Insel liegt in der Bucht von Gourna, hinter der sich eine fruchtbare Tiefebene erstreckt. Stellenweise ist der Strand schön breit, einige Bäume spenden Schatten. Liegen, Sonnenschirme und Kanus werden vermietet. Man hat von der Bucht einen guten Blick auf die Windmühlen auf dem Hügel. Eine Bucht weiter nördlich liegt die *Kapelle des heiligen Isidor* auf einem Fels in der Ägäis. Südlich von Gourna liegt die kleine Ortschaft Drimonas.

Übernachten/Essen **Akrogiali**. Kleines, einfaches Hotel in Drimonas. Zimmer mit Balkon und Meerblick. DZ 30–40 €. ✆ 22470-23115, 📠 22470-25307.

Psilalonia. Ein ehemaliger Bauernhof, der von einem französischen Ehepaar liebevoll und aufwendig zum Gästehaus umgebaut wurde. Die hoch über der Bucht gelegene Unterkunft bietet drei Zimmer für je zwei Personen (60 € inkl. Frühstück), zusätzlich können je zwei Kinder untergebracht werden. ✆/📠 22470-25283 und 69-45352338, www.psilalonia.com.

Sotos. Ruhig und ein wenig einsam liegt die Taverne direkt am Strand. Spezialitäten sind Fisch (von Besitzer Sotos selbst gefischt) und Muscheln, die Hauptgerichte kosten zwischen 10 und 20 €.

Insel Leros → Karte S. 205

Der Norden von Leros

So gut wie menschenleer, landschaftlich abwechslungsreich und im Frühjahr vergleichsweise grün – der Norden von Leros empfiehlt sich für Fahrradtouren und Wanderungen. Hier befindet sich auch der winzige Inselflughafen.

Kurz vor der Landebahn des Flugplatzes weist ein Schild auf ein *Ancient Fort* hin. Zwar sind von der antiken Festung nicht mehr als ein paar Steinquader zu sehen, von der kleinen Anhöhe, auf der die Anlage einst stand, bietet sich aber ein schönes Panorama: über die Bucht von Partheni bis hinüber zum Inselchen Archangelos im Norden. Die Hügel rings um die archäologische Stätte sind mit Bäumen, Büschen und Gräsern bewachsen, die selbst im Spätsommer noch ein bisschen erfrischendes Grün in die steingraue Landschaft sprenkeln.

Partheni

Ein Minihafen mit zahlreichen kleinen Fischerbooten, einige verstreute Häuser – alles wirkt leicht schmuddelig. Das Wasser ist verschmutzt. Man kann nur die Atmosphäre des Ortes mit den violett schimmernden Felsen genießen. Eher zweitklassige Bademöglichkeiten bietet der Strand nahe der *Kapelle Agia Kioura* nördlich von Partheni. Vom kleinen Strand mitsamt Kapelle haben Sie jedoch eine schöne Aussicht auf die vorgelagerte *Insel Strongili*.

Plefouti

Die große, geschwungene Bucht liegt östlich der Bucht von Partheni, ist reizvoller als diese und hat einen schmalen, stellenweise schattigen, ruhigen und sauberen Kiesstrand. Im Hintergrund erheben sich grüne Hügel, die bewirtschaftet werden. Häuser sieht man kaum, aber zwei kleine Kirchen. In der Bucht liegen Fischer- und ein paar Segelboote. Eine große Taverne mit Blick aufs Meer versorgt die Ausflügler.

Ländlich geprägt: die Bucht von Gourna

Insel Patmos

Gäbe es eine Hitliste der beliebtesten Inseln des Dodekanes, würde Patmos einen Spitzenplatz belegen. Die kleine Insel bietet alles, was das Urlauberherz begehrt: reizvolle Strände, gute Tavernen, fotogene Altstadtgassen und nicht zuletzt reichlich Kultur.

Auf Patmos trifft man auf eine optimale Mischung aus griechisch-orthodoxer Glaubenslehre und multinationaler Urlaubsphilosophie. Die Natur tut das Ihrige dazu: Auf eine berauschend schöne Bucht folgt die nächste, das Wasser ist türkisblau und kristallklar, die Strände sind oft aus hellem Sand. Kein Wunder also, dass die Insel hoch im Kurs steht – bei den Individualreisenden ebenso wie bei den Reiseveranstaltern und Kreuzfahrtschiffen. Prominenter Patmos-Besucher war bis zu seinem Tode Zeitungszar Axel Springer, der hier ein schmuckes Häuschen besaß; aber auch andere bekannte Gesichter verbringen ihren Urlaub gern auf dem Eiland.

Patmos im Überblick

Größe: 35 km^2 Fläche, von der Nord- bis zur Südspitze etwa 12 km lang.

Bevölkerung: Gut 3000 Einwohner, die meisten davon leben in Skala.

Geografie: Patmos besteht eigentlich aus drei verschiedenen Inseln, die lediglich durch zwei schmale Landzungen miteinander verbunden sind. Die Küste ist von Buchten zerklüftet. Die höchste Erhebung ist der *Profitis Ilias* mit 269 m.

Wichtige Orte: *Skala*, der Hafenort, v. a. abends viel Rummel; *Chora*, die Altstadt mit dem mächtigen Kloster und einem herrlichen Rundblick; die Bucht *Grikos* mit etlichen Hotelanlagen; die *Bucht Meloi* mit Zeltplatz und Tavernen.

Verbindungen: Patmos wird von den großen *Fähren* auf der Strecke Piräus – Kos – Rhodos tägl. angelaufen. Zudem können Sie *Leros*, *Kalymnos*, *Kos* und *Samos* tägl. auch mit den Katamaranen von Dodekanisos Seaways und Tragflächenbooten erreichen. Die Fähragenturen befinden sich an der Hafenpromenade, in der Parallelstraße oder am Hauptplatz nahe dem Kai. Zur Nachbarinsel *Lipsi* setzen zudem tägl. kleine Fähren über (einfache Fahrt um 8 €). Die Abfahrtszeiten der Ausflugsboote sind in der Regel auf großen Tafeln angeschlagen.

Straßen: Das Straßennetz auf Patmos ist ausgezeichnet, alle wichtigen Wege sind asphaltiert.

Entfernungen: Die Insel ist klein: Skala (Hafen) – Chora 4 km (zu Fuß etwa 60 Min.), Skala – Grikos 3 km, Skala – Lambi 8 km, Skala – Meloi 2,5 km.

Auto- und Zweiradverleih: In Skala gibt es Verleihstationen. In der NS zahlt man für einen Kleinwagen knapp 30 €, in der HS ca. 35 €.

Tankstellen: Nur eine, 650 m hinter dem Ortsausgang von Skala Richtung Kampos.

Übernachten: Quartiere stehen praktisch auf der ganzen Insel zur Verfügung. Im Juli und August ist die Nachfrage besonders groß. Für ein Zimmer zahlen Sie dann rund doppelt so viel wie im Mai oder September.

Internet: www.patmos-island.com

Telefonvorwahl: 22470.

Ein langer, an der nördlichen Spitze kesselförmiger Naturhafen eröffnet sich den Urlaubern, die auf den großen Fähren an der Reling stehen. Vor allem abends ist die Einfahrt in die Bucht von *Skala* ein phänomenales Erlebnis. Hoch über dem Hafenort thront eindrucksvoll die Altstadt mit dem wuchtigen *Johanneskloster*. Auf der anderen Seite der Bucht steht ein großes, blau scheinendes Kreuz. Es wurde zu

Insel Patmos → Karte S. 213

Ehren eines Einsiedlermönchs errichtet, der dort im 17. Jahrhundert gelebt haben soll. Klöster, Kapellen, Kreuze überall – das griechische Parlament hat Patmos 1983 zur heiligen Insel erklärt.

Wer kleine *Wanderungen* mag, findet auf Patmos ein ausgezeichnetes Revier: 17 Wege sind ausgeschildert. Gut ausgestattet sind Sie mit der Karte des Terrain-Verlags (Maßstab 1:20.000). Sie ist für 7 € im Zeitschriftengeschäft an der Platia von Skala erhältlich.

Skala/Hafen

Langweilig wird es nicht im Hafen von Skala: Die Cafés an der Uferpromenade sind gut besucht, die Einheimischen flanieren, Musik und Publikum sind international, clevere Geschäftsleute wissen, wie man ein Schaufenster dekoriert, und tagtäglich strömt eine stattliche Anzahl Besucher aus dem Bauch der großen Fähren, Katamarane oder Kreuzfahrtschiffe.

Die weißen Häuser ziehen sich von der Hafenbucht den Hang hinauf. In den schmalen Gassen hat kein Auto Platz; man vermisst sie auch nicht, denn die Wege sind kurz. Nahezu an jeder Ecke lockt eine Taverne oder ein Café. Das auffälligste Gebäude von Skala ist das während der italienischen Besatzung gebaute *Zollamt* gegenüber der Fähranlegestelle. Heute sind in dem Haus mit seinen schönen Arkaden und dem wuchtigen Turm Polizei und Post untergebracht.

Sehenswertes

Kastell/Antike Akropolis: Die Überreste der Siedlung liegen auf einem 144 m hohen Hügel. Erhalten sind noch Teile der antiken Stadtmauer. Inmitten der Trümmer zeichnen sich die Wege, die einst durch die Siedlung führten, noch deutlich ab. Die längs der Gassen geschichteten Steine erreichen eine Höhe von 1 m; die Gebäude dahinter sind indessen vollständig zerfallen. Wenn Sie den Hügel erklommen haben, blicken Sie auf die nördliche Nachbarinsel Ikaria.

Wegbeschreibung: Am Parkplatz hinter der Bank an der Uferpromenade hoch in Richtung Hotel Castelli. Dahinter rechts in die Gasse, die Stufen empor und schließlich durch das zerfallene Tor.

Baden

In Skala selbst sind die Möglichkeiten sehr bescheiden: kaum Schatten, und die Straße führt direkt am Strand vorbei. Wer einen schönen Strand sucht, braucht jedoch nicht weit zu fahren: Die Bucht von Meloi (siehe unten) ist nur 1,5 km entfernt und ohne Probleme sogar zu Fuß zu erreichen.

Basis-Infos

Information Die **Touristeninformation** (✆ 22470-31666) befindet sich im Hafengebäude aus der italienischen Besatzungszeit; sie war 2012 allerdings geschlossen. Was die Schiffsverbindungen betrifft, erkundigt man sich am besten beim Hafenamt an der Anlegestelle oder bei den Reiseagenturen wie Astoria Travel an der Hafenpromenade, ✆ 22470-31205, astoria@12net.gr.

Im Jahr 2006 eröffnete das Johanneskloster das **Informationszentrum für Kultur und Orthodoxie** in Skala, rund 100 m östlich vom Polizeigebäude. Auf fünf großen Bildschirmen läuft in verschiedenen Sprachen der gleiche Film. Im Fokus stehen Infos über das Kloster und die griechisch-orthodoxe Kirche. Die Mitarbeiter helfen aber auch bei weltlichen Problemen weiter. Öffnungs-

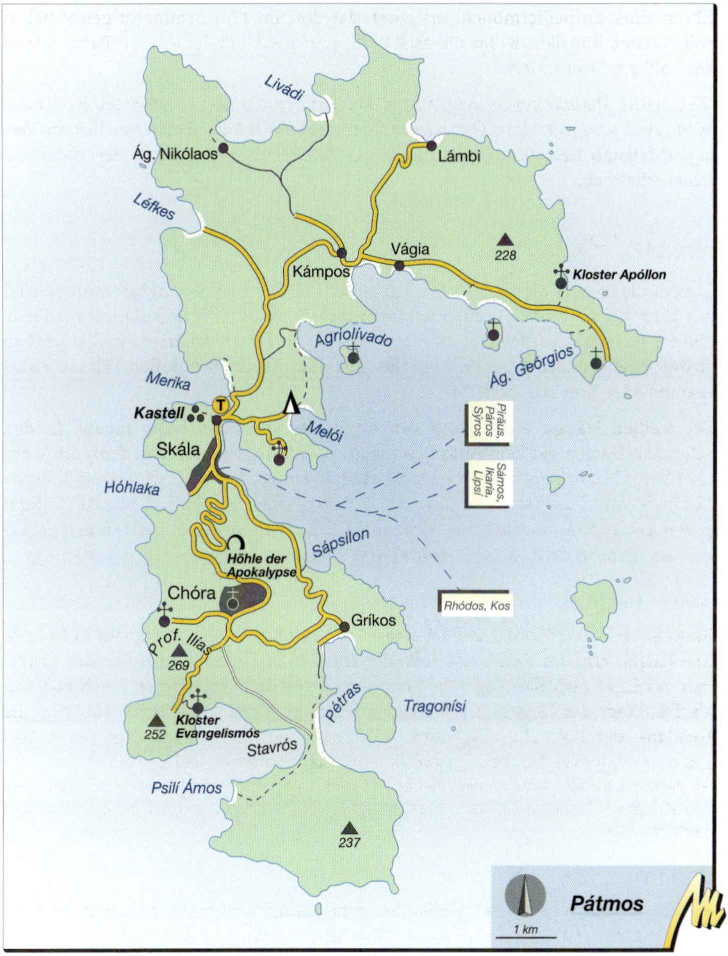

Insel Patmos → Karte S. 213

zeiten: Mo, Di, Do und Fr 9–13 und 18–21 Uhr, Sa/Do 18–21 Uhr, Mi geschlossen.

Verbindungen **Busse** fahren gegenüber vom Zollamt ab. Es gibt folgende Buslinien: Skala – Kampos (3 x tägl.), Skala – Chora (8 x tägl.), Skala – Grikos (5 x tägl.) sowie Grikos – Chora (2 x tägl.).

Vis-à-vis dem Zollamt stehen auch die **Taxis**. Die Fahrt zum Zeltplatz in der Bucht von Meloi kostet rund 4 €, hinauf zum Kloster etwa 6 €. Unter ✆ 22470-31225 kann man ein Taxi bestellen.

Zum Strand Psili Amos und zu den Stränden auf Arki und Marathi fahren tägl. **Boote** (hin und zurück für 12 bzw. 18 €).

Bank Eine Bank mit EC-Automat befindet sich am Hauptplatz sowie an der Hafenpromenade Richtung Meloi.

Parken Ist in Skala schwierig. Neben einigen Hotelparkplätzen gibt es zwei öffentliche, kostenlose **Parkplätze**: einen am Jachthafen, den anderen neben dem Hotel Chris an der Uferpromenade in Richtung Meloi.

Polizei Am Hafen, ✆ 22470-31303.

Post Im Hafengebäude aus der italienischen Besatzungszeit. Geöffnet 8–13.30 Uhr, Sa/So geschlossen.

Zweiradverleih **Rent & Bicycle Faros.** An der Straße Richtung Chora, ca. 200 m vom Taxistand entfernt. George Kazileris bietet Fahrräder und Mountainbikes ab 5 € pro Tag, Scooter ab 10 €, Rabatte ab 3 Tagen Verleih, ✆ 22470-34400, farosmoto@yahoo.gr.

Tassos Rentals. Nahe der Schiffsanlegestelle, verleiht neben Rollern und Mofas auch Autos. Einen Kleinwagen gibt es ab 30 € pro Tag, Scooter ab 10 €. ✆ 22470-31753, tasorent@otenet.gr.

Christina Giannarou Rent a Car. Die Wagen in der Polo- bzw. Golfklasse sind sehr gut zu schalten und haben die richtigen Maße für die engen Inselstraßen. Ein Hyundai i10 kostet je nach Saison zwischen 30 und 45 €, ein i30 zwischen 40 und 55 €, Rabatt gibt es ab drei Tagen. Die Wagen werden vor dem Abholen und nach der Rückgabe genau in Augenschein genommen. ✆ 22470-32885 und 69-74745761, bizasrentacar@otenet.gr.

Übernachten

Wer ein Privatquartier sucht, wird schnell fündig. Sobald die Fähre anlegt, sind die Vermieter zur Stelle und preisen ihre Quartiere an. Auch Hotels und Pensionen gibt es mehr als genug auf Patmos – trotzdem ist eine Reservierung in der HS nötig. Im Juli und August liegt das Preisniveau deutlich über dem der Nachbarinseln.

››› **Unser Tipp: Australis.** Liegt oberhalb der Uferstraße in Richtung Meloi. Wer vorher anruft, wird vom Anleger abgeholt. Viele Gäste des Hotels kommen immer wieder, weil sie sich hier zu Hause fühlen. Dafür sorgen der freundliche Fokas Michellis, sein Sohn Peter – und der Garten. Der ist wahrlich eine Wucht! Rund um das Haus und auf den Terrassen blühen Blumen und Büsche, wiegen sich Palmen und Bäume im Wind. Die Zimmer und Apartments sind kühl, sauber und geschmackvoll eingerichtet. Auf der schattigen Terrasse wird ein vorzügliches Frühstück serviert. 50–100 € kostet eines der 18 DZ. Studios liegen zwischen 50 und 200 €, Letzteres ist der Preis für das 6-Personen-Studio. Frühstück 8 €, kostenloser Transfer zum Hafen. ✆ 22470-31576, 📠 22470-32284, www.patmosaustralis.gr. ‹‹‹

Der Blickfang am Hügelkamm ist zu besichtigen

Villa Knossos. Befindet sich neben dem Hotel Australis. Debbie, die Tochter von Fokas Michellis führt diese sympathische Herberge. Zimmer mit Bad, Balkon, Klimaanlage, Kühlschrank und Wasserkocher stehen zur Verfügung. Auch hier blühen Blumen rund ums Haus. Man kann sich das Frühstück aufs Zimmer bringen lassen oder auf der Terrasse des Hotels Australis frühstücken. Zwei Personen zahlen für ein Apartment zwischen 40 und 70 €, im August etwas mehr. Studios für zwei bis drei Personen kosten zwischen 50 und 100 €. ✆/℻ 22470-32189, www.villaknossos.com.

»»» **Unser Tipp: Sea View Apartments.** Liegt oberhalb des Ortes, mit Blick auf Skala und die Bucht von Hohlaka. „Die beste Unterkunft, die wir in Griechenland hatten", schrieben uns Fritzi Brux und Frank Weckfort. Das Haus führt die deutsch-griechische Familie Vasilakis. Sehr gut ausgestattet: u. a. Balkon, Klimaanlage, Toaster, Wasserkocher und Fernsehen mit deutschen Programmen. Studio für 2 Personen: 40–70 €, Apartment 45–90 €. ✆/℻ 22470-32749 und 69-79681933, www.enjoy-patmos.de. «««

Byzance. Südlich des Hafens gelegener neuer Bau mit einigem Schnickschnack: Dachterrasse, Sauna (!) usw. Zimmer mit viel Holz, kein Balkon. DZ mit Frühstück zwischen 50 und 80 €. ✆ 22470-31052, ℻ 22470-31663, www.byzancehotel.gr.

Galini. Liegt in der Sackgasse, die am Platz gegenüber dem Schiffsanleger beginnt. Sympathisches Hotel in ruhiger und zentraler Lage zugleich. Die Zimmer sind klimatisiert, geräumig und modern ausgestattet, haben Badezimmer und Balkon. In der HS kostet ein DZ rund 80 €, in der NS bekommt man auch schon ab 50 € ein Zimmer, Frühstück inkl. ✆ 22470-31240, ℻ 22470-31705, pasca@otenet.gr, www.galinipatmos.gr.

Le Balcon. Gepflegte Anlage, knapp 1 km von Skala entfernt (Richtung Grikos). Neun geräumige Apartments in einer liebevoll gepflegten Gartenanlage. Fantastischer Blick übers Meer und auf Skala. Studio für zwei Personen 60–125 €, Suiten 90–190 €, je nach Saison und Größe. ✆ 22470-32713, ℻ 22470-32714, lebalcon@otenet.gr, www.lebalcon.gr.

Essen & Trinken

Tzivaeri. An der Uferstraße, rund 400 m vom Hafenamt in Richtung Meloi, neben dem öffentlichen Parkplatz. Ausgezeichnete Fischgerichte, besonders die gegrillten Scampi und Shrimps sowie der Oktopus sind gut – wenn auch mit 15–20 € nicht ganz billig. Das Restaurant ist leicht zu übersehen, es ist in der ersten Etage untergebracht, im Erdgeschoss befindet sich die Pizzeria La Strada.

Hiliomodhi. Unweit vom Hafen, an der Straße nach Chora gelegen. Man sitzt hinterm Haus, in einer kleinen Sackgasse abseits der Straße. Eine der besten Adressen – nicht nur für frischen Fisch. Eine gemischte Fischplatte ist vorzüglich, auf die Reste warten die Katzen in angemessener Entfernung. Auch die Rote Bete mit Skordalia oder gegrillte Auberginen sind prima. Die Rechnung am Ende eines schönen Abends ist angenehm niedrig für das, was die unglaublich flinken Kellner auf die Tische getragen haben.

Ostria. Direkt an der Uferpromenade, nahe der Anlegestelle. Erfreut sich bei Einheimischen wie Touristen großer Beliebtheit. Der Fisch ist ausgezeichnet.

To Trechantiri. Nahe der O.T.E-Filiale. Ausgezeichnete Ouzerie, nur abends geöffnet.

Café Meltemi. Am Strand an der Uferpromenade, hat Tische und Stühle in den Sand gestellt. Kein Touristengag, die Einheimischen freuen sich offenbar am meisten über das Angebot, ziehen die Schuhe aus und bestellen Frappé. Abends werden Lichter auf die Tische gestellt.

Arion. Die In-Kneipe an der Uferpromenade befindet sich in einem stilvoll restaurierten Lagerhaus aus dem 19. Jh. Kaltes Bier, gute Cocktails oder leckere Sandwichs. Griechische und internationale Musik.

Chora (Altstadt)

Kaum ein Reisender verlässt Patmos, ohne in Chora gewesen zu sein. Schließlich beherbergt die Altstadt auf dem Berg über Skala die wichtigste Sehenswürdigkeit

Insel Patmos → Karte S. 213

Die Chora mit dem Johanneskloster

der Insel: das Johanneskloster aus dem 17. Jh., zu dem die sagenumwobene Höhle der Apokalypse gehört.

Holpriges Pflaster, dunkle Durchgänge, eng bebaut – die Chora ist ein kleiner Irrgarten. Die wenigen Tavernen und Cafés warten auf Besucher. Wenn die Touristen wieder weg sind, kehrt die Stille zurück. Die Ortschaft wirkt dann verlassen und leer. Diese fast gespenstische Szenerie in der Mittagshitze hat durchaus ihren Reiz: Jahrhundertealte, weiß getünchte Häuser drängen sich in engen Gassen, kein Neubau trübt das Bild von Chora, und über allem thront das Johanneskloster mit seinen gigantischen wehrhaften Mauern. Lediglich die Briefkästen an Türen weisen auf Leben in der Ortschaft hin. Der Schein trügt. Tatsächlich ist Chora ein begehrter Platz. Viele der alten Häuser werden – nach aufwendiger Restaurierung – an Interessenten aus dem In- und Ausland vermietet oder verkauft.

Tipp: Fahren Sie mit dem Bus nach Chora hinauf und gehen Sie zu Fuß hinunter. Per pedes braucht man etwa 45 Min.

Sehenswertes

Kloster des Apostels Johannes: Das Kloster mit seinen mächtigen Außenmauern, 260 m hoch über der Insel gelegen, wirkt überwältigend, geradezu kolossal. Seit über 900 Jahren leben Mönche im Johanneskloster. Im Altertum stand an derselben Stelle ein Tempel der Artemis, und auf dessen Ruinen wurde im 4. Jh. eine Basilika errichtet. Die heutige Form des Klosters mit seinem Innenhof, Arkadengängen, Kapellen und unzähligen Schlafräumen wurde jedoch erst im 17. Jh. fertig gestellt.

Die massive polygonale Zinnenmauer wurde im 11. Jh. gebaut. Das dunkle Vulkangestein der Insel ist als Baumaterial verwendet worden und bildet einen markanten Kontrast zu den gekalkten Häusern ringsum. Der Innenhof, das Kernstück des Klosters, ist mit verschiedenfarbigen Kieseln bedeckt. Ihn umgeben hohe Mauern, die wiederum von Arkadengängen durchzogen sind. Die Fresken der vier Evangelien in der Vorhalle des Katholikons, der Hauptkirche des Klosters, stammen aus dem 18. Jh. und sind hervorragend erhalten. Ebenso die fein gearbeiteten Ornamente an den Holztüren. Sie wurden im 17. Jh. gefertigt.

In der dreischiffigen, düsteren *Christodoulos-Kapelle* wird kostbarer Schmuck aus dem Grab des im 12 Jh. verstorbenen Klostergründers gezeigt. Seine Gebeine liegen in einem mit Silber verzierten Reliquienschrein. Im Kloster ist auch ein Museum untergebracht, das jedoch mit einem Eintritt von 6 € deutlich zu teuer ist. Es beherbergt eine Vielzahl von kirchlichen Relikten aus der Schatzkammer des Klosters, die als eine der bedeutendsten Griechenlands gilt. Besonders eindrucksvoll ist die rund 2 m lange Stiftungsurkunde aus dem Jahre 1088. Die Exponate, darunter Handschriften, Ikonen, Messgerätschaften und Reliquienschreine, sind gut erhalten und werden in englischer Sprache erklärt.

Tägl. 8–13.30 Uhr, So/Di/Do auch 16–18 Uhr. Am Eingang wird die Kleidung kontrolliert: lange Hosen bzw. Röcke sind erwünscht. Meiden Sie eine Besichtigung des Klosters, wenn eine Besuchergruppe kommt – dann ist es einfach zu eng in den ehrwürdigen Mauern! Eintritt 4 €.

Höhle der Apokalypse: „Ich, Johannes, euer Bruder und Mitgenosse an der Trübsal und am Reich und im Ausharren bei Jesus, ich war auf der Insel, die da heißt Patmos, um des Wortes Gottes Willen und des Zeugnisses von Jesus. Der Geist kam über mich an des Herren Tag, und ich hörte hinter mir eine große Stimme wie von einer Posaune, die sprach: Was du siehst, das schreibe in ein Buch“ (Offenbarung 1, 9–11).

Etwa auf halber Höhe zwischen Skala und Chora liegt die Höhle, in der Johannes die Vision zur Niederschrift der Apokalypse erhalten haben soll. In das mit Silber umrandete, vergitterte Loch in der Wand soll der Apostel sein Haupt zum Schlafen gebettet haben; die Nische nebenan diente ihm angeblich als Halt, wenn er sich

Verwinkelte Gassen und gemütliche Tavernen

Insel Patmos → Karte S. 213

Ikonen als mögliches Mitbringsel

nach dem Gebet aufrichtete. Die einem Mercedes-Stern ähnelnden Risse in der Felsdecke sollen entstanden sein, als Jesus seinem Jünger erschienen ist. Ein Riss spaltet sich in drei auf, was als Symbol der Dreieinigkeit gedeutet wird – christlich-religiöse Motive finden Sie in der kleinen Höhlenkapelle zuhauf. Diese ist orthodox ausgestattet: mit mehreren Altären, bunten Ikonen, Kerzenleuchtern und Teppichen.

Johannes hat sein Evangelium übrigens nicht selber geschrieben, sondern seinem Lieblingsjünger *Pronchos* diktiert. Eine ebene Fläche im Fels, rechts oberhalb der Gebetsstätte des Johannes, soll Pronchos als Pult gedient haben.

Öffnungszeiten wie das Kloster (s. o.). Der Eintritt ist kostenlos, das Fotografieren verboten.

Im Juli 2010 wurden drei restaurierte Mühlen auf dem Hügelkamm westlich des Klosters eingeweiht, die als lebendige Museen dienen. Die Restaurierung hat ein internationales Team übernommen: Architekten aus Griechenland, Ingenieure aus der Schweiz, ein französischer Steinmetz und ein Zimmermann aus Patmos. Sehenswert ist auch das „Traditional House" nahe dem Nonnenkloster Zoodochou Pigis. In dem 1625 erbauten Herrenhaus erwartet Sie eine umfassende Sammlung von Hinterlassenschaften, vor allem aus dem 18. und 19. Jh. Geöffnet von 9 bis 13.30 und 17 bis 19.30 Uhr.

Chora und Höhle: Weltkulturerbe der UNESCO

Am 27. August 2006 feierte Patmos die Aufnahme der Altstadt (Chora) mit dem Johanneskloster und der Höhle der Apokalypse in die UNESCO-Welterbeliste. Damit hat Griechenland nunmehr 17 Einträge im Welterbe-Verzeichnis, darunter die Akropolis von Athen, den Berg Athos oder den mittelalterlichen Teil von Rhodos. Derzeit sind es weltweit über 900 Stätten, die wegen ihres „außergewöhnlichen universellen Wertes" als menschliche Kulturleistung oder Naturphänomen besonders schützenswert sind.

Essen & Trinken Vegalis. Direkt am Hauptplatz gelegen. Trotz der vielen Touristen gemütlich. Ein empfehlenswerter Snack sind die Blätterteigtaschen mit Spinatfüllung.

Balcony. Am Fußweg Richtung Kloster, mit großer Terrasse und grandiosem Blick über die Insel. Die traditionelle griechische Küche ist gut, tagsüber werden auch ausgezeichnete Sandwichs serviert.

Pantheon. Alteingesessenes Haus, ebenfalls am Fußweg zum Kloster. Die Küche bietet besonders leckere Appetithappen (*Mezedes*).

Meloi

Einer der beliebtesten Badeplätze für alle, die in Skala wohnen. Die Bucht ist etwa 1 km von der Anlegestelle der Fähre entfernt (folgen Sie der Hafenstraße bis zur Abzweigung *Meloi-Camping*). Das Wasser ist sauber, Tamarisken am Ufer spenden viel Schatten. In der Hochsaison liegen die Handtücher hier dicht beieinander.

Über der Bucht von Meloi thront das im Jahre 1667 gegründete *Kloster zur Quelle des ewigen Lebens*. Sein Name ist nicht nur metaphorisch zu verstehen: Tatsächlich entspringt hier eine Quelle. Sehenswert sind der verwinkelte Patio mit seiner üppigen Pflanzenpracht und die beiden reich verzierten Kirchen mit Ikonen aus dem 17. Jh. Über eine schmale Stiege ist der Fels, aus dem das Quellwasser sprudelt, zu erklimmen. Von der Aussichtsplattform bietet sich eine schöne Panoramaaussicht auf Skala und Chora. Das überdimensionale Kruzifix auf dem Fels leuchtet nachts Touristendampfern den rechten Weg.

Übernachten/Camping **Flower Camping Stefanos**. Da bekommen selbst Nicht-Zelter spontan Lust, Heringe in den Boden zu schlagen. Die Anlage liegt direkt hinter dem Strand; der Platz ist sauber und gepflegt – und clever parzelliert: Riesenschilf umrandet die Stellplätze, was für Schatten und Privatsphäre sorgt. Preise: pro Person 8 €, pro Zelt 2 €. ✆ 22470-31821.

Stefanos Studios. Die Betreiber des Campingplatzes haben ihr Geschäftsfeld ausgeweitet. Ein Haus mitten in der Bucht (30 m² groß, 30 m zum Strand), das andere oberhalb des Campingplatzes (Zimmer größer und neuer). Aus dem Garten dürfen die Mieter Tomaten, Auberginen und Paprika zum Kochen verwenden. Abholservice vom Hafen. Studios in der Bucht 25–45 €, oberhalb des Platzes 35–55 €. ✆ 22470-32415.

Porto Scoutari. Das exklusive Romantikhotel liegt rund 400 m vom Strand entfernt. Den Weg zur Rezeption, an der meist die Besitzerin Elina Scoutari persönlich sitzt, ziert antikes Mobiliar, ein Stil, der sich auch in der Einrichtung der Zimmer wiederfindet. Den Gästen stehen u. a. mehrere Pools, ein Spa-Bereich und ein Fußballplatz zur Verfügung. Die gehobene Ausstattung spiegelt sich im Preis wider: DZ/Suite zwischen 110 und 180 €, oft gibt es aber günstige Angebote, die auf der Homepage abrufbar sind. ✆ 22470-33123, ℻ 22470-33175, www.portoscoutari.com.

Essen & Trinken **Taverne Stefanos**. Es ist ein gutes Zeichen, dass die Taverne auch im Winter geöffnet hat: Hier finden sich gerne Einheimische ein. Auf dem Grill werden frischer Fisch und Fleisch gebrutzelt, von der Terrasse blickt man aufs Meer. Die Taverne befindet sich auf dem Gelände des Campingplatzes.

Insel Patmos → Karte S. 213

Der Süden von Patmos

Bis auf den Ort Grikos ist der südliche Teil der Insel vom Tourismus noch kaum erobert. Das ganze Gebiet ist mit viel Aufwand landwirtschaftlich kultiviert worden. Auf Terrassen wachsen Oliven- und Mandelbäume. Am südöstlichen Zipfel der Insel liegt ihr schönster Strand: Psili Amos.

Sapsila

Langgezogene Bucht mit schmalem Kiesstrand; hier spenden einige Tamarisken Schatten. Im Wasser dümpeln eine Handvoll Fischerboote, auf den Feldern wachsen Tomaten und Auberginen. Auch in der Hochsaison nicht überlaufen, da es in der Bucht nur wenige Unterkünfte gibt.

Übernachten »» Unser Tipp: **Mathios**. Bietet insgesamt fünf Studios, zwei Apartments und ein kleines Haus. Alle sind geräumig, verfügen über Balkon oder Terrasse. Bei der Wahl der Innenausstattung hat die freundliche Betreiberin Jakoumina eine geschickte Hand bewiesen. Historische Gegenstände wie ein hölzernes Himmelbett vermitteln Lokalkolorit. Die technische Ausstattung indes ist modern, die Zimmer sind picobello sauber. Liebevoll gepflegt präsentiert sich auch der Garten, aus dem die Gäste mit saftigen Melonen oder Zitronen verwöhnt werden. Studio/Apartment für zwei Personen je nach Saison 40–65 €. ✆/℻ 22470-32583, www.mathiosapartments.gr. ««

Grikos

Halbkreisförmige Bucht mit Fischerbooten an einem schmalen Steg. In den vergangenen Jahren sind zahlreiche Hotel- und Apartmentanlagen errichtet worden, die in der Hauptsaison voll belegt sind. Die drei Tavernen machen einen gemütlichen Eindruck, liegen aber weit auseinander. Da es zudem keine weiteren Geschäfte gibt, fehlt dem Ort ein echtes Zentrum. Die besten Bademöglichkeiten bestehen südlich von Grikos, in der *Bucht Petras*, zu der ein Fußweg führt. Ein rund zehn Meter hochragender, bizarr geformter Monolith verleiht der Bucht mit ihrem Strand aus Kies und Sand einen besonderen Charakter. Hier finden Sie auch eine kleine Wassersportstation, außerdem Liegestuhl- und Sonnenschirmverleih.

Baden/Wassersport In der Bucht von Petras gibt es eine Wassersportstation, sie liegt auf der Landzunge vor dem riesigen Felsen im Meer. Windsurfen kostet 17 € die Stunde, für 8 € bekommt man ein Kanu. Außerdem verleiht die Station auch Strandliegen (5 €) und verkauft Getränke und Sandwichs.

Übernachten **Patmos Aktis**. Eine durchdesignte Anlage mit 56 großen Zimmern und Suiten. Hier schlagen Architektenherzen, die klare Linien lieben, höher. Private Pools, die direkte Strandlage und ein großer Spa-Bereich zählen zur Ausstattung. Das hat allerdings seinen Preis: DZ 100–300 €. ✆ 22470-32800, ℻ 22470-35030, www.patmosaktis.gr.

Golden Sun. Das Hotel liegt am Hügel über der Bucht, das eröffnet einen wunderbaren Ausblick. Die Zimmer sind geräumig und sauber. Ein DZ kostet zwischen 59 und 89 €, inkl. Frühstücksbufett. ✆ 22470-32318, ℻ 22470-34019, www.hotel-golden-sun.com.

Silver Beach. Hotel direkt an der Mole. 16 saubere Zimmer mit Balkon, zwischen 50 und 65 €. ✆ 22470-32652, ℻ 22470-32556, www.silver-beach.gr.

Chrisantonis. Mitten in der Siedlung. Angeboten werden Studios und Apartments für bis zu acht Personen. Ein Apartment für vier Personen kostet ab 60 €, Studios für zwei Personen gibt es für 30–60 €. ✆ 22470-32756, ℻ 22470-29331, chrisantosstudios@yahoo.com

Essen & Trinken **Stamatis**. Taverne an der Mole. Die Speisekarte bietet neben griechischer Küche auch Gerichte mit internationalem Einschlag.

Flivos. Die Taverne an der Straße Richtung Petras ist auf Fisch spezialisiert. Schwertfisch, Shrimps in Knoblauchsoße und Kalamari sind ausgezeichnet.

»» Unser Tipp: **Ktima Petra**. Befindet sich in der Bucht von Petras. Bei Einheimischen beliebtes Restaurant mit ausgezeichneter griechischer Küche. Gemüse wird im Garten und dem Gewächshaus nebenan angebaut. Die hausgemachten Dolmadakia sind ein Gedicht. Die meisten Hauptspeisen kosten weniger als 10 €. Zu späterer Stunde verschwindet die Speise- und die Cocktailkarte kommt auf den Tisch. ««

Von Grikos aus verläuft die asphaltierte Straße in westlicher Richtung nach Chora. Von dieser Straße zweigt eine Betonpiste links ab, die sich nach 500 m gabelt; der rechte Abzweig führt zum *Kloster des heiligen Joseph*. Von hier genießt man einen herrlichen Blick über die weitläufige *Bucht Stavros*. Am westlichen Ende liegt das *Frauenkloster Evangelismou*, das tägl. außer Freitag von 9 bis 11 Uhr zu besichtigen ist.

Psili Amos

Dass die schönste Bucht der Insel nicht wirklich überlaufen ist, liegt an ihrer geschützten Lage: Psili Amos am südöstlichen Zipfel der Insel ist nicht ganz leicht zu erreichen. Der einfachste Weg ist, das im Sommer eigens dafür eingesetzte Schiff von Skala aus zu nehmen: Es startet um 10 Uhr und fährt von Psili Amos um 16 Uhr zurück. Alle anderen müssen eine halbstündige Wanderung auf sich nehmen – mit Auto oder Moped kommt man nicht bis zum Strand.

Doch der Weg lohnt sich: Fast 400 m feinster heller Sand warten hinter den Hügeln, einige Bäume spenden Schatten, eine leichte Brise sorgt für Kühlung. Das Meer ist klar und blau, Felsen rahmen die Bucht ein. Da die Strandtaverne wirklich gutes Essen serviert und stets gekühlte Getränke bereithält, kann man hier ohne Probleme einen ganzen langen Sommertag zubringen. Am südlichen Teil der Bucht finden sich übrigens zahlreiche Nudisten ein.

Psili Amos ist einer der schönsten Patmos-Strände

Anfahrt/Wanderung Über die Straße Richtung *Alikes* hinunter zur Bucht von Stavros. Die Straße endet an einem Parkplatz. Am Ufer entlang folgt man einem Ziegenpfad in Richtung Berge, der hinter einer Pforte den Hang hinaufführt. Sie müssen die drei Hügelrücken auf dem ausgetretenen Pfad überqueren. Wenn Sie oben auf dem dritten Hügel stehen, können Sie nach Psili Amos hinunterblicken. Jetzt müssen Sie sich links halten und dem ausgetretenen Weg folgen, denn der Ziegenpfad geradeaus runter ist steil und rutschig (Geröll). Insgesamt dauert die kleine Wanderung (1,2 km) etwa 30 Min.

Der Norden von Patmos

Von der Steilküste für Schnorchler über windreiche Buchten für Surfer bis zum Sandstrand für Faulenzer – hier kommen alle auf ihre Kosten.

Agriolivado

Von Skala aus passieren Sie erst die Bucht von Meloi. Die nächste Abfahrt rechter Hand führt über eine asphaltierte Straße hinab zur Bucht. Am Wasser ist es sehr ruhig, Tamarisken spenden ein wenig Schatten. Der Strand besteht aus Kies, Sand und Steinen, das Wasser ist flach und sauber. Ein Teil des Strandes ist mit Liegestühlen bestückt; die Infrastruktur komplettieren zwei Tavernen, ein Kiosk und ein Tretbootverleih.

Übernachten/Essen Studios Glaros. Am Südende des Strandes; sehr empfehlenswert. Es gibt zwei große (4 Pers.) und zwei kleine (2 Pers.) Apartments, die sehr indivi-

Insel Patmos → Karte S. 213

duell und liebevoll eingerichtet sind. Von den Balkonen hat man eine erstklassige Aussicht über die Bucht. Je nach Saison kostet das kleine Apartment 35–70 €, das große 60–90 €. ✆ 22470-31475.

Taverne Glaros. Befindet sich neben den Studios. Seinen guten Ruf verdankt das Restaurant den leckeren Fischgerichten (besonders der Fischsuppe) und dem herrlichen Blick über die Bucht.

Taverne Agriolivadi. Direkt hinter dem Strand gelegen versorgt sie v. a. die Sonnenanbeter, denen der Weg zur Taverne Glaros zu weit ist.

Blick über die Bucht von Agriolivado

Kampos

In der lang gezogenen Bucht mit breitem Sandstrand herrscht in der Hauptsaison reger Betrieb. Grund dafür ist nicht nur das klare, saubere Wasser, auch die guten Windverhältnisse locken Urlauber an: Eine Wassersportstation bietet alles, was man zum Surfen braucht. Selbstverständlich werden Sonnenliegen verliehen. Zwei Tavernen teilen sich die Touristenverköstigung: eine davon ist George's Place – die ist in Kampos Legende.

Wassersport Andreas' Wassersportstation bietet sowohl Unterricht als auch Verleih: Wer Windsurfen oder Wasserski lernen will, bezahlt 20 € die Stunde. Man kann sich aber auch einfach ein Tretboot (8 €, bis zu vier Personen) oder ein Kanu (6 €) leihen. Auch auf dem Banana Boat oder Ringo übers Wasser brausen können Sie, das kostet allerdings 25 € für 15 Min.

Übernachten Patmos Paradise. Das Hotel am Hang oberhalb der Bucht ist ein moderner 90-Betten-Bau mit Pool, Tennisplatz und Squashcourt. Dafür bekommt man auch Frühstück – und den ganzen professionellen Hotelservice auf internationalem Niveau. In der HS ist das Hotel meist voll belegt. DZ kosten zwischen 71 und 209 € je nach Aussicht und Saison. Rund 100 m entfernt vermietet das Hotel sieben exponiert gelegene Apartments. Seeblick aus mehreren Fenstern und von der großen, schattigen Terrasse. ✆ 22470-32624, 📠 22470-32740, www.patmosparadise.gr.

Essen & Trinken George's Place. Direkt am Strand, war die erste Strandbar und irgendwie der Anfang des Tourismus in Kampos; George hat also jede Menge Geschichten zu erzählen. Man kann aber natürlich auch einfach nur Snacks essen und etwas trinken: Es gibt z. B. hausgemachten Schokoladenkuchen und wirklich köstliche Salate jenseits des Gewohnten, u. a. Nudelsalat (3,70 €).

Lefkes

Zum Baden ungeeignete Bucht auf der Westseite. Sehenswert ist allerdings die Prunkvilla à la Märchenschloss in Strandnähe. Errichtet hat sie ein Patmier, der es in Ägypten zu Reichtum gebracht hatte. Lange stand sie leer, dann kaufte ein Araber das Haus und ließ es wieder herrichten.

Kantina Thereisa: Restaurant direkt am Strand. Die frisch gefangenen Fische werden direkt verwertet. Gekocht wird in einem alten Wohnwagen, serviert wird auf Tischen und Stühlen am Strand: frisch, preiswert, köstlich.

Vagia

Im Hintergrund erheben sich terrassierte Hänge: Palmen, Oliven- und Zitrusbäume wachsen hier. Der Kies-Sand-Strand ist frei von Liegen und Sonnenschirmen, das Wasser ist glasklar. Felsen im Wasser begrenzen die Bucht, hier kann man schnorcheln. Eine Taverne und ein Café in der kleinen Ortschaft Vagia bieten Getränke und eine Mahlzeit. Probieren Sie den köstlichen Schokokuchen!

Bucht von Livadi/Geranou

Bevor der Weg zur Bucht von Vagia hinunterführt, hält man sich auf der Straße am Berg linker Hand. Von dieser Straße zweigt nach etwa 1 km ein Sträßchen zur Bucht von Livadi/Geranou ab. Malerischer könnte ein Bucht kaum sein: Schon vom Hang aus kann man durch das glasklare, türkisblaue Wasser bis auf den Meeresgrund sehen. Am Sandstrand stehen Tamarisken, und vor der Bucht liegt eine kleine Insel mit der Kapelle Agios Georgios; Sie können problemlos hinüberschwimmen. Eine Taverne versorgt Hungrige mit einfachen Grillgerichten. Übrigens: Livadi ist auch in der Hauptsaison nicht überlaufen.

Bucht von Lambi

Ganz im Norden, in der Ortschaft Kampos ausgeschildert, liegt die große Bucht, deren Strand aus roten Kieseln besteht. Das Wasser ist tiefer als an anderen Stellen der Insel. Im Hintergrund erheben sich terrassierte Hänge, hier und da wächst Riesenschilf. Es ist angenehm ruhig hier, in der Nebensaison fast einsam. Die Betreiber der drei Tavernen fischen – und warten auf Kundschaft.

Übernachten/Essen **Studios Eleni**. Am Hang oberhalb der Bucht, gepflegte Anlage, schöne Terrassen. DZ ab 35 €. ✆ 22470-33070.

Taverne Dolphin. Vermietet sechs Zimmer am Strand. Hier gibt es auch preiswerte Fischgerichte. Am Wochenende großer Andrang, denn dann kommen auch viele Patmier aus Skala hierher.

Restaurant Lambi. Bietet traditionelle griechische Küche an. Man sitzt an großen Holztischen mit den Füßen im Kies. DZ ab 35 €.

Idealtypisch: Kapelle und Esel

Insel Patmos → Karte S. 213

Insel Nissiros

Die ganze Insel ein Vulkan. Terrassenförmig steigt der Kegel aus dem Meer, bildet in 700 Meter Höhe den oberen Rand eines gewaltigen Kraters, dessen Wände steil in die riesige Caldera stürzen.

Nissiros ist eine ruhige, beschauliche Insel. Nur wenn die Ausflugsboote von der großen Nachbarinsel Kos anlegen, wird es für wenige Stunden turbulent. Ab 11 Uhr versammelt sich am Hafen alles, was Räder hat: Busse und Taxis karren die Besucher in den Krater, der Hauptattraktion der Insel. Der Rest verteilt sich im Labyrinth der schmalen Gassen des malerischen Hauptortes Mandraki.

Warum viele Reisende nur für einen Tagesausflug kommen, hat einen einfachen Grund: Es fehlt an sandigen Stränden. Doch die Insel hat eine einzigartige Landschaft zu bieten, geprägt durch den Gegensatz von vulkanischen Urgewalten und jahrhundertelangem menschlichen Bemühen um die Kultivierung des fruchtbaren Bodens. Zeugnis davon legen die zahllosen Felder ab, die sich in kleinen Terrassen die Hänge des Vulkankegels hinaufziehen. Das alles lässt sich am besten zu Fuß erkunden: Die Insel ist ein gutes Terrain für Wanderer.

Nissiros im Überblick

Größe: 43 km^2 Fläche.

Bevölkerung: 930 Einwohner. Anfang des 20. Jh. sollen es 10.000 gewesen sein, nach dem Zweiten Weltkrieg noch 2500.

Geografie/Geologie: Höchste Erhebung der kreisförmigen Vulkaninsel ist der Berg *Diavatis* mit dem Gipfel Profitis Ilias (698 m). Nissiros ist gekennzeichnet durch seinen riesigen Vulkankrater, der etwa in der Inselmitte liegt. Auf Spuren von Lavagestein stößt man allerorten.

Wichtige Orte: Der Hafenort *Mandraki*, *Pali* und das hübsche Bergdorf *Nikia*.

Verbindungen: 3–4 x wöchentl. legen die großen *Linienfähren* auf der Route Piräus – Kos – Rhodos in Nissiros an (Fahrpreis nach Kos einfach: 8,50 €). Tägl. ist die Insel mit Ausflugsbooten von Kos-Stadt aus zu erreichen, auch von Kardamena und Kamari gibt es Verbindungen. Der Tagesausflug kostet pro Person 25–30 €. Wer leicht seekrank wird, sollte auf die Überfahrt bei starkem Wind verzichten.

Tipp: Tägl. pendelt eine Fähre zwischen Nissiros und Kardamena (Kos). Abfahrt ist um 7 Uhr in Nissiros, die Überfahrt kostet 9 € und dauert 50 Min.

Straßen: Die Verbindungen von Mandraki zum Vulkan, nach Pali, nach Emborios und nach Nikia sind asphaltiert.

Entfernungen: Mandraki/Hafen – Pali 3 km, Mandraki/Hafen – Krater 6 km, Mandraki/Hafen – Nikia 11 km.

Karten: Wer wandern möchte, sollte die Nissiros-Karte aus dem Terrain-Verlag wählen (7 €).

Übernachten: In Mandraki und Pali.

Auto- und Zweiradverleih: Mopeds und Motorräder können Sie in Pali ab 7 €, in Mandraki ab 10 € pro Tag mieten, Kleinwagen kosten rund 30 € pro Tag.

Tankstelle: Zwischen Loutra und Pali

Telefonvorwahl: 22420.

Mandraki

Bunt schaukelnde Boote im Hafen? Fehlanzeige. Mandraki ist kein Fischerort, sondern ein Bauerndorf – und zwar ein wunderschönes: pastellfarben getünchte Häu-

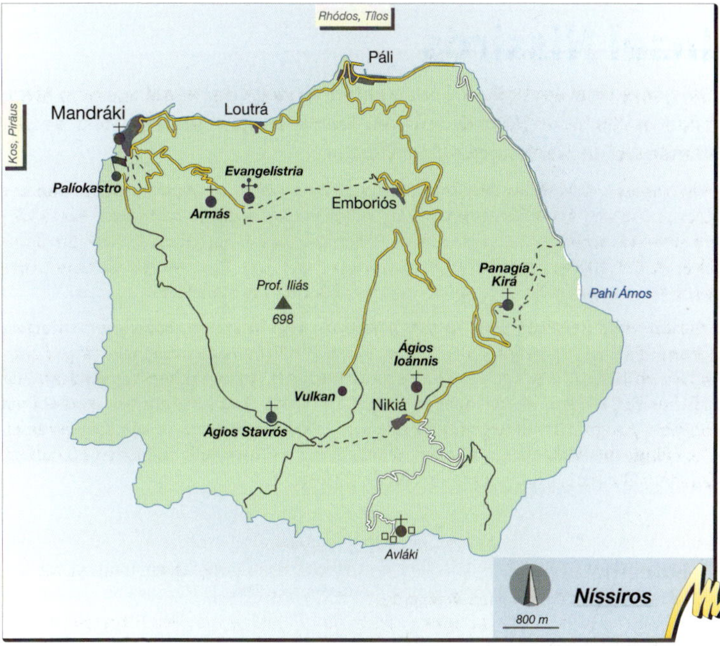

ser in den verwinkelten Gassen, eine herrliche Platia und ein pechschwarzer Steinstrand unterhalb des Kastells, das von einer eindrucksvoll steilen Klippe auf Mandraki hinabschaut.

Sehenswertes

Johanniterburg: Am westlichen Ortsrand von Mandraki thronen auf einer Anhöhe die Überreste einer Johanniterburg. Auf weißen breiten Stufen arbeitet man sich nach oben. Links der Treppe liegt das *historische und volkskundliche Museum*. Hier zeigen Fotografien, die traditionelle Einrichtung und einige Exponate volkstümlichen Kunsthandwerks einen Ausschnitt der jüngsten Vergangenheit. Zur Isolierung des Daches wurden Bimsstein, Seetang und Porzellanstaub genutzt – so wie es bis vor Kurzem auf Nissiros üblich war.

Bis zur Festung aus dem 14. Jh. sind es 81 Stufen, doch die Anstrengung lohnt sich: Der grandiose Blick durch die winzigen Gucklöcher auf das tiefblaue Meer entschädigt für die Mühe. Weitere 49 Stufen führen zu dem im Inneren der Festung liegenden *Kloster Panagia Spiliani*. Die Klosterkirche wurde in einer Grotte errichtet; hier ist es erfrischend kühl. Der erste Mönch ließ sich an diesem Ort 1746 nieder. Gegen Mitte des 19. Jh. verließ der Abt als Letzter das Kloster – seitdem ist die Anlage unbewohnt.

Zyklopenmauer des Paliokastros: Über die Straße unterhalb des Kastells, die 8.-Oktober-Straße, erreicht man nach 800 m die sogenannte Zyklopenmauer des Paliokastros, eine Festung, die im 4. Jh. v. Chr. entstand. Ein Blick auf das Bau-

Insel Nissiros → Karte S. 225

Das Kloster Panagia Spiliani thront über Mandraki

material versetzt den Betrachter in Erstaunen: Gewaltige rotbraune Quaderblöcke lassen vermuten, dass bereits in der Antike mit Kran und Flaschenzug gearbeitet wurde. Auch die exakten Passformen sind bemerkenswert. Hergestellt wurden die Steine aus Trachyt, einem Vulkangestein, das die dorischen Bauherren aus Steinbrüchen im Südwesten von Nissiros gewannen.

Archäologisches Museum: Das Museum liegt an der Hauptstraße im Ort. Die ältesten Exponate in dem neuen Gebäude sind 6000 Jahre alt: Gebrauchsgegenstände aus Obsidian, dem schwarzen Vulkanglas. Eindrucksvoll sind auch die Keramiken aus der hellenistischen und römischen Epoche sowie die Stelen aus der frühchristlichen Zeit.
Tägl. 8.30–15 Uhr, Eintritt frei.

Baden

Sehr bescheidene Möglichkeiten. An der Uferpromenade hat die Stadtverwaltung rund 50 m Strand aufgeschüttet. Optisch sehr gefällig ist der Strand unterhalb des Kastells mit seinen schwarzen Steinen – aber wenig komfortabel, denn die Steine haben oft die Größe von Fußbällen. An den Felsen im Wasser siedeln sich außerdem gerne Seeigel an.

Basis-Infos

Information **Reiseagentur Enetikon** (✆ 22420-31180) an der Uferstraße nahe dem Hafen. Hier können Sie auch Ausflüge buchen, z. B. die Badetour zu den Sandstränden auf der Nachbarinsel Giali für 9 €. Hilfreich ist auch ein Besuch bei **Diakomihalis Tours** (✆ 22420-31459), ebenfalls an der Uferstraße, etwas weiter im Dorf gelegen. Das Büro verkauft Tickets für Fähren und Tragflächenboote und vermietet Autos.

Bank Eine Bank im Ort, ein Geldautomat am Hafen.

Bus Werktags 4 x, am Wochenende und in der NS 3 x tägl. Mandraki – Loutra – Pali – Emborios – Nikia und zurück. 4 x tägl. in der HS, 2 x in der NS fährt der offizielle **Inselbus** zum Vulkan (Preis ca. 1,50 €). Wer mit einem Ausflugsboot kommt, hat die Fahrt zum Vulkan in einem der **Privatbusse** meist bereits mitgebucht. Wer die Tickets auf Nissiros kauft, zahlt 8 €. Nach 1 Std. Aufenthalt geht es wieder zurück zum Hafen. Wer länger am oder im Krater bleiben will, sollte sich vorher nach der genauen Abfahrt des Inselbusses erkundigen.

Gesundheit Die Krankenstation erreichen Sie unter ✆ 22420-31217 oder 69-72800343.

Post Am Hafen, ✆ 22420-31249.

Taxi Es gibt nur wenige Taxis; bilden Sie Fahrgemeinschaften. Telefonische Bestellung unter ✆ 22420-31460.

Zweiradverleih Drei Stationen verleihen Mopeds ab 10 € pro Tag, z. B. **Manos Rent**, ✆ 22420-31029 und 69-45808104.

Übernachten

Seit Ende der 1990er-Jahre sind in Sichtweite des Hafens einige neue Hotels entstanden. Selbst in der HS sind selten alle Unterkünfte ausgebucht.

Three Brothers. Direkt am Hafen. Die großen, sauberen Zimmer haben eine schöne Terrasse. Freundlicher Besitzer, spricht ausgezeichnet Deutsch. Die DZ mit Meerblick kosten in der HS 45 €, in der NS ab 25 €. Im selben Gebäude stehen auch Studios zur Verfügung: 2 Pers. zahlen 35–60 €. ✆ 22420-31344 und 69-72193568, www.nisyros3brothers.de.

Romantzo. Hinter dem Three Brothers. Seit 1975 betreibt der sympathische Nick Mouras mit seiner Familie dieses Hotel. Das Gebäude hat Patina, wird aber regelmäßig renoviert. Viele Stammgäste, die sich gerne ein Zimmer mit Meerblick reservieren. Ein Teil der 25 Zimmer verfügt über Balkone. Schön sind die Terrasse vor dem Haus, auf der auch das Frühstück serviert wird, und die riesige Dachterrasse. Ein DZ kostet je nach Größe und Saison 25–50 €. Auch zwei Familienhäuser im Ort sind für 40–65 € tägl. zu mieten. ✆/℻ 22420-31340, www.nisyros-romantzo.gr.

Studios Volcano. Kontakt über das Hotel Romantzo. Der Sohn von Nick Mouras vermietet die beiden gut ausgestatteten Apartments im Ort für 25–40 €. ✆ 22420-31340.

Porfyris. Das zweigeschossige Hotel mit 38 Zimmern liegt etwas oberhalb des Ortes. Zur Ausstattung gehört ein Swimmingpool. DZ 35–50 € inkl. Frühstück. ✆ 22420-31376, ℻ 22420-31176, porfyrishotel@hotmail.com.

Schattig und schön: die Platia Ilikiomeni

Insel Nissiros → Karte S. 225

Polyvotis. In Sichtweite des Hafens. Der Ausblick ist umwerfend, die Zimmer sind durchschnittlich. Ein DZ kostet 25–40 €. ✆ 22420-31011, 📠 22420-31621.

Essen & Trinken

Die Kneipenbesitzer haben sich auf die vielen Tagestouristen eingestellt. Die Speisekarten sind in der Regel mehrsprachig.

Cleanthis. Vielleicht stellen Sie sich eine Fischtaverne so vor: Wellen plätschern und rauschen gegen die Befestigung der Promenade, die Tintenfische trocknen auf der Leine, blau lackierte Holzstühle warten im Schatten auf Gäste? So jedenfalls präsentiert sich das Cleanthis. Und die Gerichte sind ausgezeichnet, z. B. die Fischsuppe (7 €), Shrimps (9 €) oder gegrillter Oktopus (12 €).

››› Unser Tipp: **Irini**. An der Platia Ilikiomeni, einem der schönsten Dorfplätze des Dodekanes. Sie sitzen im Schatten eines gigantischen Gummibaums. Zur Wahl stehen sieben oder acht Tagesgerichte, etwa in Tomaten-Nelken-Soße gegarter Oktopus. Probieren Sie auch die Spezialität der Insel, den Mandelsaft Soumada. Auch Pitia, eine aus Kichererbsenbrei und Zwiebeln hergestellte Paste, können Sie hier kosten. ‹‹‹

Inselrundfahrt

Loutra

Etwa drei Kilometer außerhalb von Mandraki – auch zu Fuß gut zu erreichen. Ein staubiger, steiler Weg führt hinunter zum Sandstrand. Das Wasser ist sauber und schimmert türkis. Schon zu Hippokrates' Zeiten waren die Thermalquellen von Nissiros bekannt. Das Wasser des spartanischen Kurbades von Loutra, eines großen Baus aus Naturstein, wird durch die Vulkanthermik auf über 45 Grad Celsius erhitzt.

Pali

Das einzige Fischerdorf auf Nissiros. Der Ort ist auf den Hafen fixiert, der seit dem Ausbau im Jahre 2005 auch passionierte Ägäis-Segler anzieht. Vor allem, weil sich hier mehrere ausgezeichnete Tavernen befinden. Am östlichen Ortsrand, neben der Mole, liegt ein 150 m breiter Sandstrand, der im Wasser flach abfällt – hier plantschen die Kinder von Pali. Ein schmaler, dunkler Badestrand befindet sich ein wenig östlich des Ortes.

Übernachten/Essen **Mammis**. Am Ortseingang. Auf drei Häuser verteilen sich zehn Unterkünfte inmitten eines gepflegten Gartens. Die Apartments bestehen aus Schlaf- und Wohnzimmer, kleiner Küche, Bad und Terrasse. Zwei Personen zahlen je nach Saison 30–70 €. Gäste können sich Mountainbikes leihen. ✆/📠 22420-31453, www.mammis.com.

Ellinis. Die Taverne bietet frischen Fisch und Grillgerichte zu günstigen Preisen und vermietet in der zweiten und dritten Etage einfach eingerichtete Zimmer. Die Räume sind sehr sauber, die oberen haben schöne Holzbalkone. DZ in der HS ab 20 €. ✆ 22420-31453.

Afroditi. Neben der Taverne Ellinis gelegen. In dem Restaurant kommt lecker Gegrilltes in großen Portionen auf den Tisch. Köstlich sind die hausgemachten Desserts. Hier kann man keine Zimmer, sondern ab 50 € gleich ein ganzes Haus mieten. ✆ 22420-31242.

››› Unser Tipp: **Captains House**. Jorgos, der frühere Kapitän, verwendet vorwiegend lokale Produkte. Angeboten werden verschiedene Spezialitäten wie Skordalia mit Mandeln, eine exzellente Fischsuppe (6 €) oder Hähnchen-Kasserolle in Tomatensoße (7€). Seine Küche lässt Jorgos regelmäßig zertifizieren. ‹‹‹

To Steki. Antonis ist am Grill kaum zu übertreffen. Unsere Leserin Renate Huber-Scheinecker empfiehlt die Kondosufli: zartes Schweinefleisch und Tomatenscheiben an einem ein Meter langen Spieß, der, in eine dünne Speckschicht eingewickelt, drei Stunden gegart ist – knusprig, saftig, herrlich. Die Küche setzt auf lokale Produkte: Fleisch und Kräuter, Obst und Gemüse stammen weitgehend von der Insel. ■

Limnaria. Die auch bei Griechen beliebte einfache Taverne liegt einsam in einer kleinen Bucht etwa 1 km westlich von Pali. Gute griechische Küche zu günstigen Preisen.

Pahi Amos

Keine Ortschaft, sondern der einzige wirklich attraktive Strand der Insel. Er liegt in einer rund 300 m breiten Bucht, der Sand schimmert grau-rosa. Dass der Strand nicht überlaufen ist, liegt sicher daran, dass er nur per pedes zu erreichen ist.

Nur bis zum schmalen, schattenlosen Kiesstrand *Lies* gibt es eine Straße, die an einem Parkplatz endet. Von da aus führt ein Pfad zur Bucht; eine Viertelstunde dauert der Spaziergang.

Emborios

Emborios ist ein optisch sehr eindrucksvolles Bergdorf nahe der Abzweigung zum Vulkankrater. Bereits von Weitem fällt die fast unbewohnte Ortschaft auf. Etliche Häuser dienen als Stallungen für Ziegen, Schafe und Kühe. Es fehlt an Wasser, deshalb sind die meisten Bewohner abgewandert. Sie aber sollten den Ort besuchen: Der Blick auf die Ägäis und in die Caldera ist einmalig.

Vom Bergkamm, der mit dem südlichen Ortsrand verschmilzt, bis hinab in den Vulkankessel ziehen sich kleinste, terrassenartig angelegte Parzellen. Darauf wachsen v. a. Ginster und Olivenbäume. Etwa 50 m vor dem Dorfeingang liegt eine ausgeschilderte *Natural Sauna*. Durch ein Törchen betritt man eine kleine Grotte, die durch die Erdwärme auf Saunatemperatur aufgeheizt wird.

Essen & Trinken Zwei empfehlenswerte Tavernen am Ortseingang. Von der Terrasse der Taverne **Balcony** gegenüber der Kirche genießen Sie den Panoramablick in den Vulkan und die lokale Küche. Ausgezeichnet ist auch die Taverne **Apyria** gegenüber, die leider nur abends geöffnet ist.

Der Vulkan

Man steht unversehens inmitten der bizarrsten Landschaft, die die Dodekanes-Inseln zu bieten haben: Um die ellipsenförmige Ebene der Caldera (Kessel) ragen Felswände bis zu 400 m hoch auf. Dieses geologische Gebilde ist durch gewaltige Explosionen vor Urzeiten entstanden. Die Berghänge und eine Hälfte der Ebene sind sehr fruchtbar, saftig und grün; die andere Hälfte ist öde wie die Mondoberfläche.

Ein Trampelpfad führt hinunter zum Grund des *Stefanos-Kraters*, des mit etwa 300 m Durchmesser größten von fünf Sekundärkratern. In der Talsohle erwartet Sie ein Hauch von apokalyptischem Inferno: Neongelb und rot gefärbte Felswände umgeben den kahlen Boden, der mit kleinen Löchern durchsetzt ist. Schwefeldämpfe, heiß und stinkend, kriechen unsichtbar über den Boden. Kochendes Wasser blubbert in gelben Schlammtümpeln. Ein leises Zischen ist eigentlich immer zu hören ...

Die kesselartige Form erhielt der Stefanos-Krater bei einer Eruption im Jahre 1522, zuletzt brach der Vulkan am 4. Mai 1873 aus. Wenn auch heute kein Ausbruch mehr zu befürchten ist, so fällt doch der unruhige Schlaf des Vulkans auf.

Insel Nissiros → Karte S. 225

300 m Durchmesser: der Stefanos-Krater

Erdbeben hat es auf Nissiros seit dem letzten Ausbruch mehrere gegeben, das letzte große 1933; eine Reihe leichterer Erdstöße ließen die Insel 1996 und 1997 immer wieder erzittern.

Wer über den Krater spaziert, dem vermittelt der Widerhall der Schritte das unangenehme Gefühl, über einem sehr, sehr großen Hohlraum zu balancieren. Doch die Geologen geben Entwarnung: Das Ausströmen von Wasserdampf, Kohlensäure und Schwefelwasserstoff sei ein typisches Zeichen ruhender oder erloschener Vulkane. Diese Dampfphase könne noch mehrere Jahrhunderte andauern, sagen sie.

Die Energie der Caldera

Mit den gewaltigen Kräften des Vulkans ließe sich „saubere Energie" erzeugen. Das meint zumindest das staatliche Elektrizitätsunternehmen DEI. Erste Untersuchungen Anfang der 1980er-Jahre bestätigten ein gewaltiges geothermisches Potenzial: In 1400 bis 1900 Metern Tiefe liegen Reservoirs mit mehr als 350 Grad heißem Dampf, aus dem sich mit einem Erdwärmekraftwerk Strom erzeugen ließe. Viel Strom. Genug nicht nur für Nissiros, sondern auch für die Nachbarinseln Kos, Kalymnos, Tilos und Leros. Doch die Menschen auf Nissiros sind skeptisch. In einer Abstimmung sprachen sich 70 Prozent gegen die Bohrungen aus, denn die Bewohner fürchten, dass dadurch Erdbeben ausgelöst werden könnten. Oder gar ein Ausbruch des Vulkans. „Wir sperren uns nicht grundsätzlich", betont der Bürgermeister Nikolaos Karakonstantinou. Doch die Sicherheit für die Menschen müsse garantiert sein. Noch sind sie nicht überzeugt. Und obwohl die Gemeinde einen Teil der Erlöse aus der Stromgewinnung erhalten würde, konnten auch die finanziellen Anreize die Bedenken bislang nicht zerstreuen.

Von der Antike bis zum Ende des 19. Jh. war der Schwefel aus Nissiros ein begehrtes Exportprodukt. Heute existieren kaum noch Schwefelvorkommen in den obersten Erdschichten, es soll aber noch ein tiefer liegendes Reservoir von zwei Millionen Tonnen vorhanden sein.

Der Vulkan ist per Mietmofa oder Bus zu erreichen (siehe auch *Mandraki/Busverbindungen*). Der letzte Bus verlässt die Caldera zwischen 15 und 16 Uhr. Für den Zutritt zum Stefanos-Krater werden 2 € verlangt.

An der Bushaltestelle oberhalb des Hauptkraters befindet sich ein kleiner Kiosk, an dem Sie den unvermeidlich aufkommenden Durst löschen können. Es werden auch Postkarten und Steine mit Schwefelkristall-Ablagerungen verkauft.

Nikia

Nikia eröffnet seinen Besuchern einen überwältigenden Blick auf die Ägäis und die Insel Tilos einerseits und auf den Vulkankrater andererseits. Die Ortschaft, die auf der östlichen Flanke der Caldera liegt, ist pittoresk: Ein rundes Fußbodenmosaik bedeckt den Hauptplatz des Ortes, drum herum die weiß getünchten Häuser, farbige Blüten in Blumenkübeln, eine Kirche und zwei Cafés. Idealer Platz, um einmal völlig abzuschalten. Denn zu den nur 60 ständigen Bewohnern von Nikia gesellen sich nur wenige Touristen. Von Nikia erreicht man das Kraterinnere, die Caldera, über einen schmalen, 2,5 km langen Weg, für den man jedoch fast 45 Min. braucht. Der Weg führt vorbei am *Kloster Ioannis Theologos*; sehenswert ist die kleine Höhlenkirche.

Am Ortseingang liegt das Vulkan-Museum, das nicht nur den Vulkanismus auf Nissiros vorstellt, sondern auch Vulkanismus insgesamt erklärt. Ein 15-minütiger Film (Englisch) zeigt die Entstehungsgeschichte der Insel, die mit Vulkanausbrüchen vor rund 1,6 Millionen Jahre beginnt. Über ein Jahrtausend lang floss Magma aus dem Erdinneren, bis die Insel vor 20.000 Jahren ihre heutige Form annahm. Zu sehen sind auch verschiedene Vulkangesteine wie das schwarze „Vulkanglas“ Obsidian, das die Menschen in der Frühzeit als Werkzeug und Waffe nutzten.

Museum So–Do 11–20 Uhr, Fr. 10–15 Uhr. Eintritt 4 €, Kinder unter 12 frei, www.nisyrosvolcano.gr.

Essen & Trinken Andriotis. Es ist nicht allein die grandiose Aussicht auf die Insel Tilos und die Ägäis, die einen Besuch lohnenswert macht. Auch das Essen ist hervorragend, sei es das zart gegrillte Ziegenfleisch oder das mit Oregano gewürzte Hühnchen (jeweils 7 €). Auf der ganzen Insel bekannt und beliebt ist der Schokoladenkuchen mit Eiscreme (2 €). Der freundliche Wirt spricht gut Deutsch.

Blickfang mit Ausblick: die Platia von Nikia

Selten ausgeschildert: Wanderwege entlang der Hänge des Dikeos

Wanderungen und Touren

Wandern und Touren auf Kos

Wandern kommt auch auf Kos langsam in Mode. Die besten Wege liegen im einsamen Westen der Insel und im Dikeos-Gebirge mit seinen schattigen Waldstücken und herrlichen Ausblicken.

Leider sind die Wege jahrelang vernachlässigt worden und überwuchert. Zudem fehlt es vielfach an Markierungen oder Wegweisern. Der Wandertourismus fasst auf Kos erst langsam Fuß. Deswegen ist es mitunter schwierig, die richtige Route zu finden. Dafür überrascht Kos mit einer üppigen Vegetation, die für eine griechische Insel eher untypisch ist: Während sich in der Küstenebene um die Hauptstadt unzählige Palmen im Wind wiegen, sind die Ausläufer des Dikeos-Gebirges von ausgedehnten Kiefernwäldern bedeckt. Und vor allem im Frühjahr gleicht die Insel einem Meer aus Blumen.

Wer wandert, lernt Kos aus der Perspektive der Inselbewohner kennen. Die Insel ist nicht nur in der Tiefebene entlang der Nordküste agrarisch geprägt, auch im Dikeos-Gebirge stößt man immer wieder auf kleine Felder. Wer am Isthmus wandert, der den großen Ostteil von der westlichen Halbinsel trennt, stößt auf den vulkanischen Ursprung von Kos: kleine Schwefelkrater, Vulkangestein und feine Risse im Meeresgrund, aus denen Schwefelwasserstoff und Kohlensäure entweichen. Ein ausgezeichnetes Terrain zum Wandern ist auch die weitgehend menschenleere Hügel- und Küstenlandschaft der Halbinsel von Kefalos.

Kos bietet auch Mountainbikern interessante Strecken; ein paar beliebte Touren stellen wir hier vor. Da einige Wege wie der Castle Walk auch von Bikern gern gefahren werden, haben wir die Wanderungen und Touren in diesem Kapitel zusammengefasst und durchnummeriert.

Wandertipps

Jahreszeit Die beste Zeit zum Wandern ist das Frühjahr. Ab Mitte April verwandelt sich Kos in ein Meer aus Blüten. Ende Mai ist es mit der Pracht vorbei, Niederschläge sind selten und die Temperaturen steigen im Juni tagsüber regelmäßig auf über 30°C – zum Wandern ist es nun zu heiß. Gut möglich sind Wanderungen dann wieder ab September. Ab November ist das Wetter zu unsicher: Regen und Wind sind häufig und stark.

Tages- bzw. Wanderzeit Wenn möglich, sollten Sie mit dem Morgengrauen aufstehen und mit Sonnenaufgang starten. Bis zur Mittagshitze sollten Sie möglichst zwei Drittel des Weges hinter sich gebracht haben. Die angegeben Wanderzeiten sind grobe Richtwerte und enthalten kleine Pausen.

Sicherheit Wandern sollten Sie generell in Begleitung. Und wenn Sie allein unterwegs sind, dann sollten Sie immer eine Kontaktperson informieren, wo Sie wandern. Achtung: Die Rückseite des Dikeos ist wild, unerschlossen, ein Refugium der Ziegen, die ihre Wege durch die einsamste Ecke von Kos gebahnt haben, und der Jäger, die in den Wintermonaten auf Pirsch gehen. Das Gebiet sollten Sie nur mit einem ortskundigen Führer betreten.

Ausrüstung/Verpflegung Der Boden ist meist steinig, oft geht es über loses Geröll. Knöchelhohe Wanderstiefel mit ausgeprägter Profilsohle sind deswegen unabdingbar. Kompass, Höhenmesser oder GPS-Gerät sind hilfreich, aber nicht unbedingt notwendig. Ganz im Gegensatz zu Wasser, das Sie reichlich mitführen sollten. Auf eingefasste Quellen oder Zisternen treffen Sie auf Kos nur selten.

Wanderkarten Empfehlen können wir die Karte aus dem Verlag Terrain/Skai, die im Maßstab 1:45.000 für rund 7 € erhältlich ist. (www.terrainmaps.gr, Karten-Nr. 338). Da auch Höhenlinien enthalten und Orientierungspunkte wie Berggipfel, Bachläufe und Kirchen genau verzeichnet sind, ist die Karte auch Wanderern wärmstens empfohlen. Verlässlich ist auch die Wanderkarte **Kos** aus dem Haus Freytag & Berndt, Maßstab 1:50.000, 7,95 €. Den gleichen Maßstab bietet die Karte **Kos, Südlicher Dodekanes** aus dem Verlag Kompass (Nr. 252), 5,95 €.

Auf Wanderungen sollten Sie immer ausreichend Wasser mitnehmen

Tour 1: Kos – Zia – Asklepieion – Kos

Charakteristik: Der Anstieg nach Zia kostet Kraft. Doch dann erwartet Sie eine herrliche Abfahrt über die bewaldeten Flanken des Dikeos. Richtet man den Blick nach Norden, schimmert dort die tiefblaue Ägäis. **Strecke**: 23 km. **Höhendifferenz**: +/–350 m. **Dauer**: 2:30 Std. **Schwierigkeit und Ausrüstung**: Kondition und sportlicher Ehrgeiz sind gefragt, wenn es gilt, von Zipari die Berge hinaufzustrampeln. Über gut 6 km schlängelt sich die Straße den Hang hinauf, die durchschnittliche Steigung beträgt 5 %! Ein Mountainbike ist unverzichtbar für die Tour – man lernt die 21 Gänge genauso zu schätzen wie die Stabilität der Räder.

Wegbeschreibung: Fahren Sie von Kos-Stadt aus die Parallelstrecke zum Highway in Richtung Tigaki (→ Kasten „Per Velo nach Tigaki" im Kapitel *Tigaki*). Auf dem letzten Kilometer, der Sie bereits an der Küste entlangführt, ist linker Hand die *Taverna Alkion* ausgeschildert. Folgen Sie diesem Weg an der Taverne (ein rundes Gebäude) vorbei bis nach Zipari. Im Ort zweigt eine schmale Asphaltstraße in Richtung Lagoudi ab.

In Serpentinen schlängelt sich die Straße den Berg hoch. Nach ca. 5 km stetiger Steigung erreichen Sie das Dorf Evangelistria. Von hier aus sind es noch 1,5 km bis Zia, dem höchsten Punkt der Tour, 350 m über dem Meeresspiegel. Hier in Zia können Sie in einer der Tavernen eine Rast einlegen (→ Ortsbeschreibung). Von Zia aus folgen Sie der schmalen Asphaltstraße, die am Ortsausgang (in der Kurve) in östliche Richtung abzweigt **1**. Von jetzt an bleiben Sie im Prinzip auf dieser Straße.

Für einen kurzen Abstecher bietet sich das verlassene Dorf Agios Dimitrios an (Ortsbeschreibung → Kapitel *Das Dikeos-Gebirge*). Nach knapp 3 km treffen Sie auf den Abzweig nach Ag. Dimitrios. Ein kleines, altersschwaches Holzschild weist auf das verlassene Dorf hin. Zur Orientierung: Direkt an der Abzweigung steht eine kleine Kirche am Wegesrand **2**. Sollten Sie die Straße verlassen, finden Sie oft

Für die Touren sollte es ein Fahrrad mit Gangschaltung sein

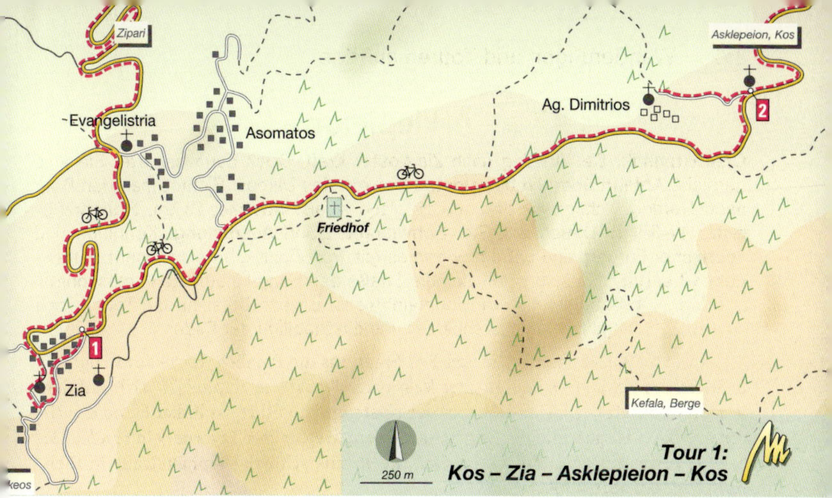

bunte Schrotpatronen – Überbleibsel der Jagdsaison: Vom 15. September bis zum 10. März stellen die Koer hier Kaninchen, Hasen und Rebhühnern nach. Hinter Ag. Dimitrios geht es stetig bergab. Nach knapp 2 km gabelt sich die Straße: Folgen Sie der links abzweigenden, kurvenreichen Asphaltstraße, auf der man nach 3 km das Asklepieion erreicht. Von dort führt eine lange Allee schließlich zur Ortschaft Platani. Um die Platia, den Dorfplatz, gruppieren sich einige ausgezeichnete Tavernen wie das Restaurant Arap (→ S. 117). Dem Verlauf der Straße folgend, die am islamischen und jüdischen Friedhof vorbeiführt, erreichen Sie nach 2 km den Stadtrand von Kos.

Wer sich den „Strapazen" einer Radtour nicht aussetzen möchte, kann die Strecke auch wandern. In diesem Fall empfiehlt es sich, mit dem Bus nach Zia zu fahren und dort mit der Wanderung zu beginnen. Von Zia bis ins Stadtzentrum von Kos sind es rund 11 km, für die Sie kaum mehr als 2 Std. benötigen; es geht größtenteils bergab.

Wanderung 2: Besteigung des Dikeos

→ S. 238

Charakteristik: Der Aufstieg auf den mit 846 m höchsten Punkt der Insel ist auch für weniger geübte Wanderer möglich. Absolute Ruhe und ein herrliches Panorama sind die Entschädigung für fast 500 überwundene Höhenmeter. **Strecke (Auf- und Abstieg)**: 8 km. **Höhendifferenz**: +/– 500 m. **Dauer**: 4 Stunden. **Schwierigkeit und Ausrüstung**: Aufstiegswillige sollten festes Schuhwerk und eine Kopfbedeckung tragen. Ins Gepäck gehört außerdem ein Mindestmaß an Verpflegung; wichtig ist ein ausreichender Wasservorrat (möglichst zwei Liter pro Person). Voraussetzung für die Besteigung sind stabile Wetterverhältnisse – schauen Sie sich die Vorhersage an, und fragen Sie in Zia nach: Die Einwohner des Bergdorfes kennen sich mit dem Wetter aus. Auf keinen Fall sollte man die Besteigung allein in Angriff nehmen. Auf dem rutschigen Geröll besteht immer die Gefahr einer Verletzung, Hilfe ist kaum zu erwarten. Beginnen Sie mit der Tour am frühen Morgen, denn die Baumgrenze liegt bei ungefähr 600 m, d. h. knapp 250 Höhenmeter sind in der prallen Sonne zu überwinden, da kaum Schatten zu finden ist! Ungeübte können sich einem ortskundigen Führer anschließen; erkundigen Sie sich bei einer Reiseagentur oder der Touristeninformation.

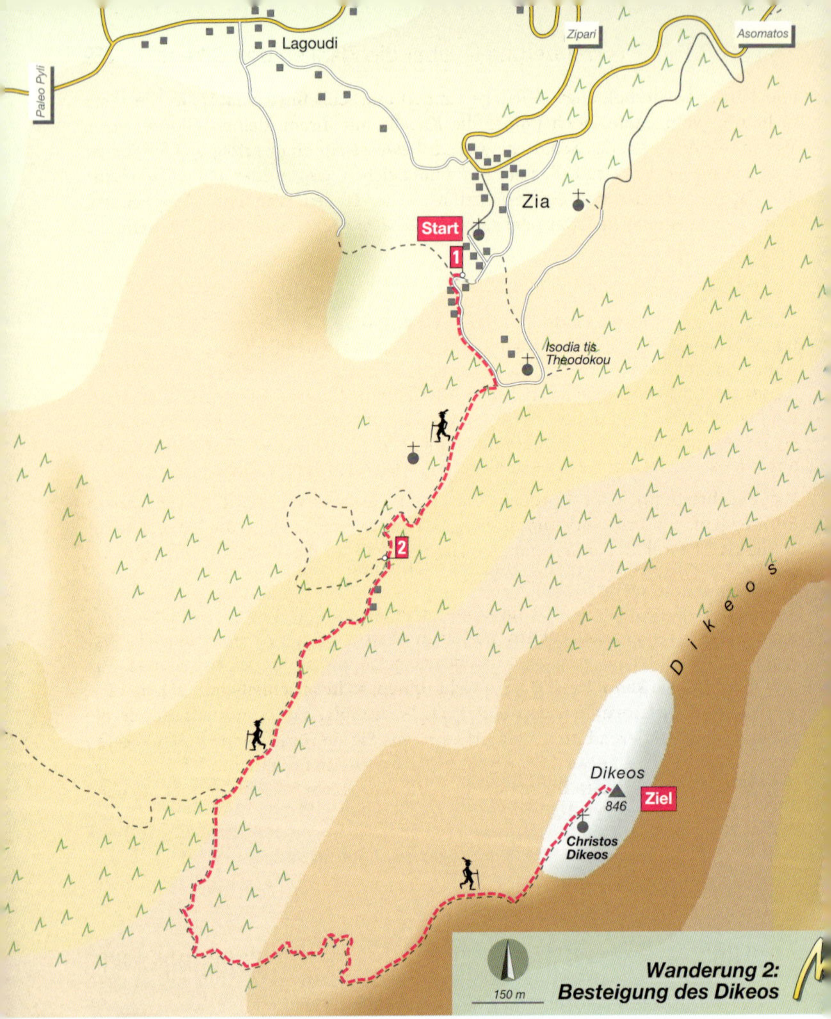

Wegbeschreibung: Mit dem Auto, Zweirad oder Bus nach Zia. Beachten Sie, dass der letzte Bus zurück nach Kos-Stadt den Ort um 16 Uhr verlässt. Sonntags fährt keiner. Vom Wendeplatz im oberen Ortsteil führt ein Fußweg (anfangs Treppen) an der Taverne „No Stress“ vorbei bergauf. Am Ende der Straße rechts hoch – und Sie sind auf dem „Way to the Mountain“ **1**. Hinter der kleinen Kapelle Isodia tis Theodokou stoßen Sie auf ein Gatter, das Sie passieren. Dahinter rechts halten und weiter aufsteigen. Über den Felsenweg gelangen Sie zu einer Sandstraße **2**, die an zwei Häusern vorbeiführt. Ein rotes Blechschild zeigt Ihnen den Weg durch einen Kiefernwald – ab jetzt weisen weitere rote Markierungen den Weg bis zum Gipfel.

Zunächst gelangen Sie zu einem Bergkamm westlich des Gipfels. Hier befindet sich eine Kapelle, die zum 1079 errichteten Kloster Christos gehört, entsprechend trägt der Gipfel des Dikeos auch den Namen *Christos*. Während das Kloster von Piraten und Türken wiederholt angegriffen, geplündert und schließlich zerstört wurde, steht nicht weit vom Gipfel noch immer die Kapelle mit ihrem kleinen Glockenturm. Wegen der Aussicht, des Schattens und im Bewusstsein einer erfolgreichen Besteigung ein idealer Platz zum Rasten. Auf dem gleichen Weg wieder absteigen. (Nahe der Kapelle befindet sich eine Schutzhütte. Hier finden Wanderer Unterschlupf, wenn sie von einem Unwetter oder starkem Nebel am Abstieg gehindert werden.)

Wanderung 3: Über die Flanken des Dikeos → S. 240

Charakteristik: Diese Wanderung bietet vieles, wovon Wanderer träumen: schattige Waldwege, herrliche Panoramen, Ruhe und Einsamkeit. Erleben Sie Kos von seiner ruhigen und einsamen Seite. **Strecke**: 16 km. **Höhendifferenz**: +/– 550 m. **Dauer**: 4 Stunden. **Schwierigkeit und Ausrüstung**: Stabiles Schuhwerk ist unabdingbar, ebenso genügend Proviant – v. a. ausreichend Wasser. Die Wanderung ist wegen der wenigen Orientierungspunkte und wegen des Wege-Labyrinthes anspruchsvoll. Die Tour eignet sich auch für trainierte Mountainbiker.

Wegbeschreibung: Vom Wendeplatz im oberen Ortsteil von Zia führt ein schöner Fußweg (anfangs Treppen) zum Aufstieg. Wenn Sie rechter Hand die kleine Kapelle Isodia tis Theotokou passiert haben, halten Sie sich an der Weggabelung links, wo das Schild „Dikeos“ nach rechts zeigt.

Weiter geht es auf einer Mischung aus Schotter- und Waldweg. Nach ca. 1 km kommt man an eine nach rechts, steil nach oben führende Abzweigung, die man ignoriert. Auf dem Weg weiter geradeaus gelangt man zu einem Gatter, das verschlossen sein kann. Es lässt sich leicht öffnen, sollte anschließend auf jeden Fall wieder geschlossen werden! Im Verlauf des Weges folgen noch weitere Gatter, die Sie nach dem Passieren bitte so hinterlassen, wie Sie sie vorgefunden haben – offen oder geschlossen. Auf etwa 4,5 km geht es in Serpentinen durch den Wald, der immer wieder Blicke auf den Bergkamm oder die Nordküste freigibt – bis rechts oben auf einer Anhöhe der Friedhof von Asomatos auftaucht.

Schön verziert: Balkon in Zia

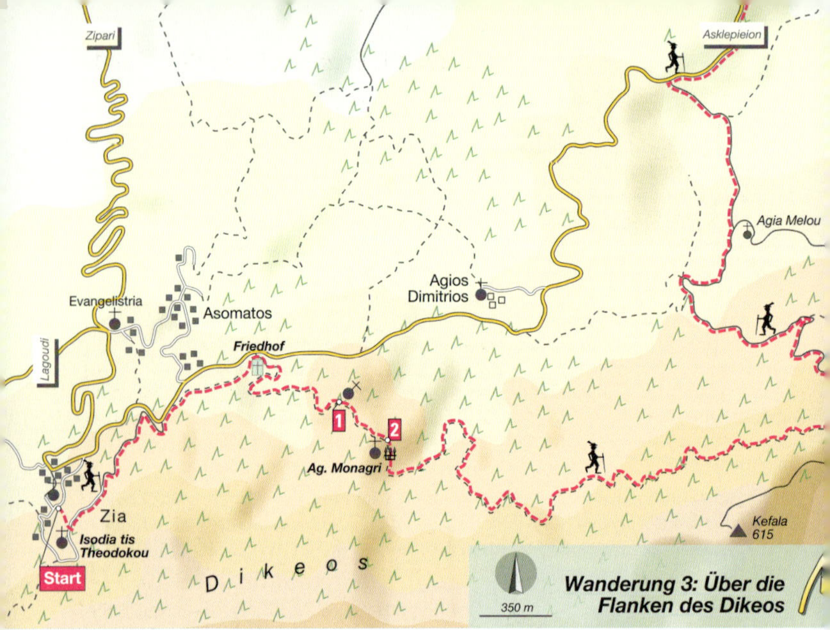

Weiter um den Friedhof herum führt der Weg hinauf, an Olivenbäumen vorbei, wieder in den Wald hinein. Der nun folgende, weiterhin in großen Serpentinen verlaufende Abschnitt bietet wunderbare Aussichten ins Tal, auf die Nordküste und auf den Bergkamm. Dichte Bewaldung und faszinierend zerklüftete Natur wechseln sich hier ab. Nach etwa 1 km kommt man linker Hand an einer steinernen Kirche **1**

Aufgrund der langen Trockenphasen ist die Waldbrandgefahr hoch

vorbei, kurz danach liegt eine kleine Kapelle rechts am Hang **2**, wo man auch wieder auf ein Gatter stößt.

Auf den weiteren etwa fünf folgenden Kilometern begegnet man an manchen Stellen der vulkanischen Vergangenheit der Insel: Plötzlich riecht es nach Schwefel, das Gestein hat die entsprechend gelbe Farbe. Darauf folgt rotes, eisenhaltiges Gestein – und baumbewachsene Bergwelt. So findet man auch immer wieder Schatten. Plötzlich führt der Weg aus dem Wald hinaus. Eine Abzweigung, die kurz darauf scharf nach rechts den Berg hinaufführt, ignorieren. In der folgenden großen Rechtskurve führt links ein gewundener Weg talwärts **3**, den schlägt man ein. Mit grundsätzlicher Orientierung zur Nordküste, alle weiteren Abzweigungen ignorierend, kommen Sie zur asphaltierten Straße, die etwa 2,5 km nach rechts bergab zum Asklepieion führt. Von dort fährt ein Bus zurück nach Kos.

Kos ist im Frühjahr ein botanisches Paradies

Wanderung 4: Rund um Paleo Pyli

→ S. 242

Charakteristik: Die (ausgeschilderte) Strecke führt einmal rund um die Geisterstadt und hinauf in die Überreste der byzantinischen Festung – mit einem Abstecher in die Taverne mit der vielleicht exponiertesten Lage im Dodekanes.. **Strecke**: 2,5 km. **Höhendifferenz**: +/– 150 m. **Dauer**: 1,5 Stunden. **Schwierigkeit und Ausrüstung**: Ein leichter Weg, nur beim Abstieg sind ein paar Meter über Geröll zu absolvieren, sodass auch hier festes Schuhwerk von Vorteil ist.

Wegbeschreibung: Mit dem eigenen Fahrzeug bis zur Quelle unterhalb von Paleo Pyli. Wer mit dem Bus nach Pyli fährt, muss von dort noch ca. 3 km laufen. Von Pyli die Straße Richtung Asfendiou bzw. Zia wählen und Amaniou durchqueren. Rund 1 km nach dem Ortsende zweigt eine schmale Straße nach rechts ab, ausgeschildert ist „Ag. Vasilios". Nach 400 m erreichen Sie die kleine Kirche im Schatten einer mächtigen Kiefer **1**. Die Tür steht offen, zu sehen gibt es wenig: ein kleines Kirchenschiff, eine schlichte Ikonostase und ein kleiner Altarraum. Vor der Kirche laden ein paar wacklige Holztische und -bänke zur Rast ein.

Gehen Sie den Steinpfad oberhalb der Kirche nach rechts (auch wenn ein Holzschild den Weg nach links weist) und folgen einem schmalen Pfad den Hügel hinauf. Nach 200 Metern treten Sie ein in den Schatten des Kiefernwäldchens, durch das sich der Weg nach oben schlängelt; rechts unter Ihnen plätschert – zumindest bis Juni –ein kleiner Bach. Nach rund 800 Metern erreichen Sie die untersten Ruinen von Paleo Pyli **2**. Erschrecken Sie nicht, wenn Ihnen ein alter Mann in traditioneller koischer Tracht entgegentritt: Er lässt sich gern fotografieren und freut sich dafür über ein kleines Trinkgeld.

Nach links oben führt ein schmaler, steiniger Pfad hinauf ins Kastell. Wenn Sie sich rechts halten, gelangen Sie zur Taverne Oria (geöffnet 9-21 Uhr). Ein idealer Ort zum Rasten! Bei herrlichem Blick auf die Überreste des Kastells genießen Sie im Schatten einen kühlen Frappé (2,50 €), stärken sich mit einem Joghurt mit Honig (4,50 €) oder einem einfachen Fleischgericht (7 €). Bemerkenswert: Die Toilette ist in eine Felsnische gebaut, wobei der Blick in den Himmel frei bleibt. Der Abstieg führt rechts oberhalb der Kirche *Agia Paraskevi* entlang. Achtung: Der Geröllpfad ist deutlich steiler als der Weg hinauf. Feste Schuhe sind von Vorteil.

Extratour

Vom Parkplatz unterhalb von Paleo Pyli führt eine steile Sandpiste durch den Nadelwald **3**, vorbei an einzelnen Bauernhäusern, die dank mehrerer Quellen hier Felder bewirtschaften können. Knapp 1,5 km vom Parkplatz entfernt zweigen Sie bei der Gabelung rechts ab. Nach gut 500 m erreichen Sie die Kapelle *Evangelismos.* Von hier führt ein Fußweg hinauf auf den Kamm des Dikeos-Gebirges. Es erwartet Sie ein herrlicher Rundblick über die Küstenebene im Norden und auf die wilde, unbewohnte Seite des Dikeos im Süden.

Verlassener Ort in den Bergen: Paleo Pyli

Wanderung 5: Von Evangelistria nach Pyli → S. 244/245

Charakteristik: Abseits der Touristenpfade führt diese Strecke durch die Ortschaften Lagoudi und Amaniou – denkmalgeschützte Bergdörfer, deren Bewohner nach wie vor von der Landwirtschaft leben. **Strecke**: 5 km. **Höhendifferenz**: +/– 100 m. **Dauer**: zu Fuß 1 Std.

Wegbeschreibung: Nahe der Kirche *Evangelismo* am Ortseingang von Evangelistria zweigt eine geteerte Straße ab, die zum knapp 1 km entfernten Lagoudi führt. Kurz hinter dem westlichen Ortsende Lagoudis führt eine von der Landstraße links abgehende, kleine asphaltierte Straße zunächst in einen Nadelwald. Idealer Platz für einen Stopp, um sich zu erholen, ist das Wäldchen *Konidario*. Im Schatten der Kiefern stehen Tische, Bänke und eine große Grillstelle. Frisches Quellwasser gibt es auch. Doch Vorsicht: Die hölzernen Wanderschilder in den Wald hinein führen ins Nichts bzw. enden vor militärischem Sperrgebiet.

Verlassen Sie das Wäldchen also über die asphaltierte Straße, die immer wieder den Blick über die Nordküste frei-

In manch alter Kirche zu entdecken: verwitterte Fresken

gibt, wo das Blau des Meeres mit dem Weiß des Salzsees kontrastiert. Am Wegesrand stehen zwischen Olivenhainen vereinzelt die Ruinen verlassener Gehöfte. Gleich nachdem Sie weit oben in den Bergen die Ruinen der byzantinischen Festung bei Paleo Pyli ausmachen, erreichen Sie *Amaniou.* Inmitten dieser traditionellen, lang gezogenen Ortschaft, unmittelbar hinter der Kirche, gabelt sich die Straße: Rechts abbiegend, erreichen Sie nach etwa 1,2 km den tiefer gelegenen Ortsteil von Pyli. Wer hungrig geworden ist, sollte in der Taverne Old Pyli einkehren. Dazu müssen Sie an der Gabelung in Amaniou links abbiegen.

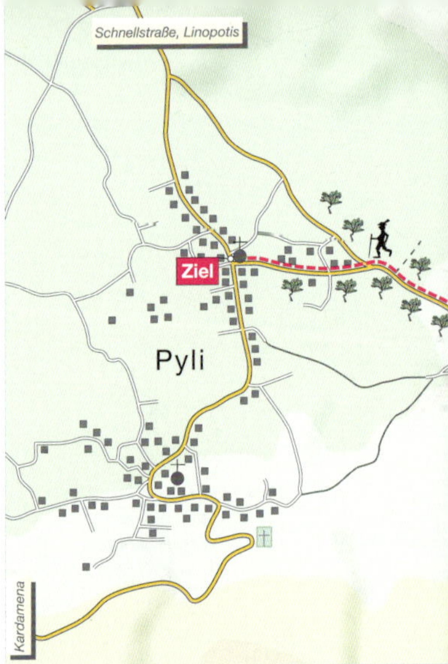

Tour 6: Castle Walk

→ S. 246

Charakteristik: Eine leichte Wanderung auf einem gepflasterten Weg hinauf zum Kastell von Antimachia und auf Feldwegen hinab an Olivenhainen und Getreideanbau entlang. Wer sich vom regen Treiben in Kardamena erholen will, der sollte sich auf den Weg zum Kastell machen. Die Strecke ist auch gut mit dem Mountainbike zu bewältigen. **Strecke**: 8 km. **Höhendifferenz**: +/– 140 m. **Dauer**: 2 Std. **Schwierigkeit und Ausrüstung**: Der Weg, der Sie von der Küste weg ins Landesinnere führt, steigt zwar bis auf die letzten 1,5 km nur leicht an, bietet aber insgesamt kaum Schatten. Deshalb empfehlen sich für den Ausflug die Morgenstunden oder der späte Nachmittag.

Wegbeschreibung: Mit dem Bus oder eigenen Fahrzeug nach Kardamena. An der Disco *Starlight* führt stadtauswärts eine Straße vorbei, über die man nach knapp 1 km

Von Evangelistria führen Pisten in alle Himmelsrichtungen

den Friedhof erreicht. Auf der gegenüberliegenden Straßenseite des Friedhofs ist ein Fußballplatz. Am Friedhof links auf die wenig befahrene Straße abbiegen, die einen schönen Ausblick auf die Berge bietet. Wiederum knapp 1 km weiter steht auf der linken Seite ein Lagergebäude, daneben eine kleine Kapelle **1**. Es geht noch ein Stück weiter geradeaus, bis auf der rechten Seite ein Schild auftaucht, das auf die „Leader+"-Initiative hinweist. Von dort gelangt man über den gepflasterten, vielfach gewundenen Weg hinauf zum Kastell **2**. Während der Wanderung hat man viele schöne Ausblicke ins Tal. Auch Mountainbiker befahren diesen Weg gern.

Wenn Sie das Kastell besichtigt haben, biegen Sie vom Parkplatz des Kastells rechts ab **3**: Der Weg, eine Staubpiste, die durch ein Erosionstal in der Bimsstein-Landschaft führt, läuft in weit gewundenen Serpentinen. Längere Zeit gehen Sie an einem Flussbett entlang, das in den Sommermonaten fast völlig ausgetrocknet ist. Trotzdem erkennt man den Verlauf des Flusses problemlos an dem auffallend fruchtbaren Boden. Im Flussbett wächst Riesenschilf, am Rande des Bachverlaufs gedeihen Oliven- und Feigenbäume. Ignorieren Sie alle Abzweigungen und folgen dem natürlichen Verlauf des Wegs bis zu einer Gabelung, an der linker Hand ein großer steinerner Wassertrog steht **4**. Hier nicht (!) nach rechts abbiegen, sondern geradeaus gehen, bis 200 m weiter eine Kreuzung kommt, an der man rechts abbiegt; die folgende Linksabzweigung wieder ignorieren. Der Kreis schließt sich, wenn man – diesmal am Fußballplatz vorbei – wieder am Friedhof ankommt.

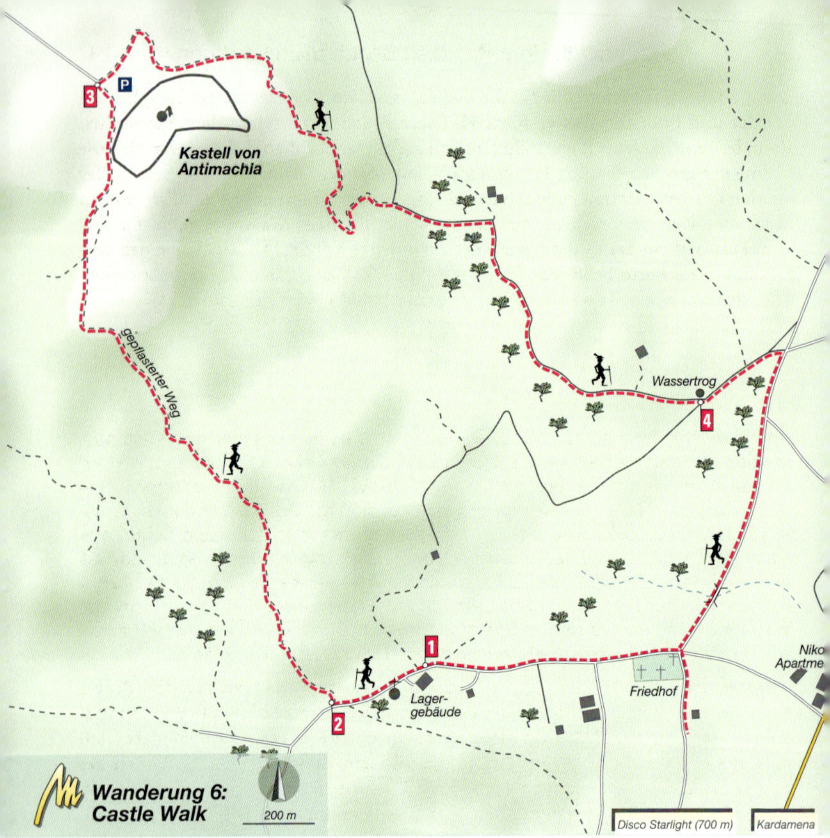

Tour 7: Agia Marina – Kirche im Olivenhain → S. 248

Charakteristik: Ein schöner Spaziergang durch die überwiegend karge, durchfurchte Landschaft, in der fast nur kleinwüchsiges Dornengestrüpp überlebt. Zu dieser Umgebung bilden die Eukalyptusbäume und Zypressen rund um die kleine Kirche Ag. Marina einen faszinierenden Kontrast. Die Wanderung eignet sich auch sehr gut als Mountainbike-Tour. **Strecke**: 5 km. **Höhendifferenz**: +/– 110 m. **Dauer**: 1 Std.

Wegbeschreibung: Mit dem eigenen Fahrzeug bis nach Antimachia. Von Antimachia geht es zunächst ca. 2,5 km über die Schnellstraße in westlicher Richtung. Unmittelbar vor einer Kaserne zweigt die Sand-Schotter-Piste nach links (Süden) ab. Hier können Sie den Wagen oder das Moped nun abstellen und laufen. Zunächst zwischen Rollbahn und Militärgelände verlaufend, windet sich der Weg langsam in die zerklüftete Landschaft, bis beidseitig die macchiabewachsenen Wände einer Schlucht aufragen. Nach 1,7 km passieren Sie die Kirche Agia Marina, die den Beinamen *en Eläoni* (= im Olivenhain) trägt **1**. Tatsächlich sind es weniger Olivenbäume, die das Gebäude umgeben, als vielmehr Eukalyptus- und verschiedene Nadelbäume. Der Beiname verweist darauf, dass es früher einmal in diesem Tal Olivenhaine gegeben hat, die allerdings weitgehend verschwunden sind – das Geschäft mit den Oliven lohnt sich heute nicht mehr.

Gut 1,5 km weiter kreuzt die Straße den Flusslauf des *Gourniatis,* der lediglich im Winter und Frühjahr Wasser führt **2**. Diese Feuchtigkeit reicht dem Spanischen Rohr, bekannt auch als Riesenschilf, um zu gedeihen. Dicht an dicht wiegen sich die Halme der größten Grasart Europas im Wind. Aus den Halmen des Riesenschilfes werden übrigens Matten geflochten und Angelruten hergestellt. Schließlich kommt links vom Weg ein Brunnen, aus dem auch im Sommer Wasser tröpfelt. Parallel zum Flussbett, an der tiefsten Stelle der zerfurchten Landschaft, zieht sich der Weg bis zum Hotel Porto Bello. Von hier aus können Sie den schönen Weg zurückgehen oder sich mit einem Taxi zurück zum Ausgangspunkt chauffieren lassen.

Wanderung 8: Vom Paradise Beach nach Kardamena

→ S. 250/251

Charakteristik: Eine echte Strandwanderung über einen der schönsten Küstenabschnitte der Insel: Über lange Strecken zieht sich der breite Sandstrand, der auf einigen Kilometern fast menschenleer ist. **Strecke**: 13,5 km. **Höhendifferenz**: +/– 10 m. **Dauer**: 4:30 Std. **Schwierigkeit und Ausrüstung**: Der Marsch ist recht anstrengend, da es größtenteils über Sand geht, in den man bei jedem Schritt einsinkt. Zudem gibt es auf der gesamten Strecke praktisch keinen Schatten, sodass nur ein Sprung ins Meer Abkühlung verschafft – unsere Zeitangabe beinhaltet Pausen. Kopfbedeckung und Sonnenmilch nicht vergessen! Im ersten Drittel der Wanderung können Sie sich an Strandtavernen mit Speisen und Getränken versorgen. Für die verbleibende Wegstrecke sollten Sie Wasser mitnehmen.

Wegbeschreibung: Fahren Sie mit dem ersten Bus morgens zum Paradise Beach. Eventuell nach einem kräftigenden Frühstück in der Taverne oberhalb des Strandes geht es vom Paradise Beach am Meer entlang nach Osten. Vergessen Sie nicht, sich spätestens in der Taverne mit Wasser einzudecken, denn die Getränkebuden am Strand führen nur süße Limonade und Bier! Die letzte Bude steht am Magic Beach, knapp 3 km vom Ausgangspunkt der Wanderung entfernt **1**. Die Liegestühle am

Von den Anhöhen über Kardamena ist die schroffe Südseite des Dikeos zu sehen

Wanderung 7: Agia Marina – die Kirche im Olivenhain

Paradise und Sunny Beach hinter sich lassend, geht es nach 4 km über den wenig besuchten Strandabschnitt namens Xerokambos in südöstlicher Richtung auf das *Kap Helona* zu. Über Felsvorsprünge, die an einigen Stellen zu einem kurzen Umweg ins Landesinnere zwingen, passieren Sie mehrere kleine Sand- und Kieselbuchten, bis Sie nach 5 km auf den Strandabschnitt nordwestlich des Kaps treffen. Rund 1 km weiter befindet sich der Robinson Club, dessen Gäste per Seilbahn zum gepflegten Sandstrand hinunterfahren. Am Strand entlang, den nun zunehmend mehr Menschen bevölkern, erreichen Sie nach gut einem weiteren Kilometer das Hotel Porto Bello. Über die Straße parallel zum Ufer gelangt man ins Zentrum von Kardamena. Von hier kommen Sie per Taxi oder per Bus weg. (Informieren Sie sich vorher über die Abfahrtszeit des letzten Busses.)

Wanderung 9: Rund um den Isthmus

→ S. 250/251

Charakteristik: Dicht bevölkert, mit Sonnenschirmen sowie Liegestühlen zugepflastert, liegt der Paradise Beach an der Südküste, menschenleer und wild das Gegenstück an der Nordküste. So widersprüchlich präsentieren sich die Strände an den Küsten des Isthmus, den die Koer *Lavi* (= Griff) nennen. Die kleine Wanderung führt durch das Gebiet Volkania, das mit leichtem Schwefelgeruch auf den vulkanischen Ursprung von Kos hinweist. **Strecke**: 5 km. **Höhendifferenz**: +/– 40 m; **Dauer**: 2 Std.

Wegbeschreibung: Vom Paradise Beach entlang der Schnellstraße Richtung Kefalos weiterlaufen. Rund 250 m hinter der Abfahrt vom Highway zum Camel Beach zweigt rechts eine Straße ab, ausgeschildert ist *Limnionas*. Nach wenigen Metern gabelt sich die Straße, halten Sie sich rechts **2**. An der nächsten Gabelung wieder rechts in die Schotterpiste. Linker Hand der Piste sehen Sie nach 300 m eine ca. 25 m² große kraterähnliche Vertiefung, deren Boden an einigen Stellen gelb gefärbt ist **3**. In der Nähe riecht es nach Schwefel: Die Gegend ist vulkanischen Ursprungs. Entstanden ist sie – wie der gesamte Westteil von Kos – wahrscheinlich gleichzeitig mit der südlicher

Wild und einsam: Strände an der Westküste von Kos

gelegenen Vulkaninsel Nissiros. Die Straße führt nun auf einen Brunnen **4** zu und links an ihm vorbei, um sich der Nordküste zu nähern, zu der mehrere Wege abzweigen. Feinsandig zieht sich der *Kochylari-Strand* über mehrere Kilometer hin. Im Hintergrund liegt ein mit Strandwacholder bewachsener Dünenabschnitt, und der Meeresboden ist kaum abschüssig.

Nachdem Sie zur Straße, die am Brunnen vorbeiführt, zurückgekehrt sind, zweigen Sie nach Süden ab und folgen der Piste bis zur Schnellstraße. Überqueren Sie diese und wandern Sie über die Schotterpiste hinunter zum Lagada Beach. Von dort aus geht es am Meer entlang zurück zum Paradise Beach.

Tour 10: Die einsamen Gehöfte

Charakteristik: Das Gebiet auf der Nordseite des Isthmus hat seine Attraktionen: Nicht nur die (oben beschriebene) Region *Volkania*, sondern auch weitläufige Ebenen, abgeschiedene Gehöfte und nicht zuletzt ein paar reizvolle kleine Buchten. Eine schöne Tour, die gut per Mountainbike, Enduro oder Jeep zu unternehmen ist. **Strecke**: 15 km. **Höhendifferenz**: +/– 70 m. **Dauer**: 1 Std. (Mountainbike) bzw. 30 Min. (Enduro oder Jeep) **Schwierigkeit und Ausrüstung**: Ein geländegängiges Fahrzeug sollte es wegen der Schotter- und Sandpisten mit einigen Schlaglöchern schon sein. Doch auch ungeübte Fahrerinnen und Fahrer werden die Tour ohne Blessuren überstehen. Lediglich der Staub kann einem zu schaffen machen. **Achtung**: Wenn militärische Manöver stattfinden, wird das Areal nahe der Brücken zum Sperrgebiet erklärt. Schilder weisen Sie darauf hin.

Wegbeschreibung: Bis zum Brunnen auf dem gleichem Weg, wie bei Wanderung 9 beschrieben. Statt aber hinter dem Brunnen nach Süden zur Schnellstraße abzubiegen, folgen Sie der Strecke Richtung Nordosten. Leider gibt es anfangs einige Abzweigungen, bleiben Sie stets auf der größten Schotterpiste in östlicher Richtung.

Die Piste führt zunächst durch karges Gebiet, das nur stellenweise landwirtschaftlich genutzt wird. Im Norden hebt sich die tiefblaue Ägäis vor den weißen Dünen, die ein grüner Streifen aus Macchia ziert, kontrastreich ab. Vereinzelt stehen Gehöfte am Wegesrand; im Schatten der Bäume vor den Häusern dösen Ziegen und

Esel. Die meisten Häuser verfügen über einen kleinen Anbau mit einer Öffnung, über der die weiße Kalkwand ganz verrußt ist: Backöfen. Ebenso zahlreich wie die bewohnten sind hier die verlassenen Gehöfte.

Der Weg führt nun über mehrere kleine Brücken; östlich der letzten Brücke zweigen mehrere holprige Pisten mit tiefen Spurrillen und Schlaglöchern zur felsigen Küste ab. Dort liegen einige, nur wenige Meter große, pittoreske Sandbuchten versteckt, eingerahmt von schroffen, etwa 5 m hohen Felsen. Schließlich trifft die Piste auf den Strand *Likoritsa*, eine größere Sandbucht, die (bislang) kaum Touristen anzieht. Nun geht es wieder landeinwärts, am The Small Village vorbei. Von hier aus ist die Straße asphaltiert; rund 5 km sind es bis nach Mastihari oder Antimachia.

Wenn Sie nach Antimachia fahren wollen, führen die letzten Kilometer in südlicher Richtung durch eine weitläufige Ebene. Großflächige Mais-, Gemüse- und Getreidefelder bestimmen das Bild. Hier und da weiden auch ein paar Schafe, meist dicht in den Schatten des Stalls gedrängt. Weit und breit ist weder ein Strauch noch ein Baum zu sehen – lediglich in den Schluchten östlich des Weges gedeihen Pflanzen ohne künstliche Bewässerung. Die Piste trifft schließlich in Höhe des Wäldchens Plaka (→ S. 170) auf die Schnellstraße.

Wanderung 11: Vom Kloster Ag. Ioannis zur Kirche Ag. Theologos

Charakteristik: Eine Wanderung durch die Einsamkeit: Auf den Wegen entlang der Westküste zwischen dem Kloster Agios Ioannis bis zur Kapelle Agios Theologos begegnen Sie nur selten einer Menschenseele. Sie können die Wanderung mit einem kurzen Badestopp in einer der kleinen Buchten in der Nähe des Ag.-Theologos-Strandes oder mit einem Besuch des Klosters Ag. Ioannis verbinden. **Strecke**: 8 km. **Höhendifferenz**: +/– 300 m; **Dauer**: 2:30 Std. **Schwierigkeit und Ausrüstung**: Ein recht leichter Weg durch die unbewohnte Region an der Westküste von Kos. Stabiles Schuhwerk ist jedoch erforderlich, wenn Sie die steile, holprige Geröllpiste vom Kloster hinunter zur Küste marschieren. Kaum Schatten.

Die Weite im Westen

Wegbeschreibung: Fahren Sie mit dem eigenen Fahrzeug bis zum Kloster Ag. Ioannis. 200 m vor dem Parkplatz des Klosters in Richtung Asphaltstraße führt eine steinige Lehmpiste steil bergab. Nach knapp 2 km kreuzt sie eine breitere Sandpiste **1**: Hier müssen Sie rechts abbiegen, nach etwa 500 m erreichen Sie dann eine Rinderfarm. Parallel zur Küste führt der Weg nach Norden. Nach 500 m passieren Sie eine kleine Höhle in einem links vom Weg befindlichen hellbraunen

Wanderung 11: Vom Kloster Ag. Ioannis zur Kirche Ag. Theologos
Wanderung 12: Rund um das Kap Krikelos

Fels **2**. Nach weiteren rund 500 m folgt eine Gabelung: Links führt der Pfad zum knapp 1 km entfernten Meer. An der Küste entlang, wo mehrere kleine Buchten zum Baden einladen, schlängelt sich der Pfad durch die karge Landschaft und trifft nach 400 m auf die *Kapelle Ag. Theologos*, unmittelbar hinter dem gleichnamigen Strand **3**. Von hier sind es noch einmal 400 m bis zur Taverne.

Wer nicht denselben Weg zurückgehen möchte, kann von der Taverne über die Schotterpiste nach Osten wandern. Durch terrassierte Felder geht es ca. 4 km bis zur asphaltierten Straße hinauf. An der Gabelung befindet sich ein Brunnen **4**. Biegen Sie nach rechts ab; die Strecke schlängelt sich auf den Berg Latra zu, wobei immer wieder der Blick auf die Ost- und Westküste freigegeben wird. Nach knapp 5 km ist der Aus gangspunkt der Wanderung, das *Kloster Ag. Ioannis*, erreicht. Durch diese Variante des Rückwegs verlängert sich die Strecke auf insgesamt 13 km bzw. 3:30 Std.

Wanderung 12: Rund um das Kap Krikelos → S. 253

Charakteristik: Auch diese Wanderung führt durch den wilden Westen der Insel: Vom Agios-Theologos-Strand bis zum südlichen Ende von Kos und wieder zurück. **Strecke**: 15 km. **Höhendifferenz**: +/– 300 m. **Dauer**: 4–5 Std. **Schwierigkeit und Ausrüstung**: Die Wanderung ist nicht zu unterschätzen. Entlang der Westküste gleicht der Weg einer Achterbahn: bergauf, bergab und kurvenreich. Das geht in die Beine. Auf jeden Fall etwas Proviant, v. a. aber ausreichend Wasser, mitnehmen.

Wegbeschreibung: Startpunkt ist die Taverne am Ag.-Theologos-Strand. Von hier aus folgen Sie der Asphaltstraße in Richtung Kefalos. Rund 600 m oberhalb der Taverne rechts in die Schotterpiste abzweigen **1**. Nach knapp 2,5 km passieren Sie eine große Rinderfarm **2**; hier wird ein großer Teil der Milch erzeugt, die auf Kos benötigt wird. Wenn Sie den Hang hinaufschauen, können Sie das Kloster Ag. Ioannis entdecken. Der Weg schlängelt sich nach Süden, einige Stichstraßen führen zur Küste, wo sich einige einsame Buchten befinden – leider sind die Felsen für einen Abstieg oft zu steil.

Stranden Sie nicht im wilden Westen!

Nach knapp 4 km erreichen Sie den Abzweig zum Cavo Paradise Beach **3**. Hier können Sie einen Badestopp einlegen. Von der Abzweigung geht es über eine Sandpiste bergan, nach 1,5 km folgt der Abzweig in Richtung Ag. Mammas. Halten Sie sich links, den Hang hinauf. Im Westen reicht die Ägäis nun bis zum Horizont. Nach weiteren 1,5 km passieren Sie das Kloster Ag. Ioannis: idealer Ort für eine Rast. Anschließend führt der Weg weiter über die Asphaltstraße, hinter dem Abzweig zur O.T.E-Station geht es endlich abwärts. Von der Straße aus bietet sich ein schöner Ausblick auf die Bucht von Kefalos. Nach 4 km erreichen Sie den Ausgangspunkt, den Strand Ag. Theologos.

Etwas Griechisch

Keine Panik: Neugriechisch ist zwar nicht die leichteste Sprache, lassen Sie sich jedoch nicht von der fremdartig wirkenden Schrift abschrecken – oft erhalten Sie Informationen auf Wegweisern, Schildern, Speisekarten usw. auch in lateinischer Schrift, zum anderen wollen Sie ja erstmal verstehen und sprechen, aber nicht lesen und schreiben lernen. Dazu hilft Ihnen unser kleiner Sprachführer, den wir für Sie nach dem Baukastenprinzip konstruiert haben: Jedes der folgenden Kapitel bietet Ihnen Bausteine, die Sie einfach aneinander reihen können, sodass einfache Sätze entstehen. So finden Sie sich im Handumdrehen in den wichtigsten Alltagssituationen zurecht, entwickeln ein praktisches Sprachgefühl und können sich so nach Lust und Notwendigkeit Ihren eigenen Minimalwortschatz aufbauen und erweitern.

Wichtiger als die richtige Aussprache ist übrigens die Betonung! Ein falsch betontes Wort versteht ein Grieche schwerer als ein falsch oder undeutlich ausgesprochenes. Deshalb finden Sie im folgenden jedes Wort in Lautschrift und (außer den einsilbigen) mit Betonungszeichen. Viel Spaß beim Ausprobieren und Lernen!

Das griechische Alphabet

Buchstabe groß	klein	Name	Lautzeichen	Aussprache
Α	α	Alpha	a	kurzes a wie in Anna
Β	β	Witta	w	w wie warten
Γ	γ	Gámma	g	g wie Garten (j vor Vokalen e und i)
Δ	δ	Delta	d	stimmhaft wie das englische „th“ in the
Ε	ε	Epsilon	e	kurzes e wie in Elle
Ζ	ζ	Síta	s	stimmhaftes s wie in reisen
Η	η	Ita	i	i wie in Termin
Θ	θ	Thíta	th	stimmloses wie englisches „th“ in think
Ι	ι	Jóta	j	j wie jagen
Κ	κ	Kápa	k	k wie kann
Λ	λ	Lámbda	l	l wie Lamm
Μ	μ	Mi	m	m wie Mund
Ν	ν	Ni	n	n wie Natur
Ξ	ξ	Xi	x	x wie Xaver
Ο	ο	Omikron	o	o wie offen
Π	π	Pi	p	p wie Papier
Ρ	ρ	Ro	r	gerolltes r
Σ	ς/σ	Sígma	ss	ss wie lassen
Τ	τ	Taf	t	t wie Tag
Υ	υ	Ipsilon	j	j wie jeder
Φ	φ	Fi	f	f wie Fach
Χ	χ	Chi	ch	ch wie ich
Ψ	ψ	Psi	ps	ps wie Kapsel
Ω	ω	Omega	o	o wie Ohr

Elementares

Grüße

Guten Morgen/Guten Tag	*kaliméra*
Guten Abend	*kalispéra*
Gute Nacht (zum Abschied)	*kaliníchta*
Hallo!	*jássou! oder jássas!*
Tschüss	*adío*

Minimalwortschatz

Ja	*nä*
Nein	*óchi*
Nicht	*dén*
Danke (vielen Dank)	*efcharistó (polí)*
Bitte(!)	*parakaló(!)*
Entschuldigung	*signómi*
Links/rechts/ geradeaus	*aristerá/dexiá/ísja*
hier/dort	*edó/ekí*
groß/klein	*megálo/mikró*
gut/schlecht	*kaló/kakó*
viel/wenig	*polí/lígo*
heiß/kalt	*sesstó/krío*
oben/unten	*epáno/káto*
Ich/Du	*egó/essí*
er/sie/es	*aftós/aftí/aftó*
das (da)	*aftó*
(ein) anderes	*állo*
welche(r), welches?	*tí?*

Fragen & Antworten

Wann?	*póte?*
Wo (ist ...) ?	*pu (ine ...)?*
Von wo ...	*ápo pu*
Wohin ...	*jia pu ...*
Gibt es (hier) ...?	*ipárchi (edó) ...?*
Ich möchte (nach) ...	*thelo (stin) ...*
Wieviel(e)...	*pósso (póssa) ...*
Wie viel Uhr (ist es)?	*tí óra (íne)?*
Um wie viel Uhr?	*ti óra?*
Wann geht (fährt, fliegt)?	*pote féwgi?*
Wann kommt ... an?	*póte ftáni ...?*
Wie viel kostet es?	*póso káni?*
Wissen Sie ...?	*xérete ...?*
Haben Sie ...?	*échete ...?*
Wie geht es Ihnen/ Dir?	*ti kánete/kánis?*
(Sehr) gut	*(polí) kalá*
Wie heißt Du?	*pos se léne?*
ich heiße ...	*to ónoma mou íne ...*
Woher kommst du?	*apo pu ísse?*
Ich komme aus ... Deutschland/ Österreich/ Schweiz	*íme apo ... jermanía/ afstría/ elwetía*
Sprechen Sie Englisch (Deutsch)?	*miláte angliká (jermaniká)?*
Ich spreche nicht Griechisch	*den miló eliniká*
Wie heißt das auf Griechisch?	*pos légete aftó sta eliniká?*
Ich verstehe (nicht)	*(dén) katalawéno*
Ich weiß nicht	*dén xéro*
In Ordnung (o.k.)	*endáxi*

Zeit

Morgen(s)	*proí*
Mittag(s)	*messiméri*
Nachmittag(s)	*apógewma*
Abend(s)	*wrádi*
heute	*ssímera*
morgen	*áwrio*
gestern	*chtés*
Tag	*méra*
Woche	*ewdomáda*
Monat	*mínas*
Jahr	*chrónos*
Stündlich	*aná óra*

Wochentage

Sonntag	*kiriakí*
Montag	*deftéra*
Dienstag	*tríti*
Mittwoch	*tetárti*
Donnerstag	*pémpti*
Freitag	*paraskewí*
Samstag	*sáwato*

Monate

Ganz einfach: fast wie im Deutschen + Endung „*ios*"! (z.B. April = *Aprílios*). *Ianuários, Fewruários, Mártios, Aprílios, Máios, Iúnios, Iúlios, 'Awgustos, Septémwrios, Októwrios, Noémwrios, Dekémwrios.*

Zahlen

½	*misó*	9	*ennéa*	60	*exínda*
1	*éna*	10	*déka*	70	*efdomínda*
2	*dío*	11	*éndeka*	80	*ogdónda*
3	*tría*	12	*dódeka*	90	*enenínda*
4	*téssera*	13	*dekatría*	100	*ekató*
5	*pénde*	20	*íkosi*	200	*diakósia*
6	*éxi*	30	*triánda*	300	*trakósia*
7	*eftá*	40	*sarránda*	1000	*chília*
8	*ochtó*	50	*penínda*	2000	*dio chiliádes*

Unterwegs

(Tourist-) Information	(turistikés-) *pliroforíes*
Bank	*trápesa*
Geld	*ta leftá, ta chrímata*
Postamt	*tachidromío*
Briefmarke	*grammatósima*
Telefonamt	*O. T. E.*
Telefon	*tiléfono*
Abfahrt	*anachórisis*
Ankunft	*áfixis*
Straße	*drómos*
Fußweg	*monopáti*
Telefon	*tiléfono*
Ticket	*isitírio*
Reservierung	*fílaxi*
Flughafen	*aerodrómio*
Hafen	*limáni*
Schiff	*karáwi*
Bahnhof	*stathmós*
(der nächste) Bus	*(to epómene) leoforío*
Benzin (super/ normal/bleifrei)	*wensíni (súper/ apli/amóliwdi)*
Diesel	*petréleo*
1 Liter	*éna lítro*
20 Liter	*íkosi lítra*
Auto	*aftokínito*
Motorrad	*motossikléta*
Öl	*ládi*
Reifen	*lásticho*
Reparatur	*episkewí*
Werkstatt	*Sinergíon*

Übernachten

Zimmer	*domátio*
ein Doppelzimmer	*éna dipló domátio*
Einzelzimmer	*domátio me éna krewáti*
mit Dusche/Bad	*me dous/bánjo*
mit Frühstück	*pronió*
Bett	*krewáti*
Wie viel kostet es (das Zimmer)?	*póso kani (to domátio)?*
Ich möchte mieten (…) für 5 Tage	*thélo na nikiásso (…) jia pénde méres*
Kann ich sehen …?	*boró na do …?*
Kann ich haben …?	*boró na écho …?*
ein (billiges/gutes) Hotel	*éna (ftinó/kaló) xenodochío*
Pension	*pansión*
Haus	*spíti*
Küche	*kusína*
Toilette	*tualétta*
Reservierung	*krátissi*
Wasser (heiß/kalt)	*neró (sesstó/krío)*

Hilfe/Krankheit

Arzt	*jatrós*
Apotheke	*farmakío*
Zahnarzt	*odontíatros*
Krankenhaus	*nossokomío*
Polizei	*astinomía*
Unfall	*atíchima*
Deutsche/Österr./ Schweizer. Botschaft	*presvía jermanikí/ afstriakí/elwetikí*

Essen & Trinken

Haben Sie?	*échete?*
Ich möchte …	*thélo …*
Wieviel kostet es?	*póso káni?*
Ich möchte zahlen	*thélo na pliróso*
Die Rechnung (bitte)	*to logariasmó (parakaló)*
Speisekarte	*katálogos*

Getränke

Glas/Flasche	*potíri/boukáli*
ein Bier	*mía bíra*
(ein) Mineralwasser	*(mia) sóda*
Wasser	*neró*
(ein) Rotwein	*(éna) kókkino krassí*
(ein) Weißwein	*(éna) áspro krassí*
… süß/herb	*glikós/imíglikos*
(eine) Limonade (Zitrone)	*(mia) lemonáda*
(eine) Limonade (Orange)	*(mia) portokaláda*
(ein) Kaffee	*(éna) néskafe*
(ein) Mokka	*(éna) kafedáki*
… sehr süß	*… varí glikó*
… mittel	*… métrio*
… rein (ohne Z.)	*skéto*
Tee	*tsái*
Milch	*gála*

Griech. Spezialitäten

Fischsuppe	*psaróssupa*
Suppe	*ssúpa*
Garnelen	*garídes*
Kalamaris ("Tintenfischchen")	*kalamarákia*
Fleischklößchen	*keftédes*
Hackfleischauflauf mit Gemüse	*musakás*
Mandelkuchen mit Honig	*baklawás*
Gefüllter Blätterteig	*buréki*
Gefüllte Weinblätter (mit Reis & Fleisch)	*dolmádes*
Nudelauflauf mit Hackfleisch	*pastítsio*
Fleischspießchen	*suwlákia*

Sonstiges

Hähnchen	*kotópulo*
Kartoffeln	*patátes*
Spaghetti (mit Hackfleisch)	*makarónia (me kimá)*
Hammelfleisch	*kimás*
Kotelett	*brisóla*
Bohnen	*fasólia*
Gemüse	*lachaniká*

Einkaufen

Haben Sie?	*échete?*
Kann ich haben?	*boró na écho?*
Geben Sie mir	*dóste mou*
klein/groß	*mikró/megálo*
1 Pfund (= 1/2 Kilo)	*misó kiló*
1 Kilo/Liter	*éna kiló/lítro*
100 Gramm	*ekató gramárja*
Apfel	*mílo*
Brot	*psomí*
Butter	*wútiro*
Ei(er)	*awgó (awgá)*
Essig	*xídi*
Gurke	*angúri*
Honig	*méli*
Joghurt	*jaoúrti*
Käse/Schafskäse	*tirí/féta*
Kuchen	*glikó*
Marmelade	*marmeláda*
Milch	*gála*
Öl	*ládi*
Orange	*portokáli*
Pfeffer	*pipéri*
Salz	*aláti*
Tomaten	*domátes*
Wurst	*salámi*
Zucker	*sáchari*
Klopapier	*hartí igías*
Seife	*sapúni*
Shampoo	*sambuán*
Sonnenöl	*ládi jia ton íljon*
Streichhölzer	*spírta*

Abruzzen • Ägypten • Algarve • Allgäu • Allgäuer Alpen • Altmühltal & Fränk. Seenland • Amsterdam • Andalusien • Andalusien • Apulien • Athen & Attika • Australien – der Osten • Azoren • Bali & Lombok • Baltische Länder • Bamberg • Barcelona • Bayerischer Wald • Bayerischer Wald • Berlin • Berlin & Umgebung • Bodensee • Bretagne • Brüssel • Budapest • Bulgarien – Schwarzmeerküste • Chalkidiki • Cilento • Cornwall & Devon • Dresden • Dublin • Comer See • Costa Brava • Costa de la Luz • Côte d'Azur • Cuba • Dolomiten – Südtirol Ost • Dominikanische Republik • Ecuador • Eifel • Elba • Elsass • Elsass • England • Fehmarn • Franken • Fränkische Schweiz • Fränkische Schweiz • Friaul-Julisch Venetien • Gardasee • Gardasee • Genferseeregion • Golf von Neapel • Gomera • Gomera • Gran Canaria • Graubünden • Griechenland • Griechische Inseln • Hamburg • Harz • Haute-Provence • Havanna • Ibiza • Irland • Island • Istanbul • Istrien • Italien • Italienische Adriaküste • Kalabrien & Basilikata • Kanada – Atlantische Provinzen • Kanada – der Westen • Karpathos • Kärnten • Katalonien • Kefalonia & Ithaka • Köln • Kopenhagen • Korfu • Korsika • Korsika Fernwanderwege • Korsika • Kos • Krakau • Kreta • Kreta • Kroatische Inseln & Küstenstädte • Kykladen • Lago Maggiore • La Palma • La Palma • Languedoc-Roussillon • Lanzarote • Lesbos • Ligurien – Italienische Riviera, Genua, Cinque Terre • Ligurien & Cinque Terre • Liparische Inseln • Lissabon & Umgebung • Lissabon • London • Lübeck • Madeira • Madeira • Madrid • Mainfranken • Mallorca • Mallorca • Malta, Gozo, Comino • Marken • Mecklenburgische Seenplatte • Mecklenburg-Vorpommern • Menorca • Mittel- und Süddalmatien • Mittelitalien • Montenegro • Moskau • München • Münchner Ausflugsberge • Naxos • Neuseeland • New York • Niederlande • Niltal • Norddalmatien • Norderney • Nord- u. Mittelgriechenland • Nordkroatien – Zagreb & Kvarner Bucht • Nördliche Sporaden – Skiathos, Skopelos, Alonnisos, Skyros • Nordportugal • Nordspanien • Normandie • Norwegen • Nürnberg, Fürth, Erlangen • Oberbayerische Seen • Oberitalien • Oberitalienische Seen • Odenwald • Ostfriesland & Ostfriesische Inseln • Ostseeküste – Mecklenburg-Vorpommern • Ostseeküste – von Lübeck bis Kiel • Östliche Allgäuer Alpen • Paris • Peloponnes • Pfalz • Pfalz • Piemont & Aostatal • Piemont • Polnische Ostseeküste • Portugal • Prag • Provence & Côte d'Azur • Provence • Rhodos • Rom & Latium • Rom • Rügen, Stralsund, Hiddensee • Rumänien • Rund um Meran • Sächsische Schweiz • Salzburg & Salzkammergut • Samos • Santorini • Sardinien • Sardinien • Schleswig-Holstein – Nordseeküste • Schottland • Schwarzwald Mitte/Nord • Schwäbische Alb • Shanghai • Sinai & Rotes Meer • Sizilien • Sizilien • Slowakei • Slowenien • Spanien • Span. Jakobsweg • St. Petersburg • Südböhmen • Südengland • Südfrankreich • Südmarokko • Südnorwegen • Südschwarzwald • Südschwarzwald • Südschweden • Südtirol • Südtoscana • Südwestfrankreich • Sylt • Teneriffa • Teneriffa • Thassos & Samothraki • Toscana • Toscana • Tschechien • Tunesien • Türkei • Türkei – Lykische Küste • Türkei – Mittelmeerküste • Türkei – Südägäis • Türkische Riviera – Kappadokien • Umbrien • Usedom • Venedig • Venetien • Wachau, Wald- u. Weinviertel • Westböhmen & Bäderdreieck • Wales • Warschau • Westliche Allgäuer Alpen und Kleinwalsertal • Westungarn, Budapest, Pécs, Plattensee • Wien • Zakynthos • Zentrale Allgäuer Alpen • Zypern

Reisehandbuch MM-City MM-Wandern

Register

Schöne Sandstrände gibt es auf Kos viele – wie hier in Mastihari

ISBN 978-3-89953-780-2

 Druck: Wilhelm & Adam, Heusenstamm.

Über die Autoren

Frank Naundorf, Jahrgang 1966. Studium der Geschichte, Germanistik und Volkswirtschaft an der Universität Köln. Schon seit seiner Schulzeit ist der Rheinländer journalistisch aktiv, seit 1992 als freier Autor für den Michael Müller Verlag. Literatur, Sport und Reisen zählen zu seinen Leidenschaften. Er leitet die Medien-Abteilung der Kassenärztlichen Vereinigung Nordrhein und ist als Lehrbeauftragter für Public Relations tätig. Mit seiner Familie lebt er in Düsseldorf.

Yvonne Greiner, Jahrgang 1964. Geboren und aufgewachsen in Südbaden. Nach dem Studium der Germanistik und Anglistik arbeitete sie als Journalistin und Redakteurin. Inzwischen hat sie sich einen Traum erfüllt und eine Ausbildung zur Köchin absolviert. Nach zwei Sommern in der Provence kocht sie wieder in Köln.